中国科学院科学出版基金资助出版

混凝土随机损伤力学

Stochastic Damage Mechanics of Concrete Structures

李　杰　吴建营　陈建兵　著

科学出版社

北　京

内 容 简 介

本书系统论述混凝土损伤力学的基本理论与最新研究成果，内容包括：应力-应变分析，弹塑性力学基础，损伤力学基本原理，混凝土确定性损伤本构关系，混凝土随机损伤本构关系，混凝土动力损伤本构关系，混凝土本构关系的数值算法，混凝土框架结构分析，混凝土剪力墙结构分析，混凝土实体结构分析，混凝土结构随机非线性分析。

本书可供土木工程、水利工程、交通工程等领域的工程师、科学技术人员与高等院校师生参考。

图书在版编目(CIP)数据

混凝土随机损伤力学=Stochastic Damage Mechanics of Concrete Structures/李杰，吴建营，陈建兵著. —北京：科学出版社，2014.4

ISBN 978-7-03-040271-4

Ⅰ. ①混… Ⅱ. ①李… ②吴… ③陈… Ⅲ. ①混凝土-损伤(力学) Ⅳ. ①TU528

中国版本图书馆 CIP 数据核字 (2014) 第 052556 号

责任编辑：牛宇锋／责任校对：邹慧卿
责任印制：赵 博／封面设计：蓝正设计

科学出版社出版
北京东黄城根北街 16 号
邮政编码：100717
http://www.sciencep.com

北京华宇信诺印刷有限公司印刷
科学出版社发行 各地新华书店经销
*
2014 年 4 月第 一 版 开本：720×1000 1/16
2025 年 1 月第十次印刷 印张：20 3/4
字数：392 000

定价：180.00 元

(如有印装质量问题，我社负责调换)

前 言

混凝土力学的发展，几乎与混凝土结构的诞生与发展一样久远。早在 19 世纪末，就提出了混凝土结构设计的容许应力法，到 20 世纪 30 年代，构件极限强度设计的观念开始被人们所重视。20 世纪 70 年代，基本形成了结构层次的弹性分析与构件层次的极限状态设计的基本格局。由于这一背景，混凝土力学一度被认为是混凝土材料力学。

对地震灾害的重视推动了混凝土力学的发展。自 20 世纪 60 年代开始，对混凝土结构进行受力非线性行为全过程分析的观念逐步深入人心。如何科学地反映混凝土结构的受力全过程乃至寿命全过程中的行为特征与本质，并应用这一关于本质的认识有效地设计与控制工程结构的行为，成为凸现在研究工作者与工程师面前的巨大挑战。

我自 20 世纪 80 年代初开始涉足混凝土结构研究，在 30 余年的研究工作中，逐步形成了对混凝土力学的基本认识。自 20 世纪 90 年代中期开始，以建立混凝土随机损伤力学为基本目的，我与学生们一起进行了长期的探索，试图从混凝土受力力学行为的本质随机性与显著非线性特征切入，在细观层次引入随机性描述，将宏、细观力学结合起来构建混凝土随机损伤力学的基本理论体系。本书，可视为上述研究工作的总结。

从随机损伤力学的基本观点出发，本书系统论述混凝土本构关系与混凝土结构的非线性分析基本理论。其中，第 1 章为绪论，在对混凝土受力力学行为基本特征和混凝土力学发展轨迹论述的基础上，介绍作者的基本学术观点和本书的基本内容。第 2~3 章简要介绍应力-应变分析和弹塑性力学基础。第 4~8 章逐步深入地论述损伤力学基本原理、混凝土确定性损伤本构关系、混凝土随机损伤本构关系、混凝土动力损伤本构关系以及混凝土本构关系的数值算法。在对本构关系深入系统地论述基础上，第 9~12 章集中阐述混凝土结构非线性反应分析的基本方法。其中，结合混凝土工程结构的特点，用专章分别论述混凝土框架结构、混凝土剪力墙结构和一般混凝土实体结构非线性分析的基本理论与细节，在此基础上，阐述了混凝土结构随机非线性反应分析理论。通过这些内容，我们希望逐步引导读者步入混凝土结构非线性分析的研究前沿。

为了方便读者，本书还给出三个附录，希望对读者理解本书起到辅助作用。

本书的研究工作，先后得到了国家自然科学基金 (19772034)、国家杰出青年科学基金 (59825105)、国家自然科学基金创新研究群体计划项目(50321803、50621062)、国家自然科学基金重大研究计划重点支持项目 (90715033)、国家自然科学基金国际合作重大项目 (51261120374)、教育部 21 世纪教育振兴行动计划长江学者专项研究基金、教育部博士点基金、上海市重点学科建设专项基金等多方支持。在本书完稿之际，作者要对上述支持表示诚挚的感谢。

在长期的共同研究进程中，我的一批研究生分别作出了自己的贡献，他们是：张其云博士、丁光莹博士、陈建兵博士、高向玲博士、卢朝辉博士、吴建营博士、张娟博士、杨卫忠博士、曹杨博士、李奎明博士、邬翔博士、周俊明博士、任晓丹博士、黄桥平博士、郝效强博士、曾莎洁博士等。正是与他们之间的互动、砥砺与切、磋、琢、磨，才有了今天的《混凝土随机损伤力学》。在本书即将出版之际，我要对他们的创造性劳动表示由衷的感谢。

吴建营博士、陈建兵博士和任晓丹博士分别撰写了本书部分初稿 (吴建营：第 5 章、第 8 章、第 11 章；陈建兵：第 9 章、第 12 章、附录 C；任晓丹：附录 A)。对这些内容，我进行了必要的增、删。因此，本书若有错误，责任在我。

本书初稿形成于 2005 年秋，在过去 8 年里，先后四易其稿，并多次用于同济大学结构工程专业的研究生教学。迄今，我们虽然已经较为系统地确立了混凝土随机损伤力学的基本理论框架，但由于问题的复杂性，仍然不可能一劳永逸式地解决全部问题。因此，本书的内容是开放的，期待着读者诸君的建议与批评。

李 杰
2013 年仲夏
于 同济园

目　录

前言
第 1 章　绪论 …… 1
1.1　混凝土受力力学行为的一般特征 …… 1
1.1.1　单轴受拉特征 …… 2
1.1.2　单轴受压特征 …… 3
1.1.3　双轴受力特征 …… 6
1.2　经典力学对混凝土力学行为的反映 …… 9
1.3　混凝土损伤力学的发展 …… 12
1.4　本书基本观点与内容 …… 15
1.4.1　本书基本观点 …… 15
1.4.2　本书基本内容 …… 17
第 2 章　应力–应变分析 …… 20
2.1　应力与应变的基本概念 …… 20
2.2　应力张量及其不变量 …… 21
2.2.1　应力张量 …… 21
2.2.2　主应力 …… 22
2.2.3　应力张量的不变量 …… 24
2.3　应变张量及其不变量 …… 27
2.3.1　应变张量 …… 27
2.3.2　应变张量的不变量 …… 27
2.4　应力应变分析基本方程 …… 28
第 3 章　弹塑性力学基础 …… 31
3.1　弹性本构关系 …… 31
3.1.1　线弹性本构关系 …… 31
3.1.2　非线性弹性本构关系 …… 32
3.2　弹塑性本构关系 …… 33
3.2.1　屈服条件 …… 34
3.2.2　硬化法则 …… 35
3.2.3　流动法则与加/卸载准则 …… 36
3.2.4　弹塑性增量本构模型 …… 37

3.2.5 塑性势函数 …… 39
第 4 章 损伤力学基本原理 …… 41
4.1 损伤力学基本概念 …… 41
4.2 热力学基本原理 …… 43
4.2.1 热力学第一定律 …… 44
4.2.2 热力学第二定律 …… 45
4.2.3 等温纯力学过程 …… 46
4.3 弹性损伤模型基本方程 …… 48
4.3.1 基本方程 …… 48
4.3.2 单标量弹性损伤模型 …… 49
4.4 单标量弹塑性损伤本构模型 …… 50
4.4.1 弹塑性自由能 …… 50
4.4.2 弹塑性损伤本构模型 …… 52
4.4.3 内变量演化法则 …… 52
4.4.4 建立弹塑性损伤本构关系模型的一般步骤 …… 55
4.4.5 评注 …… 56
第 5 章 混凝土确定性损伤本构关系 …… 57
5.1 混凝土材料的受力损伤机制 …… 57
5.2 混凝土弹性损伤本构关系 …… 58
5.2.1 应力张量分解 …… 58
5.2.2 Helmholtz 自由能 …… 60
5.2.3 双标量损伤本构关系 …… 62
5.2.4 本构关系的全量表达 …… 63
5.2.5 讨论与注记 …… 66
5.3 混凝土弹塑性损伤本构关系 …… 66
5.3.1 弹塑性 Helmholtz 自由能 …… 67
5.3.2 弹塑性损伤模型 …… 69
5.3.3 塑性变形的确立 …… 71
5.3.4 损伤演化法则 …… 75
5.3.5 切向刚度张量 …… 83
第 6 章 混凝土随机损伤本构关系 …… 85
6.1 细观损伤机制分析 …… 85
6.1.1 典型细观单元损伤分析 …… 85
6.1.2 垂直裂缝方向的正应力作用 …… 87
6.1.3 裂缝正交坐标系内的剪应力作用 …… 88

6.1.4 平行于裂缝方向的正应力作用 89
6.1.5 损伤机制再讨论 90
6.2 细观随机断裂模型 90
6.2.1 细观受拉随机损伤模型 90
6.2.2 随机损伤变量的均值与标准差 95
6.2.3 细观受剪随机损伤模型 98
6.2.4 一维随机损伤本构关系 99
6.2.5 单向受力状态下细观塑性变形的考虑 102
6.3 细观损伤的实验建模 103
6.3.1 利用声发射能率–应变关系的建模 103
6.3.2 直接利用实验平均应力–应变关系的建模 107
6.4 混凝土弹塑性随机损伤本构关系 110
6.4.1 有效应力分解与 Helmholtz 自由能 110
6.4.2 损伤本构关系 111
6.4.3 损伤演化法则 113
6.4.4 经验塑性变形 117
6.4.5 随机损伤本构关系的均值与方差 118
第 7 章 混凝土动力损伤本构关系 121
7.1 基于经验的黏性动力损伤模型 121
7.1.1 研究发展概况 121
7.1.2 塑性力学中的率相关效应模型 122
7.1.3 黏弹塑性动力损伤模型 123
7.2 基于随机 Stefan 效应的动力损伤模型 125
7.2.1 Stefan 效应 125
7.2.2 应变迟滞因子 129
7.2.3 基于随机 Stefan 效应的随机动力损伤模型 131
7.3 基于多裂纹扩展的动力损伤模型 133
7.3.1 高应变率条件下的裂纹扩展特征 133
7.3.2 高应变率条件下的动力损伤机理 134
7.3.3 多裂纹同时扩展的断裂动力学 138
7.3.4 动力损伤模型 141
第 8 章 混凝土本构关系的数值算法 143
8.1 基本概念 143
8.1.1 一维弹塑性损伤本构关系基本方程 143
8.1.2 微分方程的数值算法 145

8.1.3 基于向后欧拉方法的塑性变形求解算法 ········ 146
8.1.4 注记 ········ 150
8.2 弹塑性损伤本构模型数值算法 ········ 150
8.2.1 算子分离算法 ········ 150
8.2.2 有效应力更新 —— 最近点投影算法 ········ 152
8.2.3 谱分解方法 ········ 156
8.2.4 数值一致性切线刚度 ········ 157
8.2.5 算法流程 ········ 159
8.2.6 与通用非线性有限元分析程序的接口 ········ 161
第 9 章 混凝土框架结构分析 ········ 164
9.1 梁–柱构件正截面 N-M-φ 关系分析 ········ 164
9.1.1 条带法 ········ 164
9.1.2 网格法 ········ 168
9.1.3 增量 dN-dM-dφ 关系 ········ 170
9.2 梁–柱单元分析 ········ 171
9.2.1 纤维梁单元增量刚度矩阵 ········ 171
9.2.2 刚域的考虑 ········ 175
9.2.3 注记：混凝土梁–柱单元分析模型的发展 ········ 176
9.3 有限单元柔度法 ········ 177
9.3.1 基本思想 ········ 177
9.3.2 单元状态确定 ········ 180
第 10 章 混凝土剪力墙结构分析 ········ 182
10.1 平面应力单元 ········ 182
10.2 四节点平板壳单元 ········ 185
10.3 精细化平板壳单元 ········ 189
10.3.1 考虑节点旋转自由度的膜单元 ········ 189
10.3.2 八节点 Reissner-Mindlin 板单元 ········ 192
10.3.3 平板壳单元 ········ 195
10.4 钢筋混凝土分层平板壳单元 ········ 196
10.4.1 分层平板壳单元的刚度构成 ········ 196
10.4.2 损伤演化法则的修正 ········ 198
10.4.3 结构非线性分析流程 ········ 200
第 11 章 混凝土实体结构分析 ········ 202
11.1 一般结构初边值问题的有限元方法 ········ 202
11.1.1 初边值问题的微分方程 ········ 202

11.1.2　初边值问题的弱形式 …… 203
11.1.3　初边值问题的有限元控制方程 …… 204
11.2　结构有限元分析的数值实现 …… 206
11.2.1　数值积分方法 …… 207
11.2.2　非线性方程组的求解 …… 207
11.2.3　负刚度问题及其处理 …… 210
11.2.4　结构有限元分析的基本步骤 …… 212
11.3　混凝土结构分析的应变局部化问题 …… 213
11.3.1　软化材料的应变局部化 …… 213
11.3.2　材料应变局部化对初边值问题的影响 …… 214
11.3.3　数值分析结果病态 …… 215
11.4　混凝土材料非局部本构关系 …… 218
11.4.1　非局部材料本构关系的物理机制 …… 218
11.4.2　非局部材料本构模型的基本概念 …… 220
11.4.3　混凝土积分型非局部损伤模型 …… 223
11.4.4　混凝土隐式梯度非局部损伤模型 …… 226
11.4.5　相关评述 …… 228
第 12 章　混凝土结构随机非线性分析 …… 230
12.1　随机性在物理系统中的传播 …… 230
12.1.1　概率守恒原理 …… 230
12.1.2　概率守恒原理的随机事件描述 …… 231
12.1.3　广义概率密度演化方程 …… 232
12.1.4　广义概率密度演化方程的解析解 …… 234
12.2　混凝土结构静力非线性随机反应分析 …… 235
12.2.1　结构反应的概率密度演化方程 …… 235
12.2.2　概率密度演化方程的数值求解步骤 …… 237
12.2.3　概率空间剖分 …… 238
12.2.4　有限差分法 …… 238
12.2.5　注记 …… 241
12.3　混凝土结构动力非线性随机反应分析 …… 242
12.3.1　动力方程与广义概率密度演化方程 …… 242
12.3.2　结构动力分析 …… 244
12.3.3　差分格式的选取 …… 246

12.3.4 地震反应分析实例 ········ 249
参考文献 ········ 252
附录 A 张量初步 ········ 281
A.1 笛卡儿张量 ········ 281
A.2 张量的运算和性质 ········ 283
A.3 张量分析初步 ········ 286
A.4 张量的矩阵表示 ········ 288
A.4.1 动力学 Voigt 表示 ········ 288
A.4.2 运动学 Voigt 表示 ········ 288
附录 B 混凝土细观断裂应变随机场数值模拟 ········ 291
B.1 Karhunen-Loève 分解方法 ········ 291
B.2 随机谐和函数方法 ········ 293
附录 C 多维随机变量空间的剖分与选点 ········ 295
C.1 切球选点法 ········ 295
C.1.1 两个随机变量时的切圆选点方法 ········ 295
C.1.2 三个随机变量时的切球选点方法 ········ 299
C.2 数论选点法 ········ 302
C.2.1 高维数值积分的数论方法 ········ 302
C.2.2 多维随机变量空间的数论选点法 ········ 303
C.3 一般概率分布的处理 ········ 307
C.3.1 基本随机变量的标准化 ········ 307
C.3.2 超球体筛选的推广 ········ 307
索引 ········ 309

Contents

Preface

Chapter 1 Introduction ······ 1

1.1 General mechanical behavior of concrete ······ 1

1.1.1 Uniaxial tensile behavior ······ 2

1.1.2 Uniaxial compressive behavior ······ 3

1.1.3 Biaxial behaviors ······ 6

1.2 Classical mechanical models of concrete ······ 9

1.3 Historical development of concrete damage mechanics ······ 12

1.4 Fundamental viewpoints and contents of this book ······ 15

1.4.1 Fundamental viewpoints ······ 15

1.4.2 Contents ······ 17

Chapter 2 Analyses of stress and strain ······ 20

2.1 Concepts of stress and strain ······ 20

2.2 Stress tensor and its invariants ······ 21

2.2.1 Stress tensor ······ 21

2.2.2 Principal stresses ······ 22

2.2.3 Invariants of stress tensors ······ 24

2.3 Strain tensor and its invariants ······ 27

2.3.1 Strain tensor ······ 27

2.3.2 Invariants of strain tensor ······ 27

2.4 Fundamental equations of stress and strain analyses ······ 28

Chapter 3 Fundaments of elastoplaticity mechanics ······ 31

3.1 Elastic constitutive relations ······ 31

3.1.1 Linear elastic model ······ 31

3.1.2 Nonlinear elastic model ······ 32

3.2 Elastoplastic model ······ 33

3.2.1 Yield criteria ······ 34

3.2.2 Hardening law ······ 35

3.2.3 Flow rule and loading/unloading conditions ······ 36

3.2.4 Incremental elastoplastic constitutive relations ······ 37

3.2.5 Plastic yield function ············ 39

Chapter 4 Principles of damage mechanics ············ 41

4.1 Fundamental concepts of damage mechanics ············ 41

4.2 Principles of thermodynamics ············ 43

4.2.1 First law of thermodynamics ············ 44

4.2.2 Second law of thermodynamics ············ 45

4.2.3 Isothermal process ············ 46

4.3 Eastic damage model ············ 48

4.3.1 Fundamental equations ············ 48

4.3.2 Elastic damage model with a single scalar damage variable ············ 49

4.4 Elastoplastic damage model with a single scalar damage variable ············ 50

4.4.1 Free energy potentials ············ 50

4.4.2 Constitutive relations ············ 52

4.4.3 Evolution laws of internal variables ············ 52

4.4.4 General procedure to develop a plastic-damage model ············ 55

4.4.5 Remarks ············ 56

Chapter 5 Deterministic damage model of concrete ············ 57

5.1 Damage mechanisms of concrete ············ 57

5.2 Elastic damage model of concrete ············ 58

5.2.1 Split of stress tensor ············ 58

5.2.2 Helmholtz free energy potential ············ 60

5.2.3 Damage model with two scalar damage variables ············ 62

5.2.4 Constitutive relations in total form ············ 63

5.2.5 Discussions and remarks ············ 66

5.3 Elastoplastic damage model of concrete ············ 66

5.3.1 Helmholtz free energy potential ············ 67

5.3.2 Elastoplastic damage model ············ 69

5.3.3 Determination of plastic strains ············ 71

5.3.4 Damage evolution law ············ 75

5.3.5 Continuum tangent stiffness tensor ············ 83

Chapter 6 Stochastic damage model of concrete ············ 85

6.1 Mesoscale damage mechanisms ············ 85

6.1.1 Mesoscale analysis of a representative element ············ 85

6.1.2 Mode-I crack under normal extension ············ 87

6.1.3 Mode-II crack under in-plane shear ············ 88

6.1.4 Mode-I crack under tangential extension ······ 89
6.1.5 Reconsideration of damage mechanisms ······ 90
6.2 Mesoscopic stochastic fracture model ······ 90
6.2.1 Stochastic damage model under tension ······ 90
6.2.2 Mean value and standard deviation of random damage variable ······ 95
6.2.3 Stochastic damage model under shear ······ 98
6.2.4 Uniaxial stochastic damage model ······ 99
6.2.5 Uniaxial plastic strains ······ 102
6.3 Experimental modeling of mesoscopic damage ······ 103
6.3.1 Modeling based on acoustic emission tests ······ 103
6.3.2 Modeling based on averaged stress-strain curves ······ 107
6.4 Stochastic elastoplastic damage model of concrete ······ 110
6.4.1 Splits of effective stress and Helmholtz free energy potential ······ 110
6.4.2 Damage constitutive relations ······ 111
6.4.3 Damage evolution law ······ 113
6.4.4 Heuristic modeling of plastic strains ······ 117
6.4.5 Mean value and standard deviation ······ 118
Chapter 7 Dynamic damage model of concrete ······ 121
7.1 Heuristic viscodamage model ······ 121
7.1.1 Literature review ······ 121
7.1.2 Rate-dependent plastic model ······ 122
7.1.3 Viscoplastic dynamic damage model ······ 123
7.2 Models based on stochastic Stefan effect ······ 125
7.2.1 Stefan effect ······ 125
7.2.2 Strain lag factor ······ 129
7.2.3 Dynamic damage model ······ 131
7.3 Dynamic damage model based on multicrack propgation ······ 133
7.3.1 Crack patterns under high strain rate ······ 133
7.3.2 Dynamic damage mechanisms under high strain rate ······ 134
7.3.3 Fracture dynamics of multicrack propagation ······ 138
7.3.4 Dynamic damage model ······ 141
Chapter 8 Numerical implementation of constitutive models ······ 143
8.1 Fundamental concepts ······ 143
8.1.1 Elastoplastic damage model in 1-D ······ 143
8.1.2 Numerical algorithm for solving differential equations ······ 145

8.1.3 Numerical algorithm based on backward Euler method ············ 146
8.1.4 Remarks ············ 150
8.2 Numerical algorithm for elasoplastic damage model ············ 150
8.2.1 Operator split method ············ 150
8.2.2 Closest point projection method for effective stress updating ············ 152
8.2.3 Spectral decomposition method ············ 156
8.2.4 Algorithmic consistent tangent moduli ············ 157
8.2.5 Flow chart of the numerical implementation ············ 159
8.2.6 Interface to general nonlinear finite element program ············ 161
Chapter 9 Nonlinear analysis of reinforced concrete frame structure ············ 164
9.1 Analysis of cross-section behavior ············ 164
9.1.1 Strip method ············ 164
9.1.2 Fiber method ············ 168
9.1.3 Incremental cross-section behavior ············ 170
9.2 Beam-column element ············ 171
9.2.1 Incremental stiffness matrix of fiber element ············ 171
9.2.2 Rigid domain ············ 175
9.2.3 Historic development of RC beam-column elements: a review ············ 176
9.3 Forced-based element ············ 177
9.3.1 Fundamental equations ············ 177
9.3.2 State determination of force-based elements ············ 180
Chapter 10 Nonlinear analysis of reinforced concrete shearwall structures ············ 182
10.1 Plane stress element ············ 182
10.2 4-noded plane shell element ············ 185
10.3 Refined plane shell element ············ 189
10.3.1 Membrane element with nodal rotation ············ 189
10.3.2 8-noded Reinssner-Mindlin plate element ············ 192
10.3.3 Refined plane shell element ············ 195
10.4 Laminate plane shell element for reinforced concrete ············ 196
10.4.1 Stiffness matrix of laminate plane shell element ············ 196
10.4.2 Modified damage evolution laws ············ 198
10.4.3 Flowcharts for structural nonlinear analysis ············ 200

Chapter 11 Nonlinear analysis of concrete solid structures ············ 202
11.1 Finite element method for initial boundary value problem ············ 202
11.1.1 Strong form ············ 202
11.1.2 Weak form ············ 203
11.1.3 Finite element governing equations ············ 204
11.2 Finite element implementation of structural nonlinear analysis ············ 206
11.2.1 Numerical quadrature method ············ 207
11.2.2 Solution of nonlinear equations ············ 207
11.2.3 Ill-condition of stiffness matrix ············ 210
11.2.4 Flowcharts for structural finite element analysis ············ 212
11.3 Strain localization in concrete ············ 213
11.3.1 Strain localization in strain softening materials ············ 213
11.3.2 Effects of strain localization on initial boundary value problems ············ 214
11.3.3 Pathological numerical results ············ 215
11.4 Nonlocal models of concrete ············ 218
11.4.1 Physical mechanisms of nonlocal models ············ 218
11.4.2 Fundamental concepts of nonlocal models ············ 220
11.4.3 Nonlocal damage model of concrete ············ 223
11.4.4 Implicit gradient-enhanced damage model of concrete ············ 226
11.4.5 Remarks ············ 228
Chapter 12 Stochastic nonlinear analysis of reinforced concrete structures ············ 230
12.1 Propagation of randomness in physical system ············ 230
12.1.1 Principle of preservation of probability ············ 230
12.1.2 Random event description of preservation of probability ············ 231
12.1.3 Generalized probability density evolution equation ············ 232
12.1.4 Closed-form solution of generalized probability density evolution equation ············ 234
12.2 Static stochastic nonlinear analysis of reinforced concrete structures ············ 235
12.2.1 Probability density evolution equation of structural responses ············ 235
12.2.2 Numerical scheme for probability density evolution equation ············ 237
12.2.3 Partition of probability-assigned space ············ 238
12.2.4 Finite difference method ············ 238
12.2.5 Remarks ············ 241

12.3 Stochastic dynamic nonlinear analysis of reinforced concrete structure ······ 242
12.3.1 Dynamic system and generalized probability density evolution equation ······ 242
12.3.2 Structural dynamic analysis ······ 244
12.3.3 Selection of finite difference strategies ······ 246
12.3.4 Numerical example of seismic analysis ······ 249
References ······ 252
Appendix A An introduction to tensor ······ 281
A.1 Cartesian tensors ······ 281
A.2 Operattions and properties of tensors ······ 283
A.3 Preliminary tensor calculus ······ 286
A.4 Matrix notations of tensors ······ 288
A.4.1 Voigt notations of kinetic variables ······ 288
A.4.2 Voigt notations of kinematic variables ······ 288
Appendix B Numerical simulation of random field of mesoscopic fracture strains ······ 291
B.1 Karhunen-Loève decomposition method ······ 291
B.2 Stochastic harmonic function method ······ 293
Appendix C Partition of high dimensional probability-assigned space and point selection ······ 295
C.1 Point selection method based on tangent spheres ······ 295
C.1.1 Tangent circle method for two random variables ······ 295
C.1.2 Tangent sphere method for three random variables ······ 299
C.2 Point selection method based on number theory ······ 302
C.2.1 Number theory for high-dimensional numerical integration ······ 302
C.2.2 Number theory based point selction method for multi-random-variable space ······ 303
C.3 Arbitrary probability distribution ······ 307
C.3.1 Standardization of random variables ······ 307
C.3.2 Extension of hyper-spherical sieving method ······ 307
Index ······ 309

第1章 绪 论

混凝土是土木工程中应用最为广泛的工程材料。据统计，在世界范围内，混凝土的工程用量是其他所有建筑材料的十倍。在中国，混凝土工程用量在 2001~2010 年达到了平均每人每年 5t 的水平。这不能不说是一个惊人的数字。

与混凝土工程应用繁荣兴旺的背景相比，关于混凝土科学，尤其是混凝土结构学的研究，明显赶不上发展的需要。一些关键的科学问题，长期处于悬而未决的境地。混凝土材料的受力本构关系与结构非线性分析，就是其中较为突出的两个问题。尽管国内外学者在过去的数十年间付出了大量的努力，然而，由于混凝土材料的高度复杂性，如何科学地反映混凝土结构的受力全过程乃至寿命全过程中的行为特征与本质，并应用这一关于本质的认识去有效地设计与控制工程结构的行为，仍然是凸现在研究工作者与工程师面前的巨大挑战。有鉴于此，本书试图从混凝土受力力学行为的本质随机性与显著非线性特征切入，构建混凝土随机损伤力学的理论体系，以求达到客观反映混凝土受力力学行为本质、服务于工程实践的目的。

1.1 混凝土受力力学行为的一般特征

科学问题起源于对经验事实的观察，混凝土力学也不例外。尽管作为一种人工材料，现代意义上的混凝土仅有 160 余年的历史，但是，经过几代人的努力，人们还是不断深入地获得了大量关于混凝土受力力学行为的感性认识。20 世纪 60 年代以来，随着现代结构实验技术尤其是刚性试验机制造技术的发展，人们对于混凝土受力力学行为的认识建立在了更为客观、真实的实验事实基础之上，从而，推动了研究进程的深入。

混凝土是由水泥、粗骨料、细骨料、各类掺和料组成的多相复合材料。在其形成之初，混凝土内部就具有随机分布的微孔洞、微裂缝等初始缺陷。在外部和自身重力作用下，这些初始损伤因应力集中进一步发展，从而导致材料单元的应力、应变关系逐步偏离线性关系，呈现出非线性的基本特征。同时，由于混凝土材料各组分具有随机分布的特征，无论是初始的损伤分布还是后续的损伤演化过程，都不可避免地具有随机性的特征。非线性与随机性，是混凝土受力行为的两个基本特征(李杰, 2004, 2008)。这样的基本认识，产生于对混凝土受力力学行为的一般经验特征的考察。

1.1.1　单轴受拉特征

混凝土的抗拉强度和变形是研究混凝土破坏机理的主要依据之一。所采用的试验试件一般为棱柱体或圆柱体。典型的混凝土试件单轴受拉应力–应变全曲线如图 1.1.1 所示。

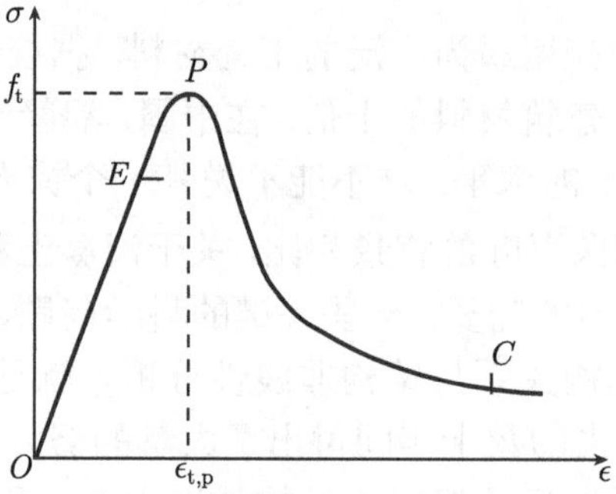

图 1.1.1　轴心受拉应力–应变全曲线

在初始受拉阶段，应力应变基本服从线性增长的关系，在应力达到抗拉强度 f_t 的 50% ~ 70% 时，变形增长逐渐加快，应力应变关系逐渐偏离线性，开始呈现非线性的特点。到达峰值应力 f_t 时，相应的应变 $\epsilon_{t,p}$ 为 $(70\sim140)\times10^{-6}$。随后，名义应力很快下降，形成下降段曲线。当平均应变达 $2\epsilon_{t,p}$ 时，可在受拉试件表面观察到细小的横向裂缝，缝宽为 0.04 ~ 0.08mm，此时，试件残余应力为 $(0.2\sim0.3)f_t$。此后，裂缝迅速延伸、发展，最终裂缝贯穿整个截面，试件断为两截。从受拉破坏的细观机制考察，上述破坏过程事实上是因为混凝土初始缺陷 (微裂缝、微孔洞) 处应力集中产生损伤、损伤逐步累积而最终导致破坏的过程。

图 1.1.2 是对混凝土单轴受拉试件进行数值模拟的结果。从图中可以清楚地看

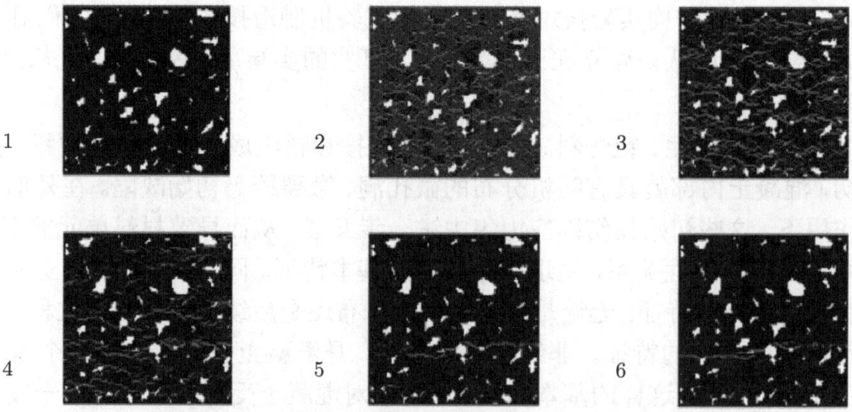

图 1.1.2　混凝土单轴受拉试件的数值模拟

到混凝土内部在初始损伤处应力集中、损伤逐步发展变化的过程。

从混凝土受拉力学性能试验中还可以观察到一个非常重要的事实：在同样的混凝土材料配合比、同样的试件尺寸、同样的加载条件下，试验所得的应力–应变曲线并不完全一致 (图 1.1.3)，在试验曲线的下降段，这些差别表现得相当明显。这就不能不归结到随机性的影响了。而随机性产生的本质原因，在于初始损伤分布、损伤产生与演化过程的随机性。

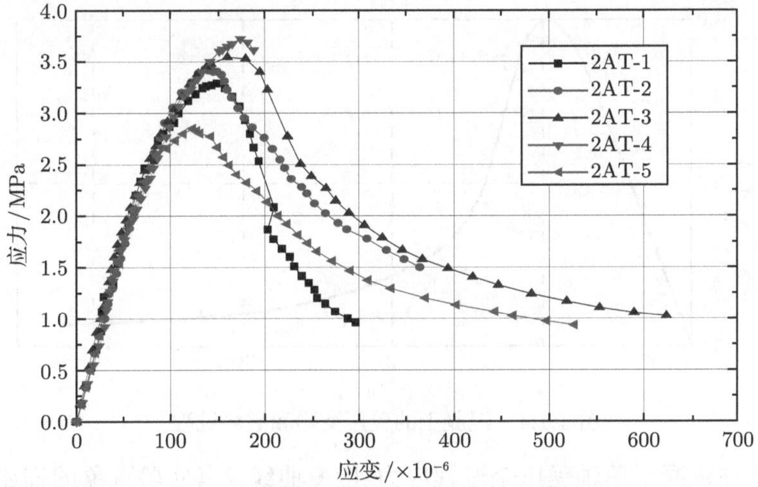

图 1.1.3 混凝土单轴受拉力学行为的随机性

1.1.2 单轴受压特征

与单轴受拉类似，混凝土单轴受压的破坏过程同样是试件内部微裂缝、微缺陷因受力而开展并导致损伤逐步累积的过程。不同的是在这一破坏过程的后期加入了混凝土塑性变形的影响。典型的混凝土试件单轴受压试验应力–应变全曲线如图 1.1.4 所示。

由图 1.1.4 可见：当试件截面平均应力较小时 ($\sigma \approx (0.3 \sim 0.4)f_\mathrm{c}$，大体对应图 1.1.4 中 A 点)，试件应变随应力增长近似成比例增加。此后，应变逐渐加速增长，应力–应变曲线开始呈现非线性的特征。当试件平均应力 σ 达到 $(0.8 \sim 0.9)f_\mathrm{c}$ 时 (大体对应图 1.1.4 中 B 点，此时应变 $\epsilon \approx (0.65 \sim 0.85)\epsilon_\mathrm{p}$，$\epsilon_\mathrm{p}$ 为应力–应变曲线峰点处应变)，混凝土内部微裂缝已经有较大程度的开展，但试件表面尚无肉眼可见裂缝。此后，混凝土内部微裂缝开展加快，平均应力很快达到极限抗压强度 (图 1.1.4 中 C 点)；在控制应变增长速率的条件下，应力–应变曲线在 C 点以后转入下降段。此后，当应变 $\epsilon \approx (1 \sim 1.35)\epsilon_\mathrm{p}$ 时 (大体对应图 1.1.4 中 D 点，此时应力 $\sigma \approx (1.0 \sim 0.9)f_\mathrm{c}$)，试件表面出现第一条可见裂缝，裂缝方向大体平行于受力方向。继续增大应变，试件表面相继出现多条不连续的纵向裂缝，与之相应，试件承载力迅速下降。到达 E 点附近时 (混凝土应变 $\epsilon \approx (2 \sim 3)\epsilon_{\mathrm{p}}$，相应的应力 $\sigma \approx (0.4 \sim 0.6) f_{\mathrm{c}}$)，在试件表面出现宏观斜裂缝，并逐步贯通。此后，试件内部已经不再是单轴受压应力状态，而是承受正应力和剪应力的综合作用。在这种综合作用下，随加载应变值的增大，前述斜裂缝逐渐形成破损带，试件残余承载力缓慢下降，当应变 $\epsilon \approx 6\epsilon_{\mathrm{p}}$ 时，残余强度为 $(0.1 \sim 0.4) f_{\mathrm{c}}$。

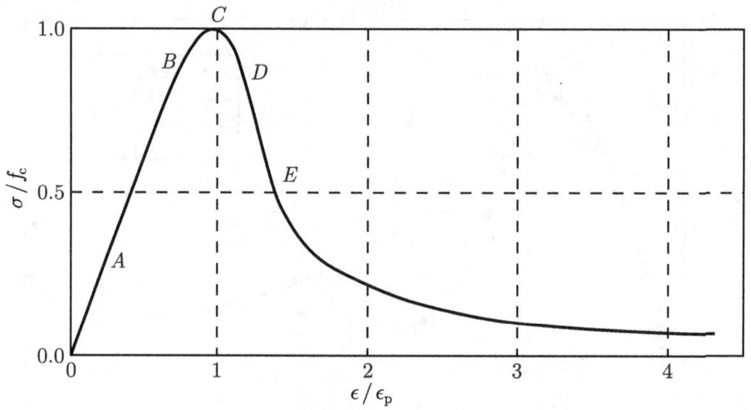

图 1.1.4　混凝土的受压变形和破坏过程

分析上述混凝土单轴受压全过程应力–应变曲线及其实验现象的描述可知，正确的单轴受压应力–应变本构方程应针对图 1.1.4 中 E 点之前的曲线建立。E 点之后，由于斜裂缝的产生，混凝土内部事实上处于复杂应力状态下，不能用单轴应力–应变关系反映。

Slate 和 Olsefski(1963) 曾进行了一组特殊的实验。在这一组实验中，采用了理想化的圆形骨料，并采用 X 射线摄像技术观测到了混凝土单轴受压的裂缝过程，如图 1.1.5 所示。从图中可以看到：多数混凝土初始裂缝产生于骨料与水泥砂浆的

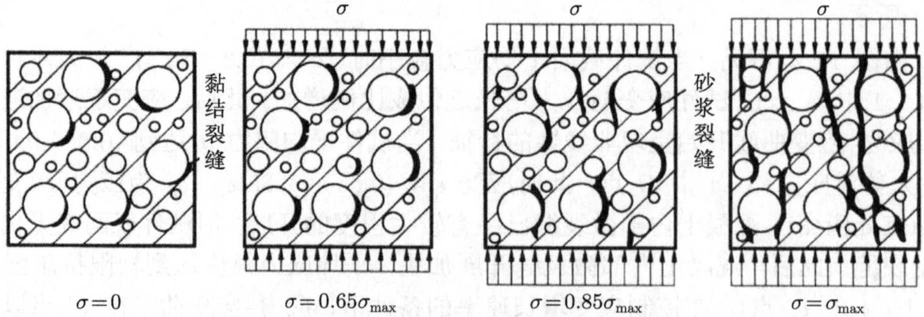

图 1.1.5　用 X 射线观测的混凝土单轴受压的裂缝过程 (Slate & Olsefski, 1963)

结合部。在同一研究中，也研究了普通骨料形成的混凝土试件，其观测结果与圆形

骨料大体相同。

图 1.1.6 是对混凝土单轴受压试件进行数值模拟的结果。从图中不仅可以清楚地看到混凝土内部在初始损伤处应力集中、损伤逐步发展变化的过程，还可以看到破坏逐步集中的过程。

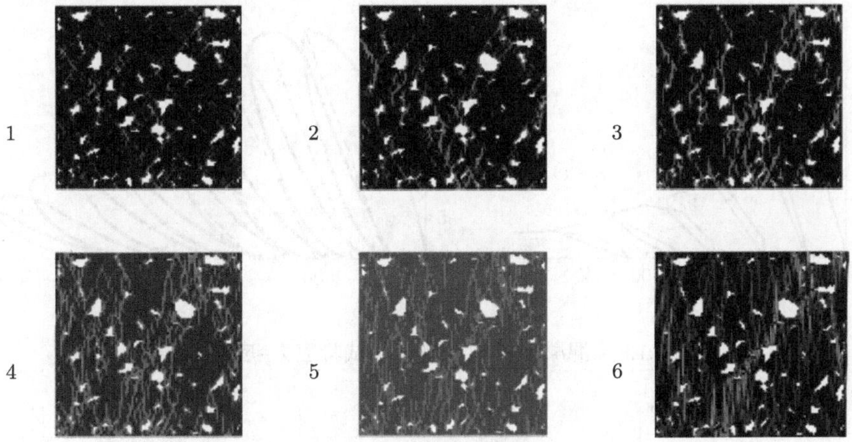

图 1.1.6 混凝土单轴受压试件的数值模拟

在混凝土单轴受压力学性能试验中，同样可以观察到随机性的显著影响。图 1.1.7 给出了一组具有同样的混凝土材料配合比、同样的试件尺寸、同样的加载条件下的试验结果。可见，在单轴受压条件下，随机性的影响更为明显。造成这种更为明显的随机性表现的原因，一方面与损伤产生和演化过程的随机性有关，另一方面是受力条件的变化使随机性要素得到了更为充分的实现机会。

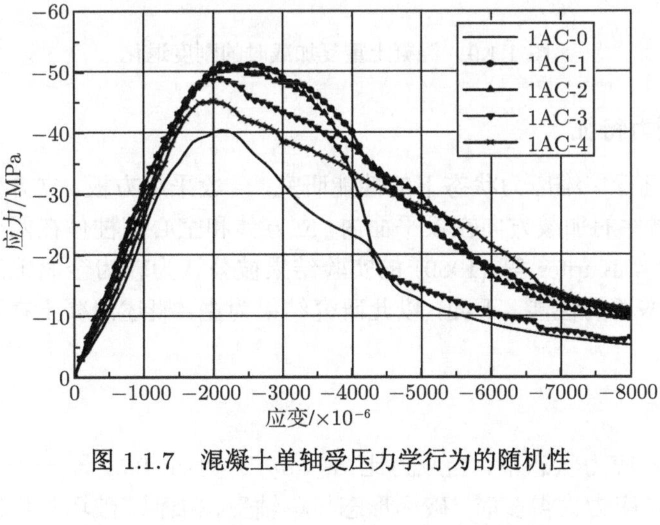

图 1.1.7 混凝土单轴受压力学行为的随机性

图 1.1.8 给出了典型的重复加载试验的应力–应变曲线 (Karsan & Jirsa, 1969)。与单调加载条件下的应力–应变关系研究相比较，混凝土在重复加载条件下的应力–应变关系的典型特征 —— 刚度退化，以更为清楚的方式表现出来。图 1.1.9 以一种更为直接的方式反映了这一特征。

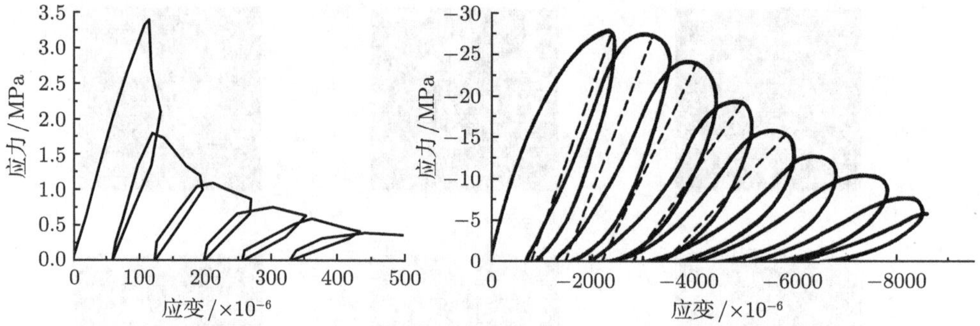

图 1.1.8　混凝土单轴重复加载试验应力–应变曲线

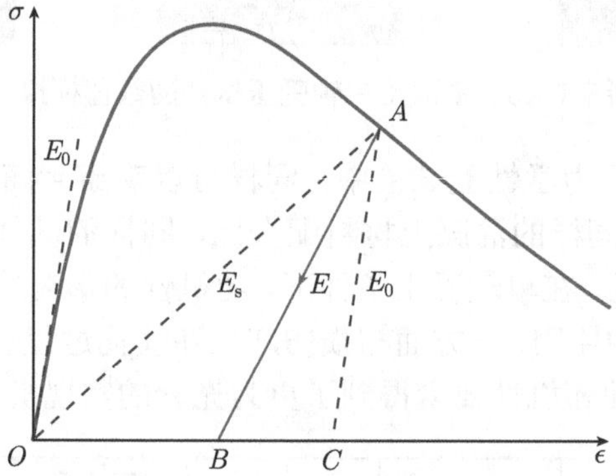

图 1.1.9　混凝土重复加载时的刚度退化

1.1.3　双轴受力特征

对混凝土进行二维应力状态下的性能研究，一般采用方板、立方体或空心圆柱体试件。板式试件的加载方向在板平面内，立方体和空心圆柱体在两个互相垂直的方向加载。迄今，Kupfer 等 (1969) 的实验结果被公认为较为全面地反映了混凝土在二维应力状态下的性能。下面，以此研究结果为主，概述混凝土在双轴受力状态下的宏观性能。

1) *破坏形态*

在双轴受拉应力状态下，当应力比 $\alpha = \sigma_2/\sigma_1$ 小于 0.5，即一个方向的拉应力比另一方向的拉应力大得多时，破坏形态与单轴受拉类似，破坏时仅出现垂直于最大拉应力方向的一条裂缝，裂缝两旁混凝土无明显损伤；当应力比大于 0.5 而接近于 1 时，主裂缝方向与较大拉应力成一角度，在双向等拉时约为 45°，一般也仅出现一条裂缝。在双轴受压应力状态下，当应力比 α 在 0.25~1 时，由于试件受到两个方向的较大压应力作用，在压应力作用方向不产生拉应变，而在垂直压力作用的自由面方向产生拉应变。破坏时，在垂直自由面方向出现大致平行的裂面，主裂缝与压力作用平面倾斜，其角度为 10°~ 20°。裂缝贯通整个试件，呈片状破坏。对应力比 $\alpha = 0 \sim 0.25$ 的双轴受压应力状态，由于在试件较小压应力作用方向产生拉应变，破坏类似单轴受压：在互相垂直的两个横方向均出现大体平行的裂面，主裂缝与纵向压力呈斜向倾角，并贯通整个试件。在双轴拉、压应力作用时，若受拉方向拉应力大于受压方向压应力的 1/15，破坏形态与单轴受拉相似：仅出现垂直最大拉应力方向的一条裂缝。对于压应力较大时的拉压受力状态，破坏形态则与单轴受压相似。

可见，混凝土在双轴受力状态下的破坏形态主要为拉伸破坏和剪切破坏。在拉应力为主的双向受力情况，包括双轴受拉和大部分的双轴拉、压，尽管裂缝的方向发生变化，其破坏实质与主拉应力有关，且仅有一条裂缝；而在压应力为主的双向受力情况，包括双轴受压和少部分的双轴拉压，则发生类似单轴受压的剪切破坏形态，主裂缝倾斜于主压应力方向。

2) 强度变化规律

图 1.1.10 是 Kupfer 等 (1969) 提出的双轴强度包络图，在实验均值意义上，这类变化规律被后来许多研究者的实验所证实。

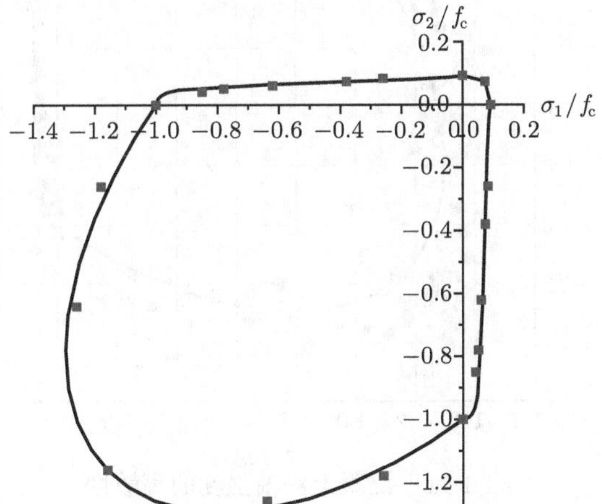

图 1.1.10 Kupfer 等提出的混凝土双轴强度包络图

从图 1.1.10 不难看出，在双向受拉应力状态，应力比对混凝土抗拉强度影响不大，即在任意应力比下，混凝土的双轴抗拉强度与单轴抗拉强度相比无明显变化。当混凝土处于一向受压一向受拉时，混凝土抗拉 (压) 强度均小于单轴抗拉 (压) 强度，即随着拉应力的增大，抗压强度逐渐减小 (拉压软化效应)；同样，随着压应力的增大，抗拉强度也逐渐减小。当混凝土处于双向受压时，混凝土抗压强度将高于单轴抗压强度 (强度增强效应)，其提高程度与应力比有关。在主应力比 $\alpha \approx 0.5$ 时，强度提高最大，约为 25%；而在双向等压时，约为 16%。事实上，在双轴受压状态，一个方向的压应力对另一方向应力所引起的侧向变形形成一定程度的约束，限制了内部微裂缝的发展，因此，双向受压状态时混凝土强度高于单向受压的峰值强度。而在一轴受压一轴受拉状态，一个方向上作用的拉应力会加大另一方向压应力所引起的侧向变形，从而加速内部微裂缝的发展，因此，受压方向混凝土强度降低。

汇集混凝土双轴受压力学性能试验结果，可以观察到随机性的显著影响。采用单轴受力极限强度进行归一化，图 1.1.11 给出了一批双轴受压试验的破坏强度试验结果 (Kupfer et al., 1969; 过镇海和时旭东, 2003; Lee et al., 2004; 李杰等, 2007; Ren et al., 2008)。由图可见：实验点分布具有明显的离散性。不难推测：这源于混凝土受力过程中的损伤产生与演化的随机性。

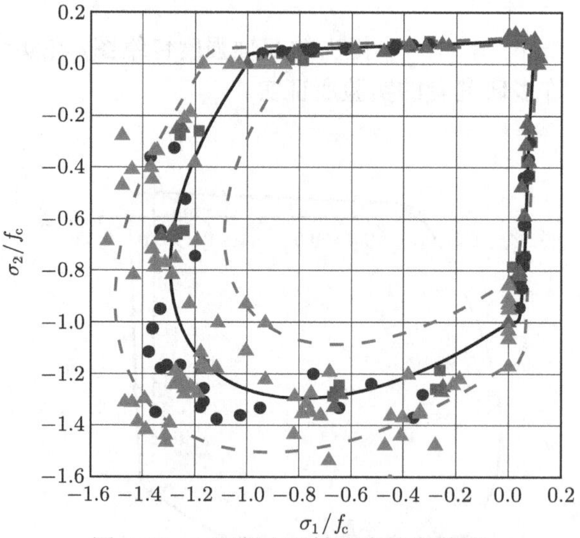

图 1.1.11　混凝土双轴强度的离散性

(图中实线为均值曲线，虚线为均值加、减 1 倍标准差的结果)

总结上述混凝土受力破坏与变形的一般特征可见，单轴受拉、受压强度差异明显、达到峰值强度后出现应力软化、随变形增加卸载刚度明显退化、双向受压强度较单向受压强度增大、双轴拉压应力状态出现拉压软化现象等是混凝土受力力学行为的典型特征。同时，由于混凝土内部初始缺陷与细观力学性能 (如细观强度、细观弹性模量) 的随机性，混凝土受力力学行为具有本质的随机性特征。合理的混凝土力学模型，应该较为全面地反映这些特征。

1.2 经典力学对混凝土力学行为的反映

对混凝土受力力学行为进行科学合理的表述，一直是混凝土科学研究的重点。自 19 世纪末以来，在固体力学领域发展起来的基本理论，几乎无一例外地被尝试应用于混凝土材料的力学行为表述。到了 20 世纪 80 年代，更是形成了混凝土力学的分支学科。为了对这一发展历程有一个科学直观的了解，不妨以混凝土单轴受压为例，说明经典力学对混凝土受力力学行为的反映方式与发展轨迹。

如图 1.2.1 所示，混凝土单轴受压应力–应变曲线具有典型的非线性、峰值强度后的软化和刚度退化等复杂特性。

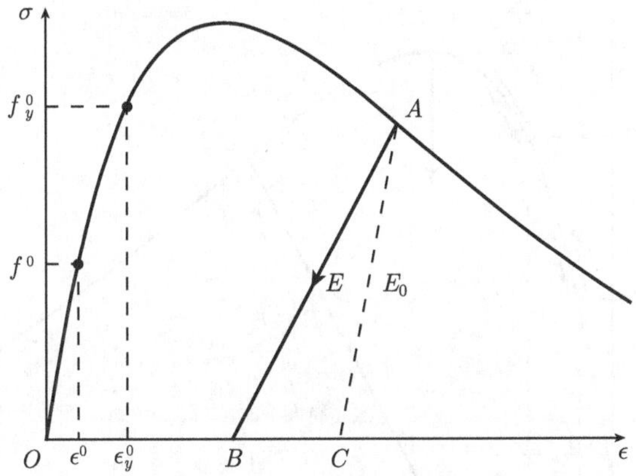

图 1.2.1 混凝土单轴单调加载的受压应力–应变曲线

为了反映混凝土的受力力学行为，在早期 (19 世纪末至 20 世纪初)，人们试图采用经典的线弹性力学理论反映混凝土的力学特性。在混凝土内部的应力达到材料极限抗压强度时，认为材料破坏，并由此建立结构设计准则。显然，仅在混凝土内部应力较小 (如小于极限强度的 50%) 时，按照线弹性力学理论预测的混凝土应力状态才符合实际 (图 1.2.2)，而在混凝土内部应力较大时，按照线弹性力学理论预测的混凝土应力状态存在明显偏差。在混凝土受力状态出现软化时，线弹性力学理论完全没有预测能力。

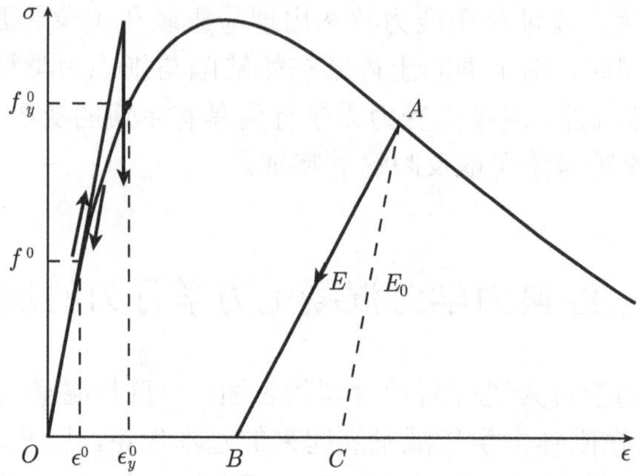

图 1.2.2　线弹性力学理论对混凝土应力–应变关系的反映

20 世纪 30 年代，由于认识到经典线弹性力学理论的局限性，人们试图引用非线性弹性理论反映混凝土的受力力学行为。究其基本思想，是采用图 1.2.3 的模式反映混凝土非线性。这种反映方式中，应力加载阶段与应力卸载阶段将遵循同样的轨迹，在混凝土内部的应力达到材料极限抗压强度时，认为材料破坏。

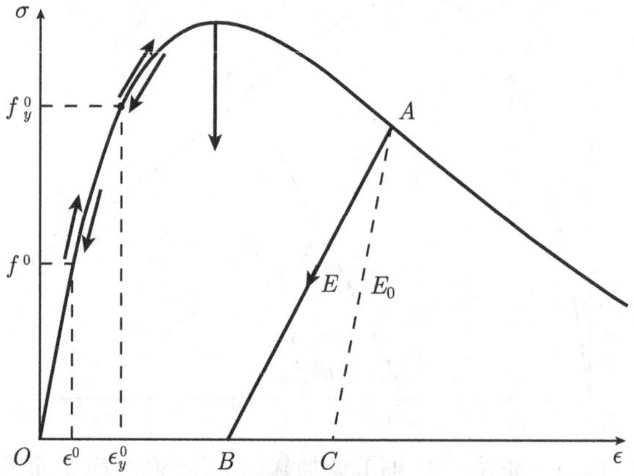

图 1.2.3　非线性弹性力学理论对混凝土应力–应变关系的反映

按照非线弹性力学理论预测的混凝土应力状态，尽管在加载阶段扩大了预测精度良好的范围 (在峰值强度之前均可以达到理想效果)，但对于卸载，则完全不符合实际 (图 1.2.3)。同时，这一理论不能反映混凝土受力状态的软化现象。因此，人们普遍认为，非线性弹性理论仅适用于单调加载条件下、混凝土内部应力达到峰值强度之前的受力力学行为预测，而不适用于重复与反复加载以及应力软化段的应力分析。

到了 20 世纪 50 年代，由于塑性力学理论的发展及其在金属材料力学行为分析领域取得的巨大成功，人们开始引用塑性力学理论反映混凝土的受力力学行为。这一发展趋势，一直持续到 20 世纪 80 年代中期还余波不息 (Chen, 1981)。

仔细梳理塑性力学理论应用于混凝土材料的历史，可以发现从理想弹塑性到强化弹塑性理论的发展轨迹。如果退化到一维的单轴受压受力状态考察，可以用图 1.2.4 描述。

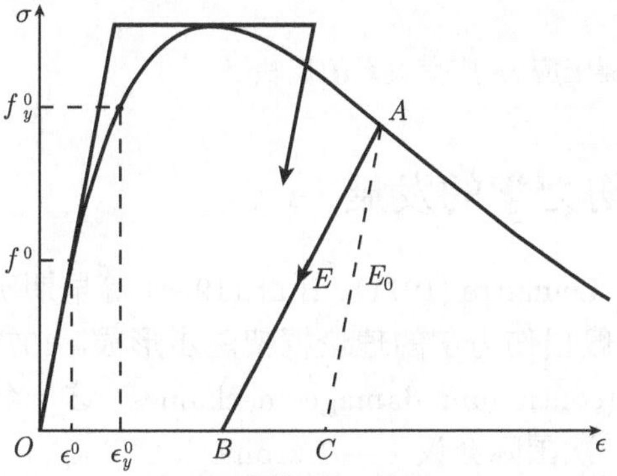

(a) 理论弹塑性理论

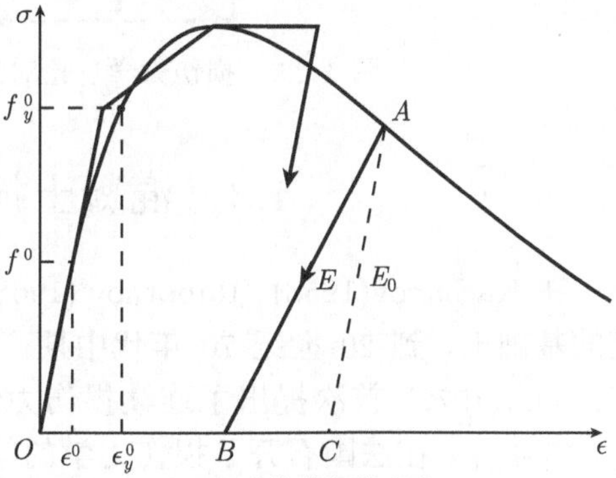

(b) 强化弹塑性理论

图 1.2.4 塑性力学理论对混凝土应力–应变关系的反映

采用塑性力学理论反映混凝土的受力力学行为，最大的好处是可以在一定程度上反映混凝土被重复或反复加载时的应力状态。同时，如采用强化弹塑性理论，往往能够在应力的上升阶段达到较好的分析效果。正是因为如此，20 世纪 80 年代以来，弹塑性分析理论在工程界得到了较为广泛的应用。然而，由于塑性力学理论在经验背景上源于金属材料，天然地具有不能反映混凝土材料受力力学本质的根本缺陷。例如，即使采用强化弹塑性理论，也难以反映混凝土的刚度退化、强度软化、材料各向异性等复杂特性。

20 世纪 80 年代中期以来，混凝土损伤力学的发展，为科学合理地反映混凝土受力力学行为带来了新的希望。损伤的基本概念在物理本质上契合了混凝土材料的基本特征，因此按照这一研究路径建立的损伤力学模型可以反映混凝土受力力学行为的主要特征。损伤导致刚度退化，损伤导致强度软化，这样的一些基本观念不断深化人们对损伤力学的认识，也促进着损伤力学的深入发展。图 1.2.5 是按照损伤力学基本原理建立的混凝土单轴受压应力–应变关系。可见，损伤力学模型可以基本全面地反映混凝土受力行为的非线性性质。

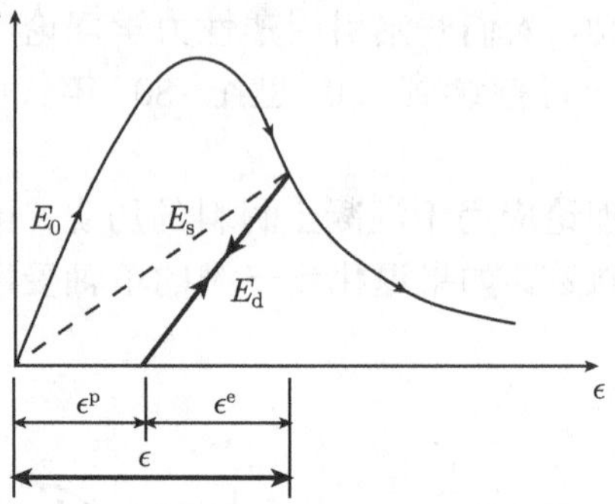

图 1.2.5　损伤力学理论对混凝土应力–应变关系的反映

1.3　混凝土损伤力学的发展

在 Kachanov(1958)、Rabotnov (1968)、Lemaitre (1971)、Hult (1974) 等早期研究的基础上，到 20 世纪 70 年代中期，一般损伤力学的理论框架逐步形成。1972 年，Hult(1972) 首次提出了连续损伤力学(continuum damage mechanics) 这一名称。1981 年，在法国召开了损伤力学的第一次国际会议 ——Euromech Colloquium 147-Damage Mechanics (Lemaitre, 1981)。20 世纪 80 年代以来，损伤力学引起了各国学者的广泛兴趣，得以迅速发展，并在实际工程中得到越来越广泛的运用。

一般认为，最早将损伤力学的基本概念应用于描述混凝土非线性特性的是 Dougill(1976)，尽管在他的论文中所用的术语是弹性断裂。Dougill 认为, 材料的非线性是由渐进断裂引起的刚度衰减造成的。

Dougill 的模型虽然具备了损伤力学的雏形，但是并没有在损伤力学的理论框架下进行针对混凝土力学性能的深入分析。事实上，混凝土损伤力学理论研究中具有开创意义的工作是由法国学者 Ladevèze(1983) 和 Mazars (1984, 1986) 做出的。众所周知：混凝土最典型的性质是在拉应力和压应力作用下会表现出迥异的强度与刚度特性 (所谓单边效应)。基于这一背景，Ladevèze(1983) 引入应力张量的正负分解，并假设由正应力引起受拉损伤，负应力引起受压损伤，在复杂加载时，损伤为受拉损伤和受压损伤的组合。这种损伤变量的表达形式，后来普遍应用于混凝土的损伤本构关系建模。1984 年后，Mazars(1984, 1986) 采用上述应力张量分解的思路，引入弹性损伤能释放率建立损伤准则，为混凝土损伤力学的进一步发展奠定了热力学基础，其模型后来被称为 Ladevèze-Mazars 单边损伤本构模型。这一模型能够很好地模拟混凝土材料在低周反复荷载作用下的刚度退化和强度软化现象，分析结果与单轴试验结果的吻合程度也令人满意。然而，这类模型无法反映双轴受压应力状态下混凝土强度和延性提高的现象。

此后，不少研究者试图在弹性损伤的框架内修正和完善 Ladevèze-Mazars 模型，其中代表性的工作包括 Mazars 和 Pijaudier-Cabot (1989)、Lubarda 等 (1994)、Papa 和 Taliercio(1996) 以及 Comi 和 Perego (2001) 等。但是，由于弹性损伤理论框架本身的局限性，这些研究并没有在 Ladevèze-Mazars 模型的基础上取得实质性进展，所建立的模型也难以很好地反映混凝土多轴非线性力学行为的机理和特性，尤其在多轴受压区，模型预测结果与实验结果存在显著差距。

弹性损伤模型的根本缺陷在于没有反映混凝土受力非线性发展过程中部分存在塑性变形这一事实。缘因于此，一批研究者试图突破弹性损伤的理论框架，将塑性应变及其演化规律引入到损伤本构关系的建模过程中，以期能够反映混凝土材料的残余变形。在此方向，研究工作大体上沿着两个侧面展开。其一，是在 Cauchy 应力空间建立塑性应变的演化方程，如 Simó 和 Ju (1987a,1987b)、Lubliner 等. (1989)、Yazdani 和 Schreyer (1990)、Abu-Lebdeh 和 Voyiadjis (1993)、Prisco 和 Mazars (1996) 以及 Ananiev 和 Ozbolt (2004) 等。Cauchy 应力表征宏观水平的表观应力，材料进入软化段后，宏观应力会下降，因此，基于 Cauchy 应力空间建立的弹塑性损伤模型必然涉及屈服面收缩问题，由此可能产生数值收敛和稳定性等一系列问题。在另一侧面，在有效应力空间建立塑性应变演化方程，则不会出现这些问题。事实上，在加载过程中，有效应力空间内的屈服面一直处于膨胀状态而不存在收缩，因此可以避免软化段的复杂处理问题。在此侧面的典型研究见于 Ju (1989)、Lee 和 Fenves (1998a, 1998b, 2002) 和 Jason 等 (2006)。考虑到直接运用塑性力学方法在屈服状态判断时需要进行迭代，出于对大型结构非线性分析时计算效率的考虑，也有学者采用经验表达的方法来考虑塑性变形，如 Faria 等 (1998, 2004)、Vallinppan 等 (1999)、Hatzigeorgioiu 等 (2001)。

损伤力学的核心问题之一是建立损伤准则。在上述损伤本构模型中，基于损伤能释放率建立损伤准则，如 Mazars(1986) 弹性损伤本构模型、Simó和 Ju(1987a, 1987b) 弹塑性损伤模型等，虽然具有明确的不可逆热力学基础，但分析结果无法准确模拟混凝土的力学行为；而基于经验建立损伤准则，如 Resende(1987) 模型、Faria 等 (1998, 2004) 模型，虽然可以较好地模拟混凝土的力学行为，但理论框架缺乏热力学基础，从而使其普遍性受到质疑。针对这一困境，吴建营和李杰从考虑损伤和塑性的耦合效应入手，引入弹塑性 Helmholtz 自由能势，基于弹塑性损伤能释放率建立损伤准则，形成了具有热力学基础的双标量弹塑性损伤模型(李杰和吴建营, 2005; 吴建营和李杰，2005a, 2005b; Li & Wu, 2006; Wu et al., 2006; Wu & Li, 2007)。大量对比研究表明：应用这一模型的数值算法相对简单，计算效率能够满足大型混凝土结构非线性分析的需要。从而，在理论性和实用性上取得了较好的统一。

与上述宏观损伤力学的研究相对比，细观损伤力学试图从混凝土细观缺陷 (微裂缝、微孔洞) 的形成与发展的角度反映混凝土力学行为的发展、变化过程。对于单条微裂缝对材料宏观性质的影响，研究已经比较成熟，Nemat-Nasser 和 Hori(1999)

对此进行了详细的评述。然而，混凝土在其形成之初，就天然地存在大量细观缺陷。在其受力过程中，微裂缝间的相互作用必然会影响混凝土力学行为的发展与变化。为了考虑这种影响，各国研究者进行了大量的研究，形成了 Mori-Tanaka 方法 (Mori & Tanaka, 1973)、自洽方法 (Budiansky & O'Connell, 1976)、广义自洽方法 (Christensen & Lo, 1979)、微分方法 (Norris, 1985)、非相互作用方法 (Nemat-Nasser & Hori, 1999)、微裂缝扩展区模型 (Feng & Yu, 1995; Yu & Feng, 1995; Feng & Yu, 2000) 等系列研究途径。但是，上述方法都只能在稀疏裂缝分布的前提下描述裂缝之间的弱相互作用，对加载中后期混凝土中微裂缝之间的交错、合并甚至形成剪切带等强相互作用无能为力。因此，人们普遍认为基于上述思路建立的混凝土细观损伤模型并不具有实用性，只能为宏观损伤力学的计算结果提供某些参照。

我们已经反复提及，混凝土受力力学性质的基本特征，不仅表现出高度的非线性，而且表现出典型的随机性。虽然人们很早就注意到混凝土力学性质的随机性，但是真正从随机力学的角度认真研究，是从 20 世纪 90 年代开始的 (Breysse, 1990; Carmeliet & Hens, 1994; Kandarpa et al., 1996; 李杰和张其云, 2000, 2001)。1982 年，Krajcinovic 和 Silva (1982) 将经典的弹簧模型(Peirce, 1926; Daniels, 1945; Iwan, 1967) 引入混凝土材料损伤研究中，在细观水平上以单个弹簧的断裂表示损伤的产生，以并联弹簧束的随机断裂模拟混凝土材料的破坏机制，从弹簧束破坏概率的角度定义混凝土材料的损伤，建立了混凝土单轴受拉本构关系模型。这一模型首次将损伤以概率的形式引入混凝土的本构关系研究中，部分地模拟了混凝土材料的破坏机理。但是，这一模型中定义的损伤为弹簧束的破坏概率，基于这一定义，损伤变量在本质上是确定性变量，不能确定损伤及其演化的变异性信息。因此，Krajcinovic 模型在本质上属于确定性本构关系模型。1990 年，在 Krajcinovic 和 Silva(1982) 模型的基础上，Breysse(1990) 结合连续介质损伤力学模型，第一次从宏观和细观两个水平上考察了混凝土的随机本构关系。Breysse 在模型中引入了表示微弹簧数量的尺度因子以表征所研究问题的尺度效应及对损伤方差的影响，并将 Krajcinovic 模型扩展到单轴受压状态。1994 年，Carmeliet 和 Hens(1994) 将 Mazars 和 Pijaudier-Cabot(1989) 模型中损伤演化方程的材料参数用二维 Nataf 型随机场表示，将表征材料固有特征的随机场参数引入确定性混凝土损伤本构关系中，对混凝土的随机损伤本构关系进行了探索。在假设材料均匀、各向同性的条件下，通过引入经验相关长度，给出了二维 Nataf 型随机场的简化计算模型。1996 年，Kandarpa 等 (1996) 对 Krajcinovic 模型做了进一步扩展，通过选择随机场的相关结构考虑相邻缺陷之间的相互影响，建立了基于弹簧模型的混凝土单轴受压随机损伤本构模型。2001 年，李杰和张其云对 Kandarpa 模型做出系列改进 (李杰和张其云, 2001)，提出了细观随机断裂模型。在这类模型中，明确引入细观断裂应变作为基本的随机损伤变量，分别建立了混凝土单轴受拉和单轴受压随机损伤本构关系(李杰和张其云, 2001; Li et al., 2003a; 李杰等, 2003)。同时，在弹性损伤理论框架里建立了双轴拉压随机损伤本构模型 (张其云, 2001)。细观随机断裂模型的本质，是将材料力学性质的随机性作为损伤的演化依据之一，这就能自然而然地将混凝土材料内秉的非线性与随机性及两者的耦合作用纳入一个统一的模型中，从而实现非线性与随机性的综合反映。

对细观层次损伤随机性的概率性把握，有助于建立损伤演化从细观到宏观的桥梁。从而，不仅可以从根本上解决混凝土非线性与随机性的综合反映问题，也在物理机制上给混凝土材料的损伤演化规律一个合理的解释。事实上，细观随机断裂模型从本质上初步解释了损伤何时发生 (损伤准则)、损伤如何演化 (损伤演化法则如何建立) 的物理原因，也正确回答了这些经典损伤力学很难回答的问题。

2004 年以来，将前述双标量弹塑性损伤模型与单轴受力随机损伤本构模型相结合，李杰等引入能量等效应变的概念、建立了一维损伤与多维应力空间中损伤的联系桥梁，从而，在细观随机断裂模型的基础上建立了混凝土多维随机损伤本构模型(李杰, 2004, 2008; 李杰和杨卫忠, 2009; Li & Ren, 2009)，并进行了系列的实验研究 (李杰等, 2007; 曾莎洁, 2012)。运用这一模型，不仅可以合理地给出混凝土多维应力条件下的均值本构关系及其随机变化范围，而且可以理想地反映混凝土材料所特有的强度软化、刚度退化、单边效应、拉压软化、有侧压时的强度增长等一系列特殊行为，从而为进行结构层次的非线性分析提供了基础。

混凝土本构关系研究的目的，在于服务于工程结构在外部及自身作用下受力力学行为的分析，从而为混凝土结构的合理设计提供科学依据。所以，仅混凝土本构关系的表述，并不足以构成混凝土随机损伤力学的全部内容。混凝土结构的随机力学分析，是混凝土随机损伤力学的另一个重要侧面。考虑力学参数随机性进行结构的力学行为分析，可以上溯至 20 世纪 60 年代末，但是，直至 20 世纪 90 年代末，这一领域的研究工作主要集中在对线性结构的分析，对于非线性结构，由于问题的复杂性，虽经大量努力，仍然进展甚微。2001 年以来，李杰、陈建兵从概率密度演化的基本思想入手，逐步完整地建立了随机非线性力学分析的基本理论体系，并将之应用于混凝土结构的非线性分析，取得了长足的进展。关于随机力学方面的研究发展状况，已经在相关专著(李杰, 1996; Li & Chen, 2009a) 中详加描述，兹不赘述。

结合混凝土随机损伤本构关系与混凝土结构随机非线性分析，混凝土随机损伤力学的理论体系已经大体形成。

1.4 本书基本观点与内容

1.4.1 本书基本观点

前已述及，混凝土是由水泥、粗骨料、细骨料以及各类掺和料组成的多相复合材料。在其形成之初，混凝土内部就具有随机分布的微孔洞、微裂缝等初始缺陷。在外部和自身重力作用下，这些初始损伤会因应力集中逐渐发展，从而导致材料单元的应力–应变关系逐步偏离线性关系，呈现出非线性的基本特征。同时，由于混凝土材料各组分具有随机分布的性质，无论是初始的损伤分布还是后续的损伤演化进程，都不可避免地具备随机性的特征。随机的损伤演化，必然导致随机的强度表现、随机的本构关系。因此，采用概率论的观点，才能更为客观地反映混凝土材料的受力本构行为。

随机现象产生的原因，在于对产生这一现象的部分或全部本质要素的不可控制性。构成随机现象转移、演化的内在驱动力，则是物理、力学规律 (李杰, 2005, 2006)。因此，对于混凝土随机损伤力学，首要的问题便是对材料物理力学规律 —— 应力–应变本构关系的研究。由于混凝土材料构成的复杂性，其受力非线性行为表现出了高度的复杂性，这使得经典力学理论难以完整地反映混凝土材料的受力非线性行为。事实上，一个“好的”混凝土本构模型，应该具备两方面的基本特征：其一是理论上的合理性，不仅应该能够反映混凝土受力非线性行为的主要特征 (如强度软化、刚度退化、拉压软化、单边效应等)，而且应该在逻辑上是自洽的；其二是应用上的简明性，本构关系的理论表述是简单明了的，可以方便地应用于工程结构的分析之中，并且，本构关系的主要参数应能通过简单的力学试验方法获取。从这两个方面考察，将宏观损伤力学与细观断裂力学结合起来，并在细观层次引入随机性的描述，有希望达成上述基本目的。

损伤导致非线性，混凝土材料的损伤不可避免地具有随机性。这一背景使非线性与随机性密切地耦合了起来。这种耦合效应与物理力学规律相结合，构成了混凝土受力行为从材料到结构、从简单到复杂的丰富多彩的演化进程。正是这种演化进程，导致混凝土从材料到结构受力非线性行为的多样性与不可精确预测性质。非线性造成关于线性应力–应变状态的偏离 (应力重分布)，随机性使这种偏离带有不能被确定性跟踪的特征。这样的一种演化进程，不仅可以使非线性效应得到增强或削弱 (涨落)，也可以使结构行为的变异性特征得到放大或缩小 (另一种意义的涨落)。换句话说，随机损伤及其演化必然导致涨落。可以合理地猜测：结构越复杂，涨落越显著。而结构关于外力作用效应的涨落，直接关系到结构的安全与否。我们发现：可以从概率密度演化的角度反映结构随机反应的涨落规律。利用这一思想，不仅可以在总体上把握结构非线性随机反应的基本趋势，也可以考察结构非线性损伤进程中的细部特征。较之简单的随机取样方法或较为粗略的数值特征传递求解，概率密度演化理论更具有合理性、现实性与吸引力。事实上，利用结构反应的概率密度演化规律，可以方便地给出混凝土结构在各种复杂受力条件下的可靠度。而在一般科学意义上，通过对不同尺度上的物理过程概率密度演化全过程的考察，可以发现随机性之源，深入理解随机性的本质。

采用损伤力学的基本观点反映混凝土的非线性行为，通过细观断裂的研究建立损伤产生与随机演化的基本法则，从随机性与非线性耦合的角度认识混凝土结构损伤演化进程导致的非线性及随机性的涨落，发展概率密度演化理论以实现对随机演化规律“从本构到结构”的反映，在所有这些研究的基础上，发展现代混凝土结构的精细化设计理论与智能控制理论。这些，是本书第一作者在混凝土随机损伤力学研究中所持的基本观点，也是在研究进程中一直坚持把握的基本发展路线(李杰, 2004)。

在本书中，我们希望较为系统地介绍上述基本观点和现有的主要研究成果。显然，由于问题的复杂性，我们不可能、也不准备一劳永逸式地解决全部问题。因此，本书的内容是开放的、具有探索性的阶段性成果。

1.4.2 本书基本内容

本书从随机损伤力学的基本观点出发, 论述混凝土本构关系与结构层次的非线性分析问题。其中第 2~8 章论述混凝土本构关系，第 9~12 章介绍混凝土结构确定性和随机非线性反应分析的内容。

第 2 章梗概介绍应力-应变分析的基础知识。应力与应变概念的提出，是人类力学认识史上的重要突破。通过应力概念，关于物体受力平衡的观念在细观意义上得以体现；通过应变概念，宏观变形与细观变形有了定量的转化关系；而在多维空间建立的应力、应变之间的本质联系 (本构关系)，则在理论抽象意义上描述了材料的基本力学性质，构成了研究结构在自身重力及各种外部作用下的变形及运动的基础。

第 3 章介绍弹塑性力学的基本知识。事实上，如果把视野扩大到在百年尺度上考察固体力学的发展史，我们就会发现：继承, 尤其是批判性的继承，在科学研究中具有至关重要的方法论意义。粗略地说，弹性损伤力学是在有效应力空间中应用经典弹性力学，而弹塑性损伤力学则是在有效应力空间中应用经典弹塑性力学，只是加入了对损伤演化规律的考察与反映。因此，弹塑性力学的基本知识，对于理解损伤力学原理具有基础性的价值。

第 4 章介绍损伤力学的基本原理。从经典的损伤变量的定义出发，逐步论及应变等效原理、Clausius-Duhem 不等式、损伤力学基本方程等内容。作为一个导论性框架，我们在这一章中介绍单标量弹塑性损伤模型，以使读者可以由浅入深地了解损伤力学的基本建模方法。同时，为了体现工程力学的特点，在这一章中我们有意回避了连续介质力学中一些不易理解的内容，但保持了理论上的相对完整性。

第 5 章论述混凝土确定性弹塑性损伤本构关系。在较为明确地叙述混凝土受力损伤的一般特征之后，从应力张量的分解切入，较为详细地介绍混凝土弹性损伤本构关系模型，并指出它和一类经典非线性弹性全量本构关系模型的等价性。然后，较为详细地介绍近年来作者所发展的混凝土双标量弹塑性损伤本构关系。结合第 3 章、第 4 章的论述，读者应该不难理解双标量弹塑性损伤本构模型的基本公式。

第 6 章论述混凝土随机损伤本构关系。这是我们近 15 年来致力研究的基本课题之一。作者的一批研究生在不同侧面作出了他们的贡献。在这一章中，从对混凝土细观损伤机制分析入手，论述采用受拉损伤和受剪损伤反映混凝土基本损伤机制的合理性。在此基础上，提出两类细观随机断裂模型。通过引入能量等效应变的概念，在确定性混凝土弹塑性损伤本构模型基础上，建立了混凝土随机损伤本构关系的基本模型。

混凝土的动力率相关效应，构成了混凝土受力力学行为的本质随机性、显著非线性之外的第三种特征。本书第 7 章专门论述混凝土的动力损伤本构关系。在介绍一般动力损伤模型之后，秉承作者的一贯思想，特别致力于说明混凝土动力率相关效应赖以产生的物理原因，并在此基础上给出随机动力损伤本构关系。

本书第 8 章介绍本构关系的数值算法。由于问题的实践性质，我们建议读者根据书中的基本内容，自己动手编写一个程序，相信会对其中的技术细节有更为深刻的理解。为了能使读者的工作有实用价值，我们特意给出弹塑性损伤本构模型与通用非线性有限元分析程序的接口结构。通过这个接口，读者应该不难实现简单结构的非线性分析。应该指出，由于确定性本构关系与随机本构关系的内在一致性，这些分析也构成了结构随机非线性分析的基础。

自本书第 9 章，开始论述结构层次的非线性反应分析问题。在第 9 章中，以框架结构为对象，详细介绍从截面分析、单元分析到结构分析的基本过程，论述其中的关键技术细节。与此同时，给出确定性结构静力非线性分析的基本方法。

第 10 章介绍混凝土剪力墙结构的非线性分析。由于构件层次的分析往往难以达到理想的分析精度，本章主要从本构层次切入，逐步深入地介绍平面应力单元、壳单元、分层平板壳单元，建立可以应用于剪力墙结构的基本单元分析模型，并给出分析流程。

第 11 章介绍混凝土实体结构的非线性分析。在简要介绍有限元分析的基本原理之后，我们将重点放在混凝土结构有限元分析的特有问题：应变局部化与非局部本构关系。通过对这一关键问题及现有解决方案的剖析，试图将读者引导到当代混凝土结构非线性分析研究的前沿。

书中最后一章论述混凝土结构随机非线性反应分析问题。从对我们提出的广义概率密度演化方程的基本论述入手，分别阐述混凝土结构静力和动力非线性随机反应分析问题，并给出应用实例。希望对这方面工作有更深入了解的读者，可以参阅我们的另一本著作*Stochastic Dynamics of Structures* (Li & Chen, 2009a)。

作者相信，上述内容已经基本完整地勾勒出混凝土随机损伤力学的基本理论框架。

为了方便读者，本书还给出三个附录，希望对读者理解本书起到辅助作用。

第 2 章　应力–应变分析

2.1　应力与应变的基本概念

力是物体间的相互作用。通常把作用于一个物体上的力分为外力和内力。其中，外力是指其他物体作用于该物体上的力，内力是指该物体内部各部分之间相互作用的力。为了研究物体内部的受力状态，可以采用取隔离体的办法，即用一假想的平截面将所研究物体切开，取出一部分作为研究对象，如图 2.1.1 所示。

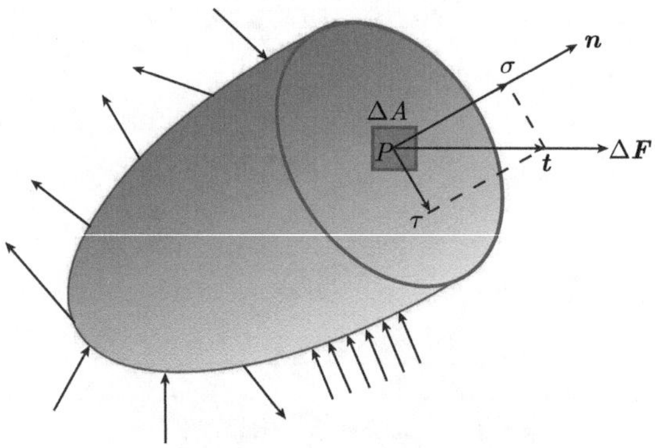

图 2.1.1　隔离体与应力分解

这时，在隔离体截面上的内力，即被移去部分物体对隔离体的作用力就暴露了出来。当研究隔离体截面上某一点 P 的内力时，可取包含 P 点、面积为 ΔA 的一个单元。设作用于 ΔA 上的内力为 ΔF，则该面积上内力的平均值为 $\Delta F/\Delta A$，当 ΔA 无限减小而趋于 P 点时，$\Delta F/\Delta A$ 也将趋于一定的极限值，即

$$\lim_{\Delta A\to 0}\frac{\Delta F}{\Delta A}=\boldsymbol{t} \tag{2.1.1}$$

式中，t 为 P 点的应力矢量，方向与内力 ΔF 相同。沿着截面的法向和切向方向，可以把 t 分解为正应力 σ 和剪应力矢量 τ。

物体在力的作用下所发生的形状改变，称为变形。为了分析物体某一点 P 处在某一平面内的变形状态，可在这一点沿坐标轴的正方向分别取两个微小的线段 $\overline{PA}$、$\overline{PB}$(图 2.1.2)。物体变形以后，这两个线段的长度以及它们之间的夹角一般都

将有所改变。一般地，将各线段每单位长度的伸缩量称为正应变，用 ϵ 表示；线段之间夹角的改变量称为剪应变，用 γ 表示。

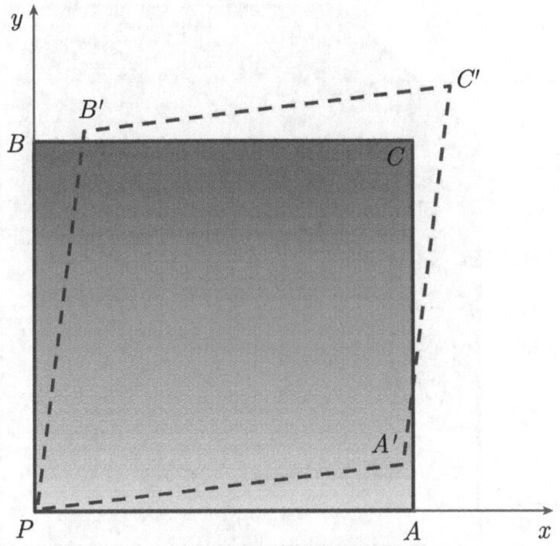

图 2.1.2 应变分析

应力与应变概念的提出，是人类力学认识史上的重要突破。借助于应力与应变的基本概念，关于连续介质力学的认识得以持续深入。例如，通过抽象的应力概念，关于物体受力平衡的观念得以在细观意义上体现；通过应变概念，宏观变形与细观变形有了定量的转化关系。而应力、应变之间的本质联系，则构成了材料受力本构关系的研究主题。

2.2 应力张量及其不变量

2.2.1 应力张量

在物体内的同一点 P，取不同截面时，其上面应力的大小和方向都会发生改变。为了准确地描述物体内一点的应力状态，需要引入空间坐标系 $oxyz$。在此坐标系内，于 P 点周围取出一个微小的六面体，六面体的各面与相应的坐标面平行，各棱边之长分别为 Δx、Δy 和 Δz，如图 2.2.1 所示。

将微元体每一平面上的应力沿坐标轴方向分解为一个正应力与两个剪应力，并注意到在极限情况下两平行面上的应力相等，可知：在 $oxyz$ 直角坐标系中，连续介质中一点处的应力状态可以表示为一个二阶应力张量$\sigma_{ij}(i,j=1,2,3)$：

$$\sigma_{ij}=\begin{bmatrix}\sigma_x & \tau_{xy} & \tau_{xz}\\ \tau_{yx} & \sigma_y & \tau_{yz}\\ \tau_{zx} & \tau_{zy} & \sigma_z\end{bmatrix} \tag{2.2.1}$$

由于剪应力的互等性，上述应力张量中的 9 个分量只有 6 个是彼此独立的，即应力张量是二阶对称张量。

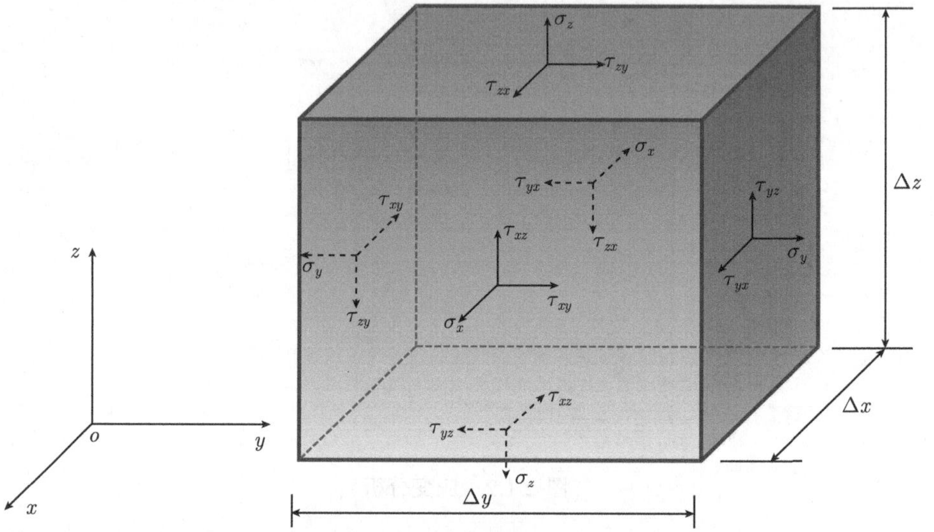

图 2.2.1　微元体应力

2.2.2　主应力

利用上述应力表述方式，可以方便地建立过一点 P 在任意方向斜截面上的应力与直角坐标系内应力分量之间的关系。事实上，设应力矢量 $\boldsymbol{t}$ 在各坐标轴上的投影分别为 t_x、t_y 和 t_z，根据图 2.2.2，并利用四面体的平衡，有

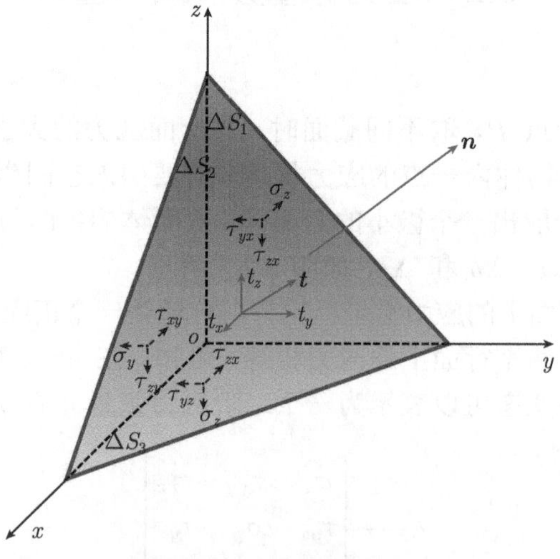

图 2.2.2　斜截面应力

$$t_x = \sigma_x n_x + \tau_{xy} n_y + \tau_{xz} n_z \tag{2.2.2a}$$

$$t_y = \tau_{yx} n_x + \sigma_y n_y + \tau_{yz} n_z \tag{2.2.2b}$$

$$t_z = \tau_{zx} n_x + \tau_{zy} n_y + \sigma_z n_z \tag{2.2.2c}$$

式中，n_x、n_y 和 n_z 为外法线 $\boldsymbol{n}$ 的方向余弦，例如，$n_x = \cos(\boldsymbol{n}, \boldsymbol{x})$。

采用张量记号 (参见附录 A)，式 (2.2.2) 可简单地写为

$$t_i = \sigma_{ij} n_j \tag{2.2.3}$$

应力矢量 $\boldsymbol{t}$ 在外法线 $\boldsymbol{n}$ 方向上的投影为 P 点处的正应力 σ，显然有

$$\sigma = \sigma_x n_x^2 + \sigma_y n_y^2 + \sigma_z n_z^2 + 2\tau_{xy} n_x n_y + 2\tau_{yz} n_y n_z + 2\tau_{zx} n_z n_x \tag{2.2.4}$$

而剪应力的大小 τ 则可由矢量分解关系给出

$$\tau = \sqrt{t_x^2 + t_y^2 + t_z^2 - \sigma^2} \tag{2.2.5}$$

式中，$|\boldsymbol{t}| = \sqrt{t_x^2 + t_y^2 + t_z^2}$ 为应力矢量 $\boldsymbol{t}$ 的大小。

由式 (2.2.5) 可以推断，在任一点 P 处，应该存在过 P 点的某一斜截面，其上的正应力 σ 等于该微平面上的总应力 $\boldsymbol{t}$，即存在剪应力等于零的平面。此平面上的正应力称为主应力。若以 σ 表示主应力，则它在各坐标轴上的投影为

$$t_x = \sigma n_x \tag{2.2.6a}$$

$$t_y = \sigma n_y \tag{2.2.6b}$$

$$t_z = \sigma n_z \tag{2.2.6c}$$

将式 (2.2.6) 代入式 (2.2.2) 得

$$(\sigma_x - \sigma) n_x + \tau_{xy} n_y + \tau_{xz} n_z = 0 \tag{2.2.7a}$$

$$\tau_{yx} n_x + (\sigma_y - \sigma) n_y + \tau_{yz} n_z = 0 \tag{2.2.7b}$$

$$\tau_{zx} n_x + \tau_{zy} n_y + (\sigma_z - \sigma) n_z = 0 \tag{2.2.7c}$$

采用张量记号，式 (2.2.7) 可简单地写为

$$(\sigma_{ij} - \sigma \delta_{ij}) n_j = 0 \tag{2.2.8}$$

式中，δ_{ij} 为 Kronecker 记号，定义为

$$\delta_{ij} = \begin{cases} 1, & i = j \\ 0, & i \neq j \end{cases} \tag{2.2.9}$$

若用矩阵表示 δ_{ij}，即为单位矩阵

$$[\delta_{ij}] = \begin{bmatrix} 1 & 0 & 0 \\ 0 & 1 & 0 \\ 0 & 0 & 1 \end{bmatrix} \tag{2.2.10}$$

显然，式 (2.2.7) 是关于 n_x、n_y 和 n_z 的一个线性齐次方程组。由方向余弦性质 $n_x^2 + n_y^2 + n_z^2 = 1$ 可知，n_x、n_y 和 n_z 不会同时为零，因此，式 (2.2.7) 应有非零解。事实上，线性齐次方程组存在非零解的必要条件是其系数行列式等于零，即有

$$\left| \sigma_{ij} - \sigma\delta_{ij} \right| = 0 \tag{2.2.11}$$

将式 (2.2.11) 展开，得

$$\sigma^3 - I_1\sigma^2 + I_2\sigma - I_3 = 0 \tag{2.2.12}$$

式中

$$I_1 = \sigma_x + \sigma_y + \sigma_z \tag{2.2.13a}$$

$$I_2 = \left(\sigma_x\sigma_y + \sigma_y\sigma_z + \sigma_z\sigma_x\right) - \left(\tau_{xy}^2 + \tau_{yz}^2 + \tau_{zx}^2\right) \tag{2.2.13b}$$

$$I_3 = \begin{vmatrix} \sigma_x & \tau_{xy} & \tau_{xz} \\ \tau_{yx} & \sigma_y & \tau_{yz} \\ \tau_{zx} & \tau_{zy} & \sigma_z \end{vmatrix} \tag{2.2.13c}$$

特征方程 (2.2.12) 有 3 个实根，即 3 个主应力σ_1、σ_2 和 σ_3。一般约定：$\sigma_1 \geqslant \sigma_2 \geqslant \sigma_3$。将主应力值 σ_i 代入式 (2.2.8) 可以求出主应力的 3 个方向。可以证明：当 $\sigma_1 \neq \sigma_2 \neq \sigma_3$ 时，3 个主应力方向相互垂直。因此，3 个主应力的方向矢量组成了一组正交坐标系，在这一坐标系内的应力张量表示为

$$\sigma_{ij} = \begin{bmatrix} \sigma_1 & 0 & 0 \\ 0 & \sigma_2 & 0 \\ 0 & 0 & \sigma_3 \end{bmatrix} \tag{2.2.14}$$

对于给定的应力状态，其主应力是确定的，即其大小与方向不会因选取不同的坐标系而改变。换句话说，主应力数值与坐标系的选取无关。当坐标系发生转换时，应力张量的分量随之改变，但主应力不变。因此，通常采用三维主应力空间中点的运动轨迹来表示一点处应力状态的变化。应力点的运动轨迹称为应力路径。

2.2.3　应力张量的不变量

在主应力空间中，式 (2.2.11) 可写为

$$\left(\sigma - \sigma_1\right)\left(\sigma - \sigma_2\right)\left(\sigma - \sigma_3\right) = 0 \tag{2.2.15}$$

将式 (2.2.15) 展开并与式 (2.2.12) 相比较可知:

$$I_1 = \sigma_1 + \sigma_2 + \sigma_3 \tag{2.2.16a}$$

$$I_2 = \sigma_1\sigma_2 + \sigma_2\sigma_3 + \sigma_3\sigma_1 \tag{2.2.16b}$$

$$I_3 = \sigma_1\sigma_2\sigma_3 \tag{2.2.16c}$$

I_1、I_2 和 I_3 分别称为应力张量的第一、第二和第三不变量。由于主应力大小与方向不随坐标系的选取而改变，I_1、I_2 或 I_3 也必然是与坐标系选取无关的量。

将 3 个主应力的平均值定义为一点处的平均应力，记为 σ_m，即

$$\sigma_m = \frac{1}{3}(\sigma_1 + \sigma_2 + \sigma_3) = \frac{1}{3}I_1 \tag{2.2.17}$$

利用平均应力，可以将应力张量σ_{ij} 分解为两个分量:

$$\sigma_{ij} = \sigma_m \begin{bmatrix} 1 & 0 & 0 \\ 0 & 1 & 0 \\ 0 & 0 & 1 \end{bmatrix} + \begin{bmatrix} \sigma_x - \sigma_m & \tau_{xy} & \tau_{xz} \\ \tau_{yx} & \sigma_y - \sigma_m & \tau_{yz} \\ \tau_{zx} & \tau_{zy} & \sigma_z - \sigma_m \end{bmatrix} \tag{2.2.18}$$

采用张量记号，式 (2.2.18) 可表示为

$$\sigma_{ij} = \sigma_m \delta_{ij} + s_{ij} \tag{2.2.19}$$

在式 (2.2.18) 或式 (2.2.19) 中，等式右端第一个张量称为应力球张量(或球应力张量)，它相当于四周承受相等压力 (静水压力) 的应力状态；等式右端第二个张量称为偏应力张量，它相当于纯剪切的应力状态。事实上，记偏应力张量为

$$s_{ij} = \begin{bmatrix} s_x & \tau_{xy} & \tau_{xz} \\ \tau_{yx} & s_y & \tau_{yz} \\ \tau_{zx} & \tau_{zy} & s_z \end{bmatrix} \tag{2.2.20}$$

则有

$$s_{ii} = s_x + s_y + s_z = \sigma_x - \sigma_m + \sigma_y - \sigma_m + \sigma_z - \sigma_m = 0 \tag{2.2.21}$$

式 (2.2.21) 恰好满足一点应力状态 σ_{ij} 为纯剪切状态的充分必要条件 $\sigma_{ii} = 0$。

应力球张量与应力偏张量都是一种应力状态，因此同样存在不变量。分别进行与应力张量不变量相类似的推导，可得应力球张量的不变量为

$$I_{1m} = 3\sigma_m = I_1 \tag{2.2.22a}$$

$$I_{2m} = 3\sigma_m^2 = \frac{1}{3}I_1^2 \tag{2.2.22b}$$

$$I_{3m} = \sigma_m^3 = \frac{1}{27}I_1^3 \tag{2.2.22c}$$

因此，应力球张量的不变量可以用一个不变量 I_1 表示。

应力偏张量s_{ij} 的不变量为

$$J_1 = s_{ii} = 0 \tag{2.2.23a}$$

$$J_2 = \frac{1}{2}s_{ij}s_{ji} = (s_x s_y + s_y s_z + s_z s_x) - (\tau_{xy}^2 + \tau_{yz}^2 + \tau_{zx}^2) \tag{2.2.23b}$$

$$J_3 = \frac{1}{3}s_{ij}s_{jk}s_{ki} = \begin{vmatrix} s_x & \tau_{xy} & \tau_{xz} \\ \tau_{yx} & s_y & \tau_{yz} \\ \tau_{zx} & \tau_{zy} & s_z \end{vmatrix} \tag{2.2.23c}$$

J_1、J_2 和 J_3 分别称为应力偏张量的第一、第二、第三不变量。由于 $J_1 = 0$，一点的应力状态也可以用 I_1、J_2 和 J_3 表示。

采用应力张量不变量可以减少表示应力状态所必需的参量数量。其中，$\sqrt{J_2}$ 在数值上等于八面体平面上剪应力的倍数，又是 π 平面上的矢径大小的倍数①(图 2.2.3)，在弹塑性理论中尤为重要。J_2 的常见等价表达式有

$$\begin{aligned} J_2 &= \frac{1}{6}\left[(\sigma_x - \sigma_y)^2 + (\sigma_y - \sigma_z)^2 + (\sigma_z - \sigma_x)^2\right] + \tau_{xy}^2 + \tau_{yz}^2 + \tau_{zx}^2 \\ &= \frac{1}{6}\left[(\sigma_1 - \sigma_2)^2 + (\sigma_2 - \sigma_3)^2 + (\sigma_3 - \sigma_1)^2\right] \\ &= \frac{1}{3}I_1^2 - I_2 \end{aligned} \tag{2.2.24}$$

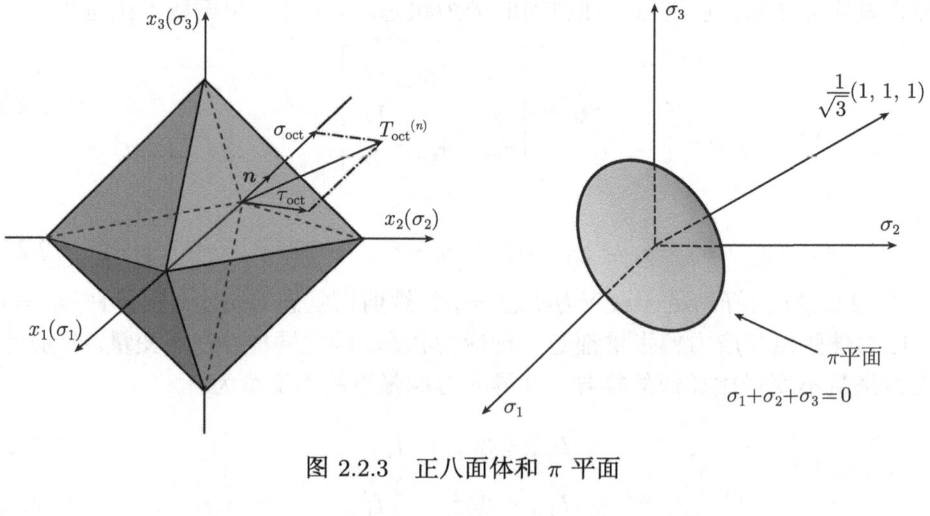

图 2.2.3　正八面体和 π 平面

① 在以主应力σ_1、σ_2 和 σ_3 为正交坐标系的应力空间里，将垂直于静水状态轴 $\sigma_1 = \sigma_2 = \sigma_3$ 且通过原点的偏平面 $\sigma_1 + \sigma_2 + \sigma_3 = 0$ 称为 π 平面。π 平面上任意一点代表一个无静水应力分量的纯剪状态。

2.3 应变张量及其不变量

2.3.1 应变张量

与应力类似，物体内一点处的应变状态可以用应变张量表示为

$$\epsilon_{ij}=\begin{bmatrix}\epsilon_x & \frac{1}{2}\gamma_{xy} & \frac{1}{2}\gamma_{xz}\\ \frac{1}{2}\gamma_{yx} & \epsilon_y & \frac{1}{2}\gamma_{yz}\\ \frac{1}{2}\gamma_{zx} & \frac{1}{2}\gamma_{zy} & \epsilon_z\end{bmatrix} \tag{2.3.1}$$

式中，ϵ_x、ϵ_y 和 ϵ_z 分别为 x、y 和 z 坐标轴方向上的线应变；$\gamma_{xy}=\gamma_{yx}$、$\gamma_{yz}=\gamma_{zy}$ 和 $\gamma_{xz}=\gamma_{zx}$ 分别为对应于 x-y 面、y-z 面和 z-x 面的工程剪应变。

由剪应变的互等性可知，应变张量为二阶对称张量。

2.3.2 应变张量的不变量

在连续介质的任一点处，总可以找到 3 个相互垂直的方向，沿这些方向线应变达到极值，而相应剪应变为零，称这 3 个方向为应变主方向，相应的线应变称为主应变，并用 ϵ_1、ϵ_2 和 ϵ_3 表示。通常约定：$\epsilon_1\geqslant\epsilon_2\geqslant\epsilon_3$。主应变可以由下述应变特征方程求得 (与应力推导方式类似，所不同者，应力利用平衡，应变直接利用投影关系)

$$\epsilon^3-I_1'\epsilon^2+I_2'\epsilon-I_3'=0 \tag{2.3.2}$$

式中

$$I_1'=\epsilon_x+\epsilon_y+\epsilon_z=\epsilon_1+\epsilon_2+\epsilon_3 \tag{2.3.3a}$$

$$I_2'=\left(\epsilon_x\epsilon_y+\epsilon_y\epsilon_z+\epsilon_z\epsilon_x\right)-\frac{1}{4}\left(\gamma_{xy}^2+\gamma_{yz}^2+\gamma_{zx}^2\right)=\epsilon_1\epsilon_2+\epsilon_2\epsilon_3+\epsilon_3\epsilon_1 \tag{2.3.3b}$$

$$I_3'=\begin{vmatrix}\epsilon_x & \frac{1}{2}\gamma_{xy} & \frac{1}{2}\gamma_{xz}\\ \frac{1}{2}\gamma_{yx} & \epsilon_y & \frac{1}{2}\gamma_{yz}\\ \frac{1}{2}\gamma_{zx} & \frac{1}{2}\gamma_{zy} & \epsilon_z\end{vmatrix}=\epsilon_1\epsilon_2\epsilon_3 \tag{2.3.3c}$$

I_1'、I_2' 和 I_3' 分别称为应变张量的第一、第二和第三不变量，其值与坐标系的选取无关。

主应变的大小和方向与坐标系的选择无关，因此，可以以主应变方向为基本坐标方向构造三维应变空间，其中的点对应于相应连续介质中点的应变状态，而应变空间中点的运动轨迹，则刻画了相应连续介质中点的应变轨迹。可以证明，在各向同性弹性状态下，主应变方向与主应力方向重合 (杨桂通, 1980)。

引入平均应变

$$\epsilon_m = \frac{1}{3}\left(\epsilon_x + \epsilon_y + \epsilon_z\right) \tag{2.3.4}$$

以及

$$e_x = \epsilon_x - \epsilon_m, \quad e_y = \epsilon_y - \epsilon_m, \quad e_z = \epsilon_z - \epsilon_m \tag{2.3.5}$$

与应力张量相对应，应变张量也可以分解为两部分：

$$\epsilon_{ij} = \begin{bmatrix} \epsilon_m & 0 & 0 \\ 0 & \epsilon_m & 0 \\ 0 & 0 & \epsilon_m \end{bmatrix} + \begin{bmatrix} e_x & \frac{1}{2}\gamma_{xy} & \frac{1}{2}\gamma_{xz} \\ \frac{1}{2}\gamma_{yx} & e_y & \frac{1}{2}\gamma_{yz} \\ \frac{1}{2}\gamma_{zx} & \frac{1}{2}\gamma_{zy} & e_z \end{bmatrix} \tag{2.3.6}$$

或简记为

$$\epsilon_{ij} = \epsilon_m \delta_{ij} + e_{ij} \tag{2.3.7}$$

式 (2.3.6) 或式 (2.3.7) 中的右边第一部分称为应变球张量，相当于各向均匀压缩 (或均匀拉伸) 的应变状态；第二部分称为偏应变张量，相当于纯剪应变状态。

应变偏张量的第一、第二、第三不变量分别为

$$J_1' = e_{ii} = 0 \tag{2.3.8a}$$

$$J_2' = \frac{1}{2}e_{ij}e_{ji} = \left(e_x e_y + e_y e_z + e_z e_x\right) - \frac{1}{4}\left(\gamma_{xy}^2 + \gamma_{yz}^2 + \gamma_{zx}^2\right) \tag{2.3.8b}$$

$$J_3' = \frac{1}{3}e_{ij}e_{jk}e_{ki} = \begin{vmatrix} e_x & \frac{1}{2}\gamma_{xy} & \frac{1}{2}\gamma_{xz} \\ \frac{1}{2}\gamma_{yx} & e_y & \frac{1}{2}\gamma_{yz} \\ \frac{1}{2}\gamma_{zx} & \frac{1}{2}\gamma_{zy} & e_z \end{vmatrix} \tag{2.3.8c}$$

式中，J_2' 的常见等价表达式为

$$\begin{aligned} J_2' &= \frac{1}{6}\left[\left(\epsilon_x - \epsilon_y\right)^2 + \left(\epsilon_y - \epsilon_z\right)^2 + \left(\epsilon_z - \epsilon_x\right)^2\right] + \frac{3}{2}\left(\gamma_{xy}^2 + \gamma_{yz}^2 + \gamma_{zx}^2\right) \\ &= \frac{1}{6}\left[\left(\epsilon_1 - \epsilon_2\right)^2 + \left(\epsilon_2 - \epsilon_3\right)^2 + \left(\epsilon_3 - \epsilon_1\right)^2\right] \end{aligned} \tag{2.3.9}$$

2.4　应力应变分析基本方程

在固体力学中，存在三类关于应力与应变的基本方程：应力基本方程 —— 平衡方程、应变基本方程 —— 变形协调方程以及应力–应变关系方程 —— 本构方程。

给定问题的初始条件和边界条件，求解上述基本方程，即可获得在外部作用下物体内部的应力和应变状态解答。

在直角坐标系中，关于应力单元的运动微分方程 (动力平衡方程) 可以表述为

$$\frac{\partial \sigma_x}{\partial x}+\frac{\partial \tau_{xy}}{\partial y}+\frac{\partial \tau_{xz}}{\partial z}+\rho b_x=\rho\frac{\mathrm{d}^2 u_x}{\mathrm{d}t^2} \tag{2.4.1a}$$

$$\frac{\partial \tau_{yx}}{\partial x}+\frac{\partial \sigma_y}{\partial y}+\frac{\partial \tau_{yz}}{\partial z}+\rho b_y=\rho\frac{\mathrm{d}^2 u_y}{\mathrm{d}t^2} \tag{2.4.1b}$$

$$\frac{\partial \tau_{zx}}{\partial x}+\frac{\partial \tau_{zy}}{\partial y}+\frac{\partial \sigma_z}{\partial z}+\rho b_z=\rho\frac{\mathrm{d}^2 u_z}{\mathrm{d}t^2} \tag{2.4.1c}$$

式中，ρ 为材料密度；b_x、b_y 和 b_z 为单位质量的体力分量；u_x、u_y 和 u_z 为质点的位移分量。

式 (2.4.1) 的张量表达式为

$$\sigma_{ij,j}+\rho b_i=\rho\ddot{u}_i \tag{2.4.2}$$

式 (2.4.2) 常被称为欧拉方程或动量守恒方程。

在加速度引起的惯性力可以忽略的情况下，上述方程转化为静力平衡方程

$$\sigma_{ij,j}+\rho b_i=0 \tag{2.4.3}$$

动力平衡方程(2.4.2) 是描述介质质点运动的基本方程，其本质是牛顿第二定律应用于连续介质的结果。它未涉及材料的具体物理特性，因此，对一切连续介质都是适用的。

应力基本方程建立了物体内力、外力及物体运动状态之间的基本物理关系。与之相对应，变形协调方程则试图建立物体宏观位移与细观应变之间的数学联系。

在小变形条件下，应变张量各分量与位移分量之间的关系为

$$\epsilon_x=\frac{\partial u_x}{\partial x} \tag{2.4.4a}$$

$$\epsilon_y=\frac{\partial u_y}{\partial y} \tag{2.4.4b}$$

$$\epsilon_z=\frac{\partial u_z}{\partial z} \tag{2.4.4c}$$

$$Y_{xy}=\frac{1}{2}\left(\frac{\partial u_x}{\partial y}+\frac{\partial u_y}{\partial x}\right) \tag{2.4.4d}$$

$$Y_{yz}=\frac{1}{2}\left(\frac{\partial u_y}{\partial z}+\frac{\partial u_z}{\partial y}\right) \tag{2.4.4e}$$

$$Y_{zx}=\frac{1}{2}\left(\frac{\partial u_z}{\partial x}+\frac{\partial u_x}{\partial z}\right) \tag{2.4.4f}$$

采用张量记号，式 (2.4.4) 可简写为

$$\epsilon_{ij} = \frac{1}{2}\left(u_{i,j} + u_{j,i}\right) \tag{2.4.5}$$

或其增量形式

$$\mathrm{d}\epsilon_{ij} = \frac{1}{2}\left(\mathrm{d}u_{i,j} + \mathrm{d}u_{j,i}\right) = \frac{1}{2}\left(v_{i,j} + v_{j,i}\right)\mathrm{d}t = \dot{\epsilon}_{ij}\mathrm{d}t \tag{2.4.6}$$

故有

$$\dot{\epsilon}_{ij} = \frac{\mathrm{d}\epsilon_{ij}}{\mathrm{d}t} = \frac{1}{2}\left(\dot{u}_{i,j} + \dot{u}_{j,i}\right) = \frac{1}{2}\left(v_{i,j} + v_{j,i}\right) \tag{2.4.7}$$

式中，率算子 $\dot{(\ )} := \mathrm{d}(\cdot)/\mathrm{d}t$ 定义为对时间的微分，例如，$\dot{u}_i$ 即表示质点的速度分量。值得指出，上述定义不论 $\dot{\epsilon}_{ij}$ 大小都成立，但要求对每一瞬时状态进行计算，而不是按初始位置计算。

应力应变之间的关系与材料的物理性质密切相关，因此一般被称为本构关系或本构方程。在一般意义上，工程材料的本构方程可以表示为

$$\dot{\sigma}_{ij} = E_{ijkl}^{\tan}\dot{\epsilon}_{ij} \tag{2.4.8}$$

式中，四阶张量 $E_{ijkl}^{\tan}$ 为材料的切线刚度。

不同类型的本构关系将给出不同的切线刚度张量 $E_{ijkl}^{\tan}$，详见本书后述内容。

第 3 章　弹塑性力学基础

3.1　弹性本构关系

3.1.1　线弹性本构关系

对于均匀、连续的线弹性材料，可以采用广义胡克定律表达其本构关系：

$$\sigma_{ij} = E_{ijkl}\epsilon_{kl} \tag{3.1.1}$$

式中，σ_{ij} 为二阶应力张量；ϵ_{kl} 为二阶应变张量；E_{ijkl} 为四阶弹性刚度张量，一般包含 81 个常数。根据应力张量与应变张量的对称性可以证明，弹性刚度张量 E_{ijkl} 中独立的弹性常数为 36 个。

对于正交各向异性材料，在正应力作用下不产生剪应变，在剪应力作用下亦不产生正应变，且不在其他平面产生剪应变。相应地，在材料的主轴方向，上述本构模型可以分解、简化为

$$\begin{bmatrix}\sigma_1\\ \sigma_2\\ \sigma_3\end{bmatrix} = \begin{bmatrix}c_{11} & c_{12} & c_{13}\\ c_{21} & c_{22} & c_{23}\\ c_{31} & c_{32} & c_{33}\end{bmatrix}\begin{bmatrix}\epsilon_1\\ \epsilon_2\\ \epsilon_3\end{bmatrix} \tag{3.1.2a}$$

$$\begin{bmatrix}\tau_{12}\\ \tau_{23}\\ \tau_{31}\end{bmatrix} = \begin{bmatrix}c_{44} & 0 & 0\\ 0 & c_{55} & 0\\ 0 & 0 & c_{66}\end{bmatrix}\begin{bmatrix}\gamma_{12}\\ \gamma_{23}\\ \gamma_{31}\end{bmatrix} \tag{3.1.2b}$$

式中，1、2、3 表示材料的主轴方向；c_{ij} 为材料弹性常数。

若以常用的弹性常数 E、ν 和 G 表示 c_{ij}，并用应力表示应变 (这可以通过对式 (3.1.2) 中系数矩阵分别求逆得到)，则正交各向异性材料的广义胡克定律可写为

$$\begin{bmatrix}\epsilon_1\\ \epsilon_2\\ \epsilon_3\end{bmatrix} = \begin{bmatrix}\dfrac{1}{E_1} & -\dfrac{\nu_{12}}{E_2} & -\dfrac{\nu_{13}}{E_3}\\ -\dfrac{\nu_{21}}{E_1} & \dfrac{1}{E_2} & -\dfrac{\nu_{23}}{E_3}\\ -\dfrac{\nu_{31}}{E_1} & -\dfrac{\nu_{32}}{E_2} & \dfrac{1}{E_3}\end{bmatrix}\begin{bmatrix}\sigma_1\\ \sigma_2\\ \sigma_3\end{bmatrix} \tag{3.1.3a}$$

$$\begin{bmatrix}\gamma_{12}\\\gamma_{23}\\\gamma_{31}\end{bmatrix}=\begin{bmatrix}\dfrac{1}{G_{12}} & 0 & 0\\0 & \dfrac{1}{G_{23}} & 0\\0 & 0 & \dfrac{1}{G_{31}}\end{bmatrix}\begin{bmatrix}\tau_{12}\\\tau_{23}\\\tau_{31}\end{bmatrix} \tag{3.1.3b}$$

式中，E_1、E_2 和 E_3 为材料主轴 1、2、3 方向的弹性模量；G_{12}、G_{23} 和 G_{31} 为材料的剪切模量；ν_{ij} 为材料的泊松比。

因 $E_1\nu_{12}=E_2\nu_{21}$、$E_2\nu_{23}=E_3\nu_{32}$ 和 $E_3\nu_{31}=E_1\nu_{13}$，故式 (3.1.3a) 中的柔度矩阵对称。换句话说，对于正交各向异性材料，只有 9 个弹性常数是独立的。

对于各向同性材料，材料主方向上的弹性常数值相等，则式 (3.1.3) 进一步简化为

$$\begin{bmatrix}\epsilon_1\\\epsilon_2\\\epsilon_3\end{bmatrix}=\frac{1}{E}\begin{bmatrix}1 & -\nu & -\nu\\-\nu & 1 & -\nu\\-\nu & -\nu & 1\end{bmatrix}\begin{bmatrix}\sigma_1\\\sigma_2\\\sigma_3\end{bmatrix} \tag{3.1.4a}$$

$$\begin{bmatrix}\gamma_{12}\\\gamma_{23}\\\gamma_{31}\end{bmatrix}=\frac{1}{G}\begin{bmatrix}\tau_{12}\\\tau_{23}\\\tau_{31}\end{bmatrix} \tag{3.1.4b}$$

式中，剪切模量 G 为

$$G=\frac{E}{2(1+\nu)} \tag{3.1.5}$$

故独立的弹性常数只有两个，工程中常取弹性模量 E 和泊松比 ν。

在实际工程中，对混凝土结构一般采用各向同性模型进行线弹性受力阶段的内 (应) 力分析，并根据所得结果进行结构配筋设计。尽管工程实践表明这样的分析、设计方式可以使结构具有基本的承载力，但在本质上，线弹性本构模型不适用于分析混凝土结构。事实上，由于混凝土材料性质的本质非线性，采用线弹性本构模型，不能正确地反映结构的内 (应) 力分布的真实情况，也很难保证结构在极限状态下的安全性。

3.1.2 非线性弹性本构关系

非线性弹性本构关系的基本特征可以用如图 3.1.1 所示的单轴应力–应变关系示意。随着应力增加，应变按给定非线性规律增长，卸载时，应变沿原路径返回，没有残余变形。

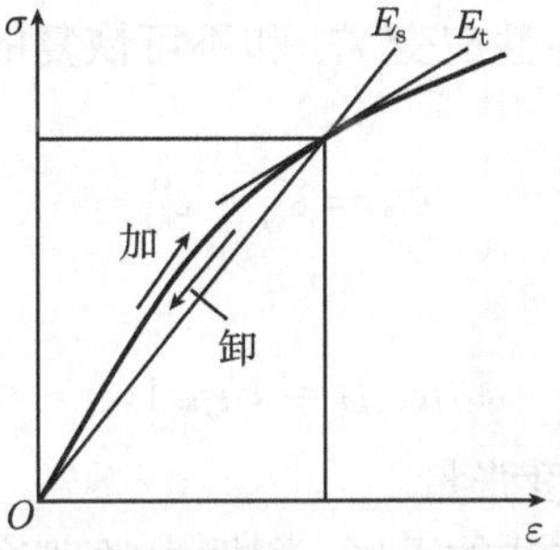

图 3.1.1 非线性弹性的应力–应变关系

上述非线性弹性特征的本质是指材料的受力力学行为具有可逆性和路径无关性。因此，可以用一类非线性函数表示应力–应变关系，即

$$\sigma_{ij} = \mathscr{F}_{ij}(\epsilon_{kl}) \tag{3.1.6}$$

对于符合上述关系的材料，在材料受力的任一时刻，应力状态仅与当前的应变状态有关，而与此前所经历的应变状态无关。通常，称此类材料为 Cauchy 弹性材料。显然，线弹性材料是 Cauchy 弹性材料的特例。

对于一般的非线性函数 $\mathscr{F}_{ij}(\cdot)$，上述 Cauchy 弹性本构关系可能违背热力学基本定律。例如，在特定的加载–卸载循环中，Cauchy 弹性材料可产生能量耗散，这显然与弹性材料的定义不符。

为了避免这一问题，引入弹性应变能 $W(\epsilon_{ij})$，并定义非线性弹性应力–应变关系为

$$\sigma_{ij} = \frac{\partial W}{\partial \epsilon_{ij}} \tag{3.1.7}$$

通常，称满足式 (3.1.7) 关系的材料为 Green 弹性材料或超弹性材料。由于式 (3.1.7) 满足基本热力学定律，可以保证加载–卸载循环中不会产生能量。

需要说明的是，线弹性材料的弹性应变能 $W(\epsilon_{ij})$ 定义为

$$W(\epsilon_{ij}) = \frac{1}{2}\epsilon_{ij}E_{ijkl}\epsilon_{kl} \tag{3.1.8}$$

利用这一定义，由 Green 弹性材料的本构关系式 (3.1.7) 即可给出线弹性本构关系式 (3.1.1)。

尽管非线性弹性本构模型表达简单、易于理解，但仍然难以全面反映混凝土受力力学行为的主要特征，在混凝土结构工程中并未获得广泛的应用。

3.2 弹塑性本构关系

在外力作用下，混凝土材料会产生不可恢复变形。经典的塑性力学理论一般将

总应变 ϵ_{ij} 分解为可恢复的弹性应变 $\epsilon_{ij}^{\mathrm{e}}$ 和不可恢复的塑性应变 $\epsilon_{ij}^{\mathrm{p}}$ 两部分之和的形式，即

$$\epsilon_{ij}=\epsilon_{ij}^{\mathrm{e}}+\epsilon_{ij}^{\mathrm{p}} \tag{3.2.1}$$

相应地，应力–应变关系表示为

$$\sigma_{ij}=E_{ijkl}\epsilon_{kl}^{\mathrm{e}}=E_{ijkl}\left(\epsilon_{kl}-\epsilon_{kl}^{\mathrm{p}}\right) \tag{3.2.2}$$

式中，E_{ijkl} 为材料的弹性刚度张量。

根据塑性应变 $\epsilon_{ij}^{\mathrm{p}}$ 确定方法的不同，塑性力学理论主要包括形变理论与增量理论。

形变理论是弹塑性小变形理论的简称。它试图直接建立塑性应变 $\epsilon_{ij}^{\mathrm{p}}$ 与应力 σ_{ij} 或应变 ϵ_{ij} 之间的关系，并由此给出如下全量形式的应力–应变关系：

$$\sigma_{ij}=E_{ijkl}^{\mathrm{s}}\epsilon_{kl} \tag{3.2.3}$$

式中, 四阶张量 E_{ijkl}^{s} 为割线刚度张量。

材料的应力–应变关系通常与加载历史密切相关，形变理论忽略了加载历史对应力–应变关系的影响，因此，仅适用于简单加载的分析。与之不同，增量理论则试图描述材料在弹塑性变形过程中应力增量 (率) 与应变增量 (率) 之间的关系，即

$$\mathrm{d}\sigma_{ij}=E_{ijkl}^{\mathrm{ep}}\mathrm{d}\epsilon_{kl} \tag{3.2.4a}$$

$$\dot{\sigma}_{ij}=E_{ijkl}^{\mathrm{ep}}\dot{\epsilon}_{kl} \tag{3.2.4b}$$

式中, 四阶张量 E_{ijkl}^{ep} 称为弹塑性切向刚度张量，与加载历史密切相关。

在混凝土本构关系研究中，主要是增量理论得到了应用。

增量理论的基本目标，是确定塑性应变并获取切向刚度张量。为达成这一目标，增量塑性理论引入了三方面的基本规定：屈服条件、硬化法则、流动法则与加/卸载准则。把这些基本规定或假定结合起来，便可以导出弹塑性本构关系。

3.2.1　屈服条件

混凝土材料的屈服条件分为初始屈服条件和强度破坏条件。它们把材料的本构关系分为三个阶段：当材料的应力水平未达到初始屈服条件时，材料的本构关系表现为弹性关系；当应力水平超过初始屈服而未达到强度破坏条件时，材料的本构关系表现为弹塑性关系；当应力水平超过破坏条件时，材料部分或全部退出工作。

在应力空间中，屈服条件表现为空间曲面，且一般可表示为

$$F(\sigma_{ij},\kappa)=0 \tag{3.2.5}$$

式中，σ_{ij} 为应力张量；κ 为反映屈服面演化的内变量即硬化参数。在实用中，根据需要常取 1~3 个硬化参数。这里为阐述方便，假定采用一个硬化参数，但扩展为多个硬化参数并无原则上的困难。

关于混凝土破坏准则的研究已有大量的研究成果，其中具有代表性的混凝土强度准则是 Hsie-Ting-Chen 四参数模型 (Hsie et al., 1982)

$$F(I_1, J_2, \sigma_1) = \frac{a}{f_c^2}J_2 + \frac{b}{f_c}\sqrt{J_2} + \frac{c}{f_c}\sigma_1 + d\frac{I_1}{f_c} - 1 = 0 \tag{3.2.6}$$

式中，I_1 和 J_2 分别是应力张量的第一不变量和偏应力张量的第二不变量；σ_1 表示代数值意义上的最大主应力；f_c 是混凝土的抗压强度；a、b、c 和 d 为材料参数。有趣的是，上述 Hsie-Ting-Chen 四参数模型恰好包含了 von Mises、Drucker-Prager 和最大拉应力准则等经典的材料强度准则。

然而，关于混凝土初始屈服面即弹性极限曲面的研究结果却很少。这构成了混凝土塑性力学研究与应用中的一个难题。事实上，由于混凝土受力力学行为并无明显的屈服现象，从实验角度很难确定初始屈服面。

3.2.2 硬化法则

混凝土塑性增量理论认为，在初始屈服面与破坏面之间存在一系列的后继屈服面或加载面。硬化法则描述由于塑性应变的发展、后继屈服面或加载面按怎样的方式发展。一般认为，对于没有反向加载的加载过程，后继屈服面从闭合形状的初始屈服面 (通常根据破坏面即强度准则推断) 开始，随荷载增长而逐渐增大，最后达到破坏面 (图 3.2.1)。

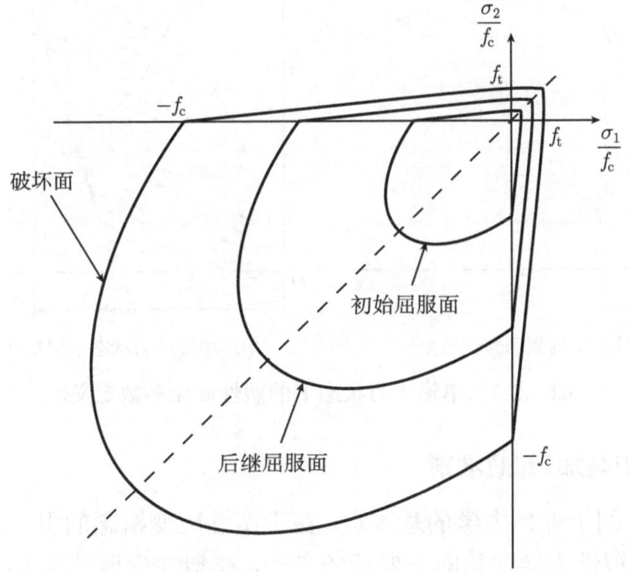

图 3.2.1 初始屈服面、后继屈服面和破坏面

显然，联系不同屈服面的是硬化参数，在实际应用中，经常采用的一个典型硬化参数是累积塑性应变 ϵ_{p}，定义为

$$\epsilon_{\mathrm{p}} = \int \sqrt{\dot{\epsilon}_{ij}^{\mathrm{p}} \dot{\epsilon}_{ij}^{\mathrm{p}}}\, \mathrm{d}t \tag{3.2.7}$$

在非线性发展过程中，累积塑性应变 ϵ_{p} 的取值不会减小，即满足 $\dot{\kappa} \geqslant 0$ 的条件，因此可以用于反映整个塑性加载历史。

另一个常用的硬化参数是塑性功W_{p}，定义为

$$W_{\mathrm{p}} = \int \sigma_{ij}\, \mathrm{d}\epsilon_{ij}^{\mathrm{p}} \tag{3.2.8}$$

在某些情况下，可能出现塑性功$\mathrm{d}W_{\mathrm{p}}$ 为负值，这显然与硬化参数的要求 $\dot{\kappa} \geqslant 0$ 相矛盾。

通常采用单轴受力时的应力–应变硬化关系校准多轴塑性硬化准则。为此，引入等效应力和等效塑性应变的概念。等效应力 σ_{eq} 反映加载面的大小，即硬化程度；等效塑性应变 ϵ_{p} 反映屈服面的大小。在单轴应力状态下，σ_{eq} 等于单轴应力，ϵ_{p} 等于单轴塑性应变。因此，式 (3.2.7) 和式 (3.2.8) 定义的塑性硬化参数分别如图 3.2.2(a) 和图 3.2.2(b) 所示。

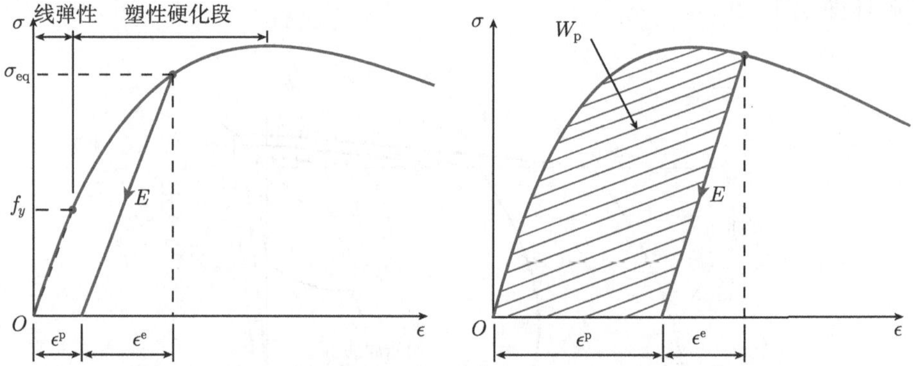

(a) 单轴应力状态下的累积塑性应变　　(b) 单轴应力状态下的塑性功

图 3.2.2　单轴应力状态下的塑性硬化参数定义

3.2.3　流动法则与加/卸载准则

塑性力学区别于弹性力学的基本点，在于塑性应变概念的引入。因此，如何确立塑性应变，是塑性力学理论的主要任务之一。在塑性变形过程中，各方向的塑性变形与应力状态密切相关。流动法则规定了加、卸载过程中塑性应变增量各分量之间的比例。

流动法则分为正交流动法则(相关流动法则) 和非正交流动法则(非相关流动法则)。正交流动法则认为塑性应变增量与屈服函数关于应力的导数成正比，即

$$\mathrm{d}\epsilon_{ij}^{\mathrm{p}} = \mathrm{d}\lambda \frac{\partial F}{\partial \sigma_{ij}} \tag{3.2.9}$$

式中，$\mathrm{d}\epsilon_{ij}^{\mathrm{p}}$ 为塑性应变增量；$\mathrm{d}\lambda$ 为塑性流动因子；F 为屈服函数。

非正交流动法则认为塑性应变增量与塑性势函数关于应力的导数成正比，即

$$\mathrm{d}\epsilon_{ij}^{\mathrm{p}} = \mathrm{d}\lambda \frac{\partial F^{\mathrm{p}}}{\partial \sigma_{ij}} \tag{3.2.10}$$

式中, F^{p} 为塑性势函数 (见 3.2.5 节所述)。显然，对于非正交流动，塑性应变受制于塑性势函数的选取，这是经典塑性力学的局限性之一。

对于复杂加载情况，要求对加载还是卸载作出判断。如图 3.2.3 所示，在加载过程中，若 $F<0$，则材料处于弹性阶段。而在 $F=0$ 时，分别有

$$\text{加载：}\ \frac{\partial F}{\partial \sigma_{ij}}\mathrm{d}\sigma_{ij} > 0,\quad \mathrm{d}\epsilon_{ij}^{\mathrm{p}} \neq 0$$

$$\text{中性变载：}\ \frac{\partial F}{\partial \sigma_{ij}}\mathrm{d}\sigma_{ij} = 0,\quad \mathrm{d}\epsilon_{ij}^{\mathrm{p}} = 0$$

$$\text{卸载：}\ \frac{\partial F}{\partial \sigma_{ij}}\mathrm{d}\sigma_{ij} < 0,\quad \mathrm{d}\epsilon_{ij}^{\mathrm{p}} = 0$$

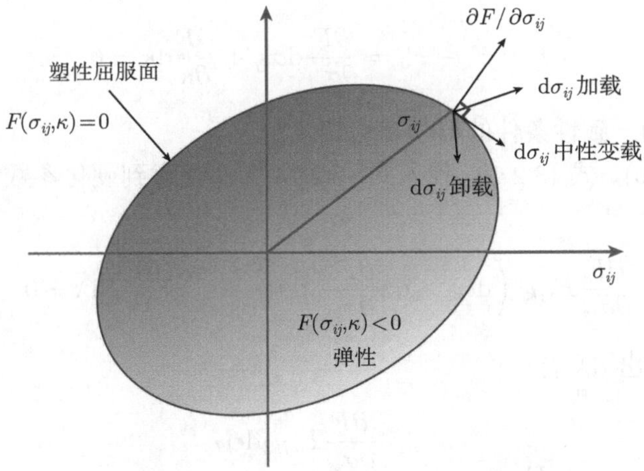

图 3.2.3　加载、中性变载、卸载示意图

3.2.4　弹塑性增量本构模型

将屈服条件、强化准则与流动法则结合起来，即可获得应力–应变增量关系。

为此，将应变增量 $\mathrm{d}\epsilon_{ij}$ 分解为弹性应变增量 $\mathrm{d}\epsilon_{ij}^{\mathrm{e}}$ 和塑性应变增量 $\mathrm{d}\epsilon_{ij}^{\mathrm{p}}$ 之和：

$$\mathrm{d}\epsilon_{ij} = \mathrm{d}\epsilon_{ij}^{\mathrm{e}} + \mathrm{d}\epsilon_{ij}^{\mathrm{p}} \tag{3.2.11}$$

根据广义胡克定律有

$$\mathrm{d}\sigma_{ij} = E_{ijkl}\left(\mathrm{d}\epsilon_{kl} - \mathrm{d}\epsilon_{kl}^{\mathrm{p}}\right) \tag{3.2.12}$$

式中，E_{ijkl} 为弹性刚度张量。

对于一般情况，加载函数可以写成

$$F(\sigma_{ij}, \kappa) = 0 \tag{3.2.13}$$

在塑性变形阶段，设应力点 σ_{ij} 在增量荷载增加之前已经处于屈服面 F_0 上，则在施加荷载增量之后，应力点一定落在后继的加载面 F_1 上，这一条件称为塑性流动一致性条件。由于荷载增量很小，可以把 F_1 写成在 F_0 邻近的泰勒展开式，略去高阶项之后，得

$$F_1 = F_0 + \frac{\partial F}{\partial \sigma_{ij}}\mathrm{d}\sigma_{ij} + \frac{\partial F}{\partial \kappa}\mathrm{d}\kappa \tag{3.2.14}$$

由于

$$F_0(\sigma_{ij}, \kappa) = 0, \qquad F_1(\sigma_{ij} + \mathrm{d}\sigma_{ij}, \kappa + \mathrm{d}\kappa) = 0$$

故式 (3.2.14) 转化为

$$\mathrm{d}F = F_1 - F_0 = \frac{\partial F}{\partial \sigma_{ij}}\mathrm{d}\sigma_{ij} + \frac{\partial F}{\partial \kappa}\mathrm{d}\kappa = 0 \tag{3.2.15}$$

此即为塑性流动一致性条件的数学表达式。

将式 (3.2.10)、式 (3.2.12) 代入式 (3.2.15)，并注意到硬化参数为塑性应变 $\epsilon_{ij}^{\mathrm{p}}$ 的函数，可得

$$\frac{\partial F}{\partial \sigma_{ij}}E_{ijkl}\left(\mathrm{d}\epsilon_{kl} - \mathrm{d}\lambda\frac{\partial F^{\mathrm{p}}}{\partial \sigma_{kl}}\right) + \frac{\partial F}{\partial \kappa}\frac{\partial \kappa}{\partial \epsilon_{ij}^{\mathrm{p}}}\frac{\partial F^{\mathrm{p}}}{\partial \sigma_{ij}}\mathrm{d}\lambda = 0 \tag{3.2.16}$$

由式 (3.2.16) 解出 $\mathrm{d}\lambda$ 有

$$\mathrm{d}\lambda = \frac{\dfrac{\partial F}{\partial \sigma_{ij}}E_{ijkl}\mathrm{d}\epsilon_{kl}}{\dfrac{\partial F}{\partial \sigma_{ij}}E_{ijkl}\dfrac{\partial F^{\mathrm{p}}}{\partial \sigma_{kl}} - \dfrac{\partial F}{\partial \kappa}\dfrac{\partial \kappa}{\partial \epsilon_{ij}^{\mathrm{p}}}\dfrac{\partial F^{\mathrm{p}}}{\partial \sigma_{ij}}} \tag{3.2.17}$$

令

$$h = -\frac{\partial F}{\partial \kappa}\frac{\partial \kappa}{\partial \epsilon_{ij}^{\mathrm{p}}}\frac{\partial F^{\mathrm{p}}}{\partial \sigma_{ij}} \tag{3.2.18}$$

并将式 (3.2.17) 代入式 (3.2.10) 可得

$$\mathrm{d}\epsilon_{kl}^{\mathrm{p}}=\frac{\partial F^{\mathrm{p}}}{\partial\sigma_{kl}}\frac{\dfrac{\partial F}{\partial\sigma_{mn}}E_{mnpq}\mathrm{d}\epsilon_{pq}}{\dfrac{\partial F}{\partial\sigma_{ij}}E_{ijkl}\dfrac{\partial F^{\mathrm{p}}}{\partial\sigma_{kl}}+h} \tag{3.2.19}$$

将式 (3.2.19) 代入式 (3.2.12) 得

$$\mathrm{d}\sigma_{ij}=E_{ijkl}^{\mathrm{ep}}\mathrm{d}\epsilon_{kl} \tag{3.2.20}$$

式中，弹塑性切向刚度张量 E_{ijkl}^{ep} 表示为①

$$E_{ijkl}^{\mathrm{ep}}=E_{ijkl}-\frac{E_{ijrs}\dfrac{\partial F^{\mathrm{p}}}{\partial\sigma_{rs}}\dfrac{\partial F}{\partial\sigma_{mn}}E_{mnkl}}{\dfrac{\partial F}{\partial\sigma_{ij}}E_{ijkl}\dfrac{\partial F^{\mathrm{p}}}{\partial\sigma_{kl}}+h} \tag{3.2.21}$$

在引用正交流动法则时，这一张量为对称张量；在引用非正交流动法则时，这一张量为非对称张量。

式 (3.2.20) 即为弹塑性增量本构模型。

3.2.5 塑性势函数

塑性势函数的选取直接影响到切向刚度张量的对称性。当塑性势函数取与屈服函数相同时，塑性变形服从相关流动，否则，为非相关流动。一般认为：相关流动准则对金属材料较为适用，而混凝土材料不符合相关流动假定。通常，混凝土材料的塑性势函数可以选取为 Drucker-Prager 类型的函数，即

$$F^{\mathrm{p}}=\alpha^{\mathrm{p}}I_1+\sqrt{2J_2} \tag{3.2.22}$$

式中，I_1 和 J_2 分别为应力张量σ_{ij} 的第一不变量和偏应力张量s_{ij} 的第二不变量；α^{p} 为反映混凝土剪涨效应的参数，一般取为 0.2~0.3。不同的 α^{p} 取值对塑性势函数的影响如图 3.2.4 所示。

易知

$$\frac{\partial F^{\mathrm{p}}}{\partial\sigma_{ij}}=\alpha^{\mathrm{p}}\delta_{ij}+\frac{1}{\sqrt{2J_2}}s_{ij} \tag{3.2.23}$$

式中，δ_{ij} 为 Kronecker 记号。

将式 (3.2.23) 代入式 (3.2.10)，可以得到塑性应变的演化法则：

$$\mathrm{d}\epsilon_{ij}^{\mathrm{p}}=\mathrm{d}\lambda\Big(\alpha^{\mathrm{p}}\delta_{ij}+\frac{1}{\sqrt{2J_2}}s_{ij}\Big) \tag{3.2.24}$$

① 在传统的塑性力学教材中，弹塑性切向刚度张量一般用 C_{ijkl}^{ep} 表示。在本书中，为保证前后章节符号统一，与材料弹性模量 E 有关的刚度张量均采用符号 E_{ijkl} 或 $\mathbb{E}$ 表示。

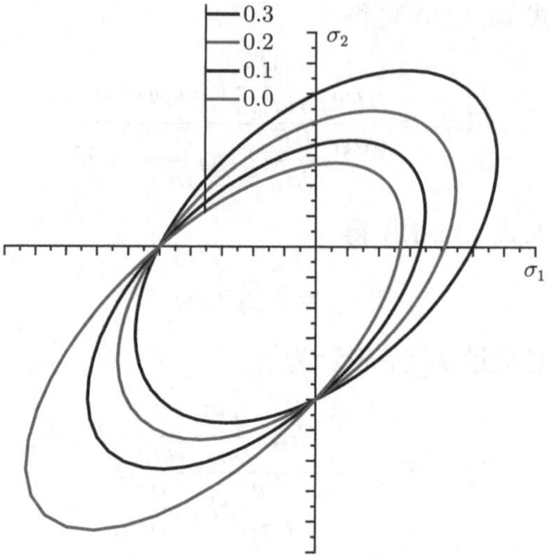

图 3.2.4　剪涨系数 α^{p} 对塑性势的影响

应该指出：经典的弹塑性模型事实上是在基于 Drucker 公设的应力空间中处理问题，因此仅能考虑应力硬化段的分析。对于应力软化段的分析，要求在基于依留辛公设的应变空间中进行，这将带来新的复杂性 (Lubliner, 2008)。

经典塑性理论起源于对金属材料本构关系的研究。将经典塑性理论移植于混凝土材料，可以部分地描述混凝土的非线性变形过程中产生的不可恢复变形，但并不适用于描述微裂缝开展等混凝土变形的主要特征。因此，经典塑性理论很难全面正确地反映混凝土本构关系。在实际应用中，采用经典塑性理论很难描述混凝土非线性行为中所特有的强度软化、刚度退化等重要特征。采用损伤力学，则可以较好地描述这些特征。

第4章　损伤力学基本原理

4.1　损伤力学基本概念

在工程材料制造过程中，会在材料内部产生各种微缺陷。在工程结构使用过程中，这些微缺陷会在各种外部作用下进一步扩大或发展，从而导致材料与结构宏观力学性质的劣化。在细观水平上，材料的缺陷 (如微裂缝、微孔洞) 称为“损伤”。在外力作用下，材料内部缺陷的扩展称为损伤演化。从宏观连续介质力学的观点考察，损伤发展过程可以认为是材料内部微细结构状态的一种不可逆的、耗能的演化过程。

损伤力学主要研究工程材料由内部微观缺陷的产生和发展引起的宏观力学效应及其最终导致材料与结构破坏的过程和规律。它利用物理学、连续介质力学的基本原理，通过引入“损伤变量”来描述材料的损伤状态及含损伤结构的力学效应，并据此预测工程材料与结构的变形、破坏与使用寿命等。

图 4.1.1 描述了典型的工程材料受力力学性质。其中，图 4.1.1(a) 表示弹塑性材料的典型特性。这类材料在卸载时，存在不可恢复的应变或称为塑性应变，但卸载–再加载过程总是沿着与应力–应变曲线初始切线平行的直线进行。换句话说，卸载–再加载的刚度没有随应变的增加而变化，材料的非线性归因于塑性应变的存在。经典塑性理论描述的即为这类材料的特性。与之相对照，图 4.1.1(b) 描述了弹性损伤材料的典型性质。这类材料在卸载后，可以完全回到无应力和无应变状态，没有塑性变形的产生。但是，卸载–再加载的斜率随应变的增加而减小。材料的非线性由材料内部的损伤及其演化引起，在表观上，即表现为卸载–再加载刚度的退化。

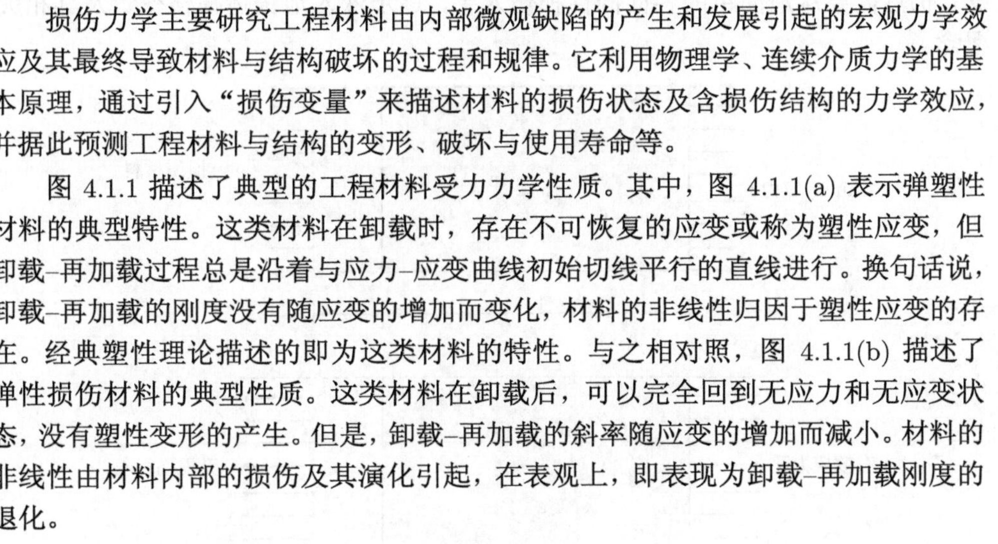

(a) 弹塑性材料　(b) 弹性损伤材料　(c) 弹塑性损伤材料

图 4.1.1　典型工程材料的力学性质

真实材料的变形性质 (如混凝土材料)，往往是 (a)、(b) 两种机制的结合，既有刚度退化，又有塑性变形的存在，如图 4.1.1(c) 所示。表现在细观物理机制上，则既存在微裂缝、微缺陷的扩展，又存在与具体材料变形细观机理相联系的滑移与流动。因此，正确的混凝土受力本构关系应该同时反映弹性损伤和塑性变形两种机制。

损伤变量是损伤力学中最基本的概念，它是用来反映材料内部缺陷状态的一个物理量。一般说来，可以通过对材料微结构的物理分析 (如空隙长度、面积、体积、形状等) 选择并确定损伤变量，也可以依据对表观物理量 (如密度、弹性常数、超声波波速、电阻等) 的间接测量来选择并确定损伤变量。损伤力学的研究历史表明，与其将损伤变量解释或定义为联系于某一可观测现象的具体物理量，不如把损伤变量定义为一类反映材料宏观性质劣化的内变量。事实上，在现象学层面上，没有必要对损伤变量给出具象的解释，仅在细观力学研究中，这种解释才是必要的。

尽管损伤变量的具象解释并非必要，但对于初学者，为了建立必要的基本概念，仍然需要从最简单的各向同性损伤入手，逐步深入地描述损伤变量及其相关概念。

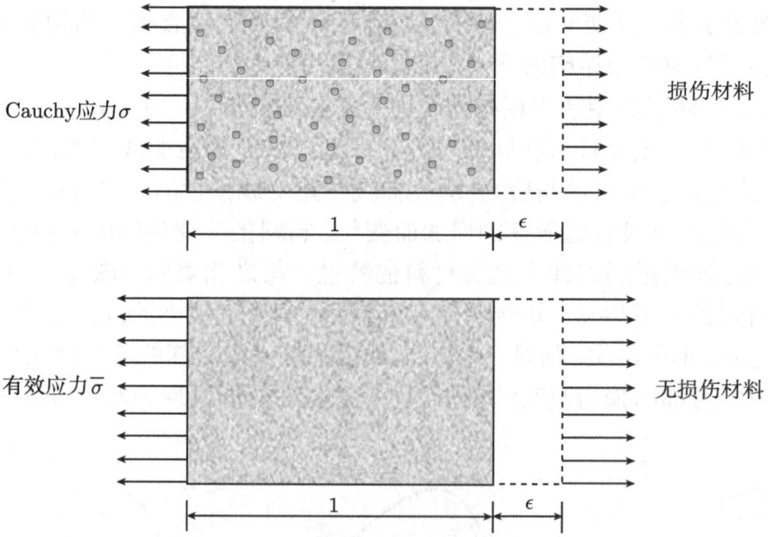

图 4.1.2　有效应力和应变等效原理

如图 4.1.2 所示，在物体中取出一微元体，其横截面积为 A_0。由于损伤，截面的一部分存在缺陷，设受损面积用 A_d 表示，则 $A_0 - A_\mathrm{d}$ 为实际的截面面积。当考虑各向同性损伤时，可以假设缺陷在各个方向均匀分布。因此，可定义损伤变量为

$$d = \frac{A_\mathrm{d}}{A_0} \tag{4.1.1}$$

显然，此时 $d \in [0,1]$ 是一个标量。

设初始截面 A_0 上的名义应力 (常称为 Cauchy 应力) 为 σ，由于损伤的存在，实际应力仅作用于未损伤截面 $A_0 - A_{\mathrm{d}}$ 上，真实应力为

$$\bar{\sigma} = \frac{\sigma}{1-d} \tag{4.1.2}$$

称 $\bar{\sigma}$ 为有效应力。

假设未损伤面积上的材料仍服从无损伤材料的应力–应变关系，则只要把无损材料中的 Cauchy 应力σ 换为有效应力$\bar{\sigma}$，即可获得有损材料的应力–应变本构关系。这一假设，被称为 Lemaitre 应变等效原理(Lemaitre, 1971)，其完整描述是：任何受损伤材料在单轴或多轴应力状态下的变形状态都可以通过原始的无损材料本构定律来描述，只要在本构关系方程中用有效应力来替代通常的 Cauchy 应力。因此，根据应变等效原理，只要在材料的未损伤部分 (有效应力空间) 应用线弹性力学原理，就可以获得弹性损伤本构关系。

以单向拉伸的线弹性材料为例，按照应变等效原理，含有损伤的材料在未损伤部分 (有效应力空间) 产生的应变为

$$\epsilon = \frac{\bar{\sigma}}{E_0} \tag{4.1.3}$$

于是，考虑有效应力的定义式 (4.1.2) 可以得

$$\sigma = (1-d)\bar{\sigma} = (1-d)E_0\epsilon = E_{\mathrm{d}}\epsilon \tag{4.1.4}$$

式中，E_0 为无损材料的弹性模量；E_{d} 为受损材料的弹性 (割线) 模量。在损伤状态，$d > 0$，因此有 $E_{\mathrm{d}} < E_0$。可以清楚地看出，损伤意味着材料弹性性能的劣化。

式 (4.1.4) 是含有损伤变量的应力–应变关系，称为损伤本构关系。显然，损伤变量d 的变化依赖于应变的变化。因为 d 不能被直接测量，所以它是一类内变量。此外，材料损伤将导致不可逆的能量耗散，因此损伤演化率恒为非负值，即 $\dot{d} \geqslant 0$，这一特性对应用热力学原理建立损伤本构关系至关重要。

进一步的研究表明，仅在各向同性损伤条件下，应变等效原理才是合适的。对于各向异性损伤，损伤变量表示为矢量或张量，此时应变等效假定往往导致刚度矩阵失去对称性，能量等效假设(Sidoroff, 1979; Cordebois & Sidoroff, 1982) 可以较好地解决这一问题。

4.2 热力学基本原理

损伤是一种不可逆的能量耗散过程，因此，研究损伤及其力学效应的损伤力学必然要涉及能量与不可逆热力学。

4.2.1 热力学第一定律

能量守恒定律是自然界普遍的客观规律。它指出，物体能量的增加量恒等于输入的能量。在热力学封闭系统中，所涉及的能量及能量变化率包括动能、内能、外力功率和热能。能量守恒定律也称为热力学第一定律。

系统动能是将常见的动能公式从质点推广到连续体的结果。任意时刻 t 区域 Ω 内物体的动能为

$$\mathcal{K} = \frac{1}{2}\int_{\Omega} \rho \boldsymbol{v} \cdot \boldsymbol{v} \, \mathrm{d}V \tag{4.2.1}$$

式中，ρ 为物体的密度；$\boldsymbol{v} = \dot{\boldsymbol{u}}$ 为质点的速度矢量；运算符“$\cdot$”表示张量的一阶缩并积 (矢量点积)，例如，$\boldsymbol{v} \cdot \boldsymbol{v} = v_i v_i$，其中 v_i 是速度分量。

上述连续体的动能只是物体能量的一部分，其余的部分称为内能，可以表示为

$$\mathcal{E} = \int_{\Omega} \rho e \, \mathrm{d}V \tag{4.2.2}$$

式中，e 为内能密度，即单位质量的能量密度。

作用于物体上外力 (包括体力和面力) 所做功的功率为

$$\dot{\mathcal{W}} = \int_{\Omega} \rho b \cdot v \, \mathrm{d}V + \int_{\partial\Omega} t \cdot \boldsymbol{v} \, \mathrm{d}A \tag{4.2.3}$$

式中，b 为体力密度；t 为面力强度；$\partial\Omega$ 为区域 Ω 的表面积。

物体热能随时间的变化率表示为

$$\dot{\mathcal{Q}} = \int_{\Omega} \rho \dot{q} \, \mathrm{d}V - \int_{\partial\Omega} \boldsymbol{h} \cdot \boldsymbol{n} \, \mathrm{d}A \tag{4.2.4}$$

式中，$\dot{q}$ 为物体内热源单位质量在单位时间产生的热量；$\boldsymbol{h}$ 为单位时间内通过单位面积流出的热量；$\boldsymbol{n}$ 为表面 $\partial\Omega$ 外法线矢量。

能量守恒定律指出：系统内能量 (包括动能与内能) 关于时间的变化率等于外力所做功的功率与外界输送给系统的热能变化率之和，即

$$\dot{\mathcal{K}} + \dot{\mathcal{E}} = \dot{\mathcal{W}} + \dot{\mathcal{Q}} \tag{4.2.5}$$

代入式 (4.2.1) ~ 式 (4.2.4) 并利用散度定理和动力平衡方程式 (2.4.1)，可以给出局部形式 (微分形式) 的热力学第一定律：

$$\rho \dot{e} = \rho \dot{q} + \boldsymbol{\sigma} : \dot{\boldsymbol{\epsilon}} - \mathrm{div}\boldsymbol{h} \tag{4.2.6}$$

式中，运算符“:”为张量的二阶缩并积，即外力所做功的功率 $\boldsymbol{\sigma} : \dot{\boldsymbol{\epsilon}} = \sigma_{ij}\dot{\epsilon}_{ij}$①；$\mathrm{div}(\cdot)$ 为散度算子。对于任意矢量 $\boldsymbol{a}$，其散度为 $\mathrm{div}(\boldsymbol{a}) = a_{i,i}$，其中 a_i 是矢量 $\boldsymbol{a}$ 的分量，$(,i)$ 表示关于第 i 个分量坐标的偏微分。

① 为了方便初学者，本书第 2 和第 3 章沿用了传统的张量指标记法。从本章起，将采用更加简洁的张量标记，以便于公式推导，并在张量运算符首次使用时介绍其运算法则。

显然，该式的物理意义为：单位体积的内能增量等于该体积内的应变能增量加上供给的热量再扣除通过边界流出的热量。因此，对于纯力学系统 (等温绝热系统)，外力做功等于应变能增量。这构成了弹性力学能量原理的基础。

4.2.2 热力学第二定律

热力学第一定律建立了机械能与热能间的转换与守恒关系，但并未说明这种转换是否可以自动实现以及转化过程的性质和发展方向。热力学第二定律回答了这些问题 (Coleman & Curtin, 1967)。

热力学第二定律适用于描述不可逆的热力学系统，在这一系统中，存在两个基本的单值状态函数：热力学温度 T 和熵S。其中，热力学温度 T 是经验温度的函数，且恒为正值；熵S 是一个与温度变化有关、描述系统变化无序程度的状态变量。熵值越高，系统变化无序的程度越高。系统的熵等于其组成部分的熵之和。

系统熵的变化 $\mathrm{d}S$ 由外熵增量 $\mathrm{d}S_{\mathrm{ext}}$ 和内熵增量 $\mathrm{d}S_{\mathrm{int}}$ 两部分组成，即

$$\mathrm{d}S = \mathrm{d}S_{\mathrm{ext}} + \mathrm{d}S_{\mathrm{int}} \tag{4.2.7}$$

外熵增量 $\mathrm{d}S_{\mathrm{ext}}$ 是总熵增量 $\mathrm{d}S$ 中的可逆部分，它通过与周围介质的热交换而形成，且有

$$\mathrm{d}S_{\mathrm{ext}} = \frac{1}{T}\mathrm{d}Q \begin{cases} > 0, & \text{放热} \\ = 0, & \text{绝热} \\ < 0, & \text{吸热} \end{cases} \tag{4.2.8}$$

式中，$\mathrm{d}Q$ 为与周边介质的热量交换。

内熵增量 $\mathrm{d}S_{\mathrm{int}}$ 是总熵增量 $\mathrm{d}S$ 中的不可逆部分，是由于系统内部发生变化而引起的熵密度的增量。热力学第二定律指出，在自然界中，系统内部变化引起的熵增量不可能小于零，即

$$\mathrm{d}S_{\mathrm{int}} \geqslant 0 \tag{4.2.9}$$

对于可逆过程有 $\mathrm{d}S_{\mathrm{int}} = 0$，对于不可逆过程有 $\mathrm{d}S_{\mathrm{int}} > 0$。由于 $\mathrm{d}S_{\mathrm{int}} \geqslant 0$，恒有

$$\mathrm{d}S_{\mathrm{int}} = \mathrm{d}S - \frac{1}{T}\mathrm{d}Q \geqslant 0 \qquad \text{或} \qquad \mathrm{d}S \geqslant \frac{1}{T}\mathrm{d}Q \tag{4.2.10}$$

式 (4.2.10) 可视为热力学第二定律的等价表达形式，通常称为熵不等式。

当熵和热量都是时间的连续可微函数时，式 (4.2.10) 可以写成如下率形式：

$$\dot{S}_{\mathrm{int}} = \dot{S} - \frac{1}{T}\dot{Q} \geqslant 0 \qquad \text{或} \qquad \dot{S} \geqslant \frac{1}{T}\dot{Q} \tag{4.2.11}$$

式 (4.2.11) 通常称为 Clausius-Duhem 不等式。

分别引入 $\dot{s}$ 和 $\dot{s}_{\text{int}}$ 表示单位质量的总熵密度和内熵密度，即

$$\dot{S}=\int_{\Omega}\rho\dot{s}\,\mathrm{d}V,\quad \dot{S}_{\text{int}}=\int_{\Omega}\rho\dot{s}_{\text{int}}\,\mathrm{d}V \tag{4.2.12}$$

因此，局部形式的 Clausius-Duhem 不等式为

$$\dot{s}_{\text{int}}=\dot{s}-\frac{1}{T}\dot{q}\geqslant 0 \qquad \text{或} \qquad \dot{s}\geqslant\frac{1}{T}\dot{q} \tag{4.2.13}$$

引用热量的表达式 (4.2.4)，则有

$$\int_{\Omega}\rho\dot{s}_{\text{int}}\,\mathrm{d}V=\int_{\Omega}\rho\dot{s}\,\mathrm{d}V-\left(\int_{\Omega}\frac{1}{T}\dot{q}\,\mathrm{d}V-\int_{\partial\Omega}\frac{1}{T}\boldsymbol{h}\cdot\boldsymbol{n}\,\mathrm{d}A\right)\geqslant 0 \tag{4.2.14}$$

利用散度定理，可以给出局部微分形式的 Clausius-Duhem 不等式：

$$\dot{s}_{\text{int}}=\rho\dot{s}-\frac{1}{T}\rho\dot{q}+\operatorname{div}\left(\frac{1}{T}\boldsymbol{h}\right)\geqslant 0 \tag{4.2.15}$$

利用关系式

$$\operatorname{div}\left(\frac{1}{T}\boldsymbol{h}\right)=\frac{1}{T}\left(\operatorname{div}\boldsymbol{h}-\frac{1}{T}\boldsymbol{h}\cdot\boldsymbol{\nabla}T\right) \tag{4.2.16}$$

可以得

$$\mathscr{D}=\rho T\dot{s}-\rho\dot{q}+\operatorname{div}\boldsymbol{h}-\frac{1}{T}\boldsymbol{h}\cdot\boldsymbol{\nabla}T\geqslant 0 \tag{4.2.17}$$

式中，$\boldsymbol{\nabla}T$ 为温度梯度，即 $\boldsymbol{\nabla}T=\left(\partial T/\partial x_i\right)\boldsymbol{e}_i$，这里 x_i 为空间坐标，$\boldsymbol{e}_i$ 为相应的单位基矢量；能量耗散 $\mathscr{D}$ 定义为单位体积的内熵率 $\dot{s}_{\text{int}}$ 乘以热力学温度 T，即 $\mathscr{D}:=T\dot{s}_{\text{int}}$。因此，Clausius-Duhem 不等式也称为耗散不等式。

进一步考虑能量守恒定律式 (4.2.6)，则有

$$\mathscr{D}=\rho\left(T\dot{s}-\dot{e}\right)+\boldsymbol{\sigma}:\dot{\boldsymbol{\epsilon}}-\frac{1}{T}\boldsymbol{h}\cdot\boldsymbol{\nabla}T\geqslant 0 \tag{4.2.18}$$

式 (4.2.18) 称为关于连续介质的热力学第二定律或关于连续介质的 Clausius-Duhem 不等式。它对材料非线性本构方程的建立具有十分重要的作用。

4.2.3 等温纯力学过程

对于等温纯力学过程，温度 T 为常数且不考虑内部热源 q 和热流 $\boldsymbol{h}$ 的影响，热力学第一定律式 (4.2.6) 和热力学第二定律式 (4.2.18) 分别简化为 (Lubliner, 2008)

$$\rho\dot{e}=\boldsymbol{\sigma}:\dot{\boldsymbol{\epsilon}} \tag{4.2.19}$$

$$\mathscr{D}=\rho\left(T\dot{s}-\dot{e}\right)+\boldsymbol{\sigma}:\dot{\boldsymbol{\epsilon}}\geqslant 0 \tag{4.2.20}$$

此时，材料的总熵率 $\dot{s}$ 与内熵率 $\dot{s}_{\text{int}}$ 相等，因此能量耗散 $\mathscr{D}$ 也可以表示为

$$\mathscr{D} = T\dot{s}_{\text{int}} = T\dot{s} \tag{4.2.21}$$

换句话说，对于任意容许的等温纯力学过程，外力所做的功全部转化为物体的内能，且物体的纯力学耗散为非负值。

引入材料的 Helmholtz 自由能ψ

$$\psi = \rho(e - Ts) \tag{4.2.22}$$

注意到温度 T 为常数，其率形式为

$$\dot{\psi} = \rho(\dot{e} - T\dot{s}) \tag{4.2.23}$$

于是，等温纯力学过程的热力学第一定律式 (4.2.19) 和第二定律式 (4.2.20) 可以统一写成为

$$\mathscr{D} = \boldsymbol{\sigma} : \dot{\boldsymbol{\epsilon}} - \dot{\psi} \geqslant 0 \tag{4.2.24}$$

式 (4.2.24) 表明，对于任意容许的等温纯力学过程，外力所做的功一部分转换为物体的 Helmholtz 自由能，另外一部分用于变形过程中的能量耗散且其大小为非负值。

对于等温纯力学过程，另一种经常采用的自由能是 Gibbs 自由能$\bar{\psi}$，它与 Helmholtz 自由能ψ 之间满足如下 Legendre 变换(Arnol'd, 1999):

$$\psi + \bar{\psi} = \boldsymbol{\sigma} : \boldsymbol{\epsilon} \tag{4.2.25}$$

将式 (4.2.25) 代入式 (4.2.24)，可以给出等温纯力学过程必须满足的热力学第一定律和热力学第二定律的另一种形式

$$\mathscr{D} = \dot{\bar{\psi}} - \dot{\boldsymbol{\sigma}} : \boldsymbol{\epsilon} \geqslant 0 \tag{4.2.26}$$

对于满足式 (3.1.7) 的 Green 弹性材料，Helmholtz 自由能ψ 即为材料的弹性应变能 W，而 Gibbs 自由能$\bar{\psi}$ 为弹性应变余能 $\overline{W}$，即

$$\psi(\boldsymbol{\epsilon}) = W(\boldsymbol{\epsilon}) = \int_0^{\boldsymbol{\epsilon}} \boldsymbol{\sigma} : \mathrm{d}\boldsymbol{\epsilon}, \qquad \bar{\psi}(\boldsymbol{\sigma}) = \overline{W}(\boldsymbol{\sigma}) = \int_0^{\boldsymbol{\sigma}} \boldsymbol{\epsilon} : \mathrm{d}\boldsymbol{\sigma} = \boldsymbol{\sigma} : \boldsymbol{\epsilon} - \psi(\boldsymbol{\epsilon}) \tag{4.2.27}$$

上述定义如图 4.2.1 所示。

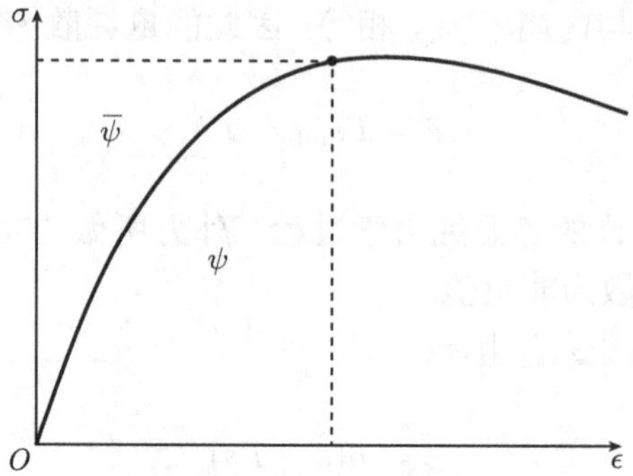

图 4.2.1 单轴应力状态下 Green 弹性材料的 Helmholtz 自由能与 Gibbs 自由能

4.3 弹性损伤模型基本方程

在本节中，首先应用上述等温纯力学过程的不可逆热力学基本原理给出弹性损伤模型的基本方程，然后以单标量损伤为例建立经典的弹性损伤模型。

4.3.1 基本方程

材料损伤过程是一个不可逆的热力学过程，在这一过程中，若不考虑热量的耗散，即仅考虑等温的纯粹力学过程，则材料的 Helmholtz 自由能ψ 为应变张量$\boldsymbol{\epsilon}$ 和损伤变量d 的状态函数 (Lemaitre, 1996)：

$$\psi = \psi(\boldsymbol{\epsilon}, d) \tag{4.3.1}$$

将式 (4.3.1) 表示的 Helmholtz 自由能ψ 对时间求导有

$$\dot{\psi} = \frac{\partial \psi}{\partial \boldsymbol{\epsilon}} : \dot{\boldsymbol{\epsilon}} + \frac{\partial \psi}{\partial d}\dot{d} \tag{4.3.2}$$

需要强调的是，当多变量函数对其中某一个特定变量求偏微分时，其他变量的取值为常量。

将式 (4.3.2) 代入热力学基本原理式 (4.2.24) 中得

$$\mathscr{D} = \left(\boldsymbol{\sigma} - \frac{\partial \psi}{\partial \boldsymbol{\epsilon}}\right) : \dot{\boldsymbol{\epsilon}} - \frac{\partial \psi}{\partial d}\dot{d} \geqslant 0 \tag{4.3.3}$$

由于应变率 $\dot{\boldsymbol{\epsilon}}$ 的任意性，满足上述不等式的充分必要条件为

$$\boldsymbol{\sigma} - \frac{\partial \psi}{\partial \boldsymbol{\epsilon}} = 0 \tag{4.3.4}$$

以及

$$\mathscr{D} = -\frac{\partial \psi}{\partial d}\dot{d} \geqslant 0 \tag{4.3.5}$$

令

$$Y = -\frac{\partial \psi}{\partial d} \tag{4.3.6}$$

则有

$$\mathscr{D} = Y\,\dot{d} \geqslant 0 \tag{4.3.7}$$

通常，称 Y 为损伤能释放率。

由式 (4.3.4) 有

$$\boldsymbol{\sigma} = \frac{\partial}{\partial \boldsymbol{\epsilon}}\psi(\boldsymbol{\epsilon}, d) \tag{4.3.8}$$

这正是含有损伤变量的应力–应变本构关系，即损伤力学本构关系。可见，损伤力学本构关系可以通过对研究对象的能量分析获得。

由于存在内变量，仅从式 (4.3.8) 尚不能完全确定应力随应变的具体变化过程，需要确定内变量d 的演化法则，才能构成完整的损伤力学本构模型。对内变量d 的确立方式即损伤演化规律的不同研究途径，形成了不同的损伤力学研究派别。

在经典的确定性损伤力学理论中，通常根据最大耗散能原理 (Simó & Ju, 1987a) 给出损伤发展方程 (亦称损伤流动法则)：

$$\dot{d} = \dot{\lambda}^{\mathrm{d}}\frac{\partial G}{\partial Y} \tag{4.3.9}$$

式中，$\dot{d}$ 为对 (广义) 时间求导；$\dot{\lambda}^{\mathrm{d}}$ 为损伤演化因子；G 为一类损伤势函数或耗散函数，通常根据经验或理性假设给出。

应力–应变方程式 (4.3.8) 和损伤发展方程式 (4.3.9) 合称为损伤力学的基本方程。将这些基本方程与具体的损伤准则相结合，即可以构成完整的求解材料损伤演化过程及其结构力学效应的基本方程。

4.3.2 单标量弹性损伤模型

对于弹性损伤材料，其有效应力空间中的无损材料服从经典的弹性应力–应变关系。以各向同性线弹性为例，根据应变等效原理，弹性损伤材料的有效应力$\bar{\boldsymbol{\sigma}}$ 定义为

$$\bar{\boldsymbol{\sigma}} = \mathbb{E}_0 : \boldsymbol{\epsilon}, \qquad \boldsymbol{\epsilon} = \mathbb{C}_0 : \bar{\boldsymbol{\sigma}} \tag{4.3.10}$$

式中，$\mathbb{E}_0$ 和 $\mathbb{C}_0 = \mathbb{E}_0^{-1}$ 分别表示材料的弹性刚度张量和弹性柔度张量。对于各向同性线弹性材料，其弹性柔度张量$\mathbb{C}_0$ 的分量表示为

$$C_{0ijkl} = \frac{1}{E_0}\left[\frac{1+\nu_0}{2}\left(\delta_{ik}\delta_{jl} + \delta_{il}\delta_{jk}\right) - \nu_0\delta_{ij}\delta_{kl}\right] \tag{4.3.11}$$

式中，E_0 和 ν_0 分别为材料的弹性 (杨氏) 模量和泊松比。

材料的损伤演化是一种不可逆的能量耗散过程。假设损伤材料的 Helmholtz 自由能退化程度可以用标量 d 反映，即损伤材料的 Helmholtz 自由能 ψ 表示为

$$\psi(\boldsymbol{\epsilon}, d) = \big(1 - d\big)\psi_0(\boldsymbol{\epsilon}) \tag{4.3.12}$$

式中，损伤材料的初始 Helmholtz 自由能(或有效应力空间无损材料的 Helmholtz 自由能)ψ_0 与其应变能 W 相等，即

$$\psi_0(\boldsymbol{\epsilon}) = W(\boldsymbol{\epsilon}) = \frac{1}{2}\boldsymbol{\epsilon} : \mathbb{E}_0 : \boldsymbol{\epsilon} = \frac{1}{2}\bar{\boldsymbol{\sigma}} : \mathbb{C}_0 : \bar{\boldsymbol{\sigma}} \tag{4.3.13}$$

根据式 (4.3.8)，可以给出如下经典的单标量弹性损伤应力–应变关系：

$$\boldsymbol{\sigma} = \frac{\partial}{\partial \boldsymbol{\epsilon}}\psi(\boldsymbol{\epsilon}, d) = \big(1 - d\big)\mathbb{E}_0 : \boldsymbol{\epsilon} = \big(1 - d\big)\bar{\boldsymbol{\sigma}} \tag{4.3.14}$$

对于一维情况，式 (4.3.14) 退化为 4.1 节给出的结果。

此外，式 (4.3.6) 定义的损伤能释放率Y 确定为

$$Y = -\frac{\partial \psi}{\partial d} = \psi_0(\boldsymbol{\epsilon}) \geqslant 0 \tag{4.3.15}$$

可见，对于单标量弹性损伤模型，其损伤能释放率Y 等于材料的初始 Helmholtz 自由能$\psi_0(\boldsymbol{\epsilon})$ 或其应变能 $W(\boldsymbol{\epsilon})$。相应地，损伤演化法则可根据式 (4.3.9) 通过经验或理性假设建立。

4.4　单标量弹塑性损伤本构模型

本节以单标量各向同性损伤模型为例，演示利用能量分析建立弹塑性损伤本构模型的一般步骤，给出单标量弹塑性损伤本构模型的基本公式 (Ju, 1989)。一般认为，当描述均质材料的各向同性损伤时，若不关心反复荷载作用下的刚度恢复等效应，单标量损伤模型已经足够。

4.4.1　弹塑性自由能

根据内变量理论，恒温状态下各向同性损伤材料的状态可以通过损伤变量 d、弹性应变张量$\boldsymbol{\epsilon}^{\mathrm{e}}$ 以及塑性内变量κ(可取为累积塑性应变或塑性功) 来描述。相应地，总应变张量$\boldsymbol{\epsilon}$ 可以写成弹性应变张量$\boldsymbol{\epsilon}^{\mathrm{e}}$ 和塑性应变张量$\boldsymbol{\epsilon}^{\mathrm{p}}$ 之和的形式：

$$\boldsymbol{\epsilon} = \boldsymbol{\epsilon}^{\mathrm{e}} + \boldsymbol{\epsilon}^{\mathrm{p}} \tag{4.4.1}$$

对于弹塑性损伤材料，在有效应力空间中无损材料服从经典的弹塑性模型。因此，根据应变等效原理，有效应力$\bar{\boldsymbol{\sigma}}$ 满足经典的弹塑性关系，即

$$\bar{\boldsymbol{\sigma}} = \mathbb{E}_0 : \boldsymbol{\epsilon}^{\mathrm{e}}, \qquad \boldsymbol{\epsilon}^{\mathrm{e}} = \boldsymbol{\epsilon} - \boldsymbol{\epsilon}^{\mathrm{p}} = \mathbb{C}_0 : \bar{\boldsymbol{\sigma}} \tag{4.4.2}$$

需要指出的是，当不考虑塑性应变即 $\boldsymbol{\epsilon}^{\mathrm{p}}=\mathbf{0}$ 时，上述有效应力定义退化为弹性损伤模型中的有效应力即式 (4.3.10)。

材料的损伤演化是一种不可逆的能量耗散过程。假设损伤材料的 Helmholtz 自由能退化程度可以用标量 d 来反映，即损伤材料的总 Helmholtz 自由能 ψ 表示为

$$\psi(\boldsymbol{\epsilon}^{\mathrm{e}},\kappa,d)=\big(1-d\big)\psi_0(\boldsymbol{\epsilon}^{\mathrm{e}},\kappa) \tag{4.4.3}$$

式中，损伤材料的初始 Helmholtz 自由能(或有效应力空间无损材料的 Helmholtz 自由能)ψ_0 可以写成其弹性部分 ψ_0^{e} 和塑性部分 ψ_0^{p} 之和的形式，即

$$\psi_0(\boldsymbol{\epsilon}^{\mathrm{e}},\kappa)=\psi_0^{\mathrm{e}}(\boldsymbol{\epsilon}^{\mathrm{e}})+\psi_0^{\mathrm{p}}(\kappa) \tag{4.4.4}$$

损伤材料的初始弹性 Helmholtz 自由能ψ_0^{e} 即为弹性应变能

$$\psi_0^{\mathrm{e}}(\boldsymbol{\epsilon}^{\mathrm{e}})=\int_0^{\boldsymbol{\epsilon}^{\mathrm{e}}}\bar{\boldsymbol{\sigma}}:\mathrm{d}\boldsymbol{\epsilon}^{\mathrm{e}} \tag{4.4.5}$$

类似地，损伤材料的初始塑性 Helmholtz 自由能ψ_0^{p} 可定义为如下累积塑性功(Ju, 1989)：

$$\psi_0^{\mathrm{p}}(\kappa)=\int_0^{\boldsymbol{\epsilon}^{\mathrm{p}}}\bar{\boldsymbol{\sigma}}:\mathrm{d}\boldsymbol{\epsilon}^{\mathrm{p}} \tag{4.4.6}$$

式 (4.4.5) 定义的损伤材料的初始弹性 Helmholtz 自由能ψ_0^{e} 可以写成

$$\psi_0^{\mathrm{e}}(\boldsymbol{\epsilon}^{\mathrm{e}})=\frac{1}{2}\bar{\boldsymbol{\sigma}}:\boldsymbol{\epsilon}^{\mathrm{e}}=\frac{1}{2}\boldsymbol{\epsilon}^{\mathrm{e}}:\mathbb{E}_0:\boldsymbol{\epsilon}^{\mathrm{e}}=\frac{1}{2}\bar{\boldsymbol{\sigma}}:\mathbb{C}_0:\bar{\boldsymbol{\sigma}} \tag{4.4.7}$$

将式 (4.4.4) 代入式 (4.4.3) 中，可以将损伤材料的 Helmholtz 自由能表示为另外一种形式：

$$\psi(\boldsymbol{\epsilon}^{\mathrm{e}},\kappa,d)=\psi^{\mathrm{e}}(\boldsymbol{\epsilon}^{\mathrm{e}},d)+\psi^{\mathrm{p}}(\kappa,d) \tag{4.4.8}$$

其弹性部分和塑性部分分别为

$$\psi^{\mathrm{e}}(\boldsymbol{\epsilon}^{\mathrm{e}},d)=\big(1-d\big)\psi_0^{\mathrm{e}}(\boldsymbol{\epsilon}^{\mathrm{e}})=\frac{1}{2}\big(1-d\big)\bar{\boldsymbol{\sigma}}:\mathbb{C}_0:\bar{\boldsymbol{\sigma}} \tag{4.4.9a}$$

$$\psi^{\mathrm{p}}(\kappa,d)=\big(1-d\big)\psi_0^{\mathrm{p}}(\kappa) \tag{4.4.9b}$$

上述弹塑性损伤材料的 Helmholtz 自由能定义式 (4.4.8) 与 Ju 模型 (Ju, 1989) 相同，但不需要预设弹性自由能 ψ^{e} 和塑性自由能 ψ^{p} 不耦合，而是直接从有效应力空间无损材料的弹性 Helmholtz 自由能ψ_0^{e} 和塑性 Helmholtz 自由能ψ_0^{p} 解耦这一事实得出了上述结论。

4.4.2 弹塑性损伤本构模型

根据热力学第二定律，材料的损伤过程和塑性流动过程都是不可逆热力学过程，因此等温纯力学过程必须满足热力学不可逆条件，即能量耗散不等式 (4.2.24)。

将式 (4.4.3) 关于时间微分并代入式 (4.2.24) 中可以得到

$$\mathscr{D} = \left(\boldsymbol{\sigma} - \frac{\partial \psi^{\mathrm{e}}}{\partial \boldsymbol{\epsilon}^{\mathrm{e}}}\right) : \dot{\boldsymbol{\epsilon}}^{\mathrm{e}} - \frac{\partial \psi}{\partial d}\dot{d} + \boldsymbol{\sigma} : \dot{\boldsymbol{\epsilon}}^{\mathrm{p}} - \frac{\partial \psi^{\mathrm{p}}}{\partial \kappa}\dot{\kappa} \geqslant 0 \tag{4.4.10}$$

由于弹性应变率张量 $\dot{\boldsymbol{\epsilon}}^{\mathrm{e}}$ 的任意性，可以得到应力–应变本构关系为

$$\boldsymbol{\sigma} = \frac{\partial \psi^{\mathrm{e}}}{\partial \boldsymbol{\epsilon}^{\mathrm{e}}} = (1-d)\bar{\boldsymbol{\sigma}} = (1-d)\mathbb{E}_0 : \boldsymbol{\epsilon}^{\mathrm{e}} \tag{4.4.11}$$

或其等效形式

$$\boldsymbol{\sigma} = \mathbb{E}(d) : \boldsymbol{\epsilon}^{\mathrm{e}} \tag{4.4.12}$$

式中，$\mathbb{E}(d)$ 表示材料的卸载刚度，与初始刚度张量 $\mathbb{E}_0$ 之间的关系为

$$\mathbb{E}(d) = (1-d)\mathbb{E}_0 \tag{4.4.13}$$

损伤总是导致材料的卸载刚度退化，即 $0 \leqslant d \leqslant 1$，因此，$\mathbb{E}(d)$ 为损伤变量d 的非递增函数。显然，当 $d=0$ 即材料处于初始无损伤状态时，卸载刚度张量 $\mathbb{E}(d)$ 即为材料的初始弹性刚度张量 $\mathbb{E}_0$。此时，Cauchy 名义应力 $\boldsymbol{\sigma}$ 与有效应力$\bar{\boldsymbol{\sigma}}$ 相等，式 (4.4.11) 或式 (4.4.12) 退化为经典的弹塑性模型。

式 (4.4.11) 实际上构成了材料本构理论模型的核心，从中可以看出，由于 Helmholtz 自由能势的弹性部分和塑性部分不相关，应力张量仅与材料的弹性 Helmholtz 自由能有关。

需要指出的是，尽管式 (4.4.11) 与早期 Kachanov (1958) 和 Rabotnov(1968) 在研究金属蠕变损伤时给出的模型在形式上类同，但损伤变量d 的物理意义完全不同：此处 d 表示的是材料自由能退化的程度，而 Kachonov-Rabotonov 模型中的 d 则表示材料有效截面面积的减少。

4.4.3 内变量演化法则

式 (4.4.11) 中含有内变量d，而弹性应变 $\boldsymbol{\epsilon}^{\mathrm{e}}$ 又通过式 (4.4.1) 与塑性应变 $\boldsymbol{\epsilon}^{\mathrm{p}}$ 相耦联，因此，式 (4.4.11) 尚不能构成完整意义上的应力–应变本构关系。为确立完整的本构模型，还需要给出内变量d 与塑性应变 $\boldsymbol{\epsilon}^{\mathrm{p}}$ 的演化法则。由于塑性流动和损伤演化均为不可逆的能量耗散过程，其演化法则需满足不等式 (4.4.10) 的限制，即

$$\mathscr{D} = \mathscr{D}^{\mathrm{p}} + \mathscr{D}^{\mathrm{d}} \geqslant 0 \tag{4.4.14}$$

式中，$\mathscr{D}^{\mathrm{p}}$ 和 $\mathscr{D}^{\mathrm{d}}$ 分别为塑性流动能量耗散和损伤演化能量耗散，表示为

$$\mathscr{D}^{\mathrm{p}}=\boldsymbol{\sigma}:\dot{\boldsymbol{\epsilon}}^{\mathrm{p}}-\frac{\partial\psi^{\mathrm{p}}}{\partial\kappa}\dot{\kappa}\geqslant 0 \tag{4.4.15a}$$

$$\mathscr{D}^{\mathrm{d}}=-\frac{\partial\psi}{\partial d}\dot{d} \tag{4.4.15b}$$

不同的内变量演化法则，将导致完全不同的本构模型。

塑性流动法则$\dot{\boldsymbol{\epsilon}}^{\mathrm{p}}$ 可以利用经典塑性力学理论在有效应力空间中确立 (Ju, 1989)。为此，将式 (4.4.9b) 和式 (4.4.11) 代入式 (4.4.15a) 中，可以得

$$\bar{\mathscr{D}}^{\mathrm{p}}=\frac{\mathscr{D}^{\mathrm{p}}}{1-d}=\bar{\boldsymbol{\sigma}}:\dot{\boldsymbol{\epsilon}}^{\mathrm{p}}-\frac{\partial\psi_0^{\mathrm{p}}}{\partial\kappa}\dot{\kappa}\geqslant 0 \tag{4.4.16}$$

上述有效塑性能量耗散不等式与经典弹塑性力学的结果完全相同。换句话说，材料发生损伤后，局部应力重新分布，假定损伤材料的塑性流动发生在材料的无损伤部分 (即所谓有效面积部分)，则塑性变形及其演化的确定应该在有效应力空间进行。即：将塑性力学基本公式中的 Cauchy 应力张量 $\boldsymbol{\sigma}$ 替换为有效应力张量 $\bar{\boldsymbol{\sigma}}$，就可以按照经典塑性力学的基本公式确立塑性应变，具体公式见本书第 3 章。

应该特别指出：由于是在有效应力空间考虑塑性变形，在物理背景上，是损伤的发展影响塑性变形的发展，而不是相反。事实上，材料的无损伤部分 (有效应力空间) 受损伤的发展而不断发生变化，损伤材料的塑性流动应力以及塑性变形等都将受到损伤发展的影响。因此，那种认为损伤决定于塑性变形的观点 (Lubliner et al., 1989)，在物理背景上是不正确的，在对客观对象的模拟与反映中也必然出现偏差。

与塑性内变量的确定相比较，确定损伤变量d 的演化过程就不太简单了。在确定性损伤力学范围内，必须解决两个基本问题：何时发生损伤和损伤发生后怎样发展。前者对应于损伤准则，后者对应于损伤演化法则。

作为一种不可逆的能量耗散过程，损伤演化必须满足损伤耗散不等式 (4.4.15b) 的限制，即

$$\mathscr{D}^{\mathrm{d}}=-\frac{\partial\psi}{\partial d}\dot{d}=Y\dot{d}\geqslant 0 \tag{4.4.17}$$

由于损伤的不可逆性，有 $\dot{d}\geqslant 0$，于是式 (4.4.17) 等效为

$$Y\geqslant 0 \tag{4.4.18}$$

式中，Y 为与损伤变量d 在热力学意义上功共轭的热力学变量，称为弹塑性损伤能释放率，定义为

$$Y=-\frac{\partial\psi}{\partial d}=-\left(\frac{\partial\psi^{\mathrm{e}}}{\partial d}+\frac{\partial\psi^{\mathrm{p}}}{\partial d}\right)=Y^{\mathrm{e}}+Y^{\mathrm{p}} \tag{4.4.19}$$

式中，Y^{e} 和 Y^{p} 分别为弹性损伤能释放率和塑性损伤能释放率，其表达式为

$$Y^{\mathrm{e}} = -\frac{\partial \psi^{\mathrm{e}}}{\partial d} \tag{4.4.20a}$$

$$Y^{\mathrm{p}} = -\frac{\partial \psi^{\mathrm{p}}}{\partial d} \tag{4.4.20b}$$

对于单标量各向同性损伤，将式 (4.4.3) 和式 (4.4.9) 分别代入式 (4.4.19) 和式 (4.4.20) 中得

$$Y = \psi_0(\boldsymbol{\epsilon}^{\mathrm{e}}, \kappa) = \psi_0^{\mathrm{e}}(\boldsymbol{\epsilon}^{\mathrm{e}}) + \psi_0^{\mathrm{p}}(\kappa) \tag{4.4.21}$$

式中

$$\psi_0^{\mathrm{e}}(\boldsymbol{\epsilon}^{\mathrm{e}}) = Y^{\mathrm{e}} \tag{4.4.22a}$$

$$\psi_0^{\mathrm{p}}(\kappa) = Y^{\mathrm{p}} \tag{4.4.22b}$$

由于损伤能释放率能够同时考虑弹性和塑性发展历史，与仅利用实验数据建立损伤准则相比，基于弹塑性损伤能释放率建立损伤准则及损伤演化法则，无疑具有更明确的物理意义。

在经典的确定性损伤力学中，引入损伤势函数$G(Y,r)$ 来确定材料的损伤状态 (Mazars, 1986)，并定义

$$G(Y,r) = g(Y) - g(r) \tag{4.4.23}$$

式中，$G=0$ 确定的曲面称为损伤面；$g(\cdot)$ 为单调递增标量函数；Y 为材料在某一时刻 n 的损伤能释放率；r 为时刻 n 之前曾经达到的最大损伤能释放率，称为历史最大损伤能释放率或时刻 n 的损伤能释放率阈值，表示为

$$r = \max\left\{r_0, \max_{\tau\in[0,n]} Y_\tau\right\} \tag{4.4.24}$$

式中，r_0 称为材料的初始损伤能释放率阈值，是材料属性，可以通过材料实验标定。

显然，只有当材料的损伤能释放率Y 超过材料的初始损伤能释放率阈值r_0 时，才发生材料损伤。同时，在材料受力加载过程中的任一时刻 n，若材料的损伤能释放率Y_n 超过历史达到的最大损伤能释放率r_n 时，材料损伤将进一步发展，即处于损伤加载状态，否则处于损伤卸载或者中性变载阶段。由此，便确立了损伤准则。

进而，引入损伤流动法则，可得到关于损伤变量的演化方程 (Simó & Ju, 1987a, 1987b; Ju, 1989)：

$$\dot{d} = \dot{\lambda}^{\mathrm{d}} \frac{\partial G}{\partial Y} = \dot{\lambda}^{\mathrm{d}} \frac{\partial g}{\partial Y} \tag{4.4.25}$$

式中，损伤演化因子 $\dot{\lambda}^{\rm d}$ 为非负标量，需要满足加卸载规则即 Kuhn-Tucker 条件的限制，即

$$\dot{\lambda}^{\rm d} \geqslant 0, \qquad G \leqslant 0, \qquad \dot{\lambda}^{\rm d} G = 0 \tag{4.4.26}$$

应该指出，损伤势函数及正交流动法则的引入，在很大程度上受经典塑性力学理论的启发与影响。由于这一背景，沿着这一方向的研究必然走向通过猜测确立损伤势函数的道路。在理性上，这里显然存在隐患。

利用式 (4.4.25)，通过经典意义上的损伤一致性条件，可以获得损伤变量的一般表达式：

$$d = g(r_n) \tag{4.4.27}$$

根据损伤变量的特性，函数 $g(\cdot)$ 应该为单调增加的函数，且在 0~1 变化。

应该强调指出：关于 $g(\cdot)$ 的具体形式，并不能由上述热力学框架给出。事实上，损伤耗散不等式(4.4.17) 仅给出了损伤演化必须满足的限制条件 (约束条件)，并没有给出确立损伤演化的充分条件，更难以给出作为损伤能释放率函数 $g(\cdot)$ 的具体形式。在确定性损伤力学的研究与实践中，人们还不得不采用理性假设或经验猜测的方式确定 $g(\cdot)$ 的具体形式。这虽然是令人遗憾的事情，但也为随机损伤力学的发展提供了契机。

4.4.4 建立弹塑性损伤本构关系模型的一般步骤

尽管上述单标量弹塑性损伤本构模型的适用范围极为有限，但它毕竟提供了一个建立弹塑性损伤本构关系的完整理论框架，也因此构成了损伤力学发展史上的一个重要里程碑。事实上，上述模型综合考虑了损伤演化和塑性流动的影响，从不可逆热力学出发，基于损伤能释放率确定损伤准则和损伤变量的演化法则，并在有效应力空间内确定塑性变形，从而建立了完整意义上的弹塑性损伤本构模型。

分析上述模型可以很清晰地看出，宏观弹塑性损伤本构模型的建立过程可以总结为以下几步：

(1) 根据实际的损伤物理机制选定合理的损伤变量，定义材料的弹性自由能和塑性自由能，得到材料的总 Helmholtz 自由能。

(2) 基于连续介质不可逆热力学基本原理，根据弹性 Helmholtz 自由能得到含内变量的材料应力–应变本构关系，根据总 Helmholtz 自由能得到损伤能释放率的表达式。

(3) 基于损伤能释放率建立损伤准则，根据正交流动法则确定损伤变量的演化法则。

(4) 在有效应力空间内确定塑性变形及其演化规律。

4.4.5 评注

损伤概念的引入，在一定程度上打破了连续力学中的连续性假定。因为是以一种特殊的方式 (去除损伤、利用应变等效) 在连续介质空间中应用经典连续介质力学，所以我们称之为连续介质–损伤力学。这里，我们引入符号“–”以突出损伤力学的观念性进步与方法论创新，也区别于一般损伤力学著作与文献中的表述。

第 5 章　混凝土确定性损伤本构关系

5.1　混凝土材料的受力损伤机制

本书第 1 章即已指出：在单轴拉力、压力作用下，混凝土表现出差异显著的强度特性；同时，混凝土在双轴受压时抗压强度明显提高，而在双轴拉、压应力状态下抗压强度降低。因此，应该引入不同的损伤机制描述混凝土在不同应力状态下的特性差异。大量的混凝土多轴受力试验表明，混凝土的损伤破坏形态一般可概括为三种：受拉损伤破坏、受剪损伤破坏以及高静水压力下的压碎破坏 (Resende, 1987)。受拉损伤破坏面由拉开型裂缝发展形成；受剪损伤破坏面由拉开型和滑移型裂缝发展形成；而压碎性破坏则是由高静水压力 (三向等压) 作用下混凝土材料组分破碎或者大量的剪切型裂缝贯通构成。

若不考虑高静水压力作用下的压碎性破坏，则可以认为，混凝土材料的损伤和破坏主要源于两种基本的物理机制：受拉损伤机制和受剪损伤机制。受拉损伤机制代表了混凝土材料各相组分之间的受拉分离。经典的最大拉应力 (拉应变) 断裂准则即认为材料破坏是由受拉损伤机制所致。受剪损伤机制则代表了混凝土材料各相组分之间内黏结力的破坏。事实上，经典的 Mohr-Coulomb 破坏准则和 Drucker-Prager 破坏准则均认为材料破坏是由于受剪损伤机制所致。显然，在一般多维应力状态下，混凝土材料的损伤是上述两种基本物理机制共同作用的结果，而在不同的具体情况下，又会表现出有所侧重的方面。若将应力分解为偏量空间和球量空间两个部分，则分析可知：

(1) 在受拉为主的应力状态 (如单轴受拉、双轴受拉等) 下，在球量空间内，混凝土损伤由受拉损伤机制控制；在偏量空间内，混凝土损伤虽然由受拉损伤机制和受剪损伤机制共同控制，但混凝土材料受拉强度远比受剪强度低，且受拉损伤发展速度较快，因而可以认为在偏量空间内受剪损伤机制的影响可忽略不计。据此可以假定，在拉应力为主的应力状态下，偏量空间和球量空间宏观力学性能的劣化均可用受拉损伤变量d^+ 来描述。

(2) 在受压为主的应力状态 (如单轴受压、双轴受压等) 下，由于在偏量空间内不存在拉应力，混凝土损伤由受剪损伤机制控制；在球量空间内，在较小静水压力作用下，受剪损伤机制将导致材料力学性能一定程度上的劣化，但随着静水压力的逐渐增加，微裂缝趋于闭合，混凝土材料基本不发生损伤，而且表现出一定的强化性质。因此，若不考虑静水受压强化效应的影响，则可以引入假定：在压应力为主的应力状态下，宏观力学性能的劣化可用受剪损伤变量d^- 来描述。

在本书第 6 章中，将进一步从细观裂缝发展与应力作用模式的关系角度论证采用上述损伤变量的合理性。

5.2　混凝土弹性损伤本构关系

5.2.1　应力张量分解

1983 年，Ladevèze(1983) 首次引入了应力张量的正负分解思想，开创了混凝土损伤力学研究的新纪元 (Mazars, 1984, 1986)。

由 2.2.2 节得知，应力张量存在三个特征值 (即主应力)σ_1、σ_2 和 σ_3。同时，对应的三个特征向量 (即主应力的方向矢量)$\boldsymbol{n}^{(1)}$、$\boldsymbol{n}^{(2)}$ 和 $\boldsymbol{n}^{(3)}$ 构成一组标准的正交坐标系，因此有

$$\boldsymbol{n}^{(a)}\cdot\boldsymbol{n}^{(b)}=\delta_{ab}\qquad(a,b=1,2,3)\tag{5.2.1a}$$

$$\sum_{a=1}^{3}\boldsymbol{n}^{(a)}\otimes\boldsymbol{n}^{(a)}=\boldsymbol{I}\tag{5.2.1b}$$

式中，$\boldsymbol{I}$ 为二阶单位张量，其分量为 Kronecker 记号δ_{ij}；点乘运算符“$\cdot$”和叉乘运算符“$\otimes$”分别为一阶缩并积和张量积，即

$$\boldsymbol{n}^{(a)}\cdot\boldsymbol{n}^{(b)}=n_i^{(a)}n_i^{(b)}\qquad(i=1,2,3)\tag{5.2.2}$$

$$\left(\boldsymbol{n}^{(a)}\otimes\boldsymbol{n}^{(a)}\right)_{ij}=n_i^{(a)}n_j^{(a)}\qquad(i,j=1,2,3)\tag{5.2.3}$$

事实上，若将主方向矢量记为向量 $\boldsymbol{n}^{(a)}=\left\{n_1^{(a)},n_2^{(a)},n_3^{(a)}\right\}^{\mathrm{T}}$，则式 (5.2.2) 和式 (5.2.3) 定义的一阶缩并积和张量积可以写成如下矩阵形式：

$$\boldsymbol{n}^{(a)}\cdot\boldsymbol{n}^{(a)}=\left[\boldsymbol{n}^{(a)}\right]^{\mathrm{T}}\boldsymbol{n}^{(a)}\tag{5.2.4a}$$

$$\left[\boldsymbol{n}^{(a)}\otimes\boldsymbol{n}^{(a)}\right]=\boldsymbol{n}^{(a)}\left[\boldsymbol{n}^{(a)}\right]^{\mathrm{T}}\tag{5.2.4b}$$

式中，“T”为矩阵转置。

注意到主应力σ_1、σ_2 和 σ_3 及其对应的方向矢量 $\boldsymbol{n}^{(1)}$、$\boldsymbol{n}^{(2)}$ 和 $\boldsymbol{n}^{(3)}$ 满足式 (2.2.8)，即

$$\boldsymbol{\sigma}\cdot\boldsymbol{n}^{(a)}=\sigma_a\boldsymbol{n}^{(a)}\qquad(a=1,2,3)\tag{5.2.5}$$

将式 (5.2.5) 两边左点乘特征向量 $\boldsymbol{n}^{(a)}$，并考虑式 (5.2.1a) 可以得

$$\left(\boldsymbol{n}^{(a)}\otimes\boldsymbol{n}^{(a)}\right):\boldsymbol{\sigma}=\boldsymbol{n}^{(a)}\cdot\boldsymbol{\sigma}\cdot\boldsymbol{n}^{(a)}=\sigma_a\boldsymbol{n}^{(a)}\cdot\boldsymbol{n}^{(a)}=\sigma_a\delta_{aa}=\sigma_a\tag{5.2.6}$$

类似地，式 (5.2.5) 两边右叉乘特征向量 $\boldsymbol{n}^{(a)}$，并考虑式 (5.2.1b) 可以得

$$\boldsymbol{\sigma}=\boldsymbol{\sigma}\cdot\sum_{a=1}^{3}\left(\boldsymbol{n}^{(a)}\otimes\boldsymbol{n}^{(a)}\right)=\sum_{a=1}^{3}\sigma_a\boldsymbol{n}^{(a)}\otimes\boldsymbol{n}^{(a)} \tag{5.2.7}$$

式 (5.2.7) 即为应力张量$\boldsymbol{\sigma}$ 的谱分解。

引入特征值矩阵 $\boldsymbol{\Lambda}=\mathrm{diag}[\sigma_1,\sigma_2,\sigma_3]$ 和对应的特征向量矩阵 $\boldsymbol{\Phi}=\{\boldsymbol{n}^{(1)},\boldsymbol{n}^{(2)},\boldsymbol{n}^{(3)}\}$，则式 (5.2.7) 给出的应力张量$\boldsymbol{\sigma}$ 的谱分解可以写成如下矩阵形式:

$$\boldsymbol{\sigma}=\sum_{a=1}^{3}\sigma_a\boldsymbol{n}^{(a)}\left[\boldsymbol{n}^{(a)}\right]^{\mathrm{T}}=\boldsymbol{\Phi}\boldsymbol{\Lambda}\boldsymbol{\Phi}^{\mathrm{T}} \tag{5.2.8}$$

若规定受拉为正、受压为负，则可以通过引入坡度函数$\langle x\rangle$:

$$\langle x\rangle=\frac{1}{2}\left(x+|x|\right)=\begin{cases}x, & x>0\\ 0, & x\leqslant 0\end{cases} \tag{5.2.9}$$

将应力张量$\boldsymbol{\sigma}$ 分解为正、负主应力之和的形式:

$$\boldsymbol{\sigma}=\boldsymbol{\sigma}^{+}+\boldsymbol{\sigma}^{-} \tag{5.2.10}$$

式中，正、负应力张量分别定义为

$$\boldsymbol{\sigma}^{+}=\sum_{a=1}^{3}\langle\sigma_a\rangle\boldsymbol{n}^{(a)}\otimes\boldsymbol{n}^{(a)} \tag{5.2.11a}$$

$$\boldsymbol{\sigma}^{-}=\boldsymbol{\sigma}-\boldsymbol{\sigma}^{+} \tag{5.2.11b}$$

或其矩阵形式:

$$\boldsymbol{\sigma}^{+}=\sum_{a=1}^{3}\langle\sigma_a\rangle\boldsymbol{n}^{(a)}\left[\boldsymbol{n}^{(a)}\right]^{\mathrm{T}}=\boldsymbol{\Phi}\boldsymbol{\Lambda}^{+}\boldsymbol{\Phi}^{\mathrm{T}} \tag{5.2.12a}$$

$$\boldsymbol{\sigma}^{-}=\boldsymbol{\sigma}-\boldsymbol{\sigma}^{+}=\boldsymbol{\Phi}\boldsymbol{\Lambda}^{-}\boldsymbol{\Phi}^{\mathrm{T}} \tag{5.2.12b}$$

式中，特征值矩阵的正、负分量分别记为

$$\boldsymbol{\Lambda}^{+}=\mathrm{diag}\left[\langle\sigma_1\rangle,\langle\sigma_2\rangle,\langle\sigma_3\rangle\right] \tag{5.2.13a}$$

$$\boldsymbol{\Lambda}^{-}=\boldsymbol{\Lambda}-\boldsymbol{\Lambda}^{+}=\mathrm{diag}\left[\sigma_1-\langle\sigma_1\rangle,\sigma_2-\langle\sigma_2\rangle,\sigma_3-\langle\sigma_3\rangle\right] \tag{5.2.13b}$$

若进一步引入 Heaviside 函数$H(x)$:

$$H(x)=\begin{cases}1, & x>0\\ 0, & x\leqslant 0\end{cases} \tag{5.2.14}$$

并将式 (5.2.6) 代入应力张量的正、负分量式 (5.2.11) 中，可以得

$$\boldsymbol{\sigma}^{+}=\mathbb{P}^{+}:\boldsymbol{\sigma} \tag{5.2.15a}$$

$$\boldsymbol{\sigma}^{-}=\boldsymbol{\sigma}-\boldsymbol{\sigma}^{+}=\mathbb{P}^{-}:\boldsymbol{\sigma} \tag{5.2.15b}$$

式中，四阶投影算子 $\mathbb{P}^{+}$ 和 $\mathbb{P}^{-}$ 分别为

$$\mathbb{P}^{+}=\sum_{a=1}^{3} H(\sigma_a)\boldsymbol{n}^{(a)}\otimes\boldsymbol{n}^{(a)}\otimes\boldsymbol{n}^{(a)}\otimes\boldsymbol{n}^{(a)} \tag{5.2.16a}$$

$$\mathbb{P}^{-}=\mathbb{I}-\mathbb{P}^{+} \tag{5.2.16b}$$

式中，$\mathbb{I}$ 表示四阶单位张量。对张量投影算子更为详尽的讨论参见相关参考文献 (Carol & Willam, 1996; Wu & Xu, 2013)。

类似地，考虑到损伤的影响，可在有效应力空间进行上述正、负分解，即取 (Faria et al., 1998; 2004; Wu et al., 2006)

$$\bar{\boldsymbol{\sigma}}=\bar{\boldsymbol{\sigma}}^{+}+\bar{\boldsymbol{\sigma}}^{-} \tag{5.2.17}$$

其中

$$\bar{\boldsymbol{\sigma}}^{\pm}=\mathbb{P}^{\pm}:\boldsymbol{\sigma} \tag{5.2.18}$$

式中，$\bar{\boldsymbol{\sigma}}^{+}$ 和 $\bar{\boldsymbol{\sigma}}^{-}$ 分别是受拉有效应力和受压有效应力；$\mathbb{P}^{\pm}$ 为有效应力张量的正、负投影算子，即式 (5.2.16) 中主应力$\boldsymbol{\sigma}_a$ 和主方向 $\boldsymbol{n}^{(a)}$ 应该替换为有效应力张量 $\bar{\boldsymbol{\sigma}}$ 的特征值 $\bar{\sigma}_a$ 和特征向量 $\bar{\boldsymbol{n}}^{(a)}$。

Ladevèze(1983) 和 Mazars(1984, 1986) 认为，将应力进行正负分解后，可以假定受拉损伤只由正应力引起，以 d^{+} 表示；受压损伤由负应力引起，以 d^{-} 表示 (在第 6 章将会看到，d^{-} 的实质是受剪损伤，所以，以后均称 d^{-} 为受剪损伤变量)。在复杂加载时，损伤为受拉损伤和受压损伤的组合。

采用应力张量的正负分解、引入受拉损伤与受压损伤 (本质为受剪损伤) 变量并用于损伤后材料的弹性 Helmholtz 自由能表述，最早见于 Ladevèze(1983) 和 Mazars(1984, 1986) 的工作，这是一项里程碑式的工作。由于仅考虑弹性损伤，所以被后人称为 Ladevèze-Mazars 弹性损伤模型。沿着这一方向，后来展开了大量研究工作，参见相关综述文献 (李杰和任晓丹, 2010a)。

5.2.2 Helmholtz 自由能

由第 4 章的分析可知，应用损伤力学建立材料本构关系，首先需要确定材料的 Helmhotlz 自由能。基于前述有效应力张量的正、负分解，式 (4.3.13) 中给出的弹性损伤材料的初始 Helmholtz 自由能ψ_0 可以表示为 ψ_0^{+}、ψ_0^{-} 两部分之和的形式，即

$$\psi_0(\boldsymbol{\epsilon})=\psi_0^{+}(\boldsymbol{\epsilon})+\psi_0^{-}(\boldsymbol{\epsilon}) \tag{5.2.19}$$

式中，ψ_0^+ 和 ψ_0^- 分别表示为

$$\psi_0^+(\boldsymbol{\epsilon}) = \frac{1}{2}\bar{\boldsymbol{\sigma}}^+ : \boldsymbol{\epsilon} = \frac{1}{2}\bar{\boldsymbol{\sigma}} : \mathbb{P}^+ : \mathbb{C}_0 : \bar{\boldsymbol{\sigma}} = \frac{1}{2}\boldsymbol{\epsilon} : \mathbb{P}^+ : \mathbb{E}_0 : \boldsymbol{\epsilon} \tag{5.2.20a}$$

$$\psi_0^-(\boldsymbol{\epsilon}) = \frac{1}{2}\bar{\boldsymbol{\sigma}}^- : \boldsymbol{\epsilon} = \frac{1}{2}\bar{\boldsymbol{\sigma}} : \mathbb{P}^- : \mathbb{C}_0 : \bar{\boldsymbol{\sigma}} = \frac{1}{2}\boldsymbol{\epsilon} : \mathbb{P}^- : \mathbb{E}_0 : \boldsymbol{\epsilon} \tag{5.2.20b}$$

需要特别注意的是，对于弹性损伤材料，$\boldsymbol{\epsilon} = \boldsymbol{\epsilon}^{\mathrm{e}}$，相应的有效应力$\bar{\boldsymbol{\sigma}}$ 服从线弹性应力–应变关系，即

$$\bar{\boldsymbol{\sigma}} = \mathbb{E}_0 : \boldsymbol{\epsilon}, \qquad \boldsymbol{\epsilon} = \mathbb{C}_0 : \bar{\boldsymbol{\sigma}} \tag{5.2.21}$$

式中，材料的弹性柔度张量$\mathbb{C}_0$ 与弹性 (杨氏) 模量 E_0 和泊松比 ν_0 有关，即

$$C_{0ijkl} = \frac{1}{E_0}\left[\frac{1+\nu_0}{2}\left(\delta_{ik}\delta_{jl} + \delta_{il}\delta_{jk}\right) - \nu_0\delta_{ij}\delta_{kl}\right] \tag{5.2.22}$$

为了描述损伤演化这一不可逆能量耗散过程，引入受拉损伤变量d^+ 和受剪损伤变量d^- 描述损伤材料在正、负有效应力$\bar{\boldsymbol{\sigma}}^+$ 和 $\bar{\boldsymbol{\sigma}}^-$ 作用下的 Helmholtz 自由能退化，即损伤材料的总 Helmholtz 自由能ψ 表示为

$$\psi(\boldsymbol{\epsilon}, d^+, d^-) = \psi^+(\boldsymbol{\epsilon}, d^+) + \psi^-(\boldsymbol{\epsilon}, d^-) \tag{5.2.23}$$

式中，ψ^+ 和 ψ^- 分别表示为

$$\psi^+(\boldsymbol{\epsilon}, d^+) = \left(1 - d^+\right)\psi_0^+(\boldsymbol{\epsilon}) = \frac{1}{2}\left(1 - d^+\right)\bar{\boldsymbol{\sigma}}^+ : \boldsymbol{\epsilon} \tag{5.2.24a}$$

$$\psi^-(\boldsymbol{\epsilon}, d^-) = \left(1 - d^-\right)\psi_0^-(\boldsymbol{\epsilon}) = \frac{1}{2}\left(1 - d^-\right)\bar{\boldsymbol{\sigma}}^- : \boldsymbol{\epsilon} \tag{5.2.24b}$$

显然，当受拉损伤和受剪损伤相同，即 $d^+ = d^- = d$ 时，式 (5.2.23) 和式 (5.2.24) 定义的弹性自由能势退化为式 (4.3.12) 给出的单标量弹性损伤材料 Helmholtz 自由能

$$\psi(\boldsymbol{\epsilon}, d) = \frac{1}{2}(1 - d)\left(\bar{\boldsymbol{\sigma}}^+ + \bar{\boldsymbol{\sigma}}^-\right) : \boldsymbol{\epsilon} = \frac{1}{2}(1 - d)\bar{\boldsymbol{\sigma}} : \boldsymbol{\epsilon} = (1 - d)\psi_0(\boldsymbol{\epsilon}) \tag{5.2.25}$$

同时，当材料处于无损伤状态，即 $d^+ = d^- = 0$ 时，式 (5.2.23) 和式 (5.2.24) 定义的弹性自由能势，即弹性损伤材料的初始 Helmholtz 自由能

$$\psi(\boldsymbol{\epsilon}, 0, 0) = \frac{1}{2}\left(\bar{\boldsymbol{\sigma}}^+ + \bar{\boldsymbol{\sigma}}^-\right) : \boldsymbol{\epsilon} = \frac{1}{2}\bar{\boldsymbol{\sigma}} : \boldsymbol{\epsilon} = \psi_0(\boldsymbol{\epsilon}) \tag{5.2.26}$$

此外，由于损伤变量d^+、$d^- \in [0, 1]$，由式 (5.2.23) 和式 (5.2.24) 易知，损伤后材料的 Helmholtz 自由能满足

$$\psi(\boldsymbol{\epsilon}, d^+, d^-) \geqslant 0 \tag{5.2.27}$$

因此，由式 (5.2.23) 和式 (5.2.24) 定义的材料 Helmholtz 自由能势满足不可逆热力学基本原理的要求，且能从损伤机制上反映损伤演化过程中的材料蕴涵能量的退化。

5.2.3 双标量损伤本构关系

前已指出，任意等温纯力学过程必须满足热力学第一、第二定律，即式 (4.2.24)

$$\mathscr{D} = \boldsymbol{\sigma} : \dot{\boldsymbol{\epsilon}} - \dot{\psi} \geqslant 0 \tag{5.2.28}$$

将式 (5.2.23) 关于时间微分并代入式 (5.2.28) 有

$$\left(\boldsymbol{\sigma} - \frac{\partial \psi}{\partial \boldsymbol{\epsilon}}\right) : \dot{\boldsymbol{\epsilon}} + \left(-\frac{\partial \psi}{\partial d^+}\right) \dot{d}^+ + \left(-\frac{\partial \psi}{\partial d^-}\right) \dot{d}^- \geqslant 0 \tag{5.2.29}$$

由于 $\dot{\boldsymbol{\epsilon}}$ 的任意性，要满足式 (5.2.29) 的要求，必成立如下应力–应变关系：

$$\boldsymbol{\sigma} = \frac{\partial}{\partial \boldsymbol{\epsilon}} \psi(\boldsymbol{\epsilon}, d^+, d^-) \tag{5.2.30}$$

将式 (5.2.24) 定义的材料 Helmholtz 自由能势代入式 (5.2.30) 可得

$$\boldsymbol{\sigma} = \left(1 - d^+\right) \frac{\partial \psi_0^+}{\partial \boldsymbol{\epsilon}} + \left(1 - d^-\right) \frac{\partial \psi_0^-}{\partial \boldsymbol{\epsilon}} \tag{5.2.31}$$

由式 (5.2.20) 可以得到如下关系式：

$$\frac{\partial \psi_0^+}{\partial \boldsymbol{\epsilon}} = \mathbb{P}^+ : \mathbb{E}_0 : \boldsymbol{\epsilon} = \mathbb{P}^+ : \bar{\boldsymbol{\sigma}} = \bar{\boldsymbol{\sigma}}^+ \tag{5.2.32a}$$

$$\frac{\partial \psi_0^-}{\partial \boldsymbol{\epsilon}} = \mathbb{P}^- : \mathbb{E}_0 : \boldsymbol{\epsilon} = \mathbb{P}^- : \bar{\boldsymbol{\sigma}} = \bar{\boldsymbol{\sigma}}^- \tag{5.2.32b}$$

于是，混凝土双标量弹性损伤本构关系可以表示为

$$\boldsymbol{\sigma} = \left(1 - d^+\right)\bar{\boldsymbol{\sigma}}^+ + \left(1 - d^-\right)\bar{\boldsymbol{\sigma}}^- = \left(\mathbb{I} - \mathbb{D}\right) : \bar{\boldsymbol{\sigma}} = \left(\mathbb{I} - \mathbb{D}\right) : \mathbb{E}_0 : \boldsymbol{\epsilon} \tag{5.2.33}$$

式中，四阶损伤张量$\mathbb{D}$ 表示为

$$\mathbb{D} = d^+\mathbb{P}^+ + d^-\mathbb{P}^- \tag{5.2.34}$$

若将 Cauchy 应力张量 $\boldsymbol{\sigma}$ 分解为正、负两部分 $\boldsymbol{\sigma}^+$ 和 $\boldsymbol{\sigma}^-$，即

$$\boldsymbol{\sigma} = \boldsymbol{\sigma}^+ + \boldsymbol{\sigma}^- \tag{5.2.35}$$

由于损伤变量d^+ 和 d^- 的标量性质，式 (5.2.33) 可以写成

$$\boldsymbol{\sigma}^+ = \left(1 - d^+\right)\bar{\boldsymbol{\sigma}}^+ \tag{5.2.36a}$$

$$\boldsymbol{\sigma}^- = \left(1 - d^-\right)\bar{\boldsymbol{\sigma}}^- \tag{5.2.36b}$$

在单轴受拉和单轴受压应力状态下，式 (5.2.33) 退化为

$$\sigma^+ = (1-d^+)\bar{\sigma}^+ = (1-d^+)E_0\epsilon^+ \tag{5.2.37a}$$

$$\sigma^- = (1-d^-)\bar{\sigma}^- = (1-d^-)E_0\epsilon^- \tag{5.2.37b}$$

式中，ϵ^+ 和 ϵ^- 分别表示单轴受拉和单轴受压应变。

可见，在单轴应力状态下，本节给出的损伤模型退化为通常的单标量弹性损伤模型。

值得指出，对于一般应力状态，损伤变量d^+ 及 d^- 在本质上是三维应变状态 ϵ 的函数，而要确立这两个函数的具体形式，并非易事。在 Mazars (1986) 早期及后来众多改进型研究工作中 (Comi et al., 1995; Comi & Peerego, 2001)，均试图通过引入弹性损伤能释放率、利用一维的单轴受拉与单轴受压应力–应变经验关系，建立损伤变量d^+ 及 d^- 的数学表达式。令人遗憾的是，这些努力并没有获得理想的结果。

5.2.4 本构关系的全量表达

从式 (5.2.33) 出发，可以得到全量表达的混凝土弹性损伤本构关系和相应的割线刚度公式 (吴建营, 2004)。对于加载曲线，上述弹性损伤模型给出的全量本构关系和割线刚度公式不仅与经典的正交各向异性非线性弹性全量本构模型完全相同，还可以有效地弥补后者模型中剪力保持因子按经验取值的弱点。更有意义的是，与非线性弹性模型相比，弹性损伤模型给出更为合理的卸载–再加载行为：前者沿原路返回，而后者则沿割线卸载–再加载。

本构关系式 (5.2.33) 可以写成

$$\boldsymbol{\sigma} = (\mathbb{I}-\mathbb{D}):\mathbb{E}_0:\boldsymbol{\epsilon} = \mathbb{E}:\boldsymbol{\epsilon} \tag{5.2.38}$$

式中，$\mathbb{E}$ 为割线刚度张量(即卸载–再加载刚度)，表示为

$$\mathbb{E} = (\mathbb{I}-\mathbb{D}):\mathbb{E}_0 = \left[(1-d^+)\mathbb{P}^+ + (1-d^-)\mathbb{P}^-\right]:\mathbb{E}_0 \tag{5.2.39}$$

为简单起见，下面以平面应力状态加以说明 (假设 $\sigma_3 = 0$)。混凝土材料受拉开裂以前，一般可认为材料为各向同性，此时混凝土的初始材料刚度用矩阵形式表示为

$$[\mathbb{E}_0] = \frac{E_0}{1-\nu_0^2}\begin{bmatrix} 1 & \nu_0 & 0 \\ \nu_0 & 1 & 0 \\ 0 & 0 & (1-\nu_0^2)G_0/E_0 \end{bmatrix} \tag{5.2.40}$$

混凝土材料受拉开裂以后，材料受力性质将表现为各向异性。由式 (5.2.38) 和式 (5.2.39) 可以得到混凝土材料主轴 $x-y$ 方向上的应力–应变本构关系为

$$\{\sigma\} = [\mathbb{E}]\{\boldsymbol{\epsilon}\} \tag{5.2.41}$$

式中，应力列向量 $\{\sigma\}$ 和应变列向量 $\{\epsilon\}$ 分别表示为

$$\{\sigma\} = \{\sigma_1, \sigma_2, \tau_{12}\}^{\mathrm{T}}, \qquad \{\epsilon\} = \{\epsilon_1, \epsilon_2, \gamma_{12}\}^{\mathrm{T}} \tag{5.2.42}$$

对于不同的应力状态，材料的割线刚度矩阵 $[\mathbb{E}]$ 的表达式分别为

(1) 双轴受拉应力状态 $(\sigma_1 > 0, \sigma_2 > 0)$:

$$[\mathbb{E}] = \frac{1}{1-\nu_0^2}\begin{bmatrix} (1-d^+)E_0 & (1-d^+)\nu_0 E_0 & 0 \\ (1-d^+)\nu_0 E_0 & (1-d^+)E_0 & 0 \\ 0 & 0 & (1-\nu_0^2)G \end{bmatrix} \tag{5.2.43a}$$

(2) 双轴受压应力状态 $(\sigma_1 < 0, \sigma_2 < 0)$:

$$[\mathbb{E}] = \frac{1}{1-\nu_0^2}\begin{bmatrix} (1-d^-)E_0 & (1-d^-)\nu_0 E_0 & 0 \\ (1-d^-)\nu_0 E_0 & (1-d^-)E_0 & 0 \\ 0 & 0 & (1-\nu_0^2)G \end{bmatrix} \tag{5.2.43b}$$

(3) 双轴拉压应力状态 $(\sigma_1 > 0, \sigma_2 < 0)$:

$$[\mathbb{E}] = \frac{1}{1-\nu_0^2}\begin{bmatrix} (1-d^+)E_0 & (1-d^+)\nu_0 E_0 & 0 \\ (1-d^-)\nu_0 E_0 & (1-d^-)E_0 & 0 \\ 0 & 0 & (1-\nu_0^2)G \end{bmatrix} \tag{5.2.43c}$$

注意，在双轴拉压应力状态下，混凝土材料的割线刚度矩阵式 (5.2.43c) 不对称，这恰巧反映了损伤发展导致的材料各向异性。实际上，一般的正交各向异性线性弹性模型也是不对称的。在经典研究中，对于正交各向异性模型是在加入强制对称假定后才保持了刚度矩阵的对称性。类似地，可将式 (5.2.43c) 改写为

$$[\mathbb{E}] = \frac{1}{1-\nu_0^2}\begin{bmatrix} (1-d^+)E_0 & \sqrt{(1-d^+)(1-d^-)}\nu_0 E_0 & 0 \\ \sqrt{(1-d^+)(1-d^-)}\nu_0 E_0 & (1-d^-)E_0 & 0 \\ 0 & 0 & (1-\nu_0^2)G \end{bmatrix} \tag{5.2.43d}$$

于是，式 (5.2.43) 中的刚度矩阵 $[\mathbb{E}]$ 可以统一为如下形式：

$$[\mathbb{E}] = \frac{1}{1-\nu_0^2}\begin{bmatrix} E^+ & \nu_0\sqrt{E^+E^-} & 0 \\ \nu_0\sqrt{E^+E^-} & E^- & 0 \\ 0 & 0 & (1-\nu_0^2)G \end{bmatrix} \tag{5.2.44}$$

式中，割线模量 E^+ 和 E^- 表示为

$$E^+ = \left(1-d^+\right)E_0, \qquad E^- = \left(1-d^-\right)E_0 \tag{5.2.45}$$

在式 (5.2.44) 中，需要确定割线剪切模量 G 才构成完整的全量模型。根据有效应力概念和应变等效假定，可以从前述弹性损伤模型推导出割线剪切模量 G 的表达式。

根据应变等效，材料的弹性剪切模量 G_0 表示为

$$G_0 = \frac{\bar{\tau}}{\gamma} \tag{5.2.46}$$

而材料的割线剪切模量 G 的定义为

$$G = \frac{\tau}{\gamma} \tag{5.2.47}$$

式中，τ 和 $\bar{\tau}$ 分别为 Cauchy 剪切应力和有效剪切应力；γ 为弹性剪应变。

根据莫尔圆(Timoshenko & Goodier, 1970)，式 (5.2.46) 中的有效剪应力 $\bar{\tau}$ 和式 (5.2.47) 中的 Cauchy 剪应力 τ 可以用主轴 1-2 方向的主应力表示

$$\bar{\tau} = \left(\bar{\sigma}_1 - \bar{\sigma}_2\right)\sin\theta\cos\theta \tag{5.2.48a}$$

$$\tau = \left(\sigma_1 - \sigma_2\right)\sin\theta\cos\theta \tag{5.2.48b}$$

式中，θ 为主拉方向与 x 轴之间的夹角。

于是，可以得到

$$G = \frac{\sigma_1 - \sigma_2}{\bar{\sigma}_1 - \bar{\sigma}_2}G_0 \tag{5.2.49}$$

在双轴拉压应力状态下 $(\sigma_1 > 0, \sigma_2 < 0)$，根据式 (5.2.37)，式 (5.2.49) 转化为

$$G = \frac{\left(1-d^+\right)\bar{\sigma}_1 - \left(1-d^-\right)\bar{\sigma}_2}{\bar{\sigma}_1 - \bar{\sigma}_2}G_0 \tag{5.2.50a}$$

在双轴受拉和双轴受压应力状态下，式 (5.2.49) 可以分别简化为

$$G = \left(1-d^+\right)G_0 \tag{5.2.50b}$$

$$G = \left(1-d^-\right)G_0 \tag{5.2.50c}$$

由式 (5.2.50) 可以看出：在双轴受拉应力状态下，割线剪切模量 G 的退化由受拉损伤机制控制；在双轴受压应力状态，割线剪切模量 G 的退化由受剪损伤机制控制；而在双轴拉压应力状态下，割线剪切模量 G 的退化由受拉损伤机制和受剪损伤机制共同控制。实际上，割线剪切模量的减小反映了偏量空间材料力学性能的劣化。

5.2.5　讨论与注记

经典的混凝土正交各向异性非线性弹性全量型本构模型认为，当主拉应力超过抗拉强度时，垂直于主拉应力的方向就会出现裂缝，导致各向同性材料成为正交各向异性。由于开裂后混凝土仍然能够承担一定的拉应力，随着应变的增加，应力–应变之间呈现明显的非线性特性。因此，混凝土受拉弹脆性应力–应变关系应修正为受拉软化应力–应变关系，受压弹脆性应力–应变关系应修正为非线性弹性应力–应变关系，并引入系数 α^+ 和 α^- 来反映混凝土的上述非线性特性。同时，考虑到裂缝开裂后泊松效应的影响，主轴方向上的割线刚度矩阵表示为 (Darwin & Pecknold, 1976; Cope et al., 1980)

$$[\mathbb{E}] = \frac{1}{1-\nu_0^2}\begin{bmatrix} \alpha^+ E_0 & \sqrt{\alpha^+\alpha^-}\nu_0 E_0 & 0 \\ \sqrt{\alpha^+\alpha^-}\nu_0 E_0 & \alpha^- E_0 & 0 \\ 0 & 0 & (1-\nu_0^2)\beta_{\mathrm{s}} G_0 \end{bmatrix} \tag{5.2.51}$$

式中，α^+ 和 α^- 取为裂缝法向应变 ϵ_1 和切向应变 ϵ_2 的函数，即 $\alpha^+ = \alpha^+(\epsilon_1)$，$\alpha^- = \alpha^-(\epsilon_2)$，其具体表达式通过单轴试验确定；$0 < \beta_{\mathrm{s}} \leqslant 1$ 是为防止数值计算困难而根据经验引入的所谓剪力保持因子。由于缺乏物理机制解释和试验数据，剪力保持因子β_{s}(实际上是弹性割线剪切模量 G 与初始剪切模量 G_0 之比) 的取值一直是混凝土正交各向异性非线性弹性本构模型应用的难点。

事实上，对比式 (5.2.44) 和式 (5.2.51) 可以清楚地看出：只要令 $\alpha^+ = 1 - d^+$ 以及 $\alpha^- = 1 - d^-$，并取

$$\beta_{\mathrm{s}} = 1 - d^{\pm} \tag{5.2.52}$$

前述混凝土弹性损伤模型就完全等价于经典的正交各向异性非线性弹性本构模型了。式 (5.2.52) 中，当存在主压应力时，$d^{\pm}$ 取为剪切损伤变量d^-，否则取为受拉损伤变量d^+。

上述讨论基于全量应力–应变关系，若采用增量表示，可得到正交各向异性增量模型。

5.3　混凝土弹塑性损伤本构关系

用弹性损伤本构关系反映混凝土的受力力学行为，仅能反映混凝土因微缺陷 (损伤) 的扩展而导致的强度退化与刚度退化，而不能反映混凝土受力过程中客观存在的非弹性变形，因此，基于弹性损伤能释放率的混凝土损伤模型往往过高估计损伤的发展。大量的试验观察与理论研究表明，混凝土的非线性变形来源于两种基本的物理机制：微裂缝 (微缺陷) 的扩展和水泥浆体的塑性滑移。在变形过程中，损

伤演化与塑性滑移之间相互影响、相互耦合。因此，任何正确的混凝土本构关系，都必须对这两种基本的物理机制作出合理的反映。弹塑性损伤本构模型，作为弹性损伤力学和塑性力学的综合与发展，为这种反映途径提供了一个合乎理性的基础。在历史上，Ju(1989) 首先考虑由于混凝土裂纹开展引起的不可恢复变形，提出了基于弹塑性损伤能释放率的单标量损伤模型(见 4.4.2 节)。在混凝土连续介质–损伤力学发展史上，Ju(1989) 的工作是又一座里程碑，他在不可逆热力学的基本框架内给出了损伤演化的正交流动法则，从理论框架上完善了连续介质–损伤力学模型建立的一般过程。但是，Ju 模型没有考虑混凝土不同损伤演化的区别。2004 年，吴建营和李杰结合 Mazars(1986) 双标量弹性损伤模型及 Ju(1989) 单标量弹塑性损伤模型，建立了一类基于弹塑性损伤能释放率的双标量弹塑性损伤本构模型，从而在唯象学的框架内建立了适合反映混凝土基本受力力学性质的确定性损伤本构模型(吴建营, 2004; 李杰和吴建营, 2005; 吴建营和李杰, 2005a, 2005b, 2006a, 2006b; Wu et al., 2006; Wu & Li, 2007)。本节详细阐述这类模型。

5.3.1 弹塑性 Helmholtz 自由能

在等温绝热状态下，通常可以假定材料的弹性与塑性 Helmholtz 自由能不耦合 (Lemaitre, 1985; Ju, 1989)。因此，可以将损伤材料的 Helmholtz 自由能分解为弹性和塑性两部分。材料的损伤只和弹性变形有关，而损伤则进一步影响材料的塑性变形。相应地，材料受力非线性发展过程中的总应变张量应表述为弹性应变张量与塑性应变张量之和，即

$$\boldsymbol{\epsilon} = \boldsymbol{\epsilon}^{\mathrm{e}} + \boldsymbol{\epsilon}^{\mathrm{p}} \tag{5.3.1}$$

根据有效应力张量的正、负分解，损伤材料的弹塑性 Helmholtz 自由能可以表述为

$$\psi(\boldsymbol{\epsilon}^{\mathrm{e}}, d^+, d^-, \boldsymbol{\kappa}) = \psi^{\mathrm{e}}(\boldsymbol{\epsilon}^{\mathrm{e}}, d^+, d^-) + \psi^{\mathrm{p}}(d^+, d^-, \boldsymbol{\kappa}) \tag{5.3.2}$$

式中，ψ^{e} 与 ψ^{p} 分别为材料的弹性和塑性 Helmholtz 自由能。

首先讨论材料的弹性 Helmholtz 自由能ψ^{e}。对于弹塑性损伤材料，其有效应力$\bar{\boldsymbol{\sigma}}$ 服从经典的弹塑性应力–应变关系式 (4.4.2)，即

$$\bar{\boldsymbol{\sigma}} = \mathbb{E}_0 : \boldsymbol{\epsilon}^{\mathrm{e}} = \mathbb{E}_0 : \left(\boldsymbol{\epsilon} - \boldsymbol{\epsilon}^{\mathrm{p}}\right) \tag{5.3.3}$$

式中，材料的弹性刚度张量表示为 $\mathbb{E}_0$。

相应地，式 (4.4.7) 给出的弹塑性损伤材料的初始弹性 Helmholtz 自由能ψ_0^{e} 应表示为

$$\psi_0^{\mathrm{e}}(\boldsymbol{\epsilon}^{\mathrm{e}}) = \psi_0^{\mathrm{e}+}(\boldsymbol{\epsilon}^{\mathrm{e}}) + \psi_0^{\mathrm{e}-}(\boldsymbol{\epsilon}^{\mathrm{e}}) \tag{5.3.4}$$

式中，$\psi_0^{\mathrm{e}+}$ 和 $\psi_0^{\mathrm{e}-}$ 分别表示为

$$\psi_0^{\mathrm{e}+}(\boldsymbol{\epsilon}^{\mathrm{e}}) = \frac{1}{2}\bar{\boldsymbol{\sigma}}^{+} : \boldsymbol{\epsilon}^{\mathrm{e}} = \frac{1}{2}\bar{\boldsymbol{\sigma}} : \mathbb{P}^{+} : \mathbb{C}_0 : \bar{\boldsymbol{\sigma}} = \frac{1}{2}\boldsymbol{\epsilon}^{\mathrm{e}} : \mathbb{P}^{+} : \mathbb{E}_0 : \boldsymbol{\epsilon}^{\mathrm{e}} \tag{5.3.5a}$$

$$\psi_0^{\mathrm{e}-}(\boldsymbol{\epsilon}^{\mathrm{e}}) = \frac{1}{2}\bar{\boldsymbol{\sigma}}^{-} : \boldsymbol{\epsilon}^{\mathrm{e}} = \frac{1}{2}\bar{\boldsymbol{\sigma}} : \mathbb{P}^{-} : \mathbb{C}_0 : \bar{\boldsymbol{\sigma}} = \frac{1}{2}\boldsymbol{\epsilon}^{\mathrm{e}} : \mathbb{P}^{-} : \mathbb{E}_0 : \boldsymbol{\epsilon}^{\mathrm{e}} \tag{5.3.5b}$$

引入受拉损伤变量d^+ 和受剪损伤变量d^- 描述弹塑性损伤材料在正、负有效应力$\bar{\boldsymbol{\sigma}}^+$ 和 $\bar{\boldsymbol{\sigma}}^-$ 作用下的弹性 Helmholtz 自由能退化，材料的弹性 Helmholtz 自由能ψ^{e} 可表示为

$$\psi^{\mathrm{e}}(\boldsymbol{\epsilon}^{\mathrm{e}}, d^+, d^-) = \psi^{\mathrm{e}+}(\boldsymbol{\epsilon}^{\mathrm{e}}, d^+) + \psi^{\mathrm{e}-}(\boldsymbol{\epsilon}^{\mathrm{e}}, d^-) \tag{5.3.6}$$

式中，$\psi^{\mathrm{e}+}$ 和 $\psi^{\mathrm{e}-}$ 分别为

$$\psi^{\mathrm{e}+}(\boldsymbol{\epsilon}^{\mathrm{e}}, d^+) = \left(1 - d^+\right)\psi_0^{\mathrm{e}+}(\boldsymbol{\epsilon}^{\mathrm{e}}) = \frac{1}{2}\left(1 - d^+\right)\bar{\boldsymbol{\sigma}}^{+} : \boldsymbol{\epsilon}^{\mathrm{e}} \tag{5.3.7a}$$

$$\psi^{\mathrm{e}-}(\boldsymbol{\epsilon}^{\mathrm{e}}, d^-) = \left(1 - d^-\right)\psi_0^{\mathrm{e}-}(\boldsymbol{\epsilon}^{\mathrm{e}}) = \frac{1}{2}\left(1 - d^-\right)\bar{\boldsymbol{\sigma}}^{-} : \boldsymbol{\epsilon}^{\mathrm{e}} \tag{5.3.7b}$$

当受拉损伤和受剪损伤相同, 即 $d^+ = d^- = d$ 时，式 (5.3.6) 和式 (5.3.7) 定义的弹性 Helmholtz 自由能退化为式 (4.4.9a) 给出的单标量弹塑性损伤材料的弹性 Helmholtz 自由能：

$$\psi^{\mathrm{e}}(\boldsymbol{\epsilon}^{\mathrm{e}}, d) = \frac{1}{2}(1 - d)\left(\bar{\boldsymbol{\sigma}}^{+} + \bar{\boldsymbol{\sigma}}^{-}\right) : \boldsymbol{\epsilon} = \frac{1}{2}(1 - d)\bar{\boldsymbol{\sigma}} : \boldsymbol{\epsilon} = (1 - d)\psi_0(\boldsymbol{\epsilon}) \tag{5.3.8}$$

当材料处于无损伤状态, 即 $d^+ = d^- = 0$ 时，式 (5.3.6) 和式 (5.3.7) 定义的弹性自由能势即为弹塑性损伤材料的初始弹性 Helmholtz 自由能

$$\psi^{\mathrm{e}}(\boldsymbol{\epsilon}^{\mathrm{e}}, 0, 0) = \frac{1}{2}\left(\bar{\boldsymbol{\sigma}}^{+} + \bar{\boldsymbol{\sigma}}^{-}\right) : \boldsymbol{\epsilon}^{\mathrm{e}} = \frac{1}{2}\bar{\boldsymbol{\sigma}} : \boldsymbol{\epsilon}^{\mathrm{e}} = \psi_0^{\mathrm{e}}(\boldsymbol{\epsilon}^{\mathrm{e}}) \tag{5.3.9}$$

由于损伤变量$d^+, d^- \in [0,1]$，由式 (5.3.6) 和式 (5.3.7) 易知，损伤后材料的弹性 Helmholtz 自由能满足

$$\psi^{\mathrm{e}}(\boldsymbol{\epsilon}^{\mathrm{e}}, d^+, d^-) \geqslant 0 \tag{5.3.10}$$

因此，式 (5.3.6) 和式 (5.3.7) 定义的材料弹性 Helmholtz 自由能满足不可逆热力学基本原理的要求，且能从损伤机制上反映损伤演化过程中的材料蕴涵能量的退化。

接下来，进一步给出混凝土塑性 Helmholtz 自由能ψ^{p} 的表达式。根据有效应力张量分解，式 (4.4.6) 给出的弹塑性损伤材料的初始塑性 Helmholtz 自由能ψ_0^{p} 同样可以表示为 $\psi_0^{\mathrm{p}+}$、$\psi_0^{\mathrm{p}-}$ 两部分之和的形式，即

$$\psi_0^{\mathrm{p}}(\boldsymbol{\kappa}) = \psi_0^{\mathrm{p}+}(\boldsymbol{\kappa}) + \psi_0^{\mathrm{p}-}(\boldsymbol{\kappa}) \tag{5.3.11}$$

式中，$\psi_0^{\mathrm{p}+}$ 和 $\psi_0^{\mathrm{p}-}$ 分别定义为

$$\psi_0^{\mathrm{p}+}(\boldsymbol{\kappa}) = \int_0^{\boldsymbol{\epsilon}^{\mathrm{p}}} \bar{\boldsymbol{\sigma}}^+ : \mathrm{d}\boldsymbol{\epsilon}^{\mathrm{p}} \tag{5.3.12a}$$

$$\psi_0^{\mathrm{p}-}(\boldsymbol{\kappa}) = \int_0^{\boldsymbol{\epsilon}^{\mathrm{p}}} \bar{\boldsymbol{\sigma}}^- : \mathrm{d}\boldsymbol{\epsilon}^{\mathrm{p}} \tag{5.3.12b}$$

损伤使有效应力作用的空间减少，因此，损伤材料的塑性 Helmholtz 自由能可以定义为初始塑性 Helmholtz 自由能的折减。由于混凝土的受拉损伤机制和受剪损伤机制对材料耗能能力的影响不同，损伤材料的塑性 Helmholtz 自由能的受拉部分 $\psi^{\mathrm{p}+}$ 和受剪部分 $\psi^{\mathrm{p}-}$ 可以分别表示为

$$\psi^{\mathrm{p}+}(d^+, \kappa) = \left(1 - d^+\right)\psi_0^{\mathrm{p}+}(\kappa) = \left(1 - d^+\right)\int_0^{\boldsymbol{\epsilon}^{\mathrm{p}}} \bar{\boldsymbol{\sigma}}^+ : \mathrm{d}\boldsymbol{\epsilon}^{\mathrm{p}} \tag{5.3.13a}$$

$$\psi^{\mathrm{p}-}(d^-, \kappa) = \left(1 - d^-\right)\psi_0^{\mathrm{p}-}(\kappa) = \left(1 - d^-\right)\int_0^{\boldsymbol{\epsilon}^{\mathrm{p}}} \bar{\boldsymbol{\sigma}}^- : \mathrm{d}\boldsymbol{\epsilon}^{\mathrm{p}} \tag{5.3.13b}$$

相应地，损伤后的混凝土塑性 Helmholtz 自由能可以表示为上述两部分之和，即

$$\psi^{\mathrm{p}}(d^+, d^-, \boldsymbol{\kappa}) = \psi^{\mathrm{p}+}(d^+, \boldsymbol{\kappa}) + \psi^{\mathrm{p}-}(d^-, \boldsymbol{\kappa}) \tag{5.3.14}$$

可见，当材料处于无损伤状态, 即 $d^+ = d^- = 0$ 时，式 (5.3.13) 和式 (5.3.14) 给出的塑性自由能即为式 (5.3.11) 和式 (5.3.12) 定义的材料初始塑性 Helmholtz 自由能。

可以证明: 在合理选择塑性势函数的前提下，上述塑性 Helmholtz 自由能满足基本的不可逆热力学基本原理要求，且在损伤机制上反映了损伤演化过程中材料能量耗散能力的退化 (吴建营, 2004)。

试验表明，相对于压应力作用下表现出来的塑性特性，在拉应力作用下混凝土材料表现出明显的准脆性。因此，为了减少模型的复杂性，可以不考虑塑性 Helmholtz 自由能的受拉部分，即假定 $\psi^{\mathrm{p}+} = 0$。

5.3.2 弹塑性损伤模型

材料的损伤过程和塑性流动过程都是不可逆的热力学过程，其能量耗散均应该非负，本构方程必须满足热力学第二定律，即必须满足热力学不可逆条件 —— Clausius-Duhem 不等式的要求。

将式 (5.3.2) 微分并代入等温绝热条件下的不可逆热力学第二定律Clausius-Duhem 不等式(5.2.28) 中，有

$$\left(\boldsymbol{\sigma} - \frac{\partial \psi^{\mathrm{e}}}{\partial \boldsymbol{\epsilon}^{\mathrm{e}}}\right) : \dot{\boldsymbol{\epsilon}}^{\mathrm{e}} + \left(-\frac{\partial \psi}{\partial d^+}\right)\dot{d}^+ + \left(-\frac{\partial \psi}{\partial d^-}\right)\dot{d}^- + \left(\boldsymbol{\sigma} : \dot{\boldsymbol{\epsilon}}^{\mathrm{p}} - \frac{\partial \psi^{\mathrm{p}}}{\partial \boldsymbol{\kappa}} \cdot \dot{\boldsymbol{\kappa}}\right) \geqslant 0 \tag{5.3.15}$$

由于 $\dot{\boldsymbol{\epsilon}}^{\mathrm{e}}$ 的任意性，要满足式 (5.3.15) 的要求，必然有如下关系式：

$$\boldsymbol{\sigma} = \frac{\partial \psi^{\mathrm{e}}(\boldsymbol{\epsilon}^{\mathrm{e}}, d^+, d^-)}{\partial \boldsymbol{\epsilon}^{\mathrm{e}}} \tag{5.3.16}$$

从而给出应力–应变关系。将式 (5.3.6) 和式 (5.3.7) 定义的材料弹性 Helmholtz 自由能代入式 (5.3.16) 后可以得到

$$\boldsymbol{\sigma} = \left(1 - d^+\right) \frac{\partial \psi_0^{\mathrm{e}+}}{\partial \boldsymbol{\epsilon}^{\mathrm{e}}} + \left(1 - d^-\right) \frac{\partial \psi_0^{\mathrm{e}-}}{\partial \boldsymbol{\epsilon}^{\mathrm{e}}} \tag{5.3.17}$$

由式 (5.3.7) 可得到如下关系式：

$$\frac{\partial \psi_0^{\mathrm{e}+}}{\partial \boldsymbol{\epsilon}} = \mathbb{P}^+ : \mathbb{E}_0 : \boldsymbol{\epsilon} = \mathbb{P}^+ : \bar{\boldsymbol{\sigma}} = \bar{\boldsymbol{\sigma}}^+ \tag{5.3.18a}$$

$$\frac{\partial \psi_0^{\mathrm{e}-}}{\partial \boldsymbol{\epsilon}} = \mathbb{P}^- : \mathbb{E}_0 : \boldsymbol{\epsilon} = \mathbb{P}^- : \bar{\boldsymbol{\sigma}} = \bar{\boldsymbol{\sigma}}^- \tag{5.3.18b}$$

于是，混凝土双标量弹塑性损伤本构关系可以表示为

$$\boldsymbol{\sigma} = \left(1 - d^+\right)\bar{\boldsymbol{\sigma}}^+ + \left(1 - d^-\right)\bar{\boldsymbol{\sigma}}^- = \left(\mathbb{I} - \mathbb{D}\right) : \bar{\boldsymbol{\sigma}} = \left(\mathbb{I} - \mathbb{D}\right) : \mathbb{E}_0 : \boldsymbol{\epsilon}^{\mathrm{e}} \tag{5.3.19}$$

式中，四阶损伤张量$\mathbb{D}$ 表示为

$$\mathbb{D} = d^+\mathbb{P}^+ + d^-\mathbb{P}^- \tag{5.3.20}$$

类似地，若将 Cauchy 应力张量 $\boldsymbol{\sigma}$ 分解为正、负两部分 $\boldsymbol{\sigma}^+$ 和 $\boldsymbol{\sigma}^-$，即

$$\boldsymbol{\sigma} = \boldsymbol{\sigma}^+ + \boldsymbol{\sigma}^- \tag{5.3.21}$$

由于损伤变量d^+ 和 d^- 的标量性质，式 (5.3.19) 可以写成

$$\boldsymbol{\sigma}^+ = \left(1 - d^+\right)\bar{\boldsymbol{\sigma}}^+ = \left(1 - d^+\right)\mathbb{E}_0\boldsymbol{\epsilon}^{\mathrm{e}+} \tag{5.3.22a}$$

$$\boldsymbol{\sigma}^- = \left(1 - d^-\right)\bar{\boldsymbol{\sigma}}^- = \left(1 - d^-\right)\mathbb{E}_0\boldsymbol{\epsilon}^{\mathrm{e}-} \tag{5.3.22b}$$

需要指出的是，在形式上，上述双标量弹塑性损伤本构关系式 (5.3.19) 与 5.3.1 节给出的双标量弹性损伤模型式 (5.2.33) 完全相同。然而，由于式 (5.3.3) 给出的有效应力$\bar{\boldsymbol{\sigma}}$ 已经考虑了塑性应变的影响，二者的内核已经截然不同。

在单轴受拉和单轴受压应力状态下，式 (5.3.19) 或式 (5.3.22) 退化为

$$\sigma^+ = \left(1 - d^+\right)\bar{\sigma}^+ = \left(1 - d^+\right)E_0\epsilon^{\mathrm{e}+} = \left(1 - d^+\right)E_0\left(\epsilon^+ - \epsilon^{\mathrm{p}+}\right) \tag{5.3.23a}$$

$$\sigma^- = \left(1 - d^-\right)\bar{\sigma}^- = \left(1 - d^+\right)E_0\epsilon^{\mathrm{e}-} = \left(1 - d^-\right)E_0\left(\epsilon^- - \epsilon^{\mathrm{p}-}\right) \tag{5.3.23b}$$

式中，$\epsilon^{\mathrm{p}+}$ 和 $\epsilon^{\mathrm{p}-}$ 分别表示单轴受拉和单轴受压应力状态下的塑性应变。

可见，在单轴应力状态下，本节给出的损伤模型退化为单标量弹塑性损伤模型。

由于存在内变量d^+、d^- 和 $\boldsymbol{\epsilon}^{\mathrm{p}}$，仅由式 (5.3.19) 尚不能完全确定应力随应变的具体变化过程，需要确定上述内变量的具体演化法则，才能构成完整的损伤力学本构模型。

事实上，根据式 (5.3.15)，为满足热力学不可逆条件——Clausius-Duhem 不等式，内变量的演化过程应该满足如下约束条件 (必要条件)：

(1) 塑性耗散不等式

$$\boldsymbol{\sigma} : \dot{\boldsymbol{\epsilon}}^{\mathrm{p}} - \frac{\partial \psi^{\mathrm{p}}}{\partial \boldsymbol{\kappa}} \cdot \dot{\boldsymbol{\kappa}} \geqslant 0 \tag{5.3.24}$$

(2) 损伤耗散不等式

$$\left(-\frac{\partial \psi}{\partial d^+}\right) \dot{d}^+ = Y^+ \cdot \dot{d}^+ \geqslant 0 \tag{5.3.25}$$

$$\left(-\frac{\partial \psi}{\partial d^-}\right) \dot{d}^- = Y^- \cdot \dot{d}^- \geqslant 0 \tag{5.3.26}$$

式中，Y^+ 与 Y^- 分别称为受拉和受剪损伤能释放率。

5.3.3 塑性变形的确立

由于塑性变形仅存在于有效应力空间 (去除了损伤的连续介质空间) 之中，在弹塑性损伤本构模型中应用经典塑性力学原理时，其基本公式中的应力张量$\boldsymbol{\sigma}$ 应该采用有效应力张量 $\bar{\boldsymbol{\sigma}}$。根据本书第 3 章中给出的经典塑性力学基本公式，在有效应力空间考察无损伤材料的塑性演化，可建立有效应力空间的塑性变形演化计算公式。

在有效应力空间中，率形式的塑性力学基本公式如下 (Ju, 1989)：

(1) 塑性本构方程

$$\dot{\bar{\boldsymbol{\sigma}}} = \mathbb{E}_0 : (\dot{\boldsymbol{\epsilon}} - \dot{\boldsymbol{\epsilon}}^{\mathrm{p}}) \tag{5.3.27a}$$

(2) 塑性流动法则

$$\dot{\boldsymbol{\epsilon}}^{\mathrm{p}} = \dot{\lambda}^{\mathrm{p}} \frac{\partial F^{\mathrm{p}}}{\partial \bar{\boldsymbol{\sigma}}} \tag{5.3.27b}$$

(3) 塑性硬化法则

$$\dot{\boldsymbol{\kappa}} = \dot{\lambda}^{\mathrm{p}} \boldsymbol{H} \tag{5.3.27c}$$

(4) 塑性屈服与加卸载条件

$$F \leqslant 0, \qquad \dot{\lambda}^{\mathrm{p}} \geqslant 0, \qquad \dot{\lambda}^{\mathrm{p}} F = 0 \tag{5.3.27d}$$

式中，$F=F(\bar{\boldsymbol{\sigma}},\boldsymbol{\kappa})$ 为塑性屈服函数；$F^{\mathrm{p}}(\bar{\boldsymbol{\sigma}})$ 为塑性势函数；$\dot{\lambda}^{\mathrm{p}}$ 为塑性流动因子；$\boldsymbol{\kappa}$ 为反映塑性硬化过程的变量；$\boldsymbol{H}$ 为塑性硬化函数，表示为

$$\boldsymbol{H}=\frac{\partial\boldsymbol{\kappa}}{\boldsymbol{\epsilon}^{\mathrm{p}}}:\frac{\partial F^{\mathrm{p}}}{\partial\bar{\boldsymbol{\sigma}}} \tag{5.3.28}$$

一般说来，需要综合应用式 (5.3.27a)~ 式 (5.3.27d)，才可以确立塑性应变。这是一个比较复杂的过程。为清晰起见，我们先从式 (5.3.27b) 入手。

粗略地说，可以直接由式 (5.3.27b) 计算塑性变形。显然，这需要知道 $\dot{\lambda}^{\mathrm{p}}$ 与 F^{p}。为此，将塑性流动方程式 (5.3.27b) 代入塑性本构方程式 (5.3.27a) 中，可得

$$\dot{\bar{\boldsymbol{\sigma}}}=\mathbb{E}_0:\left(\dot{\boldsymbol{\epsilon}}-\dot{\lambda}^{\mathrm{p}}\partial_{\bar{\boldsymbol{\sigma}}}F^{\mathrm{p}}\right) \tag{5.3.29}$$

式中，$\partial_{\bar{\boldsymbol{\sigma}}}F^{\mathrm{p}}=\partial F^{\mathrm{p}}/\partial\bar{\boldsymbol{\sigma}}$ 表示塑性势函数 $F^{\mathrm{p}}(\bar{\boldsymbol{\sigma}})$ 对有效应力$\bar{\boldsymbol{\sigma}}$ 求偏导数 (以下表示类似)。

将式 (5.3.29) 代入塑性一致性条件$\dot{F}=0$ 中，可以得到塑性流动因子$\dot{\lambda}^{\mathrm{p}}$ 为

$$\dot{\lambda}^{\mathrm{p}}=\frac{\partial_{\bar{\boldsymbol{\sigma}}}F:\mathbb{E}_0:\dot{\boldsymbol{\epsilon}}}{\partial_{\bar{\boldsymbol{\sigma}}}F:\mathbb{E}_0:\partial_{\bar{\boldsymbol{\sigma}}}F^{\mathrm{p}}-\partial_{\boldsymbol{\kappa}}F\cdot\boldsymbol{H}} \tag{5.3.30}$$

F^{p} 是反映塑性流动与屈服函数非相关性的势函数。这是因为人们普遍认为混凝土材料不符合相关流动假定。因此，应该引入描述混凝土塑性流动的流动势函数。如第 3 章所述，这一势函数可取为 (Lubliner et al., 1989; Lee & Fenves, 1998a, 1998b)

$$F^{\mathrm{p}}(\bar{\boldsymbol{\sigma}})=\alpha^{\mathrm{p}}\bar{I}_1+\sqrt{2\bar{J}_2} \tag{5.3.31}$$

式中，$\bar{I}_1$ 和 $\bar{J}_2$ 分别为有效应力张量 $\bar{\boldsymbol{\sigma}}$ 的第一不变量和有效偏应力张量$\bar{\boldsymbol{s}}$ 的第二不变量；α^{p} 为反映混凝土剪涨效应的参数，一般取为 0.2~0.3。

由此，式 (5.3.27b) 中塑性流动方向 $\partial_{\bar{\boldsymbol{\sigma}}}F^{\mathrm{p}}$ 为

$$\partial_{\boldsymbol{\sigma}}F^{\mathrm{p}}=\frac{\partial F^{\mathrm{p}}}{\partial\bar{\boldsymbol{\sigma}}}=\alpha^{\mathrm{p}}\boldsymbol{1}+\frac{\bar{\boldsymbol{s}}}{\|\bar{\boldsymbol{s}}\|}=\alpha^{\mathrm{p}}\boldsymbol{1}+\boldsymbol{1}_{\boldsymbol{s}} \tag{5.3.32}$$

式中，$\boldsymbol{1}_{\bar{\boldsymbol{s}}}:=\bar{\boldsymbol{s}}/\|\bar{\boldsymbol{s}}\|$ 为有效偏应力张量$\bar{\boldsymbol{s}}$ 的单位张量，$\|\bar{\boldsymbol{s}}\|$ 为张量 $\bar{\boldsymbol{s}}$ 的模。

将式 (5.3.32) 代入式 (5.3.27b)，即可得到塑性应变的演化方程为

$$\dot{\boldsymbol{\epsilon}}^{\mathrm{p}}=\dot{\lambda}^{\mathrm{p}}\left(\alpha^{\mathrm{p}}\boldsymbol{1}+\boldsymbol{1}_{\bar{\boldsymbol{s}}}\right) \tag{5.3.33}$$

可见，只要确立了塑性流动因子$\dot{\lambda}^{\mathrm{p}}$，就可以确立塑性应变。考察式 (5.3.30) 可知，这将涉及塑性屈服函数、塑性硬化准则的确立等问题。

塑性硬化准则的确立，是塑性力学中的一个难题，往往需要结合实际问题、综合经验与理论推理才能确立。为考虑混凝土材料在受拉和受压状态下的不同特性，可将硬化变量 $\boldsymbol{\kappa}$ 定义为

$$\boldsymbol{\kappa}=\left\{\kappa^{+},\kappa^{-}\right\}^{\mathrm{T}} \tag{5.3.34}$$

式中，κ^+ 和 κ^- 分别定义为单轴受拉和单轴受压应力状态下的累积塑性变形(见式(3.2.7))，即

$$\kappa^{\pm} = \int_0^t \sqrt{\dot{\epsilon}^{\mathrm{p}\pm} \cdot \dot{\epsilon}^{\mathrm{p}\pm}}\, \mathrm{d}t \tag{5.3.35}$$

由此得到单轴应力状态下硬化参数的演化法则为

$$\dot{\kappa}^{\pm} = \sqrt{\dot{\epsilon}^{\mathrm{p}\pm} \cdot \dot{\epsilon}^{\mathrm{p}\pm}} = \left|\dot{\epsilon}^{\mathrm{p}\pm}\right| \tag{5.3.36}$$

通常，塑性硬化可以分为线性硬化和非线性硬化两种。为简单起见，仅考虑线性硬化。单轴受拉和单轴受压应力状态下的有效应力$\bar{f}^+(\kappa^+)$ 和 $\bar{f}^-(\kappa^-)$ 可以分别表示为上述硬化参数的线性函数，即

$$\bar{f}^+(\kappa^+) = \bar{f}_y^+ + E^{\mathrm{p}+}\kappa^+ \tag{5.3.37a}$$

$$\bar{f}^-(\kappa^-) = \bar{f}_y^- + E^{\mathrm{p}-}\kappa^- \tag{5.3.37b}$$

式中，$E^{\mathrm{p}+}$ 和 $E^{\mathrm{p}-}$ 为单轴受拉和单轴受压时的有效塑性硬化模量，可以表示为

$$E^{\mathrm{p}\pm} = \frac{\mathrm{d}\bar{f}^{\pm}}{\mathrm{d}\kappa^{\pm}} \tag{5.3.38}$$

将式 (5.3.36) 推广到一般应力状态下，可取 (Labliner et al., 1989)

$$\dot{\boldsymbol{\kappa}} = \left\{w\left|\dot{\epsilon}^{\mathrm{p}}_{\max}\right|, (1-w)\left|\dot{\epsilon}^{\mathrm{p}}_{\min}\right|\right\}^{\mathrm{T}} = \dot{\lambda}^{\mathrm{p}}\left\{w\left|\partial_{\hat{\bar{\sigma}}_{\max}}F^{\mathrm{p}}\right|, (1-w)\left|\partial_{\hat{\bar{\sigma}}_{\min}}F^{\mathrm{p}}\right|\right\}^{\mathrm{T}} \tag{5.3.39}$$

式中，$\hat{\bar{\sigma}}_{\max}$ 和 $\hat{\bar{\sigma}}_{\min}$ 分别为有效应力张量主值 $\hat{\bar{\sigma}}_i$ $(i=1,2,3)$ 的代数最大值和最小值；$0 \leqslant w \leqslant 1$, 为权重系数，定义为有效应力张量主值 $\hat{\bar{\sigma}}_i$ 的函数：

$$w = \frac{\sum_i \langle\hat{\bar{\sigma}}_i\rangle}{\sum_i \left|\bar{\sigma}_i\right|} = \frac{1}{2} + \frac{\bar{I}_1}{2\sum_i \left|\bar{\sigma}_i\right|} \tag{5.3.40}$$

式中，$\langle x\rangle = \max(x, 0)$ 为坡度函数。

因此，式 (5.3.27c) 中的硬化函数向量$\boldsymbol{H}$ 可以表示为

$$\boldsymbol{H} = \left\{H^+, H^-\right\}^{\mathrm{T}} = \left\{w\left|\partial_{\bar{\sigma}_{\max}}F^{\mathrm{p}}\right|, (1-w)\left|\partial_{\bar{\sigma}_{\min}}F^{\mathrm{p}}\right|\right\}^{\mathrm{T}} \tag{5.3.41}$$

可见，硬化函数向量$\boldsymbol{H}$ 仅是有效应力张量主值 $\bar{\sigma}_i$ 的函数，而与硬化变量 $\boldsymbol{\kappa}$ 无关，这将给本构关系的数值算法及编程实现提供较大的便利。

在经典的混凝土塑性力学研究中，已经提出了大量的屈服函数或强度准则 (Chen, 1981)，可以近似地引用。借鉴 Lee 和 Fenves(1998a, 1998b) 修正的 Lubliner (1989) 模型，可取塑性屈服函数为

$$F(\bar{\boldsymbol{\sigma}}, \boldsymbol{\kappa}) = \left(\alpha\bar{I}_1 + \sqrt{3\bar{J}_2} + \beta\langle\bar{\sigma}_{\max}\rangle\right) - (1-\alpha)\bar{c} \leqslant 0 \tag{5.3.42}$$

其中，α 为常数

$$\alpha = \frac{f_{by}^{-}/f_{y}^{-} - 1}{2f_{by}^{-}/f_{y}^{-} - 1} \tag{5.3.43}$$

式中，f_{by}^{-} 为双轴等压峰值强度；f_{y}^{-} 为单轴受压峰值强度。若双轴等压和单轴受压强度之比取为 1.16，则有 $\alpha = 0.1212$。

无量纲参数 β 和有效内聚力 c 为硬化参数 $\boldsymbol{\kappa}$ 的函数，反映塑性硬化对屈服函数的影响

$$\beta(\boldsymbol{\kappa}) = \frac{\bar{f}^{-}(\kappa^{-})}{\bar{f}^{+}(\kappa^{+})}(1-\alpha) - (1+\alpha) \tag{5.3.44a}$$

$$\bar{c}(\boldsymbol{\kappa}) = \bar{f}^{-}(\kappa^{-}) \tag{5.3.44b}$$

于是，式 (5.3.30) 中的屈服面梯度 $\partial_{\bar{\boldsymbol{\sigma}}}F$ 和 $\partial_{\boldsymbol{\kappa}}F$ 可以分别表示为

$$\partial_{\bar{\boldsymbol{\sigma}}}F = \frac{\partial F}{\partial \bar{\boldsymbol{\sigma}}} = \alpha \boldsymbol{1} + \sqrt{\frac{3}{2}}\boldsymbol{1}_{\bar{\boldsymbol{s}}} + \beta H(\bar{\sigma}_{\max})\boldsymbol{P}_{\max} \tag{5.3.45a}$$

$$\partial_{\boldsymbol{\kappa}}F = \frac{\partial F}{\partial \boldsymbol{\kappa}} = (1-\alpha)\left\{-\frac{\langle\bar{\sigma}_{\max}\rangle \bar{f}^{-}}{\left(\bar{f}^{+}\right)^{2}}E^{\mathrm{p}+}, \left(\frac{\langle\bar{\sigma}_{\max}\rangle}{\bar{f}^{+}} - 1\right)E^{\mathrm{p}-}\right\}^{\mathrm{T}} \tag{5.3.45b}$$

式中，$\boldsymbol{P}_{\max} = \boldsymbol{p}_{\max} \otimes \boldsymbol{p}_{\max}$，为二阶对称张量；$\boldsymbol{p}_{\max}$ 为与最大有效主应力$\bar{\sigma}_{\max}$ 对应的特征向量。

根据式 (5.3.33) 和式 (5.3.45)，不难计算塑性变形。然而，由于是在有效应力空间中计算塑性变形，而有效应力空间又受损伤发展的影响，在实际计算中必然要涉及一个反复迭代的过程 (见第 8 章)。在这一过程中，必然涉及有效应力的计算。由式 (5.3.29) 和式 (5.3.30) 可知，有效应力张量和应变张量之间的率本构关系可以表述为

$$\dot{\bar{\boldsymbol{\sigma}}} = \mathbb{E}^{\mathrm{ep}} : \dot{\boldsymbol{\epsilon}} \tag{5.3.46}$$

式中，有效弹塑性切线刚度张量 $\mathbb{E}^{\mathrm{ep}}$ 记为

$$\mathbb{E}^{\mathrm{ep}} = \begin{cases} \mathbb{E}_0, & \dot{\lambda}^{\mathrm{p}} = 0 \\ \mathbb{E}_0 - \dfrac{\mathbb{E}_0 : \left(\partial_{\bar{\boldsymbol{\sigma}}}F^{p} \otimes \partial_{\bar{\boldsymbol{\sigma}}}F\right) : \mathbb{E}_0}{\partial_{\bar{\boldsymbol{\sigma}}}F : \mathbb{E}_0 : \partial_{\bar{\boldsymbol{\sigma}}}F^{p} - \partial_{\boldsymbol{\kappa}}F \cdot \boldsymbol{H}}, & \dot{\lambda}^{\mathrm{p}} > 0 \end{cases} \tag{5.3.47}$$

当采用关联流动准则 ($F = F^{\mathrm{p}}$) 时，上述有效弹塑性切线刚度张量 $\mathbb{E}^{\mathrm{ep}}$ 对称；当采用非相关流动准则 ($F \neq F^{\mathrm{p}}$) 时，上述有效弹塑性切线刚度张量 $\mathbb{E}^{\mathrm{ep}}$ 不对称。

当计算单轴应力状态下的有效弹塑性切线模量 $E^{\mathrm{ep}\pm}$ 时，可以得到如下关系式：

$$E^{\mathrm{ep}\pm} = \frac{E_0 E^{\mathrm{p}\pm}}{E_0 + E^{\mathrm{p}\pm}} = \left(1 - \frac{1}{1+\alpha_E^{\pm}}\right)E_0 \tag{5.3.48}$$

式中，E_0 为材料的初始弹性模量；$\alpha_E^{\pm} := E^{p\pm}/E_0$, 为有效塑性硬化模量$E^{p\pm}$ 和初始弹性模量 E_0 之比。

5.3.4 损伤演化法则

由于引入了两个损伤内变量，即受拉损伤变量d^+ 和受剪损伤变量d^-，还必须给出这两个损伤变量的演化法则，才能构成完整的弹塑性损伤应力–应变关系。这首先要求从不可逆热力学的基本原理出发，基于损伤能释放率建立损伤演化法则。在式 (5.3.25) 中，我们曾间接定义了受拉和受剪损伤能释放率：

$$Y^+ = -\frac{\partial \psi}{\partial d^+} \tag{5.3.49a}$$

$$Y^- = -\frac{\partial \psi}{\partial d^-} \tag{5.3.49b}$$

可见，损伤能释放率的实质是能量耗散过程关于损伤变量的变化率，负号则恰巧反映了损伤的耗能特征。因为损伤变量是一个大于 (至少等于) 零的参数，所以，只要受拉和受剪损伤能释放率大于 (至少等于) 零，那么损伤耗散不等式(5.3.25) 必然成立。换句话说，所谓热力学限制条件，仅要求损伤耗散过程中能量释放 (耗散) 关于损伤发展的变化率不为负值。这虽然是一个基本的限制条件，但并不构成建立损伤演化法则的充分条件。要建立损伤演化法则，必须另寻门径。

人们注意到，损伤能释放率是与损伤变量功共轭的变量。根据不可逆热力学基本原理，取与内变量功共轭的物理量作为其演化自变量，所得结果必然不违背热力学第二定律。因此，可以取损伤能释放率作为建立损伤演化法则的基础。

1) 弹塑性损伤能释放率

引用式 (5.3.2)、式 (5.3.7)、式 (5.3.13) 和式 (5.3.14), 并略去受拉塑性变形对材料 Helmholtz 自由能的影响，式 (5.3.49) 可以进一步转化为

$$Y^+ = -\frac{\partial \psi}{\partial d^+} = -\frac{\partial \psi^+}{\partial d^+} = \psi_0^{e+}(\boldsymbol{\epsilon}^e) \tag{5.3.50a}$$

$$Y^- = -\frac{\partial \psi}{\partial d^-} = \frac{\partial \psi^-}{\partial d^-} = \psi_0^-(\boldsymbol{\epsilon}^e, \boldsymbol{\kappa}) \tag{5.3.50b}$$

需要指出的是，式 (5.3.50) 定义的损伤能释放率与 Cordebois 和 Sidoroff(1982)、Lemaitre (1985)、Mazars 和 Pijaudier-Cabot(1989) 等定义的损伤能释放率均不同。在上述模型中，仅考虑了 Helmholtz 自由能的弹性部分 ψ^e，由此得到的损伤能释放率只和材料的初始弹性 Helmholtz 自由能有关，即 $Y = Y^e = \psi_0^e$，这实际上只考虑了损伤对塑性变形的耦合效应，而没有考虑塑性变形对材料损伤的影响。在物理意义上，对于混凝土受压只考虑弹性损伤耗散而不考虑塑性损伤耗散是不完整

的。事实上，基于弹性损伤能释放率建立损伤准则的模型，如 Mazars 和 Pijaudier-Cabot(1989)，无法预测混凝土材料在双轴压应力作用下的强度提高。

下面详细推导受拉和受剪损伤能释放率。

由于略去了塑性变形对材料 Helmholtz 自由能受拉部分 ψ^+ 的影响，材料的受拉损伤能释放率仅包括弹性损伤的部分，根据式 (5.3.5a) 和式 (5.3.50a)，受拉损伤能释放率Y^+ 可以表示为

$$Y^+ = \psi_0^+ = \frac{1}{2}\bar{\boldsymbol{\sigma}}^+ : \mathbb{C}_0 : \bar{\boldsymbol{\sigma}} \tag{5.3.51}$$

根据 5.3.1 节的分析，材料的受压损伤能释放率Y^- 可以表示为

$$Y^- = \psi_0^-(\boldsymbol{\epsilon}^{\mathrm{e}}, \boldsymbol{\kappa}) = \psi_0^{\mathrm{e}-}(\boldsymbol{\epsilon}^{\mathrm{e}}) + \psi_0^{\mathrm{p}-}(\boldsymbol{\kappa}) \tag{5.3.52}$$

其中，初始弹性 Helmholtz 受剪自由能 $\psi_0^{\mathrm{e}-}$ 根据式 (5.3.5b) 可以表示为

$$\psi_0^{\mathrm{e}-} = \frac{1}{2}\bar{\boldsymbol{\sigma}}^- : \mathbb{C}_0 : \bar{\boldsymbol{\sigma}} = \frac{1}{2E_0}\left[\frac{2(1+\nu_0)}{3}3\bar{J}_2^- + \frac{1-2\nu_0}{3}\left(\bar{I}_1^-\right)^2 - \nu_0\bar{I}_1^+\bar{I}_1^-\right] \tag{5.3.53}$$

式中，$\bar{I}_1^+$ 和 $\bar{I}_1^-$ 分别为有效应力分量 $\bar{\boldsymbol{\sigma}}^\pm$ 的第一不变量；$\bar{J}_2^-$ 为有效应力分量 $\boldsymbol{\sigma}^-$ 的第二不变量。

应用式 (5.3.12b) 和式 (5.3.33)，可得无损材料的初始塑性 Helmholtz 自由能：

$$\psi_0^{\mathrm{p}} = \int_0^{\lambda^{\mathrm{p}}} \bar{\boldsymbol{\sigma}} : \left(\alpha^{\mathrm{p}}\boldsymbol{1} + \boldsymbol{1}_{\bar{\boldsymbol{s}}}\right)\mathrm{d}\lambda^{\mathrm{p}} = \int_0^{\lambda^{\mathrm{p}}} \frac{1}{\|\bar{\boldsymbol{s}}\|}\bar{\boldsymbol{\sigma}} : \left(\alpha^{\mathrm{p}}\|\bar{\boldsymbol{s}}\|\boldsymbol{1} + \bar{\boldsymbol{s}}\right)\mathrm{d}\lambda^{\mathrm{p}} \tag{5.3.54}$$

由于 $\|\bar{\boldsymbol{s}}\| = \sqrt{2\bar{J}_2}$，进一步对式 (5.3.54) 进行变形后可以得到 (吴建营, 2004)

$$\begin{aligned}\psi_0^{\mathrm{p}-} &= \int_0^{\lambda^{\mathrm{p}}} \frac{1}{\|\bar{\boldsymbol{s}}\|}\left(\bar{\boldsymbol{s}}^- + \frac{\bar{I}_1^-}{3}\boldsymbol{1}\right) : \left(\alpha^{\mathrm{p}}\sqrt{2\bar{J}_2}\boldsymbol{1} + \bar{\boldsymbol{s}}\right)\mathrm{d}\lambda^{\mathrm{p}} \\ &= \frac{b}{2E_0}\left(3\bar{J}_2^- + \eta^{\mathrm{p}}\bar{I}_1^-\sqrt{3\bar{J}_2} - \frac{1}{2}\bar{I}_1^+\bar{I}_1^-\right)\end{aligned} \tag{5.3.55}$$

式中，$\eta^{\mathrm{p}} = \sqrt{\dfrac{3}{2}}\alpha^{\mathrm{p}}$, 为等效的塑性剪涨参数；$b = \dfrac{4}{3}\lambda^{\mathrm{p}}E_0/\|\bar{\boldsymbol{s}}\|$, 为材料参数, 将在后面加以确定；$\bar{\boldsymbol{s}}^\pm$ 分别为有效应力分量 $\bar{\boldsymbol{\sigma}}^\pm$ 的偏张量，即

$$\bar{\boldsymbol{s}}^\pm = \bar{\boldsymbol{\sigma}}^\pm - \frac{\bar{I}_1^\pm}{3}\boldsymbol{1} \quad \Longrightarrow \quad \bar{\boldsymbol{s}}^+ : \bar{\boldsymbol{s}}^- = -\frac{1}{3}\bar{I}_1^+\bar{I}_1^- \tag{5.3.56}$$

综合式 (5.3.52)、式 (5.3.53) 和式 (5.3.55)，受剪损伤能释放率Y^- 表示为

$$Y^- = \psi_0^- = \frac{1}{2b_0}\left[3\bar{J}_2^- + b_1\bar{I}_1^-\sqrt{3\bar{J}_2} + b_2\left(\bar{I}_1^-\right)^2 + b_3\bar{I}_1^+\bar{I}_1^-\right] \tag{5.3.57}$$

式中，系数 b_0、b_1、b_2 和 b_3 分别为

$$b_0 = \frac{3E_0}{3b + 2(1 + \nu_0)}, \qquad b_1 = \frac{3b\eta^{\mathrm{p}}}{3b + 2(1 + \nu_0)} \tag{5.3.58a}$$

$$b_2 = \frac{1 - 2\nu_0}{3b + 2(1 + \nu_0)}, \qquad b_3 = -\frac{1.5b + 3\nu_0}{3b + 2(1 + \nu_0)} \tag{5.3.58b}$$

其中，参数 b 为

$$b = \frac{1 - 2(1 - \nu_0)\left(f_{b0}^-/f_0^-\right)^2}{(1 - 2\eta^{\mathrm{p}})\left(f_{b0}^-/f_0^-\right)^2 - (1 - \eta^{\mathrm{p}})} \tag{5.3.59}$$

式中，f_0^- 和 f_{b0}^- 分别为单轴受压和双轴等压状态下混凝土材料的线弹性极限强度。

一般说来，剪涨参数 α^{p}(或 η^{p}) 的取值对二维损伤的影响很小，经过分析可取 $\alpha^{\mathrm{p}} = 0.2$(吴建营, 2004)，此时将有

$$Y^- = \psi_0^- = \frac{1}{2b_0}\left(\alpha\bar{\boldsymbol{I}} + \sqrt{3\bar{J}_2}\right)^2 \tag{5.3.60}$$

式中，受剪损伤参数 α 定义为

$$\alpha = \frac{f_{b0}^-/f_0^- - 1}{2f_{b0}^-/f_0^- - 1} \tag{5.3.61}$$

注意：一般认为 f_{b0}^-/f_0^- 和 f_{by}^-/f_y^- 的取值相同，因此上述受剪损伤参数与式 (5.3.43) 完全相同。

损伤能释放率仅控制损伤演化，对其进行等效变换不会影响损伤发展本质，为简化计，可以将受拉损伤能释放率式 (5.3.51) 及受剪损伤能释放率式 (5.3.60) 最终等效表述为 (李杰和吴建营, 2005; Wu et al., 2006)

$$Y^+ = \sqrt{2E_0\psi_0^+} = \sqrt{E_0\left(\bar{\boldsymbol{\sigma}}^+ : \mathbb{C}_0 : \bar{\boldsymbol{\sigma}}\right)} \tag{5.3.62a}$$

$$Y^- = \sqrt{2b_0\psi_0^-} = \alpha\bar{I}_1 + \sqrt{3\bar{J}_2} \tag{5.3.62b}$$

2) 损伤演化法则

在确定性损伤力学理论框架中，类比于塑性力学中的屈服面，引入损伤面的概念以描述在三维空间中的损伤发展。Mazars(1986) 引进损伤面的概念建立了单边弹性损伤模型。几乎与之同时，Lemaitre(1985) 在金属材料损伤力学研究中最早类比于塑性力学，提出了损伤正交流动的概念。Simó 和 Ju(1987a)、Ju(1989) 继承和发展了上述思想，类比于经典塑性流动理论，建立了基于损伤面的正交流动理论。

由于损伤能释放率反映了损伤耗能关于损伤发展的变化速度，一个自然的选择是用损伤能释放率的函数表达损伤面。为此，引入损伤函数 G，$G = 0$ 确定的曲

面称为损伤面。基于前述弹塑性损伤能释放率，可以建立受拉和受剪损伤发生准则为

$$G^{\pm}(Y^{\pm}, r_n^{\pm}) = g^{\pm}\big(Y_n^{\pm}\big) - g^{\pm}(r_n^{\pm}) \leqslant 0 \tag{5.3.63}$$

式中，$g^{\pm}(x)$ 为变量 x 的任意递增标量函数；上标 “±” 分别对应受拉损伤和受剪损伤；下标 n 表示当前时刻 n，$r_n^{\pm}$ 决定了当前时刻损伤面的大小，亦称为历史最大损伤能释放率，表示为

$$r_n^{\pm} = \max\left[r_0^{\pm}, \max_{\tau\in[0,n]} Y_{\tau}^{\pm}\right] \tag{5.3.64}$$

式中，r_0^+ 和 r_0^- 分别为混凝土开始产生受拉损伤和受剪损伤的损伤能释放率阈值，可按式 (5.3.62) 确定为

$$r_0^+ = f_0^+ = E_0\epsilon_0^+ \tag{5.3.65a}$$

$$r_0^- = \big(1-\alpha\big)f_0^- = \big(1-\alpha\big)E_0\epsilon_0^- \tag{5.3.65b}$$

式中，$\epsilon_0^{\pm} = f_0^{\pm}/E_0$，分别为混凝土的单轴受拉和单轴受压线弹性极限应变 (均取正值)。

式 (5.3.63) 和式 (5.3.64) 表明：只有当损伤能释放率$Y^{\pm}$ 超过初始损伤能释放率阈值 $r_0^{\pm}$ 时，材料才会进入非线性状态；而当损伤能释放率$Y^{\pm}$ 超过历史最大损伤能释放率$r_n^{\pm}$ 时，会导致材料发生进一步的损伤。材料的初始损伤能释放率阈值 $r_0^{\pm}$ 为材料属性，对于任意时刻 $n>0$，有 $r_n^{\pm} \geqslant r_0^{\pm}$。

损伤变量的演化法则可以基于上述损伤准则通过正交流动法则得到。根据正交流动法则式 (4.4.25)，可以得到损伤变量的演化法则为

$$\dot{d}^{\pm} = \dot{\lambda}^{\mathrm{d}\pm}\frac{\partial g^{\pm}}{\partial Y^{\pm}} \tag{5.3.66a}$$

$$\dot{r}_n^{\pm} = \dot{\lambda}^{\mathrm{d}\pm} \tag{5.3.66b}$$

类比于经典塑性力学，损伤加、卸载条件 (通常称为 Kuhn-Tucker 条件) 为

$$\dot{\lambda}^{\mathrm{d}\pm} \geqslant 0, \qquad G^{\pm} \leqslant 0, \qquad \dot{\lambda}^{\mathrm{d}\pm}G^{\pm} = 0 \tag{5.3.67}$$

当 $G^{\pm}<0$ 时，有 $\dot{\lambda}^{\mathrm{d}\pm}=0$ 及 $\dot{d}^{\pm}=0$，材料处于损伤卸载或中性变载阶段，损伤不进一步发展；当处于损伤加载状态时，有 $G^{\pm}=0$，此时 $\dot{\lambda}^{\mathrm{d}\pm}>0$，可以通过损伤一致性条件$\dot{G}^{\pm}=0$ 求出。事实上，对于损伤加载，由

$$G^{\pm}(Y_n^{\pm}, r_n^{\pm}) = \dot{G}^{\pm}(Y_n^{\pm}, r_n^{\pm}) = 0 \tag{5.3.68}$$

可以得到

$$r_n^{\pm} = Y_n^{\pm}, \qquad \dot{\lambda}^{\mathrm{d}\pm} = \dot{r}_n^{\pm} = \dot{Y}_n^{\pm} \tag{5.3.69}$$

将式 (5.3.69) 代入式 (5.3.66a) 中得

$$\dot{d}^{\pm} = \dot{Y}^{\pm}\frac{\partial g^{\pm}}{\partial Y^{\pm}} = \dot{g}^{\pm}(Y^{\pm}) = \dot{g}^{\pm}(r^{\pm}) \tag{5.3.70}$$

对式 (5.3.70) 两边进行积分，并考虑到初始条件 $d^{\pm}=0$，可以得到损伤变量的显式表达式为

$$d^{\pm} = g^{\pm}(r^{\pm}) \tag{5.3.71}$$

根据损伤变量$d^{\pm}$ 的特性，函数 $g^{\pm}(r^{\pm})$ 必须满足如下要求：

$$0 \leqslant g^{\pm}(r^{\pm}) \leqslant 1, \qquad g^{\pm}(r_0^{\pm}) = 0, \qquad \dot{g}^{\pm}(r^{\pm}) \geqslant 0 \tag{5.3.72}$$

至此我们看到，尽管上述确定性损伤力学理论确定了比较严格的损伤发展计算规则，但是，对于损伤力学的核心问题，损伤变量如何演化？并没有给出明确回答。种种逻辑推理的结果，又回到了问题的起点：损伤变量，作为损伤能释放率的函数 $g^{\pm}(r^{\pm})$，究竟应该具有怎样的形式？确定性损伤力学并没有给出令人信服的答复。事实上，前面已多次指出，即使是不可逆热力学，也只能给出能量耗散的限制条件 (必要条件)，并不能给出规定能量耗散发展过程的充分条件。在多尺度力学的重要性尚未被人们认识到的 20 世纪，找到一些关于能量耗散的限制条件，对于人们猜测能量耗散发展过程，已经是很大的帮助了。

尽管如此，根据损伤应该具有如式 (5.3.72) 的一般特征，还是可以借助经验或理性猜测确立损伤函数 $g^{\pm}(r^{\pm})$，以下分别分析。

在单轴受拉应力作用下，根据式 (5.3.23a) 有

$$\sigma^{+} = (1-d^{+})E_0\epsilon^{\mathrm{e}+} \tag{5.3.73}$$

因此，可以根据单轴受拉试验确立 d^{+} 的基本形式。根据单轴受拉试验应力–应变曲线的基本形状，一般采用 Oliver 等 (1990) 提出的经验关系反映受拉损伤变量d^{+}与受拉损伤能释放率r_n^{+} 之间的变化关系：

$$d^{+} = g^{+}(r_n^{+}) = 1 - \frac{r_0^{+}}{r_n^{+}}\exp\left[A^{+}\left(1-\frac{r_n^{+}}{r_0^{+}}\right)\right] \qquad (r_n^{+} \geqslant r_0^{+}) \tag{5.3.74}$$

将式 (5.3.74) 两边对 r_n^{+} 微分即可得到受拉损伤的演化法则：

$$\dot{d}^{+} = h^{+}\cdot\dot{r}_n^{+} \geqslant 0 \tag{5.3.75}$$

式中，h^+ 为受拉损伤演化函数

$$h^+ = \frac{A^+ r_n^+ + r_0^+}{\left(r_n^+\right)^2} \exp\left[A^+\left(1 - \frac{r_n^+}{r_0^+}\right)\right] \tag{5.3.76}$$

式 (5.3.74) 和式 (5.3.75) 中的参数 A^+ 与受拉应力–应变本构关系的下降段密切相关。根据裂缝带理论(Bažant & Oh, 1983)，材料应力–应变曲线与应变轴之间的面积应该等于一定材料控制体积内消耗的抗拉断裂能G_{f}(一般假设为材料属性)，由此可以确定参数 A^+ 的值

$$A^+ = \left[\frac{G_{\mathrm{f}} E_0}{l_{\mathrm{ch}}\left(f_0^+\right)^2} - \frac{1}{2}\right]^{-1} \tag{5.3.77}$$

式中，l_{ch} 为特征长度，其值和分析时所采用的有限元网格大小有关。Oliver(1989) 提出的特征长度l_{ch} 表达式为

$$l_{\mathrm{ch}} = \frac{V_{\mathrm{e}}}{\displaystyle\int_V \frac{\partial \phi}{\partial x}\,\mathrm{d}V} \tag{5.3.78}$$

式中，V_{e} 为单元体积；ϕ 为描述裂缝带局部位移场的连续可微无量纲函数；x 为垂直于裂缝带方向的局部坐标。

数值分析结果表明，采用式 (5.3.78) 定义的单元特征长度能够有效地减小网格大小对有限元分析结果的影响，即当网格单元尺寸趋近于零时，分析结果收敛于精确解。在实际应用中，通常采用的是式 (5.3.78) 的近似表达式：

$$l_{\mathrm{ch}} = \sqrt[m]{V_{\mathrm{e}}} \tag{5.3.79}$$

式中，$m = 1, 2, 3$, 分别表示分析的空间维数。

在单轴受压应力作用下，根据式 (5.3.22b) 有

$$\boldsymbol{\sigma}^- = \left(1 - d^-\right) E_0 \epsilon^{\mathrm{e}-} \tag{5.3.80}$$

因此，可以根据单轴受压试验确立 d^- 的基本形式。根据单轴受压试验应力–应变曲线的基本形状，通常采用如下经验关系反映受剪损伤变量d^- 与受剪损伤能释放率r_n^- 之间的变化关系 (Mazars, 1986; Faria et al., 1998)：

$$d^- = g^-(r_n^-) = 1 - \frac{r_0^-}{r_n^-}\left(1 - A^-\right) - A^- \exp\left[B^-\left(1 - \frac{r_n^-}{r_0^-}\right)\right] \quad \left(r_n^- \geqslant r_0^-\right) \tag{5.3.81}$$

式中，参数 A^- 和 B^- 可以根据混凝土材料的单轴受压试验确定。将式 (5.3.81) 两边对 r_n^- 微分即可得到受拉损伤的演化法则为

$$\dot{d}^- = h^- \cdot \dot{r}_n^- \geqslant 0 \tag{5.3.82}$$

式中，h^- 为受剪损伤演化函数

$$h^- = \frac{r_n^-}{\left(r_n^-\right)^2}(1 - A^-) + \frac{A^- B^-}{r_0^-} \exp\left[B^-\left(1 - \frac{r_n^-}{r_0^-}\right)\right] \tag{5.3.83}$$

式 (5.3.81) 的函数形式首先由 Mazars (1986) 根据单轴受压试验结果猜测给出。该函数不仅可以通过参数 A^- 描述混凝土材料在单轴受压峰值应力前的应力软化效应，还可以通过参数 B^- 描述峰值应力点以后发生的软化效应，因此，被后来的研究者大量采用。

3) 讨论与注记

除了损伤演化规律，确定性弹塑性损伤力学的另一个难点在于损伤起点即初始损伤阈值的确定。根据式 (5.3.65)、式 (5.3.74) 和式 (5.3.81) 中的初始损伤阈值r_0^+ 与 r_0^- 可以分别由单轴受拉和单轴受压时的线弹性极限拉应变和线弹性极限压应变近似确定。然而，且不论这种近似精度如何，即使对于简单的单轴受拉和单轴受压问题，其线弹性极限拉应变和线弹性极限压应变究竟定在何处合适，也是一个必然存在争议的经验问题。事实上，混凝土的损伤取决于材料的细观损伤和应力重分布的发展演化过程，一开始就是一个非线性的发展过程。无论确立损伤阈值还是模拟损伤演化规律，都离不开对细观物理机制的分析。在现象学的确定性损伤力学理论框架内，只能经验地确立损伤阈值、经验地猜测损伤演化规律。

然而，对于损伤阈值的经验确立，也有助于定性地辨别基本理论假设的正误。对于混凝土线性区域范围的讨论就提供了这样一个例证。

根据式 (5.3.63) 定义的损伤准则，在任意时刻，混凝土受力符合线性的区域范围 $\mathcal{L}(\bar{\boldsymbol{\sigma}})$ 是以下两个集合的交集：

$$\mathcal{L}(\bar{\boldsymbol{\sigma}}) = \mathcal{L}^+(\bar{\boldsymbol{\sigma}}) \cap \mathcal{L}^-(\bar{\boldsymbol{\sigma}}) \tag{5.3.84}$$

式中，集合 $\mathcal{L}^+(\bar{\boldsymbol{\sigma}})$ 和 $\mathcal{L}^-(\bar{\boldsymbol{\sigma}})$ 分别为受拉线性区域和受剪线性区域，其表达式为

$$\mathcal{L}^\pm(\bar{\boldsymbol{\sigma}}) = \left\{\bar{\boldsymbol{\sigma}} \middle| G^\pm\left[Y^\pm(\bar{\boldsymbol{\sigma}}), r_0^\pm\right] \leqslant 0\right\} \tag{5.3.85}$$

应用上述弹塑性损伤模型并采用归一化的有效应力$\tilde{\bar{\sigma}}_1 = \bar{\sigma}_1/f_0^-$ 和 $\tilde{\bar{\sigma}}_2 = \bar{\sigma}_2/f_0^-$，在双轴应力作用下混凝土线性区域可以分别表示为 (图 5.3.1(a))

$$\mathcal{L}_1^+(\bar{\boldsymbol{\sigma}}): \quad \tilde{\bar{\sigma}}_1^2 + \tilde{\bar{\sigma}}_2^2 - 2\nu_0\tilde{\bar{\sigma}}_1\tilde{\bar{\sigma}}_2 \leqslant \left(f_0^+/f_0^-\right)^2 \tag{5.3.86a}$$

$$\mathcal{L}_2^+(\bar{\boldsymbol{\sigma}}): \quad \tilde{\bar{\sigma}}_1^2 - \nu_0\tilde{\bar{\sigma}}_1\tilde{\bar{\sigma}}_2 \leqslant \left(f_0^+/f_0^-\right)^2 \tag{5.3.86b}$$

$$\mathcal{L}_3^+(\bar{\boldsymbol{\sigma}}): \quad \tilde{\bar{\sigma}}_2^2 - \nu_0\tilde{\bar{\sigma}}_1\tilde{\bar{\sigma}}_2 \leqslant \left(f_0^+/f_0^-\right)^2 \tag{5.3.86c}$$

$$\mathcal{L}^-(\bar{\boldsymbol{\sigma}}): \quad \sqrt{\tilde{\bar{\sigma}}_1^2 + \tilde{\bar{\sigma}}_2^2 - \tilde{\bar{\sigma}}_1\tilde{\bar{\sigma}}_2} + \alpha\left(\tilde{\bar{\sigma}}_1 + \tilde{\bar{\sigma}}_2\right) \leqslant 1 - \alpha \tag{5.3.86d}$$

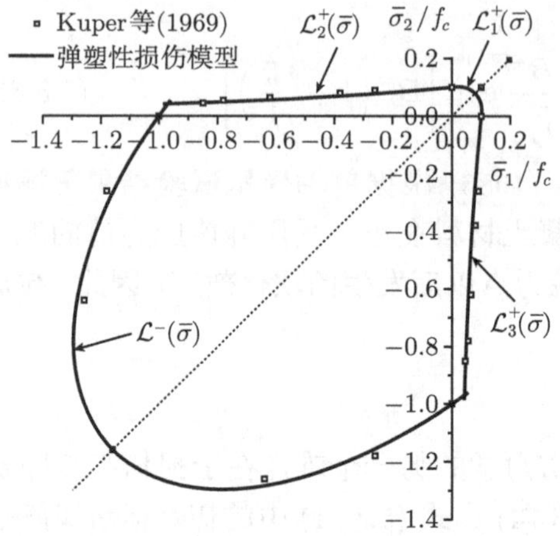

(a) 弹塑性损伤模型

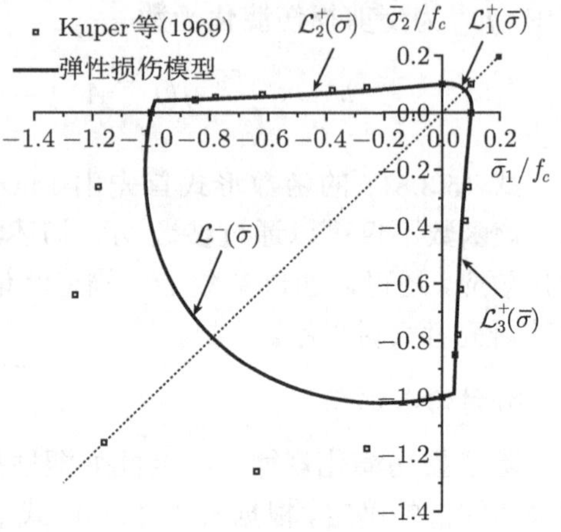

(b) 弹性损伤模型

图 5.3.1　混凝土在双轴应力作用下的线性区域

若不考虑塑性损伤能释放率，仅基于弹性损伤能释放率建立损伤准则，将会得到错误的结果。事实上，根据式 (5.3.5a) 和式 (5.3.7)，弹性损伤模型的受拉和受剪损伤能释放率分别为

$$Y^{\mathrm{e}+} = \psi_0^{\mathrm{e}+} = \frac{1}{2}\bar{\boldsymbol{\sigma}}^+ : \mathbb{C}_0 : \bar{\boldsymbol{\sigma}} \tag{5.3.87a}$$

$$Y^{\mathrm{e}-} = \psi_0^{\mathrm{e}-} = \frac{1}{2}\bar{\boldsymbol{\sigma}}^- : \mathbb{C}_0 : \bar{\boldsymbol{\sigma}} \tag{5.3.87b}$$

为讨论方便，不妨将上述弹性损伤能释放率重新定义为

$$Y^{\mathrm{e}+} = \sqrt{2E_0\psi_0^{\mathrm{e}+}} = \sqrt{E_0\big(\bar{\boldsymbol{\sigma}}^+ : \mathbb{C}_0 : \bar{\boldsymbol{\sigma}}\big)} \tag{5.3.88a}$$

$$Y^{\mathrm{e}-} = \sqrt{2E_0\psi_0^{\mathrm{e}-}} = \sqrt{E_0\big(\bar{\boldsymbol{\sigma}}^- : \mathbb{C}_0 : \bar{\boldsymbol{\sigma}}\big)} \tag{5.3.88b}$$

相应地，在单轴受拉和单轴受压应力状态下，可以得到受拉和受剪弹性损伤能释放率阈值 $r_0^{\pm}$ 分别为

$$r_0^{\mathrm{e}+} = f_0^+ = E_0\epsilon_0^+ \tag{5.3.89a}$$

$$r_0^{\mathrm{e}-} = f_0^- = E_0\epsilon_0^- \tag{5.3.89b}$$

根据式 (5.3.63)、式 (5.3.88) 和式 (5.3.89)，并经验地确立线弹性极限拉应变和线弹性极限压应变，可以得到混凝土材料的线性区域。以双轴应力为例，结果如图 5.3.1(b) 所示。

可见，弹性损伤模型双轴受拉的 $\mathcal{L}_1^+(\bar{\boldsymbol{\sigma}})$、双轴拉压的 $\mathcal{L}_2^+(\bar{\boldsymbol{\sigma}})$ 和 $\mathcal{L}_3^-(\bar{\boldsymbol{\sigma}})$ 与弹塑

性损伤模型给出的结果相同，而双轴受压的 $\mathcal{L}^-(\bar{\boldsymbol{\sigma}})$ 为

$$\bar{\bar{\sigma}}_1^2 + \bar{\bar{\sigma}}_2^2 - 2\nu_0\bar{\bar{\sigma}}_1\bar{\bar{\sigma}}_2 \leqslant 1 \tag{5.3.90}$$

因此，基于弹性损伤释放率给出的损伤模型虽然可以描述拉压应力状态下的软化效应，但并不能反映双轴受压应力状态下抗压强度的提高。

历史上，Mazars 单标量损伤模型(Mazars, 1984) 能够较好地模拟拉压应力状态下混凝土的软化效应，但在双轴受压应力状态下的结果和试验相差甚远。Mazars 双标量拉–压损伤模型 (Marzars, 1986) 基于损伤能释放率建立经验损伤准则，在一定程度上改善了双轴受压应力状态下的结果，然而仍不能使人满意。Faria 拉压双标量损伤模型(Faria et al., 1998, 2004) 的损伤准则完全基于试验结果给出，尽管能够较好地描述双轴受压应力状态的强度，却无法描述拉压应力状态下混凝土的软化效应。在三轴受压应力状态下，上述三种损伤本构模型均不适用。

5.3.5 切向刚度张量

在结构非线性分析中，采用切线刚度矩阵的 Newton-Raphson 方法是最为有效的数值方法。为此，这里进一步推导给出上述混凝土弹塑性损伤模型的率本构方程及切线刚度矩阵。

将本构关系式 (5.3.19) 两边对时间求导可以得到

$$\dot{\boldsymbol{\sigma}} = (1-d^+)\dot{\bar{\boldsymbol{\sigma}}}^+ + (1-d^-)\dot{\bar{\boldsymbol{\sigma}}}^- - (\bar{\boldsymbol{\sigma}}^+\dot{d}^+ + \bar{\boldsymbol{\sigma}}^-\dot{d}^-) \tag{5.3.91}$$

式中，$\dot{\bar{\boldsymbol{\sigma}}}^\pm = \mathrm{d}\bar{\boldsymbol{\sigma}}^\pm/\mathrm{d}t$，为有效应力分量 $\bar{\boldsymbol{\sigma}}^\pm$ 对时间的导数。

以下分别对上述各项进行讨论。

研究已经证明 (Faria et al., 2000; Wu et al., 2006)，有效应力分量的率张量 $\dot{\bar{\boldsymbol{\sigma}}}^\pm$ 可以表示为

$$\dot{\bar{\boldsymbol{\sigma}}}^\pm = \mathbb{Q}^\pm : \dot{\bar{\boldsymbol{\sigma}}} \tag{5.3.92}$$

式中，四阶对称张量 $\mathbb{Q}^\pm$ 表示为

$$\mathbb{Q}^\pm = \mathbb{P}^\pm \pm 2\sum_{i=1}^{3}\sum_{j>i}^{3}\frac{\langle\bar{\sigma}_i\rangle - \langle\bar{\sigma}_j\rangle}{\bar{\sigma}_i - \bar{\sigma}_j}\boldsymbol{P}^{(ij)} \otimes \boldsymbol{P}^{(ij)} \tag{5.3.93}$$

式中，$\mathbb{P}^\pm$ 为式 (5.2.16) 给出的四阶投影算子；二阶对称张量 $\boldsymbol{P}^{(ij)}$ 定义为

$$\boldsymbol{P}^{(ij)} = \frac{1}{2}\left(\boldsymbol{n}^{(i)} \otimes \boldsymbol{n}^{(j)} + \boldsymbol{n}^{(j)} \otimes \boldsymbol{n}^{(i)}\right) \tag{5.3.94}$$

这里，$\bar{\sigma}_i$ 和 $\bar{\sigma}_j$ 分别为第 i 和第 j 个有效主应力；$\boldsymbol{n}^{(i)}$ 和 $\boldsymbol{n}^{(j)}$ 分别为对应的主方向矢量。

根据受拉损伤演化法则式 (5.3.69) 和式 (5.3.62a)，可以给出受拉损伤阈值r^+的演化法则，即

$$\begin{aligned}\dot{r}^+ = \dot{Y}^+ &= \frac{E_0}{2Y^+}(\bar{\boldsymbol{\sigma}} : \mathbb{C}_0 : \dot{\bar{\boldsymbol{\sigma}}}^+ + \bar{\boldsymbol{\sigma}}^+ : \mathbb{C}_0 : \dot{\bar{\boldsymbol{\sigma}}}) \\ &= \frac{E_0}{2Y^+}(\bar{\boldsymbol{\sigma}} : \mathbb{C}_0 : \mathbb{Q}^+ + \bar{\boldsymbol{\sigma}}^+ : \mathbb{C}_0) : \dot{\bar{\boldsymbol{\sigma}}}\end{aligned} \tag{5.3.95}$$

因此，由式 (5.3.75) 可以得

$$\bar{\boldsymbol{\sigma}}^+ \dot{d}^+ = \mathbb{R}^+ : \dot{\bar{\boldsymbol{\sigma}}} \tag{5.3.96}$$

式中，四阶张量 $\mathbb{R}^+$ 表示为

$$\mathbb{R}^+ = h^+ \frac{E_0}{2Y^+} \bar{\boldsymbol{\sigma}}^+ \otimes (\bar{\boldsymbol{\sigma}} : \mathbb{C}_0 : \mathbb{Q}^+ + \bar{\boldsymbol{\sigma}}^+ : \mathbb{C}_0) \tag{5.3.97}$$

类似地，根据受剪损伤演化法则式 (5.3.69) 和式 (5.3.62b)，受剪损伤阈值r^-的演化法则表示为

$$\dot{r}^- = \dot{Y}^- = \alpha \dot{\bar{I}}_1 + \frac{3}{2\sqrt{3\bar{J}_2}} \dot{\bar{J}}_2 = \left(\alpha \boldsymbol{I} + \frac{3}{2\sqrt{3\bar{J}_2}} \bar{\boldsymbol{s}}\right) : \dot{\bar{\boldsymbol{\sigma}}} \tag{5.3.98}$$

因此，由式 (5.3.82) 有如下关系式：

$$\bar{\boldsymbol{\sigma}}^- \dot{d}^- = \mathbb{R}^- : \dot{\bar{\boldsymbol{\sigma}}} \tag{5.3.99}$$

式中，四阶张量 $\mathbb{R}^-$ 为

$$\mathbb{R}^- = h^- \bar{\boldsymbol{\sigma}}^- \otimes \left(\alpha \boldsymbol{I} + \frac{3}{2\sqrt{3\bar{J}_2}} \bar{\boldsymbol{s}}\right) \tag{5.3.100}$$

于是，考虑式 (5.3.46) 和式 (5.3.91)，可以得到如下率本构方程：

$$\dot{\boldsymbol{\sigma}} = \left[(1-d^+)\mathbb{Q}^+ + (1-d^-)\mathbb{Q}^+ - \mathbb{R}^+ - \mathbb{R}^-\right] : \dot{\bar{\boldsymbol{\sigma}}} = \mathbb{E}^{\tan} : \dot{\boldsymbol{\epsilon}} \tag{5.3.101}$$

式中，弹塑性损伤模型的切向刚度张量 $\mathbb{E}^{\tan}$ 表示为

$$\mathbb{E}^{\tan} = \left[(1-d^+)\mathbb{Q}^+ + (1-d^-)\mathbb{Q}^+ - \mathbb{R}^+ - \mathbb{R}^-\right] : \mathbb{E}^{\mathrm{ep}} \tag{5.3.102}$$

式中，有效弹塑性切向刚度 $\mathbb{E}^{\mathrm{ep}}$ 由式 (5.3.47) 给出。

需要说明的是，出于算法收敛性和稳定性的需要，塑性变形的确定过程一般采用隐式迭代算法求解。不同的隐式迭代算法会给出完全不同于式 (5.3.47) 给出的有效弹塑性切向刚度。因此，在本构关系的数值实现时，并非直接采用式 (5.3.102) 给出的切向刚度张量 $\mathbb{E}^{\tan}$，而必须将其中的 $\mathbb{E}^{\mathrm{ep}}$ 替代为与所采用的算法一致的有效弹塑性切向刚度 $\mathbb{E}^{\mathrm{ep}}_{\mathrm{alg}}$，才能满足数值算法的收敛性和稳定性要求。关于这一点，将在第 8 章中详细讨论。

第 6 章　混凝土随机损伤本构关系

第 5 章所述弹塑性损伤模型，在唯象学意义上建立了混凝土本构模型的统一理论框架。然而，这类本构模型仅仅反映了混凝土受力行为的非线性，并没有反映混凝土强度表现与本构行为中客观存在的随机性。事实上，由于是从现象学的层面上研究，前述弹塑性损伤模型在确定混凝土损伤的演化法则时，只能借鉴由大量试验总结给出的一维应力-应变经验均值关系去推断多维应力状态下的损伤演化，这就在逻辑上留下了重要隐患。事实上，即使是一维的经验均值关系，也很难回答“损伤何时发生？”、“损伤演化规律何以形成？”的问题，更难以回答“损伤演化进程为什么具有非线性？”之类的问题。

本书作者认为：混凝土本构行为的非线性与随机性，必须从细观物理层次加以揭示。宏观的损伤演化规律，应该在细、微观层次的物理分析中寻求其内在机理与建模途径 (李杰，2004，2008)。并且，对于细、微观层次损伤的概率性刻画，不仅可以解释损伤赖以产生和发展的物理机制，也可以建立损伤演化从细观到宏观的桥梁，从而，从根本上解决混凝土非线性与随机性的综合反映问题，并在物理机制上给混凝土损伤演化规律一个合理的解释。

6.1　细观损伤机制分析

6.1.1　典型细观单元损伤分析

从包含一条裂缝的细观单元入手分析损伤，有助于从本质上理解损伤产生、发展的内在物理机制。考虑包含一条微裂缝的细观单元，利用应力转轴公式将应力旋转至与裂缝正交的坐标系，如图 6.1.1 所示。

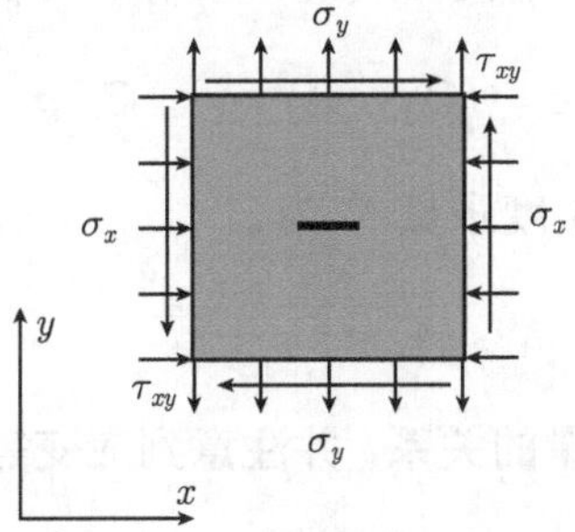

图 6.1.1　包含一条裂缝的细观单元

对于无损材料，显然存在

$$\boldsymbol{\epsilon}^{\mathrm{e}} = \mathbb{C}_0 : \boldsymbol{\sigma} \tag{6.1.1}$$

式中，$\mathbb{C}_0$ 为材料初始柔度张量；$\boldsymbol{\epsilon}^{\mathrm{e}}$ 为无损材料在应力 $\boldsymbol{\sigma}$ 作用下产生的应变。

由于材料中包含微裂缝，裂缝的张开和滑移使相同应力作用下损伤材料产生的应变大于无损材料。将损伤材料的应变做如下分解：

$$\boldsymbol{\epsilon} = \boldsymbol{\epsilon}^{\mathrm{e}} + \boldsymbol{\epsilon}^{\mathrm{c}} \tag{6.1.2}$$

式中，$\boldsymbol{\epsilon}^{\mathrm{c}}$ 是由于微裂缝的张开和滑移而引入的附加应变，根据线弹性断裂力学 (Gross & Seeling, 2006)，计算公式为

$$\boldsymbol{\epsilon}^{\mathrm{c}} = \frac{1}{V}\int_{\mathcal{S}} \frac{1}{2}\big(\boldsymbol{n} \otimes [\![\boldsymbol{u}]\!] + [\![\boldsymbol{u}]\!] \otimes \boldsymbol{n}\big)\,\mathrm{d}\mathcal{S} \tag{6.1.3}$$

式中，$\boldsymbol{n}$ 表示裂缝表面的外法线向量；$[\![\boldsymbol{u}]\!]$ 表示裂缝引起的基体的不连续位移；V 表示细观单元体的体积；积分号表示沿裂缝的表面 $\mathcal{S}$ 积分, $\mathcal{S}$ 为积分区域。

对于线弹性问题，裂缝张开位移 $[\![\boldsymbol{u}]\!]$ 同远场应力 $\boldsymbol{\sigma}$ 之间存在如下线性关系：

$$[\![\boldsymbol{u}]\!] = \boldsymbol{K}^{\mathrm{c}} : \boldsymbol{\sigma} \tag{6.1.4}$$

式中，$\boldsymbol{K}^{\mathrm{c}}$ 与应力无关，只与材料的断裂韧性有关。

将式 (6.1.4) 代入式 (6.1.3) 并化简得

$$\boldsymbol{\epsilon}^{\mathrm{c}} = \left[\frac{1}{V}\int_{\mathcal{S}} \frac{1}{2}\big(\boldsymbol{n} \otimes \boldsymbol{K}^{\mathrm{c}} + \boldsymbol{K}^{\mathrm{c}} \otimes \boldsymbol{n}\big)\,\mathrm{d}\mathcal{S}\right] : \boldsymbol{\sigma} = \mathbb{H} : \boldsymbol{\sigma} \tag{6.1.5}$$

式中，$\mathbb{H}$ 为裂缝引起的柔度张量

$$\mathbb{H} = \frac{1}{V}\int_{\mathcal{S}} \frac{1}{2}\big(\boldsymbol{n} \otimes \boldsymbol{K}^{\mathrm{c}} + \boldsymbol{K}^{\mathrm{c}} \otimes \boldsymbol{n}\big)\,\mathrm{d}\mathcal{S} \tag{6.1.6}$$

再将式 (6.1.1) 和式 (6.1.5) 代入式 (6.1.2) 中，可以得到如下关系：

$$\boldsymbol{\epsilon} = \big(\mathbb{C}_0 + \mathbb{H}\big) : \boldsymbol{\sigma} = \mathbb{C} : \boldsymbol{\sigma} \tag{6.1.7}$$

式中，损伤材料的细观单元柔度张量 $\mathbb{C}$ 为

$$\mathbb{C} = \mathbb{C}_0 + \mathbb{H} \tag{6.1.8}$$

利用刚度张量和柔度张量的关系，并注意到应变等效原理有

$$\mathbb{D} = \mathbb{I} - \big(\mathbb{C}_0 + \mathbb{H}\big)^{-1} : \mathbb{C}_0 \tag{6.1.9}$$

至此，我们得到了典型细观单元的损伤张量与微裂缝变形之间的关系。

上述推导的目的，并不在于建立精确地反映损伤张量与微裂缝变形之间的关系式，而在于说明微裂缝位移与损伤张量之间的内在联系。通过对上述过程的考察可以发现，微裂缝对细观单元刚度的影响与微裂缝的位移模式以及细观单元体上作用应力的模式密切相关。

基本的微裂缝位移模式有两种：张开和滑移，基本的应力作用模式有正应力和剪应力。为考察损伤与应力作用机制的联系，需要对不同应力模式与对应的裂缝位移模式进行研究。

6.1.2 垂直裂缝方向的正应力作用

如图 6.1.2 所示，若 σ'_y 为压应力，则在应力逐步增加时，裂缝将闭合，不会沿裂缝产生相对滑移，也不会引起进一步的损伤；若 σ'_y 为拉应力，则会引起裂缝端部的应力集中，从而导致裂纹的进一步扩展。

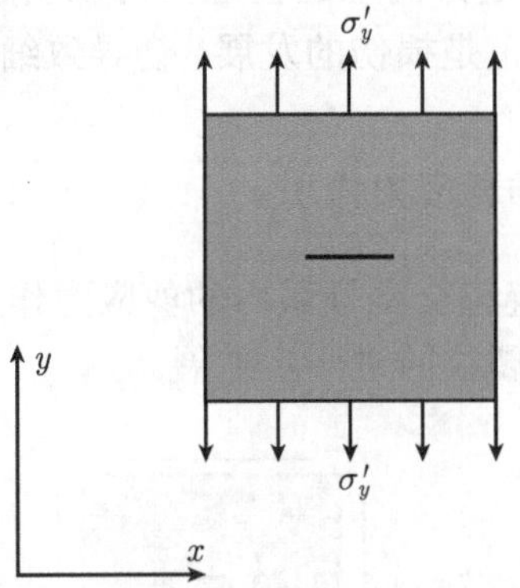

图 6.1.2 垂直裂缝方向的正应力作用

此时，I 型裂缝尖端的应力强度因子为

$$K_{\mathrm{I}} = \sigma'_y \sqrt{\pi a} \tag{6.1.10}$$

式中，a 为裂缝长度的一半。

在裂缝端部建立极坐标系，则裂缝端部应力场可以表达为 (Gross & Seeling, 2006)

$$\sigma_x = \frac{K_{\mathrm{I}}}{\sqrt{2\pi r}} \cos\frac{\theta}{2}\left(1 - \sin\frac{\theta}{2}\sin\frac{3\theta}{2}\right) \tag{6.1.11a}$$

$$\sigma_y = \frac{K_{\mathrm{I}}}{\sqrt{2\pi r}} \cos\frac{\theta}{2}\left(1 + \sin\frac{\theta}{2}\sin\frac{3\theta}{2}\right) \tag{6.1.11b}$$

$$\tau_{xy} = \frac{K_{\mathrm{I}}}{\sqrt{2\pi r}} \cos\frac{\theta}{2}\sin\frac{\theta}{2}\sin\frac{3\theta}{2} \tag{6.1.11c}$$

式中，r 为极半径；θ 为极角。上述公式在描述裂缝端部局部区域的应力时是比较准确的。

另一方面，拉应力会使裂缝产生 y 方向的张开位移，裂缝两侧的张开位移为

$$[u_y] = \frac{4\sigma'_y}{E'}\sqrt{a^2 - x^2} \tag{6.1.12}$$

式中，对于平面应力状态取 $E' = E_0$，对于平面应变状态取 $E' = E_0/(1 - \nu_0^2)$，其中 E_0 和 ν_0 分别为材料的弹性模量和泊松比。此处，坐标系建立在裂缝中心且与裂缝正交。

将式 (6.1.12) 代入式 (6.1.5)～ 式 (6.1.9)，即可求得裂缝张开位移对附加应变以及损伤张量的影响。

上述分析表明：垂直裂缝方向上的拉应力可以引起裂缝端部的应力集中及裂缝扩展和张开，裂缝的扩展正是损伤的发展，会导致细观单元刚度的退化。

6.1.3 裂缝正交坐标系内的剪应力作用

如图 6.1.3 所示，在裂缝正交坐标系内的剪应力作用下，剪应力也会引起裂缝端部的应力集中，从而导致裂纹的进一步扩展。

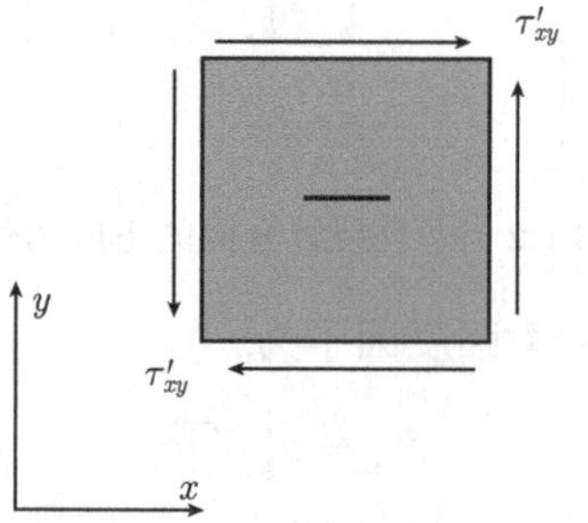

图 6.1.3 裂缝正交坐标系内的剪应力作用

此时，II 型裂缝尖端的应力强度因子为

$$K_{\mathrm{II}} = \tau'_{xy}\sqrt{\pi a} \tag{6.1.13}$$

式中，a 为裂缝长度的一半。

在裂缝端部建立极坐标系，则裂缝端部应力场可以表达为 (Gross & Seeling,

2006)

$$\sigma_x = -\frac{K_{\mathrm{II}}}{\sqrt{2\pi r}} \sin\frac{\theta}{2}\left(2+\cos\frac{\theta}{2}\cos\frac{3\theta}{2}\right) \tag{6.1.14a}$$

$$\sigma_y = \frac{K_{\mathrm{II}}}{\sqrt{2\pi r}} \sin\frac{\theta}{2}\cos\frac{\theta}{2}\cos\frac{3\theta}{2} \tag{6.1.14b}$$

$$\tau_{xy} = \frac{K_{\mathrm{II}}}{\sqrt{2\pi r}} \cos\frac{\theta}{2}\left(1-\sin\frac{\theta}{2}\sin\frac{3\theta}{2}\right) \tag{6.1.14c}$$

式中，r 为极半径；θ 为极角。上述公式在描述裂缝端部局部区域的应力时也是比较准确的。

另一方面，剪应力会使裂缝两侧产生如下相对滑移：

$$[\![u_x]\!] = \frac{4\tau'_{xy}}{E'}\sqrt{a^2-x^2} \tag{6.1.15}$$

将式 (6.1.15) 代入式 (6.1.5)~ 式 (6.1.9)，即可求得裂缝相对滑移对附加应变及损伤张量的影响。

由此可见：剪应力也可以引起裂缝端部的应力集中及裂缝扩展和相对滑移，从而导致细观单元刚度的退化。

6.1.4 平行于裂缝方向的正应力作用

对于平行于裂缝方向的正应力 (图 6.1.4)，从弹性力学的复变函数理论解析解得知，在平行于裂缝方向上的远场正应力作用下，裂缝端部平行裂缝方向的正应力与远场应力相同。若正应力为拉应力，则对裂缝的扩展没有明显作用，也不会引起裂缝的张开或者滑移，从而不会引起细观单元刚度退化；若正应力为压应力，则在平行于裂缝方向不会产生损伤。在垂直方向所产生的应力仅为有限的拉力，不会产生明显的应力集中。在应力增加时，这一拉应力有可能造成裂缝的进一步扩展，且属于受拉损伤。此外，裂缝两侧没有相对位移，因此，不会引起细观单元刚度减小。

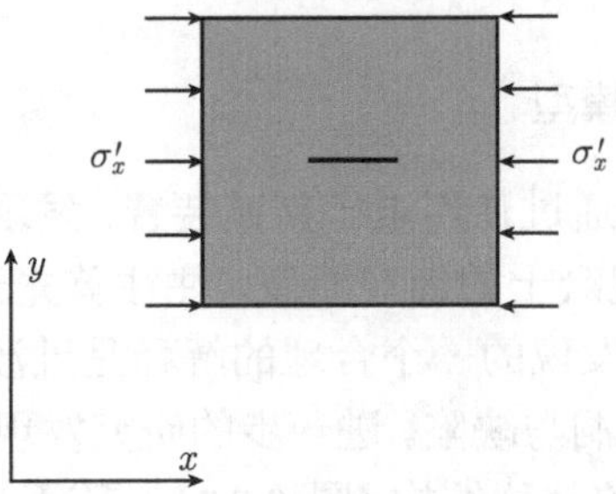

图 6.1.4 平行于裂缝方向的正应力作用

因此，在裂缝平行方向的应力作用下，裂缝两侧没有相对位移，裂缝端部的应力非常有限，且所产生的损伤本质上属于受拉损伤。

6.1.5 损伤机制再讨论

从上面的分析可知，如果将外力作用下细观单元体内微裂缝的扩展看做单元内损伤演化的主要原因，则根据细观单元内部微裂缝变形模式及其作用应力形式的不同，可以将损伤分为两种基本模式：

(1) 受拉损伤。在垂直于裂缝方向的拉应力作用下，裂缝端部产生应力集中，使得裂缝沿着原来的走向扩展，同时，微裂缝产生张开位移，使得拉应力方向上产生附加应变，弹性模量减小，由此产生的损伤称为受拉损伤。在平行于裂缝方向的压应力作用下，裂缝端部产生的应力为有限值，且产生的损伤本质上属于受拉损伤。

(2) 受剪损伤。在剪应力作用下，裂缝端部产生应力集中，使得裂缝产生扩展，同时，微裂缝两侧产生相对滑移，使得剪应力方向上产生附加应变，剪切弹性模量减小，由此产生的损伤称为受剪损伤。

后述研究表明，单向受压状态的损伤可以通过受剪损伤模式加以描述。

6.2 细观随机断裂模型

混凝土是由水泥、粗骨料、细骨料、各类掺和料组成的多相复合材料。在其形成之初，混凝土内部就具有随机分布的微孔洞、微裂缝等初始缺陷。在外部作用下，损伤演化进程不可避免地具备随机性的特征。只有科学、合理地在细观物理机制上反映混凝土的随机损伤演化过程，才能给混凝土损伤力学一个理性的基础。根据 6.1 节分析我们知道，在细观层次上，基本的损伤发展模式有两类：受拉损伤与受剪损伤。本节将根据多尺度力学的基本思想，在细观层次引入断裂的随机描述，建立细观随机断裂模型。

6.2.1 细观受拉随机损伤模型

20 世纪 80 年代，人们通过使用电子显微装置，发现在混凝土中骨料与砂浆的结合部存在界面过渡区，混凝土的细观断裂，往往首先开始于这个区域 (Mehta & Monteiro, 1986)。对于这一发现的一个合理的解释是过渡区的砂浆具有较大的水灰比，从而导致更多的细观空洞与缺陷。进一步的研究发现，在硬化水泥的凝胶体中，事实上存在大量的纤维状的晶体结构 (图 6.2.1)，混凝土的微观断裂，首先产生于这些纤维状晶体中。这一实验物理事实，为细观随机断裂模型提供了物理依据。

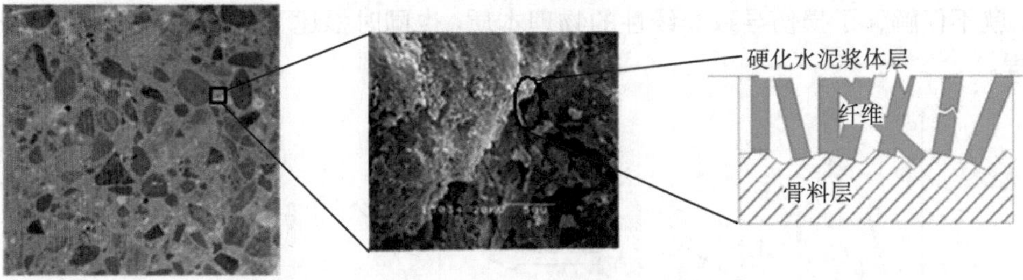

图 6.2.1 混凝土细观结构

为反映上述事实，我们引入图 6.2.2 所示的微弹簧系统模拟细观晶体结构沿其轴向的随机断裂(李杰和张其云, 2001)。在这一模型中，每一个微弹簧用于模拟混凝土的微观受拉单元。在外力作用下，微弹簧拉应力增加、伸长变形，当微弹簧达到其极限断裂应变时，该单元退出工作。同时，为了反映混凝土材料微观断裂的不可控制性质，引入随机性的观念，即认为各个微弹簧具有随机的断裂应变，微弹簧退出工作的过程是随机发生的。换句话说，各个微弹簧的断裂应变为随机变量。

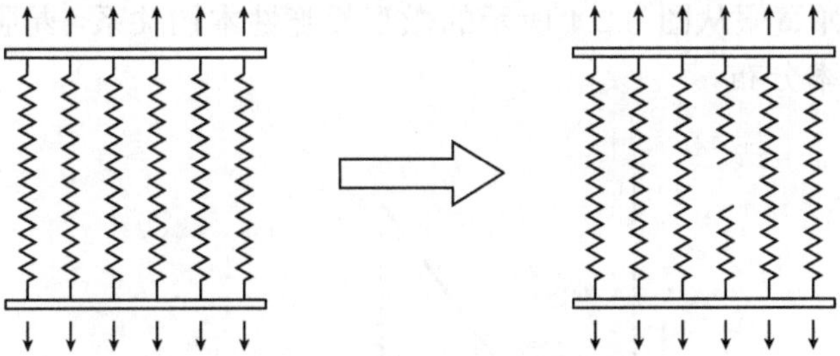

图 6.2.2 细观随机断裂模型

在外力小于某一值时，微弹簧系统不发生断裂，相应的应力–应变关系具有线性变化特征。当外部拉力增加，使得具有最小断裂应变的微弹簧的应变达到其断裂界限值时，该微弹簧断裂，其释放的应力由其他微弹簧承担 (应力重分布)，与此同时，系统整体刚度降低，导致微弹簧系统的应力–应变关系进入非线性变化阶段。随着外部拉力的增加，微弹簧断裂的数量不断增加，应力–应变曲线的非线性愈加显著, 表现为应力的增加速率明显小于应变的增加速率 (图 6.2.3)。

当在一个增量步内，未损伤部分的应力增加量小于因损伤导致的应力降低量时，即微弹簧断裂造成的平均应力降低大于因外力增加导致的平均应力增长时，应力–应变关系进入下降段。应力–应变上升段与下降段的交点，即为微弹簧系统所代表的细观单元的受拉极限强度。

值得特别注意的是：由于各个微弹簧的断裂应变具有随机分布特征，无论是初始损伤的发生时刻，还是后续的应力重分布过程，都将具有典型的随机性特征。这样，就不仅解释了损伤导致非线性的物理本质，也同时描述了受拉损伤的随机演化进程。

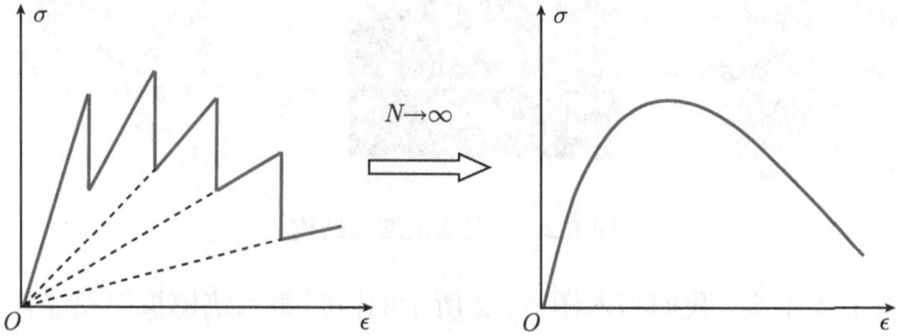

图 6.2.3　微弹簧系统应力–应变关系演变

显然，上述模型的基本假定包括以下两个：

(1) 在一维受拉状态下，混凝土细观单元体中损伤的产生和演化可以借助图 6.2.2 所示的细观并联弹簧模型描述。

(2) 每个微弹簧服从图 6.2.4 所示的微观弹脆性本构关系，断裂应变为随机变量，服从某一概率分布。

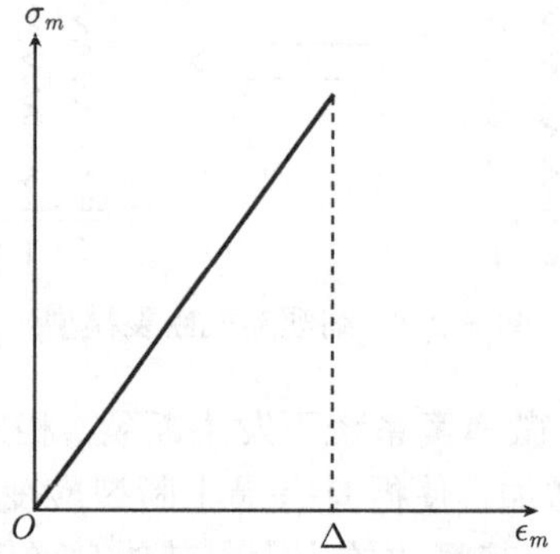

图 6.2.4　微弹簧应力–应变关系

根据上述模型，定义受拉损伤变量(为表示与确定性损伤变量的区别，这里用 D^+ 表示损伤变量) 为

$$D^+ = \frac{A_{\mathrm{f}}}{A} \tag{6.2.1}$$

式中，A_{f} 为细观单元中微弹簧断裂而导致材料退出工作的面积；A 为细观单元横截面积。

在任一拉应变状态，由于模型均匀受拉，故存在：

$$A_{\mathrm{f}}(\epsilon)=\sum_{i=1}^{N}H(\epsilon-\Delta_{\mathrm{f},i})A_i \tag{6.2.2}$$

式中，A_i 为微弹簧的面积；N 为微弹簧总数量；$\Delta_{\mathrm{f},i}$ 为微弹簧 i 的极限破坏应变，为服从某一概率分布的随机变量；$H(x)$ 为 Heaviside 函数

$$H(x)=\begin{cases}0, & x\leqslant 0\\ 1, & x>0\end{cases} \tag{6.2.3}$$

当单元中微弹簧个数 N 趋近于无穷大时，并联弹簧可以看做一维连续体。根据随机积分的定义，将式 (6.2.2) 代入式 (6.2.1)，若 $N\to\infty$ 时式 (6.2.1) 的极限存在，则有

$$D^{+}(\epsilon)=\int_0^1 H[\epsilon-\Delta(x)]\,\mathrm{d}x \tag{6.2.4}$$

式中，$\Delta(x)$ 为一维随机场，反映受拉微弹簧断裂应变沿 x 方向的随机分布性质。

显然，建立在上述微观随机损伤概念上的细观模型事实上是一类两尺度物理模型：微观层次的随机断裂和细观层次上的应力–应变关系。

式 (6.2.4) 事实上给出了受拉损伤变量的演化法则。它从物理机制上解释了“损伤何时发生？”、“损伤究竟沿着怎样的路径演化？”的问题：混凝土的损伤产生于其细部微结构的随机断裂，损伤的演化路径是随机变化的。图 6.2.5 是给定随机断裂应变随机场分布时的细观单元损伤的集合演化 (图 6.2.5a) 和均值演化 (图 6.2.5b) 的例子。从中可以看到：损伤的真实演化过程是非常复杂的，通过取损伤均值，可以使随机损伤与确定性损伤建立联系。事实上，随机损伤的均值演化正是确定性损伤演化模型的物理背景。

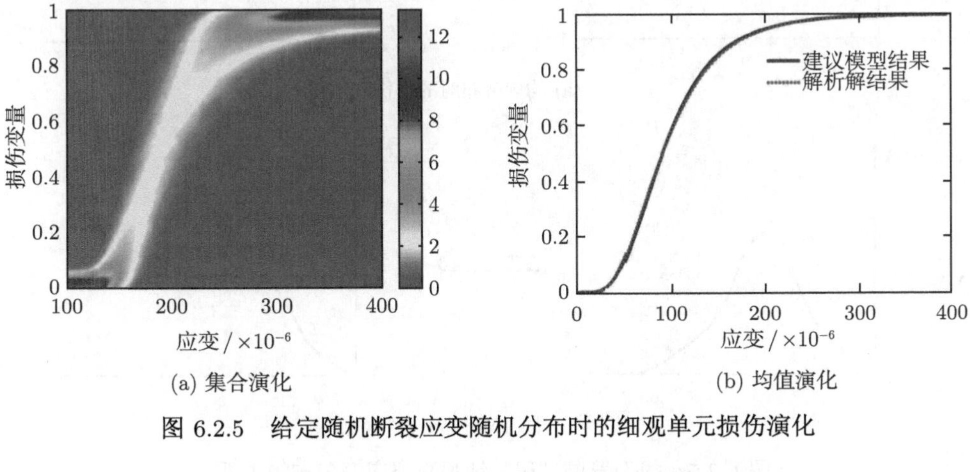

(a) 集合演化　　(b) 均值演化

图 6.2.5　给定随机断裂应变随机分布时的细观单元损伤演化

观察损伤演化曲线，我们会发现，损伤演化过程关于应变的变化也是一个非线性过程。这意味着，在损伤发展的不同阶段，相同的应变增量会对应不同的损伤增量 (图 6.2.6)。由于材料损伤是一个能量耗散过程，上述现象意味着，在不同的损伤阶段，会出现能量的非均匀耗散！为什么会如此？确定性损伤力学理论很难给出回答。

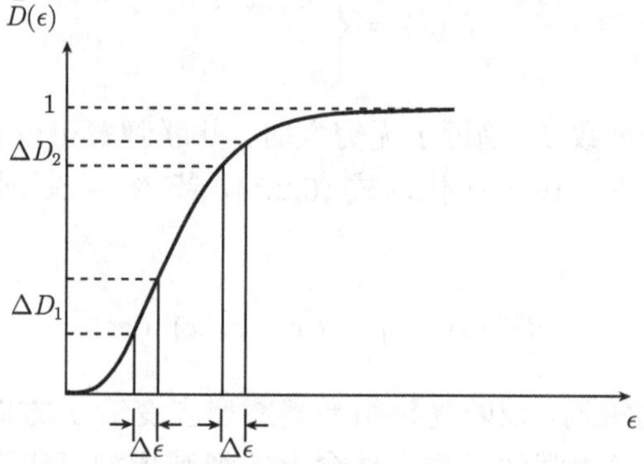

图 6.2.6　损伤发展过程的非线性

采用随机损伤的观点，可以清楚地解释上述现象：损伤演化过程的非线性源于细观断裂应变分布的不均匀性。图 6.2.7 给出了具体的实例，其中，图 6.2.7(a) 是

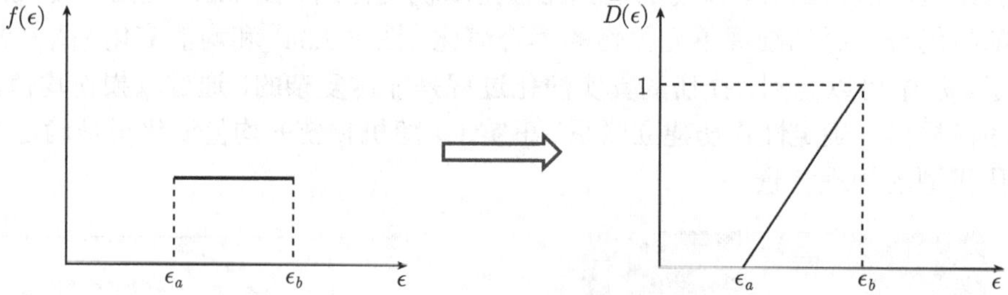

(a) 均匀分布时的损伤演化

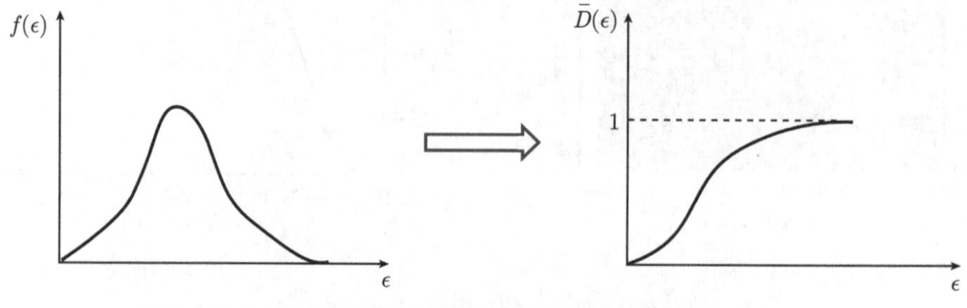

(b) 非均匀分布时的损伤演化

图 6.2.7　损伤发展过程与细观断裂应变分布的关系

细观断裂应变服从均匀分布的情形。由于这一背景，在不同的损伤阶段，对于相等的应变增量，发生损伤的机会 (概率) 是均等的，因而能量耗散是均匀的。反映在损伤均值或样本曲线上，损伤发展是一个线性的过程，而对于图 6.2.7(b)，细观断裂应变服从非均匀分布 (如对数正态分布)。由于这一背景，对于相等的应变增量，发生损伤的机会 (概率) 随损伤发展阶段的不同而不同，在不同的损伤阶段，因发生断裂的微弹簧数量不同，能量耗散自然反映出差异。反映在损伤均值或样本曲线上，损伤发展是一个非线性的过程 (李杰, 2008)。

细观随机断裂模型的本质，是将材料细观物理性质的随机性作为损伤演化的依据之一，这就自然而然地将混凝土材料内秉的非线性与随机性及两者的耦合作用纳入到一个统一的模型中来，从而实现了非线性与随机性的综合反映。

6.2.2 随机损伤变量的均值与标准差

由于细观断裂应变服从一维随机场分布，前述受拉损伤变量在本质上是随机变量，应该给出它的概率密度分布、均值与标准差等概率描述。关于概率密度分布描述，涉及复杂的随机场分解、概率密度演化分析等一系列问题，我们将在附录 B 和第 12 章详述。这里，仅给出比较简单的数值特征描述。

假定随机场 $\Delta(x)$ 具有二阶平稳性，其一维、二维概率分布密度函数可以表示为

$$f(\Delta;x)=f(\Delta) \tag{6.2.5a}$$

$$f(\Delta_1,\Delta_2;x_1,x_2)=f(\Delta_1,\Delta_2,|x_1-x_2|) \tag{6.2.5b}$$

原则上，利用随机变量函数的数学期望计算公式不难求取损伤变量式 (6.2.4) 的均值与方差。但是，利用 Heaviside 函数的 0-1 分布性质，可以使求解过程更加简化。为此，令 $\xi(x)=H[\epsilon-\Delta(x)]$，由 Heaviside 函数的定义可知，$\xi(x)$ 服从 0-1 分布，即

$$\begin{aligned}P\big[\xi(x)=1\big]&=P\big\{H[\epsilon-\Delta(x)]=1\big\}=P\big[\epsilon-\Delta(x)>0\big]\\&=P\big[\Delta(x)<\epsilon\big]=\int_0^{\epsilon}f(\Delta)\,\mathrm{d}\Delta=F(\epsilon)\end{aligned} \tag{6.2.6a}$$

$$P\big[\xi(x)=0\big]=1-F(\epsilon) \tag{6.2.6b}$$

由此，可给出 $\xi(x)$ 的均值函数

$$\mu_{\xi}(x)=E[\xi(x)]=1\times F(\epsilon)+0\times\big[1-F(\epsilon)\big]=F(\epsilon) \tag{6.2.7}$$

进一步，令 $\phi(x_1,x_2)=\xi(x_1)\xi(x_2)$，易知 $\phi(x_1,x_2)$ 也服从 0-1 分布，即存在

$$\begin{aligned}P(\phi=1)&=P\big[\xi(x_1)\xi(x_2)=1\big]\\&=P\big\{[\xi(x_1)=1]\cap[\xi(x_2)=1]\big\}=P\big\{[\Delta_1<\epsilon]\cap[\Delta_2<\epsilon]\big\}\\&=\int_0^{\epsilon}\int_0^{\epsilon}f(\Delta_1,\Delta_2;\big|x_1-x_2\big|)\,\mathrm{d}\Delta_1\mathrm{d}\Delta_2=F(\epsilon,\epsilon;\big|x_1-x_2\big|)\end{aligned}\tag{6.2.8a}$$

$$P(\phi=0)=1-F(\epsilon,\epsilon;\big|x_1-x_2\big|)\tag{6.2.8b}$$

随机变量 ϕ 的均值函数，即 ξ 的自相关函数为

$$R_{\xi}(x_1,x_2)=E[\xi(x_1)\xi(x_2)]=E[\phi(x_1,x_2)]=F(\epsilon,\epsilon;\big|x_1-x_2\big|)\tag{6.2.9}$$

对于式 (6.2.4) 所示的损伤变量D^+，利用上述结果，并注意到期望算子与积分算子的可交换性质，易得 D^+ 的均值函数为

$$\mu_{D^+}(\epsilon)=E\left[\int_0^1\xi(x)\,\mathrm{d}x\right]=\int_0^1E[\xi(x)]\,\mathrm{d}x=\int_0^1F(\epsilon)\,\mathrm{d}x=F(\epsilon)\tag{6.2.10}$$

而 D^+ 的方差函数为

$$V_{D^+}^2=E\big[D^+(\epsilon)\big]^2-\big[\mu_{D^+}(\epsilon)\big]^2\tag{6.2.11}$$

由期望算子与积分算子的可交换性质有

$$\begin{aligned}E\big[D^+(\epsilon)\big]^2&=E\left[\int_0^1\int_0^1\xi(x_1)\xi(x_2)\,\mathrm{d}x_1\mathrm{d}x_2\right]\\&=\int_0^1\int_0^1F(\epsilon,\epsilon;\big|x_1-x_2\big|)\,\mathrm{d}x_1\mathrm{d}x_2=2\int_0^1(1-\eta)F(\epsilon,\epsilon;\eta)\,\mathrm{d}\eta\end{aligned}\tag{6.2.12}$$

其中，$\eta=\big|x_1-x_2\big|$，为 x_1 和 x_2 之间的相对距离。

因此，损伤变量D^+ 的方差的最终表达式为

$$V_{D^+}^2=2\int_0^1(1-\eta)F(\epsilon,\epsilon;\eta)\,\mathrm{d}\eta-F^2(\epsilon)\tag{6.2.13}$$

由于未涉及 $F(\cdot)$ 的具体形式，上述结果具有普遍意义。事实上，由于混凝土的细观断裂涉及骨料、水泥凝胶体和过渡区，在一般意义上，$\Delta(x)$ 的一维概率密度分布具有如图 6.2.8 中粗实线所示的基本分布形式。这一分布可以利用概率可加性由不同背景的细观断裂应变的概率分布 (见图 6.2.8 中细实线) 叠加得到。即

$$f(x)=\sum_{i=1}^{3}\rho_i\varphi_i(x)\tag{6.2.14a}$$

$$\sum_{i=1}^{3}\rho_i=1\tag{6.2.14b}$$

式中，$f(x)$ 为 $\Delta(x)$ 的一维概率密度分布；$\varphi_i(x)$ 为混凝土各组分细观断裂应变的一维概率密度分布；ρ_i 为混凝土各组分的体积分数。

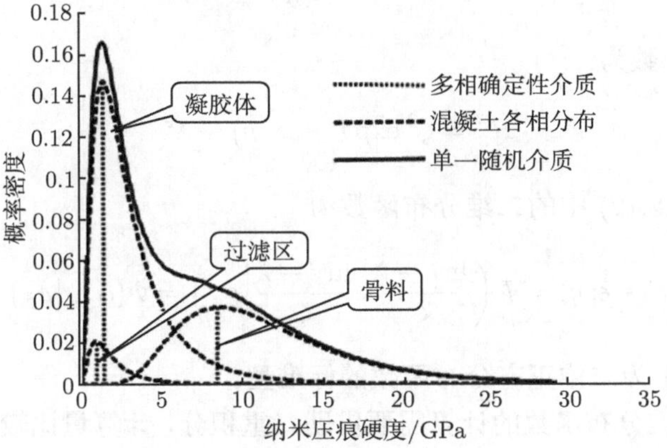

图 6.2.8 随机介质假定的客观依据

这里，我们引入了一个重要概念：随机介质。事实上，对混凝土这类多相复合材料，可以引入随机介质假定代替经典连续介质力学中的均匀介质假定。在本书第 4 章已经指出，在损伤力学中，损伤概念的引入在一定程度上打破了连续力学中的连续性假定。结合随机介质观念和损伤概念形成的随机损伤概念，不仅是对连续介质力学基本观念的革新，也是对确定性损伤力学基本观念的突破。

作为对真实物理背景的一种近似，可以假设 $\Delta(x)$ 的一维分布为对数正态分布，即 $Z(x)=\ln\Delta(x)$ 服从正态分布。此时，若 $\Delta(x)$ 一维概率密度分布的数学期望和标准差分别为 μ_Δ 和 σ_Δ，则 $Z(x)=\ln\Delta(x)$ 的数学期望和标准差分别为 λ 和 ζ，且有

$$\lambda=E[\ln\Delta(x)]=\ln\left(\frac{\mu_\Delta}{\sqrt{1+\sigma_\Delta^2/\mu_\Delta^2}}\right) \tag{6.2.15a}$$

$$\zeta^2=\mathrm{Var}[\ln\Delta(x)]=\ln\left(1+\sigma_\Delta^2/\mu_\Delta^2\right) \tag{6.2.15b}$$

显然，$\Delta(x)$ 的分布函数为

$$F_\Delta(\epsilon)=\Phi\left(\frac{\ln\epsilon-\lambda}{\zeta}\right)=\Phi(\alpha) \tag{6.2.16}$$

式中，$\Phi(\alpha)$ 是 $\alpha=\dfrac{\ln\epsilon-\lambda}{\zeta}$ 的一维标准正态分布函数。

假定 $Z(x)$ 的自相关系数为

$$\rho_z(\eta)=\exp\left(-\omega\cdot\eta\right) \tag{6.2.17}$$

式中，ω 为相关尺度参数，则 $Z(x)$ 的自协方差函数为

$$\Gamma_z(\eta) = \zeta^2 \exp\big(-\omega\cdot\eta\big) \tag{6.2.18}$$

$Z(x)$ 的自相关函数为

$$R_z = \zeta^2 \exp\big(-\omega\cdot\eta\big) + \lambda^2 \tag{6.2.19}$$

于是，式 (6.2.12) 中的二维分布函数为

$$F(\epsilon,\epsilon;\eta) = \varPhi\left(\frac{\ln\epsilon-\lambda}{\zeta},\frac{\ln\epsilon-\lambda}{\zeta}\bigg|\rho_z\right) = \varPhi\big(\alpha,\alpha\big|\rho_z\big) \tag{6.2.20}$$

式中，$\varPhi\big(y_1,y_2\big|\rho\big)$ 为二维正态分布函数的标准型。

一般地，二维分布函数的计算需要借助二重积分，计算量比较大。为此，将二重积分转化为一重积分，即有 (张尧庭和方开泰, 1982)

$$\varPhi\big(\alpha,\alpha\big|\rho_z\big) = \varPhi(\alpha) - \frac{1}{\pi}\int_0^\beta \frac{1}{1+t^2}\exp\left[-\frac{1}{2}\alpha^2\big(1+t^2\big)\right]\mathrm{d}t \tag{6.2.21}$$

式中，$\beta=\sqrt{\big(1-\rho_z\big)/\big(1+\rho_z\big)}$。

前述推导表明，在随机场 $\varDelta(x)$ 具有二阶平稳性质的假定下，引入三个参数 λ、ζ 和 ω，即可以完整描述损伤变量的分布。其中，前两个参数与损伤变量的均值函数有关，后一个参数与损伤的方差函数有关。

6.2.3　细观受剪随机损伤模型

类似于单向受拉损伤的分析，可以采用图 6.2.9 所示的细观受剪随机损伤模型模拟混凝土细观晶体结构沿其横向的随机断裂和沿微观裂缝界面的随机滑移 (李杰和杨卫忠, 2009)。

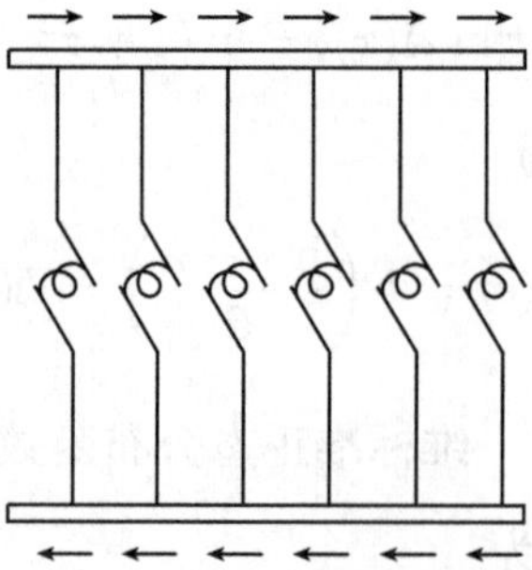

图 6.2.9　细观受剪随机损伤模型

引入受剪随机损伤变量D^{s}

$$D^{\mathrm{s}} = \frac{A_{\mathrm{s}}}{A} \tag{6.2.22}$$

式中，A_{s} 为细观单元因微弹簧断裂而导致材料退出工作的面积；A 为细观单元在受剪方向上的名义横截面面积。

在任一剪应变状态，假设细观单元均匀受剪，故存在

$$A_{\mathrm{s}}(\gamma) = \sum_{i=1}^{N} H(\gamma - \varDelta_{\mathrm{s},i}) A_{\mathrm{s},i} \tag{6.2.23}$$

式中，$A_{\mathrm{s},i}$ 为微弹簧的面积；N 为微弹簧总数量；$\varDelta_{\mathrm{s},i}$ 为微弹簧的极限断裂应变，为服从某一概率分布的随机变量；$H(\cdot)$ 为式 (6.2.3) 给出的 Heaviside 函数。

若 $N \to \infty$，则有

$$D^{\mathrm{s}} = \int_0^1 H\big[\gamma - \varDelta_{\mathrm{s}}(x)\big]\,\mathrm{d}x \tag{6.2.24}$$

式中，$\varDelta_{\mathrm{s}}(x)$ 为一维随机场，反映受剪微弹簧断裂应变沿 x 方向的随机分布性质。

类似于 6.2.2 节的推导，不难给出受剪损伤变量的均值与方差

$$\mu_{D^{\mathrm{s}}}(\gamma) = F_{\mathrm{s}}(\gamma) \tag{6.2.25}$$

$$V^2_{D^{\mathrm{s}}}(\gamma) = 2\int_0^1 (1-\eta) F_{\mathrm{s}}(\epsilon, \epsilon; \eta)\,\mathrm{d}\eta - F^2_{\mathrm{s}}(\epsilon) \tag{6.2.26}$$

在随机场 $\varDelta_{\mathrm{s}}(x)$ 具有二阶平稳性质的假定下，为了完整描述损伤变量的概率分布，需要引入三个参数 λ_{s}、ζ_{s} 和 ω_{s}，前两个参数与损伤变量的均值函数有关，后一个参数与损伤方差函数有关，根据试验数据可以识别得到这些参数。

6.2.4 一维随机损伤本构关系

根据前述分析，可以建立在单向受拉和单向受压条件下混凝土细观单元的一维随机损伤本构关系。

单向受拉时的随机损伤本构关系比较简单，利用应变等效原理，考虑细观单元在单向受拉时的静力平衡 (图 6.2.2) 不难给出

$$\sigma = \big(1 - D^{+}\big) E_0 \epsilon \tag{6.2.27}$$

在给定应变 ϵ 条件下，式 (6.2.27) 给出的应力事实上是服从某一概率分布的随机变量。按照概率论的运算法则并忽略细观弹性模量的随机性，可以给出均值应力–应变关系和在给定 ϵ 条件下应力 σ 的均方差表达式为

$$\mu_\sigma = (1-\mu_{D^+})E_0\epsilon \tag{6.2.28a}$$

$$V_\sigma = \sqrt{2\int_0^1 (1-\eta)F(\epsilon,\epsilon;\eta)\,\mathrm{d}\eta - F^2(\epsilon)}E_0\epsilon \tag{6.2.28b}$$

与单向受拉时的随机损伤本构关系建立相比较，单向受压时的随机损伤本构关系建立过程相对复杂。在单向受压状态下，混凝土细观单元内的损伤产生和演化可以借助图 6.2.10 表示。

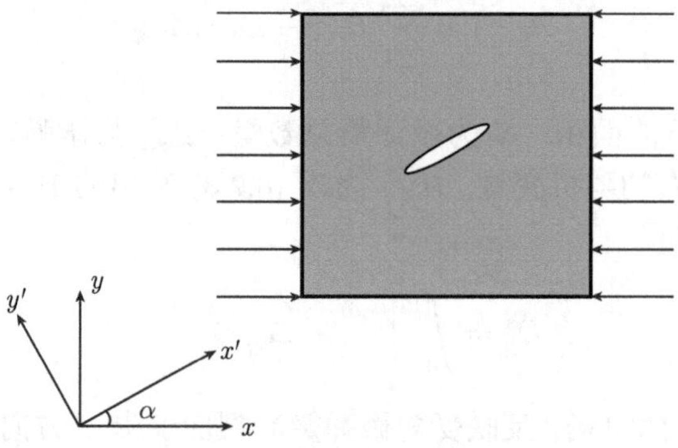

图 6.2.10　单轴受压分析模型示意

在图 6.2.10 中，单元承受压应力的作用，其中裂缝产生和开展的方向与压应力方向夹角为 α。首先，将应力投影到与裂缝正交的坐标系 $x'-y'$ 内，有

$$\begin{cases} \sigma'_x = \sigma\cos^2\alpha \\ \sigma'_y = \sigma\sin^2\alpha \\ \tau' = \dfrac{1}{2}\sigma\sin 2\alpha \end{cases} \tag{6.2.29}$$

可见，在与裂缝正交的坐标系内，不仅有正应力，也有剪应力。由于两个方向的正应力 σ'_x 与 σ'_y 均为压应力，根据 6.1 节的分析，它们不会在裂缝端部产生应力集中，也不会引起对应方向上受压刚度的退化。根据胡克定律，计算对应 σ'_x 与 σ'_y 方向上的应变，有

$$\begin{cases} \epsilon'_x = \dfrac{1}{E_0}\left(\sigma\cos^2\alpha - \nu_0\sigma\sin^2\alpha\right) \\ \epsilon'_y = \dfrac{1}{E_0}\left(\sigma\sin^2\alpha - \nu_0\sigma\cos^2\alpha\right) \end{cases} \tag{6.2.30}$$

而应力投影得到的剪应力 τ'，则会引起微裂缝的产生和开展，并导致细观单元的损伤演化。

利用应变等效原理，考虑细观受剪单元的静力平衡 (图 6.2.9) 不难给出

$$\tau' = \left(1 - D^{\mathrm{s}}\right) G_0 \gamma' \tag{6.2.31}$$

或

$$\gamma' = \frac{\tau'}{(1 - D^{\mathrm{s}}) G_0} \tag{6.2.32}$$

式中，G_0 为材料的剪切模量。

利用应变转轴公式，可以得到在原坐标系 $x-y$ 中与加载方向对应的应变

$$\begin{aligned}\epsilon &= \left(1 - \frac{1+\nu_0}{2}\sin^2 2\alpha\right)\frac{\sigma}{E_0} + \left[\frac{1+\nu_0}{2(1-D^{\mathrm{s}})}\sin^2 2\alpha\right]\frac{\sigma}{E_0} \\ &= \left[1 + \left(\frac{D^{\mathrm{s}}}{1-D^{\mathrm{s}}}\right)\frac{1+\nu_0}{2}\sin^2 2\alpha\right]\frac{\sigma}{E_0}\end{aligned} \tag{6.2.33}$$

进一步化简式 (6.2.33) 可得

$$\sigma = \left(1 - D^-\right) E_0 \epsilon \tag{6.2.34}$$

显然，这就是单轴受压的随机损伤本构关系。其中

$$D^- = \frac{(1-\beta) D^{\mathrm{s}}}{1 - \beta D^{\mathrm{s}}}, \qquad \beta = 1 - \frac{1+\nu_0}{2}\sin^2 2\alpha \tag{6.2.35}$$

将 D^- 定义为受压损伤变量。显然，受压损伤的实质是受剪损伤。由式 (6.2.35) 可见，$D^{\mathrm{s}}=0$ 时 $D^-=0$，$D^{\mathrm{s}}=1$ 时 $D^-=1$，说明 D^- 满足作为损伤变量的基本条件。

在混凝土单轴单调受压试验中，宏观斜裂缝与加载方向大体呈 35° 夹角。因此，典型取值条件下受压损伤变量与受剪损伤变量之间的关系如图 6.2.11 所示 (取泊松比为 0.2)。在利用宏观试验结果识别细观参数时，要注意上述关系。

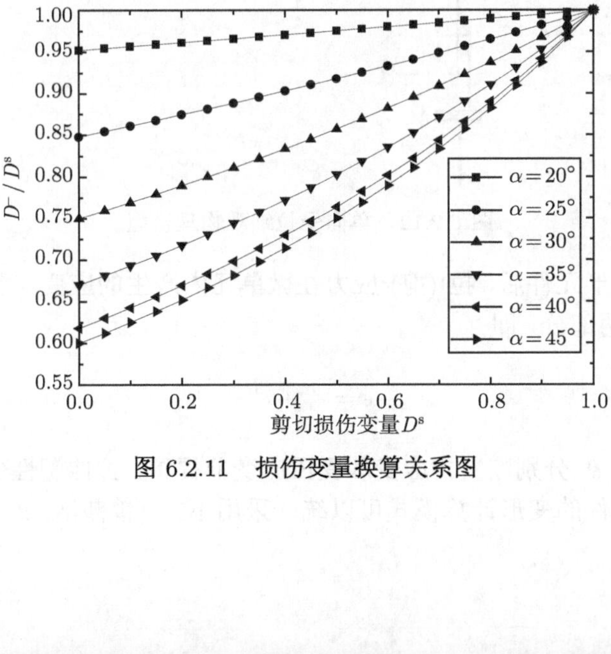

图 6.2.11 损伤变量换算关系图

根据式 (6.2.34) 并忽略弹性模量的随机性，不难给出单向受压的均值应力–应变关系和给定 ϵ 条件下的应力 σ 均方差表达式，兹不赘述。

6.2.5 单向受力状态下细观塑性变形的考虑

前述分析模型，采用在微观尺度意义上断裂应变服从某一概率分布的微弹簧系统来表征细观单元，建立了混凝土单向受拉和单向受压的随机损伤本构模型。尽管细观随机断裂模型能较好地解释混凝土在一维受力状态下的变形与破坏机理，但这类模型尚未考虑水泥砂浆内部和砂浆–骨料界面间客观存在的塑性滑移的影响。为了反映这一影响，可以在上述模型基础上加以改进，建立考虑塑性变形的细观单元物理模型。

细观单元分为拉伸单元和剪切单元两种，分别对应受拉伸破坏机制和受剪破坏机制。在受拉伸破坏机制中，损伤表现为受拉微弹簧的随机断裂；在受剪破坏机制中，损伤表现为受剪微弹簧的随机断裂。同时，在单元中引入细观塑性变形，以细观拉伸塑性变形元件反映混凝土细观断裂后的黏聚效应，以细观剪切塑性变形元件反映混凝土受剪损伤后的滑移效应。细观的单向受拉和单向受压单元，则可以用上述微观单元的并联模型表示，如图 6.2.12 及图 6.2.13 所示。

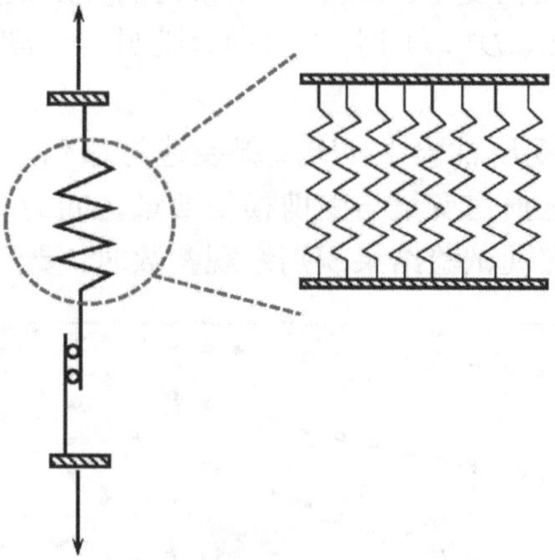

图 6.2.12 单向受拉细观物理模型

引入塑性变形元件后，拉 (剪) 应力在微单元内产生的应变 ϵ 包括弹性应变 ϵ^{e} 与塑性应变 ϵ^{p} 两部分，即

$$\epsilon = \epsilon^{\mathrm{e}} + \epsilon^{\mathrm{p}} \tag{6.2.36}$$

在弹性应变 ϵ^{e} 分别取受拉应变和受压应变前提下，拉伸塑性变形元件和细观剪切塑性变形元件的变形计算模式可以统一采用下式 (曾莎洁, 2012)：

$$\epsilon^{\mathrm{p}} = \xi^{\mathrm{p}} D^{0.1} \epsilon^{\mathrm{e}} \tag{6.2.37}$$

式中，ξ^{p} 为塑性系数。

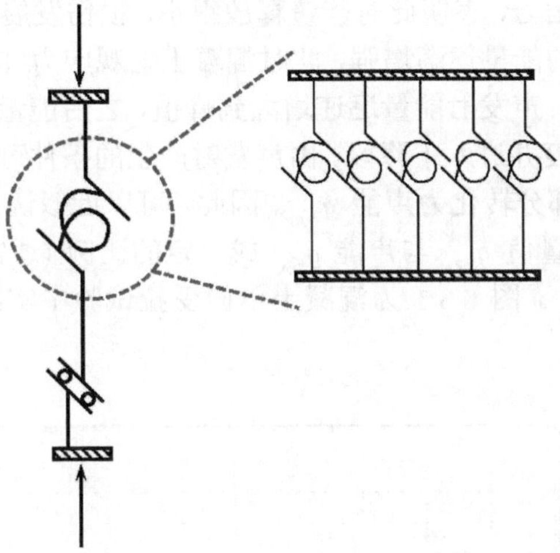

图 6.2.13 单向受压细观物理模型

考虑塑性变形修正后，单向受拉随机损伤本构模型与单向受压随机损伤本构模型可以分别表示为

$$\sigma^+ = \left[1 - D^+(\epsilon^{\mathrm{e}+})\right] E_0 \left(\epsilon^+ - \epsilon^{\mathrm{p}+}\right) \tag{6.2.38a}$$

$$\sigma^- = \left[1 - D^-(\epsilon^{\mathrm{e}-})\right] E_0 \left(\epsilon^- - \epsilon^{\mathrm{p}-}\right) \tag{6.2.38b}$$

6.3 细观损伤的实验建模

6.3.1 利用声发射能率–应变关系的建模

1) *声发射原理及声发射能率–应变关系*

前述分析表明，建立随机损伤本构关系的关键，是要确定混凝土微弹簧断裂应变的分布。研究表明：可以根据声发射能率–应变关系和破坏应变随机场之间的关系，利用随机建模的思想，由混凝土单向受力试验资料确定混凝土断裂应变随机场。这里，以单向受拉随机损伤建模为例说明 (张其云, 2001)。

由声发射原理可知，声发射信号的强弱表征着材料内部损伤发展的快慢，同时也反映了材料内部由于微裂纹产生、扩展后形成新的表面所释放能量速率的快慢。单个试验的声发射能量信息，提供了混凝土典型单元破坏随机场分布的集合样本序列，根据随机建模原理，对于集合样本的分析可以在一定程度上反映母体的概率分布特征 (李杰, 1996)。

混凝土单向受拉的声发射试验表明 (图 6.3.1)，在应变很小时，声发射信号非常微弱，甚至不发生信号，表明此时能量释放很小，损伤发展缓慢。随着受拉应变的增加，声发射信号的能量逐渐增强，此时混凝土宏观应力–应变曲线出现非线性，随非线性段曲率增大，声发射能量迅速增大到峰值，之后能量进入衰减期，混凝土受拉曲线达到峰值强度并进入下降段。由声发射产生的条件可知，在一个变形过程中释放的能量 g_{E} 大部分转化为声能 $g_{\mathrm{E_A}}$。因此，可以近似认为 $g_{\mathrm{E}} = g_{\mathrm{E_A}}$。声发射仪器检测并记录的能量值 $g_{\mathrm{E_C}}$ 与声能 $g_{\mathrm{E_A}}$ 成一定的比例 (通常将声能 $g_{\mathrm{E_A}}$ 放大 α 倍)，记为 $g_{\mathrm{E_C}} = \alpha g_{\mathrm{E_A}}$。图 6.3.1 为混凝土单向受拉试验中实际记录的声发射能量随时间的变化图。

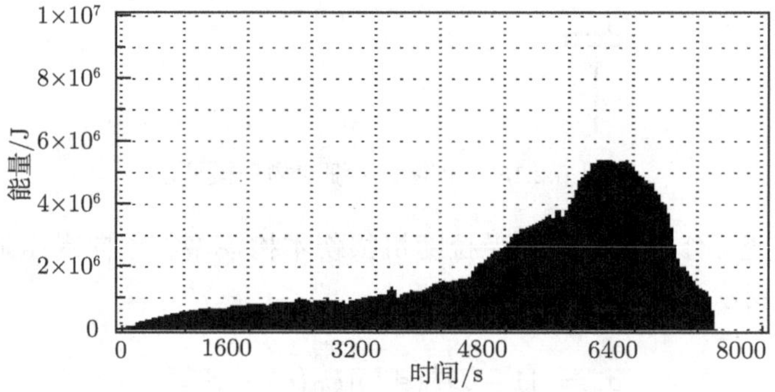

图 6.3.1 声发射能量–时间关系图

显然，混凝土受拉声发射能量随应变的释放率与细观受拉单元模型中微弹簧破坏分布有密切的关系。换句话说，可以用声发射过程中记录的能量分布来描述模型中的微弹簧破坏过程。

在细观受拉单元模型中，假设各微弹簧具有相同的弹性模量，因为微弹簧的断裂释放的能量以声能的形式被释放出来，所以有

$$g_{\mathrm{E}}(\epsilon) = N(\epsilon) \cdot \frac{1}{2} k\epsilon^2 = g_{\mathrm{E_A}}(\epsilon) \tag{6.3.1}$$

式中，$N(\epsilon)$ 为对应于应变 ϵ 时微弹簧断裂破坏数量；k 为微弹簧的弹性模量。

单向受拉声发射全过程试验的典型声发射能率–应变关系曲线如图 6.3.2 所示。

将试验数据归一化，可以通过数值拟合方式得到声发射能量–应变关系函数。

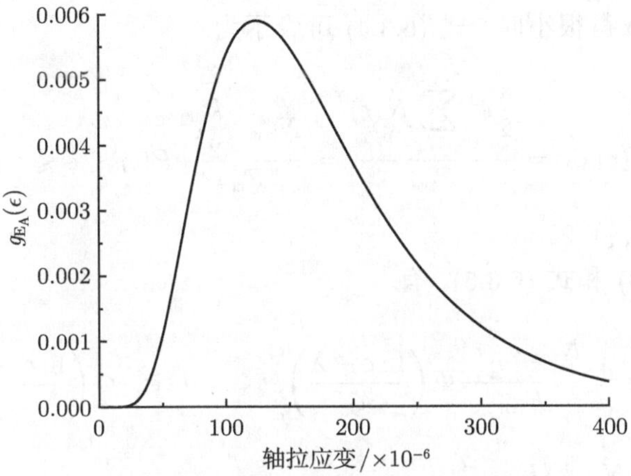

图 6.3.2 声发射能量–应变关系图

2) 受拉破坏应变为独立同分布随机变量时的建模

设断裂应变随机场为独立同分布随机变量序列，其一维概率密度函数服从对数正态分布式 (6.2.16)，即

$$F_{\Delta}(\epsilon)=\Phi\left(\frac{\ln\epsilon-\lambda}{\zeta}\right) \tag{6.3.2}$$

式中，$\Phi(\cdot)$ 为一维标准正态分布函数。

在某一应变 ϵ，弹簧破坏概率应等于该应变下试件中微弹簧已断裂数量与断面弹簧总数之比。因此，在区间 $[\epsilon_i,\epsilon_{i+1}]$ 内弹簧破坏的概率为

$$P(\epsilon_i\leqslant\epsilon\leqslant\epsilon_{i+1})=\frac{\sum\limits_{\epsilon=\epsilon_i}^{\epsilon_{i+1}}N(\epsilon)}{\sum\limits_{\epsilon=0}^{\epsilon_u}N(\epsilon)}=\frac{\sum\limits_{\epsilon=\epsilon_i}^{\epsilon_{i+1}}N(\epsilon)}{N_{\text{tot}}}=\Phi\left(\frac{\ln\epsilon-\lambda}{\zeta}\right)_{\epsilon_i}^{\epsilon_{i+1}} \tag{6.3.3}$$

同样，在区间 $[\epsilon_i,\epsilon_{i+1}]$ 内弹簧破坏能量释放的比率为

$$\int_{\epsilon_i}^{\epsilon_{i+1}}g_{E_A}(\epsilon)\,\mathrm{d}\epsilon=\frac{\sum\limits_{\epsilon=\epsilon_i}^{\epsilon_{i+1}}N(\epsilon)\cdot\dfrac{k}{2}\epsilon^2}{\sum\limits_{\epsilon=\epsilon_0}^{\epsilon_u}N(\epsilon)\cdot\dfrac{k}{2}\epsilon^2} \tag{6.3.4}$$

当区间 $[\epsilon_i, \epsilon_{i+1}]$ 取得很小时，式 (6.3.4) 可表示为

$$\int_{\epsilon_i}^{\epsilon_{i+1}} g_{\mathrm{E_A}}(\epsilon)\,\mathrm{d}\epsilon = \frac{\dfrac{k}{2}\bar{\epsilon}^2 \displaystyle\sum_{\epsilon=\epsilon_i}^{\epsilon_{i+1}} N(\epsilon)}{E_{\mathrm{tot}}} = \frac{N_{\mathrm{tot}} \cdot \dfrac{k}{2}\bar{\epsilon}^2}{E_{\mathrm{tot}}} P(\epsilon_i \leqslant \epsilon \leqslant \epsilon_{i+1}) \tag{6.3.5}$$

式中，$\bar{\epsilon} = \big(\epsilon_i + \epsilon_{i+1}\big)/2$。

综合式 (6.3.3) 和式 (6.3.5)，有

$$\int_{\epsilon_i}^{\epsilon_{i+1}} g_{\mathrm{E_A}}(\epsilon)\,\mathrm{d}\epsilon = \frac{N_{\mathrm{tot}} \cdot \dfrac{k}{2}\bar{\epsilon}^2}{E_{\mathrm{tot}}} \varPhi\left(\frac{\ln\epsilon - \lambda}{\zeta}\right)_{\epsilon_i}^{\epsilon_{i+1}} = \beta \cdot \bar{\epsilon}^2 \cdot \varPhi\left(\frac{\ln\epsilon - \lambda}{\zeta}\right)_{\epsilon_i}^{\epsilon_{i+1}} \tag{6.3.6}$$

式中，参数 $\beta = \dfrac{1}{2} N_{\mathrm{tot}} k / E_{\mathrm{tot}}$。

式 (6.3.6) 中目标函数 $g_{\mathrm{E_A}}(\epsilon)$ 已知，未知参数有三个，即 β、λ 和 ζ，将区间 $[0, \epsilon_u]$ 适当离散为 M 个区间 $[\epsilon_i, \epsilon_{i+1}]$，即可建立关于 β、λ 和 ζ 的 M 个非线性方程，求解这 M 个非线性方程，可得到相应的参数取值。

通常，可将式 (6.3.6) 转化为如下函数的最小值问题，即

$$\mathscr{F}(\epsilon) = \left| \int_{\epsilon_i}^{\epsilon_{i+1}} g_{\mathrm{E_A}}(\epsilon)\,\mathrm{d}\epsilon - \beta \cdot \bar{\epsilon}^2 \cdot \varPhi\left(\frac{\ln\epsilon - \lambda}{\zeta}\right)_{\epsilon_i}^{\epsilon_{i+1}} \right| \to \min \tag{6.3.7}$$

这实质上是一个优化问题，可以采用 Powell 直接搜索法求解 (Powell, 1964, 1978)。

3) 受拉破坏应变为随机场时的建模

用独立同分布随机变量族近似表示受拉断裂应变分布，实质是不考虑微弹簧间的相互作用，如此得到的损伤变量方差为 0。换句话说，不考虑微弹簧断裂应变的相关关系，将导致确定性的损伤描述。因此，要得到随机损伤变量的概率描述，必须考虑微弹簧断裂应变间的相关关系。为进行受拉破坏应变为相关随机场时的建模，要引用随机场的离散化方法。按照离散后随机变量与离散单元随机场的关系，随机场离散化的主要方法有中点法、形函数法与局部平均法 (Vanmarke, 1983)。其中，用中点法进行随机场离散是指以单元几何形心点上定义的随机变量代替单元随机场。在此原则下，原随机场离散为随机变量集合，各变量的数字特征及变量间相关特征由形心点随机变量的相应值决定。

考虑一维均匀随机场，在区间 $[0, 1]$ 内离散为 L 个随机变量，在应变区间 $[\epsilon_i, \epsilon_{i+1}]$ 内离散随机变量出现的概率为

$$P(\epsilon_i \leqslant \epsilon \leqslant \epsilon_{i+1}) \approx \sum_{k=1}^{L} \left[\varPhi\left(\frac{\ln\epsilon - \lambda_k}{\zeta_k}\right) - \varPhi\left(\frac{\ln\epsilon - \lambda_k}{\zeta_k}, \frac{\ln\epsilon - \lambda_{k+1}}{\zeta_{k+1}} \middle| \rho_Z\right)\right]_{\epsilon_i}^{\epsilon_{i+1}} \tag{6.3.8}$$

式中，$\Phi(y_1, y_2|\rho)$ 为二维正态分布函数的标准型，可按换算公式 (6.2.21) 转换为一重积分。

与此同时，式 (6.3.3)~ 式 (6.3.5) 仍然成立，即

$$\int_{\epsilon_i}^{\epsilon_{i+1}} g_{\mathrm{E_A}}(\epsilon)\,\mathrm{d}\epsilon = \frac{N_{\mathrm{tot}} \cdot \dfrac{k}{2}\bar{\epsilon}^2}{E_{\mathrm{tot}}} P(\epsilon_i \leqslant \epsilon \leqslant \epsilon_{i+1}) = \beta \cdot \bar{\epsilon}^2 \cdot P(\epsilon_i \leqslant \epsilon \leqslant \epsilon_{i+1}) \tag{6.3.9}$$

在式 (6.3.8) 和式 (6.3.9) 中，目标函数 $g_{\mathrm{E_A}}(\epsilon)$ 已知，未知参数有三个，即 β、λ 和 ζ。将区间 $[0, \epsilon_u]$ 适当离散为 M 个区间 $[\epsilon_i, \epsilon_{i+1}]$，即可建立关于 β、λ 和 ζ 的 M 个非线性方程，求解这 M 个非线性方程，可得到相应的参数取值。

一般将式 (6.3.9) 转化为如下函数的最小值问题，即

$$\mathscr{F}(\epsilon) = \left| \int_{\epsilon_i}^{\epsilon_{i+1}} g_{\mathrm{E_A}}(\epsilon)\,\mathrm{d}\epsilon - \beta \cdot \bar{\epsilon}^2 \cdot P(\epsilon_i \leqslant \epsilon \leqslant \epsilon_{i+1}) \right| \to \min \tag{6.3.10}$$

同样可以采用 Powell 直接搜索法求解上述问题。

6.3.2 直接利用实验平均应力–应变关系的建模

利用声发射技术识别损伤变量的分布参数，需要特殊的实验技术。另一方面，可利用细观损伤模型与宏观受力单元之间的联系，也可以直接利用宏观的实验应力–应变全曲线资料识别分布参数。

在传统的混凝土实验建模方法中，经常采用平均应力与平均应变的概念，并以 3~5 倍的骨料尺寸作为应力–应变分析单元的基本尺度。这一习惯做法，是造成利用混凝土宏观试件实验数据进行细观应力–应变关系建模的一个误区。事实上，从细观物理机制分析，在混凝土宏观试件的受力非线性发展过程中，存在着加载–随机损伤–应力重分布–损伤演化的复杂过程，简单地用平均应力–应变关系加以反映，既不符合物理背景，也与损伤力学的细观分析框架相抵触。

正确的做法是引入多尺度分析的思想进行细观应力–应变关系的实验建模。在这一思路中，存在三个基本尺度：微观尺度、细观尺度、宏观尺度。微观尺度的随机断裂过程决定细观尺度的应力–应变关系，利用细观单元建模，给出宏观的平均应力–应变关系。利用宏观试件的实验资料，可以用系统识别 (反问题求解) 的方式进行微观断裂应变随机场参数的识别，从而给出细观损伤变量的概率描述。由此，也就给出了细观层次的本构关系概率描述。

利用细观单元建模以反映宏观试件的平均应力–应变关系，可以采用如图 6.3.3 和图 6.3.4 所示的串并联模型。从多尺度分析的角度考察，在这类串并联模型中的每一个弹簧均应该取为前述细观层次的并联微弹簧模型。这样，才能真实客观地反映混凝土随机损伤–应力重分布–损伤演化的物理过程，由此，反映出微观断裂–细

观损伤演化–宏观可见裂缝的发展过程。显然，由于串并联模型中的每一个弹簧均取为细观单元，其应力–应变关系已经为非线性关系了。换句话说，这里是采用非线性弹–塑性单元表述基本细观单元的。这当然比 Kandarpa 等 (1996) 建议的模型有了进一步发展。

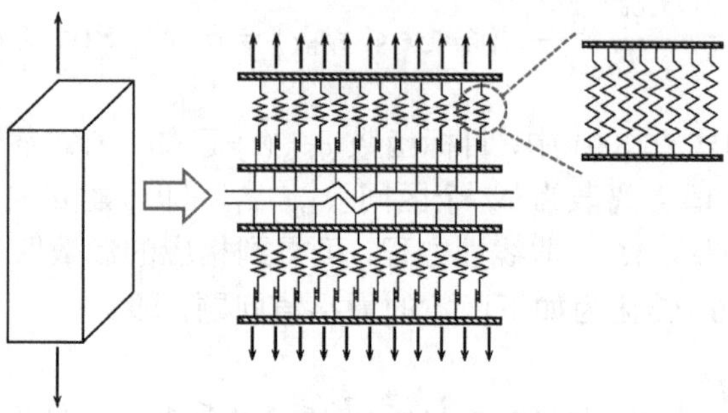

图 6.3.3　串并联模型对宏观试验的模拟 (单轴受拉)

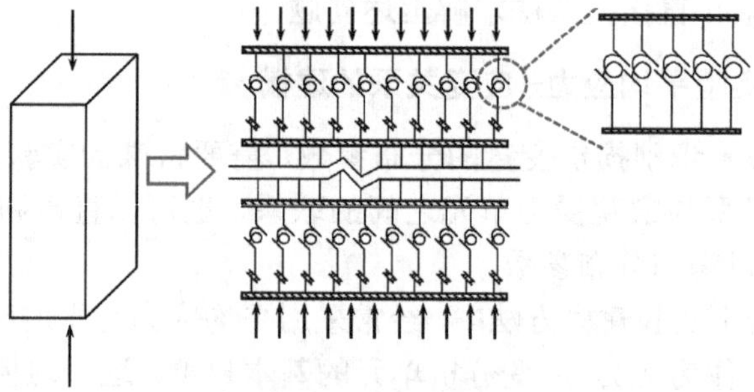

图 6.3.4　串并联模型对宏观试验的模拟 (单轴受压)

根据上述模型，可采用基于试验样本集合的建模方法。该法分两个计算过程：首先，针对一批混凝土单轴单调受力全过程实验的实验数据关于应变进行区间离散，并以区间中点为准，求出该样本集合在相应点的平均值和方差 $(\epsilon_j, \mu_{\sigma_j}, V_{\sigma_j})$；其次，由假定的微观断裂应变随机场参数采用上述理论模型计算应变为 ϵ_j 时的应力均值 μ_σ 与标准差 V_σ，然后，分别以相应的理论值与实测值差值的平方和最小为优化准则，即

$$\sum_{j=1}^{N}\left(\mu_{\sigma_j}-\mu_\sigma\right)^2 \to \min \tag{6.3.11a}$$

$$\sum_{j=1}^{N}\left(V_{\sigma_j}-V_\sigma\right)^2 \to \min \tag{6.3.11b}$$

识别模型参数。其中，式 (6.3.11a) 用于识别随机场参数 (λ,ζ) 及塑性系数 ξ_{p}，而式 (6.3.11b) 用于识别出随机场的相关系数 ω。

上述问题实际上也是求非线性方程的最优解，可通过 Powell 直接搜索法求解。由于牵涉到尺度转换与应变软化材料的变形集中，在上述串并联模型中子单元数目的选取尚是一个经验问题。

图 6.3.5 和图 6.3.6 分别给出了按照随机损伤本构模型模拟混凝土受拉和受压试件的计算结果。图中，同时给出了一些混凝土单向受力应力–应变全曲线的实验结果。显然，主要实验点落在应力均值加、减一倍均方差的范围之内。这正是随机损伤本构模型优势所在：不仅可以在均值意义上反映混凝土应力–应变关系，也可以在概率意义上预测其离散范围，从而，更为全面地反映混凝土材料受力行为的本质非线性与随机性。

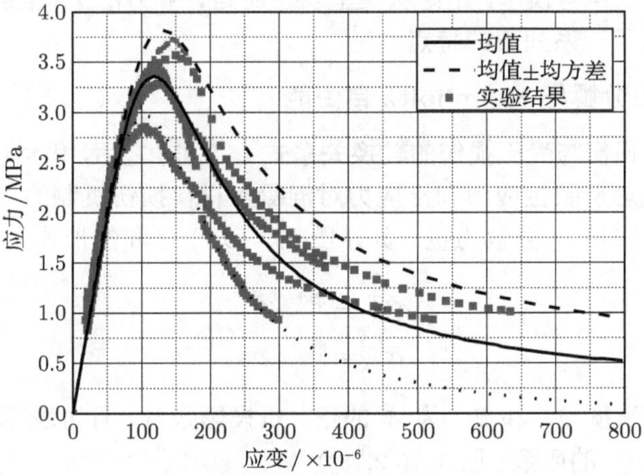

图 6.3.5 单向受拉随机损伤本构模型与实验结果的对比

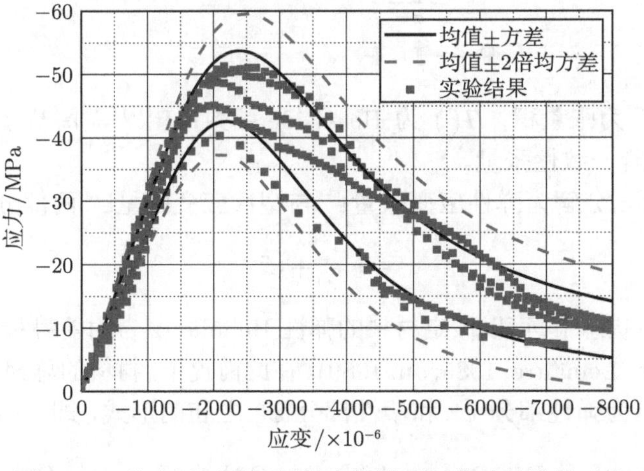

图 6.3.6 单向受压随机损伤本构模型与实验结果的对比

6.4　混凝土弹塑性随机损伤本构关系

根据物理随机系统的基本观点，客观物理规律并不因随机性发生变化 (李杰, 2005)。例如，损伤变量是取确定性变量还是随机变量，并不改变材料弹、塑性自由能的表现形式，也当然不会改变应力-应变本构关系的基本形式。换句话说，确定性损伤本构关系与随机损伤本构关系反映的是同一个物理规律，其间唯一的区别仅在于如何确立损伤的演化。因此，混凝土弹塑性随机损伤本构关系，事实上是第 5 章所述的确定性本构关系脱胎换骨的结果。但是，由于在至关重要的损伤演化规律方面有了新的认识与模型，无论从模型表述还是计算方法上，混凝土随机损伤本构关系都表现出了一系列新的特点。

6.4.1　有效应力分解与 Helmholtz 自由能

在引入受剪损伤与受压损伤的转换关系式 (6.2.35) 之后，仍然可以用受拉损伤与受压损伤的概念反映拉应力和压应力对混凝土材料损伤机制的不同影响。因此，可以将有效应力张量 $\bar{\boldsymbol{\sigma}}$ 分解为正、负分量 $(\bar{\boldsymbol{\sigma}}^+, \bar{\boldsymbol{\sigma}}^-)$ 之和的形式

$$\bar{\boldsymbol{\sigma}}^+ = \mathbb{P}^+ : \bar{\boldsymbol{\sigma}} \tag{6.4.1a}$$

$$\bar{\boldsymbol{\sigma}}^- = \mathbb{P}^- : \bar{\boldsymbol{\sigma}} \tag{6.4.1b}$$

式中，四阶对称张量 $\mathbb{P}^+$ 和 $\mathbb{P}^-$ 为 $\bar{\boldsymbol{\sigma}}$ 的正、负投影张量，且可表示为 $\bar{\boldsymbol{\sigma}}$ 的特征值 $\bar{\sigma}_i$ 和特征向量 $\boldsymbol{n}^{(i)}$ 的函数 (见式 (5.2.16))

$$\mathbb{P}^+ = \sum_{a=1}^{3} H(\bar{\sigma}_a)\boldsymbol{P}^{(ii)} \otimes \boldsymbol{P}^{(ii)} \tag{6.4.2a}$$

$$\mathbb{P}^- = \mathbb{I} - \mathbb{P}^+ \tag{6.4.2b}$$

式中，标记“$\otimes$”为张量积；$H(\cdot)$ 为 Heaviside 函数；$\boldsymbol{P}^{(ii)} = \boldsymbol{n}^{(n)} \otimes \boldsymbol{n}^{(n)}$ 为二阶对称张量；$\mathbb{I}$ 为四阶一致性张量。

将应变张量$\boldsymbol{\epsilon}$ 分解为弹性应变张量$\boldsymbol{\epsilon}^{\mathrm{e}}$ 与塑性应变张量$\boldsymbol{\epsilon}^{\mathrm{p}}$ 两部分：

$$\boldsymbol{\epsilon} = \boldsymbol{\epsilon}^{\mathrm{e}} + \boldsymbol{\epsilon}^{\mathrm{p}} \tag{6.4.3}$$

在等温绝热状态下，可以假定材料的弹性 Helmholtz 自由能势和塑性 Helmholtz 自由能势不耦合 (Lemaitre, 1985; Ju, 1989)。在此前提下，材料的总弹塑性 Helmholtz 自由能势可表示为弹性部分 ψ^{e} 和塑性部分 ψ^{p} 之和的形式，即

$$\psi(\boldsymbol{\epsilon}^{\mathrm{e}}, \boldsymbol{\kappa}, D^+, D^-) = \psi^{\mathrm{e}}(\boldsymbol{\epsilon}^{\mathrm{e}}, D^+, D^-) + \psi^{\mathrm{p}}(\boldsymbol{\kappa}, D^+, D^-) \tag{6.4.4}$$

式中，ψ^{e} 为材料的弹性 Helmholtz 自由能

$$\psi^{\mathrm{e}}(\boldsymbol{\epsilon}^{\mathrm{e}}, D^{+}, D^{-}) = \psi^{\mathrm{e}+}(\boldsymbol{\epsilon}^{\mathrm{e}}, D^{+}) + \psi^{\mathrm{e}-}(\boldsymbol{\epsilon}^{\mathrm{e}}, D^{-}) \tag{6.4.5}$$

其中

$$\psi^{\mathrm{e}+}(\boldsymbol{\epsilon}^{\mathrm{e}}, D^{+}) = (1 - D^{+})\psi_0^{\mathrm{e}+}(\boldsymbol{\epsilon}) = \frac{1}{2}(1 - D^{+})\bar{\boldsymbol{\sigma}}^{+} : \boldsymbol{\epsilon}^{\mathrm{e}} \tag{6.4.6a}$$

$$\psi^{\mathrm{e}-}(\boldsymbol{\epsilon}^{\mathrm{e}}, D^{-}) = (1 - D^{-})\psi_0^{\mathrm{e}-}(\boldsymbol{\epsilon}) = \frac{1}{2}(1 - D^{-})\bar{\boldsymbol{\sigma}}^{-} : \boldsymbol{\epsilon}^{\mathrm{e}} \tag{6.4.6b}$$

ψ^{p} 为材料的塑性 Helmholtz 自由能势

$$\psi^{\mathrm{p}}(\boldsymbol{\kappa}, D^{+}, D^{-}) = \psi^{\mathrm{p}+}(\boldsymbol{\kappa}, D^{+}) + \psi^{\mathrm{p}-}(\boldsymbol{\kappa}, D^{-}) \tag{6.4.7}$$

其中

$$\psi^{\mathrm{p}+}(\boldsymbol{\kappa}, D^{+}) = (1 - D^{+})\psi_0^{\mathrm{p}+}(\boldsymbol{\kappa}) = (1 - D^{+})\int_0^{\boldsymbol{\epsilon}^{\mathrm{p}}} \bar{\boldsymbol{\sigma}}^{+} : \mathrm{d}\boldsymbol{\epsilon}^{\mathrm{p}} \tag{6.4.8a}$$

$$\psi^{\mathrm{p}-}(\boldsymbol{\kappa}, D^{-}) = (1 - D^{-})\psi_0^{\mathrm{p}-}(\boldsymbol{\kappa}) = (1 - D^{-})\int_0^{\boldsymbol{\epsilon}^{\mathrm{p}}} \bar{\boldsymbol{\sigma}}^{-} : \mathrm{d}\boldsymbol{\epsilon}^{\mathrm{p}} \tag{6.4.8b}$$

值得特别指出：由于引入了随机损伤变量，上述各能量表述事实上已经是随机能量。一般说来，在损伤过程分析中，可以不计受拉塑性变形的影响 (这仅导致二轴受拉情况下强度略微偏小)，即取 $\psi_0^{\mathrm{p}+}(\boldsymbol{\kappa}) = 0$，而与压应力相关的初始剪切塑性自由能 $\psi_0^{\mathrm{p}-}(\boldsymbol{\kappa})$ 可取为式 (5.3.60)。

6.4.2 损伤本构关系

材料的损伤本构关系及对内变量的热力学限制条件仍然可以由在等温绝热条件下的 Clausius-Duhem 不等式导出。已熟知

$$\mathscr{D} = \boldsymbol{\sigma} : \dot{\boldsymbol{\epsilon}} - \dot{\psi} \geqslant 0 \tag{6.4.9}$$

将式 (6.4.4) 关于时间微分并代入式 (6.4.9)，可得

$$\left(\boldsymbol{\sigma} - \frac{\partial \psi^{\mathrm{e}}}{\partial \boldsymbol{\epsilon}^{\mathrm{e}}}\right) : \dot{\boldsymbol{\epsilon}}^{\mathrm{e}} + \left(-\frac{\partial \psi}{\partial D^{+}}\right)\dot{D}^{+} + \left(-\frac{\partial \psi}{\partial D^{-}}\right)\dot{D}^{-} + \left(\boldsymbol{\sigma} : \dot{\boldsymbol{\epsilon}}^{\mathrm{p}} - \frac{\partial \psi^{\mathrm{p}}}{\partial \boldsymbol{\kappa}} \cdot \dot{\boldsymbol{\kappa}}\right) \geqslant 0 \tag{6.4.10}$$

由于 $\dot{\boldsymbol{\epsilon}}^{\mathrm{e}}$ 的任意性，要满足上述不等式要求，应有

$$\boldsymbol{\sigma} = \frac{\partial \psi^{\mathrm{e}}(\boldsymbol{\epsilon}^{\mathrm{e}}, D^{+}, D^{-})}{\partial \boldsymbol{\epsilon}^{\mathrm{e}}} \tag{6.4.11}$$

将式 (6.4.5) 定义的材料弹性 Helmholtz 自由能势代入式 (6.4.11) 可以得到

$$\boldsymbol{\sigma} = (1 - D^{+})\frac{\partial \psi_0^{\mathrm{e}+}}{\partial \boldsymbol{\epsilon}^{\mathrm{e}}} + (1 - D^{-})\frac{\partial \psi_0^{\mathrm{e}-}}{\partial \boldsymbol{\epsilon}^{\mathrm{e}}} \tag{6.4.12}$$

进而，将式 (6.4.6) 代入式 (6.4.12)，即得到弹塑性随机损伤本构关系：

$$\begin{aligned}\boldsymbol{\sigma} &= \left(1-D^{+}\right)\bar{\boldsymbol{\sigma}}^{+}+\left(1-D^{-}\right)\bar{\boldsymbol{\sigma}}^{-}\\ &= \left(\mathbb{I}-\mathbb{D}\right):\bar{\boldsymbol{\sigma}}=\left(\mathbb{I}-\mathbb{D}\right):\mathbb{E}_0:\left(\boldsymbol{\epsilon}-\boldsymbol{\epsilon}^{\mathrm{p}}\right)\end{aligned} \tag{6.4.13}$$

式中，四阶损伤张量$\mathbb{D}$ 表示为

$$\mathbb{D}=D^{+}\mathbb{P}^{+}+D^{-}\mathbb{P}^{-} \tag{6.4.14}$$

将式 (6.4.13) 与式 (5.3.19) 相比较，可见两者之间的唯一区别在于这里的损伤变量D^{+} 和 D^{-} 为随机变量。这清楚地说明：确定性损伤本构关系与随机损伤本构关系反映的是同一个物理规律，唯一的区别在于损伤变量是取确定性变量还是随机变量。

在二维平面应力条件下，根据式 (6.4.13)，可分别得到主应力方向的随机损伤应力–应变关系式。

(1) 双轴受拉

$$\begin{bmatrix}\sigma_1\\ \sigma_2\end{bmatrix}=\frac{\left(1-D^{+}\right)E_0}{1-\nu_0^2}\begin{bmatrix}1 & \nu_0\\ \nu_0 & 1\end{bmatrix}\begin{bmatrix}\epsilon_1^{\mathrm{e}}\\ \epsilon_2^{\mathrm{e}}\end{bmatrix} \tag{6.4.15}$$

(2) 双轴拉压

$$\begin{bmatrix}\sigma_1\\ \sigma_3\end{bmatrix}=\frac{E_0}{1-\nu_0^2}\begin{bmatrix}\left(1-D^{+}\right) & \left(1-D^{+}\right)\nu_0\\ \left(1-D^{-}\right)\nu_0 & \left(1-D^{-}\right)\end{bmatrix}\begin{bmatrix}\epsilon_1^{\mathrm{e}}\\ \epsilon_3^{\mathrm{e}}\end{bmatrix} \tag{6.4.16}$$

(3) 双轴受压

$$\begin{bmatrix}\sigma_2\\ \sigma_3\end{bmatrix}=\frac{\left(1-D^{-}\right)E_0}{1-\nu_0^2}\begin{bmatrix}1 & \nu_0\\ \nu_0 & 1\end{bmatrix}\begin{bmatrix}\epsilon_2^{\mathrm{e}}\\ \epsilon_3^{\mathrm{e}}\end{bmatrix} \tag{6.4.17}$$

对于二轴拉压应力状态，损伤发展导致混凝土材料的各向异性，产生割线刚度矩阵的不对称，在实际非线性分析的计算中，为了保持其对称性，可进行对称化处理，即将式 (6.4.16) 改写为

$$\begin{bmatrix}\sigma_1\\ \sigma_3\end{bmatrix}=\frac{E_0}{1-\nu_0^2}\begin{bmatrix}\left(1-D^{+}\right) & \sqrt{\left(1-D^{+}\right)\left(1-D^{-}\right)}\nu_0\\ \sqrt{\left(1-D^{+}\right)\left(1-D^{-}\right)}\nu_0 & \left(1-D^{-}\right)\end{bmatrix}\begin{bmatrix}\epsilon_1^{\mathrm{e}}\\ \epsilon_3^{\mathrm{e}}\end{bmatrix} \tag{6.4.18}$$

单向受拉和单向受压应力状态下的随机弹塑性损伤本构关系分别为 (忽略受拉塑性变形影响)

$$\sigma=\left(1-D^{+}\right)E_0\epsilon \tag{6.4.19a}$$

$$\sigma=\left(1-D^{-}\right)E_0\left(\epsilon-\epsilon^{\mathrm{p}}\right) \tag{6.4.19b}$$

值得特别指出：损伤变量是随机变量，因此关于上述应力–应变关系的分析成为对随机函数的分析。这一分析可以在三个不同层面上进行，即样本层次、数值特征层次、概率密度演化层次。关于样本层次的分析，我们将在第 8 章详述；关于概率密度演化的分析，我们将在第 12 章给出实例；关于数值特征层次的分析，由于式 (6.4.13) 关于随机变量是简单的线性变化关系，可以利用矩传递的基本公式。本章最后将结合二维应力分析给出实例。

6.4.3 损伤演化法则

由于存在内变量$D^{\pm}$ 和 $\epsilon^{\rm p}$，仅由式 (6.4.13) 尚不能完全确定应力随应变的具体变化过程，需要确定内变量的具体演化法则，才能构成完整的随机损伤力学本构模型。关于塑性变形，可以按照第 5 章所述方式确立，而对于多维应力状态下的损伤变量的演化法则，则稍微复杂些。

在 6.2 节中，已经给出了在单向受力条件下的随机损伤演化的基本表达式，现在的问题是如何把这种表述推广到多维受力场合。根据 6.2 节的分析我们知道，材料结构的微观断裂虽然与应力状态有关，但断裂阈值本身则是材料自身的性质，与外在应力状态无关。基于这一背景，自然可以猜测，只要建立起一维受力与多维受力的某种能量关系，就可以实现一维损伤演化向多维损伤演化的扩展。损伤能释放率，恰巧可以完成这一使命。

根据第 5 章的分析，受拉与受剪损伤能释放率的基本表达式为 (见式 (5.3.51) 和式 (5.3.60))

$$Y^{+}=\frac{1}{2}\bar{\boldsymbol{\sigma}}^{+}:\mathbb{C}_0:\bar{\boldsymbol{\sigma}} \tag{6.4.20a}$$

$$Y^{-}=\frac{1}{2b_0}\left(\alpha\bar{\boldsymbol{I}}+\sqrt{3\bar{J}_2}\right)^2 \tag{6.4.20b}$$

对于一维受力状态，由上述二式可以导出

$$Y_1^{+}=\frac{1}{2E_0}\left(E_0\epsilon^{\rm e+}\right)^2 \tag{6.4.21a}$$

$$Y_1^{-}=\frac{\left(1-\alpha\right)^2}{2b_0}\left(E_0\epsilon^{\rm e-}\right)^2 \tag{6.4.21b}$$

值得指出，由式 (5.3.58a) 可知，参数 b_0 与弹性模量 E_0 成正比，因此上述一维受力状态下的受拉与受剪损伤能释放率具有内在统一性。

而对于一般的多维受力状态，根据上述关系，不难推断应存在

$$\epsilon_{\rm eq}^{\rm e+}=\sqrt{\frac{2}{E_0}}\cdot\sqrt{Y^{+}} \tag{6.4.22a}$$

$$\epsilon_{\rm eq}^{\rm e-}=\frac{1}{\alpha-1}\sqrt{\frac{2b_0}{E_0^2}}\cdot\sqrt{Y^{-}} \tag{6.4.22b}$$

不难证明 (Li & Ren, 2009):

$$\epsilon_{\mathrm{eq}}^{\mathrm{e}+} = \sqrt{\frac{Y^+}{Y_1^+}}\epsilon^{\mathrm{e}+} = \theta^+ \epsilon^{\mathrm{e}+} \tag{6.4.23a}$$

$$\epsilon_{\mathrm{eq}}^{\mathrm{e}-} = \sqrt{\frac{Y^-}{Y_1^-}}\epsilon^{\mathrm{e}-} = \theta^- \epsilon^{\mathrm{e}-} \tag{6.4.23b}$$

上述两式说明，将一维受力损伤能释放率中的弹性应变放大 $\theta^{\pm}$ 倍，即可得到多维受力状态的损伤能释放率，称 $\epsilon_{\mathrm{eq}}^{\mathrm{e}\pm}$ 为能量等效应变。事实上，对于初始损伤相同的两种受力状态，若损伤能释放率相同，则相应损伤相等 (这一表述可以称为损伤一致性条件①)。因此，通过引入能量等效应变，可以将一维受力状态的损伤演化法则，应用于多维受力状态。

损伤一致性条件可以通过图 6.4.1 加以形象描述。

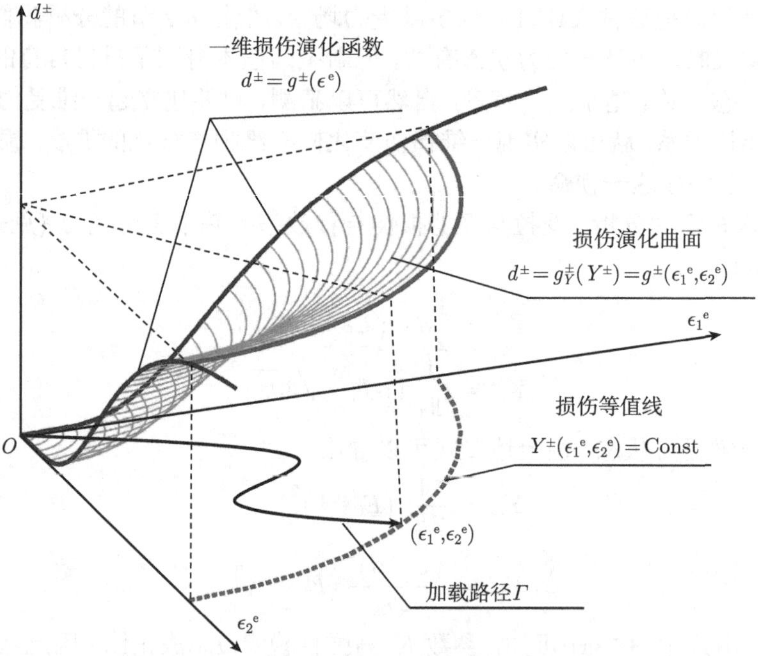

图 6.4.1 损伤一致性条件

前已指出，在唯象学的意义上，难以从本质上反映损伤演化的内在物理机制。要实现这一目的，必须引入多尺度分析的基本思想，从细观损伤的角度建立损伤演化的基本模型。6.2 节所述细观随机断裂–滑移模型，恰恰满足了这一目的。根据损

① 区别于本书 5.3.4 节中的数学损伤一致性条件 $\dot{G}=0$，这里的损伤一致性条件在本质上是物理损伤一致性条件。

伤一致性条件和能量等效应变概念，可知在一般意义上存在如下损伤演化规律：

$$D^{+}(\epsilon_{\mathrm{eq}}^{\mathrm{e}+}) = \int_0^1 H\left[\epsilon_{\mathrm{eq}}^{\mathrm{e}+} - \Delta^{+}(x)\right] \tag{6.4.24a}$$

$$D^{-}(\epsilon_{\mathrm{eq}}^{\mathrm{e}-}) = \int_0^1 H\left[\epsilon_{\mathrm{eq}}^{\mathrm{e}-} - \Delta^{-}(x)\right] \tag{6.4.24b}$$

由于 $\Delta^{\pm}$ 的随机场性质，$D^{\pm}$ 为随机函数。

在一维受力条件下，$\epsilon_{\mathrm{eq}}^{\mathrm{e}\pm}$ 退化为 $\epsilon^{\mathrm{e}\pm}$，因此，已不必要对 $D^{\pm}$ 的表述做出一维与多维的区分，而是统一采用上述表达式。

为了对能量等效应变有一个更为直接的认识，下面以二维平面应力状态为例，给出能量等效应变的导出过程与能量等效转换系数 $\theta^{\pm}$ 的具体表达式。

1) **双轴受拉** $(\bar{\sigma}_1, \bar{\sigma}_2, \bar{\sigma}_3 = 0)$

双轴受拉应力状态属于拉应力为主的应力空间，以拉伸损伤为主。引入应力比 $\rho_{\mathrm{t}} = \sigma_2/\sigma_1$，由有效应力的概念，存在有效应力比 $\rho_{\mathrm{t}} = \bar{\sigma}_2/\bar{\sigma}_1$。

利用式 (6.4.20a)，可求得用有效应力表达的受拉损伤能释放率为

$$Y^{+} = \frac{\bar{\sigma}_1^2}{2E_0}\left(1 + \rho_{\mathrm{t}}^2 - 2\nu_0\rho_{\mathrm{t}}\right) \tag{6.4.25}$$

根据有效应力和 Cauchy 应力之间的关系，主应力σ_1 方向的有效应力$\bar{\sigma}_1$ 为

$$\bar{\sigma}_1 = \frac{E_0}{1 - \rho_{\mathrm{t}}\nu_0}\epsilon_1^{\mathrm{e}} \tag{6.4.26}$$

代入式 (6.4.25) 可以得

$$Y^{+} = \frac{1 + \rho_{\mathrm{t}}^2 - 2\nu_0\rho_{\mathrm{t}}}{\left(1 - \rho_{\mathrm{t}}\nu_0\right)^2}\frac{1}{2}E_0\left(\epsilon_1^{\mathrm{e}}\right)^2 \tag{6.4.27}$$

而在单轴受拉时的损伤能释放率Y_1^{+} 表示为

$$Y_1^{+} = \frac{1}{2}E_0\left(\epsilon_1^{\mathrm{e}}\right)^2 \tag{6.4.28}$$

显然，存在能量等效转换系数 θ^{+}

$$\theta^{+} = \sqrt{\frac{Y^{+}}{Y_1^{+}}} = \frac{\sqrt{1 + \rho_{\mathrm{t}}^2 - 2\nu_0\rho_{\mathrm{t}}}}{1 - \rho_{\mathrm{t}}\nu_0} \tag{6.4.29}$$

即将单轴受拉时的弹性应变放大 θ^{+} 倍，则单轴受拉与双轴受拉的损伤能释放率具有相同的表达式。换句话说，引入能量等效应变，双轴受拉时的损伤演化可以方便地利用单向受拉的损伤演化法则确定。

2) **双轴受压** $(\bar{\sigma}_1 = 0, \bar{\sigma}_2, \bar{\sigma}_3)$

双轴受压应力状态属于压应力为主的应力空间，以受剪损伤为主。引入应力比 $\rho_{\mathrm{s}} = \sigma_2/\sigma_3$，由有效应力的概念，存在有效应力比 $\rho_{\mathrm{s}} = \bar{\sigma}_2/\bar{\sigma}_3$。

利用式 (6.4.20b)，可求得用有效应力表达的受压损伤能释放率为

$$Y^- = \frac{1}{2b_0}\left[\sqrt{1+\rho_{\mathrm{s}}^2-\rho_{\mathrm{s}}} - \alpha\big(1+\rho_{\mathrm{s}}\big)\right]^2 \bar{\sigma}_3^2 \tag{6.4.30}$$

根据有效应力和 Cauchy 应力之间的关系，主应力σ_3 方向的有效应力$\bar{\sigma}_3$ 为

$$\bar{\sigma}_3 = \frac{E_0}{1-\rho_{\mathrm{s}}\nu_0}\epsilon_3^{\mathrm{e}} \tag{6.4.31}$$

代入式 (6.4.30) 可以得

$$Y^- = \frac{1}{2b_0}\left[\frac{\sqrt{1+\rho_{\mathrm{s}}^2-\rho_{\mathrm{s}}} - \alpha\big(1+\rho_{\mathrm{s}}\big)}{1-\rho_{\mathrm{s}}\nu_0}\right]^2 \big(E_0\epsilon_3^{\mathrm{e}}\big)^2 \tag{6.4.32}$$

而在单轴受压时的损伤能释放率Y_1^- 表示为

$$Y_1^- = \frac{(1-\alpha)^2}{2b_0}\big(E_0\epsilon_3^{\mathrm{e}}\big)^2 \tag{6.4.33}$$

显然，存在能量等效转换系数 θ^-

$$\theta^- = \sqrt{\frac{Y^-}{Y_1^-}} = \frac{\sqrt{1+\rho_{\mathrm{s}}^2-\rho_{\mathrm{s}}} - \alpha\big(1+\rho_{\mathrm{s}}\big)}{\big(1-\alpha\big)\big(1-\rho_{\mathrm{s}}\nu_0\big)} \tag{6.4.34}$$

这再次说明，若引用能量等效应变$\epsilon_{\mathrm{eq}}^{\mathrm{e}-} = \theta^- \epsilon_3^{\mathrm{e}}$，则双轴受压时的损伤能释放率与单轴受压时的形式相同，在引入能量等效应变前提下，双轴受压与单轴受压具有相同的损伤演化规律。因此，双轴受压时的损伤演化可以方便地利用单轴受压时的材料参数结合应力状态确定。

3) **双轴拉压** $(\bar{\sigma}_1, \bar{\sigma}_2 = 0, \bar{\sigma}_3)$

此时，可以不计塑性自由能，采用与上述相似的推导，可以给出能量等效转换系数：

$$\theta^+ = \frac{1}{\sqrt{1-\bar{\rho}\nu_0}} \tag{6.4.35a}$$

$$\theta^- = \frac{1}{\sqrt{1-\nu_0/\bar{\rho}}} \tag{6.4.35b}$$

式中，有效应力比 $\bar{\rho} = \bar{\sigma}_3/\bar{\sigma}_1$。

因此，通过能量等效应变转换，可以分别将单轴受力时的损伤演化法则应用于二轴拉压时的损伤计算。

值得指出，当采用统计平均方式，并以 $D^{\pm}$ 的均值作为损伤演化准则代入式 (6.4.13) 时，我们将得到均值意义上的确定性弹塑性损伤本构关系。此时，注意到式 (6.2.10) 和式 (6.2.16)，有均值意义上的确定性损伤演化准则

$$d^{+} = E(D^{+}) = \varPhi\left(\frac{\ln \epsilon_{\mathrm{eq}}^{+} - \lambda^{+}}{\zeta^{+}}\right) \tag{6.4.36a}$$

$$d^{-} = E(D^{-}) = \varPhi\left(\frac{\ln \epsilon_{\mathrm{eq}}^{-} - \lambda^{-}}{\zeta^{-}}\right) \tag{6.4.36b}$$

式中，$\varPhi(\cdot)$ 为一维标准正态分布函数；$\lambda^{\pm}$ 和 $\zeta^{\pm}$ 为破坏应变随机场 $\varDelta^{\pm}(x)$ 的概率分布参数，可以由单轴受力全过程实验结合随机建模准则确定。

显然，均值意义上的损伤演化准则是真实损伤演化过程的一种近似。在结构非线性分析中引用此类准则仅能给出具有某种均值意义的结构反应，而不能反映因初始随机性造成的结构响应涨落。另一方面，如果选择唯象学意义上的经验损伤演化准则，如式 (5.3.74) 和式 (5.3.81)，并视其中物理参数为随机变量，也可以得到随机损伤本构关系，只是如此得到的本构关系，其损伤演化缺乏细观的物理机制解释，因此，也难以在本质上正确地把握或确立随机变量。

在具体工程应用中，根据需要，可以依据具体情况，选取确定性损伤本构关系或不同类型的随机损伤本构关系应用于不同的工程对象。

6.4.4 经验塑性变形

前已指出，可以采用经典塑性力学方法在有效应力空间内计算塑性变形。但在实际计算中，不可避免地会涉及判断应力状态时的迭代过程，从而造成计算量偏大。因此，在不导致计算精度显著降低的前提下，可以引入经验的塑性变形计算方法进行适当的简化。

考虑损伤与塑性的耦合效应，一般采用如下简单有效的经验塑性应变计算方法 (Li & Ren, 2009)：

$$\boldsymbol{\epsilon}^{\mathrm{p}} = \mathbb{C}_0 : \mathbb{F}(\mathbb{D}) : \mathbb{E}_0 : \boldsymbol{\epsilon} \tag{6.4.37}$$

式中，$\mathbb{F}(\mathbb{D})$ 为损伤变量的四阶张量，将其进行拉、压分解，可得

$$\mathbb{F}(\mathbb{D}) = f^{\mathrm{p}+}\mathbb{P}^{+} + f^{\mathrm{p}-}\mathbb{P}^{-} \tag{6.4.38}$$

式中，$f^{\mathrm{p}\pm}$ 是损伤变量$d^{\pm}$ 的标量函数，在实际应用中，可以取为对应损伤变量的线性表达形式，如

$$f^{\mathrm{p}\pm} = \xi^{\mathrm{p}\pm} d^{\pm} \tag{6.4.39}$$

式中，塑性参数 $\xi^{\mathrm{p}\pm}$ 在 $[0,1]$ 取值，即 $0 \leqslant \xi^{\mathrm{p}} \leqslant 1$。

6.4.5 随机损伤本构关系的均值与方差

为了对随机损伤本构关系与一般确定性本构关系的区别有一个感性的认识，这里以二维平面应力状态为背景，给出随机损伤本构关系的均值与方差。根据式(6.2.10) 和式(6.2.13)，可知受拉损伤和受压损伤的均值、方差可以统一表示为

$$\mu_D(\epsilon_j^{\mathrm{e}}) = F_\Delta(\theta_i \epsilon_j^{\mathrm{e}}) \tag{6.4.40a}$$

$$V_D^2(\epsilon_j^{\mathrm{e}}) = 2\int_0^1 (1-\eta) F_\Delta\big(\theta_i \epsilon_j^{\mathrm{e}}, \theta_i \epsilon_j^{\mathrm{e}}; \eta\big)\,\mathrm{d}\eta - F_\Delta^2\big(\theta_i \epsilon_j^{\mathrm{e}}\big) \tag{6.4.40b}$$

式中，θ 的下标 i 分别对应受拉和受压的能量等效转换系数；ϵ^{e} 的下标 j 分别对应 σ_1 和 σ_3 方向的弹性应变；F_Δ 为随机场 $\Delta(x)$ 的一维分布函数，应根据具体背景，分别取受拉损伤和受剪损伤的分布参数。

根据式 (6.4.13) 可知应力关于损伤变量为线性变化关系，因此，利用上述损伤均值、方差表达式，容易求得二维平面应力条件下各方向应力的均值和方差 (同时考虑弹性模量也为随机变量)，如下所述。

1) 双轴受拉 $(\bar{\sigma}_1, \bar{\sigma}_2, \bar{\sigma}_3 = 0)$

σ_1 方向的应力均值和方差分别为

$$\mu_{\sigma_1}(\epsilon_1^{\mathrm{e}}) = \frac{\mu_E \epsilon_1^{\mathrm{e}}}{1-\rho_{\mathrm{t}}\nu_0}\Big[1-\mu_D(\theta^+ \epsilon_1^{\mathrm{e}})\Big] \tag{6.4.41a}$$

$$V_{\sigma_1}^2(\epsilon_1^{\mathrm{e}}) = \left(\frac{\epsilon_1^{\mathrm{e}}}{1-\rho_t\nu_0}\right)^2 \Big\{(\mu_E^2 + V_E^2) V_D^2(\theta^+\epsilon_1^{\mathrm{e}}) + V_E^2\big[1-\mu_D(\theta^+\epsilon_1^{\mathrm{e}})\big]\Big\} \tag{6.4.41b}$$

σ_2 方向的应力均值和方差分别为

$$\mu_{\sigma_2} = \rho_{\mathrm{t}} \mu_{\sigma_1}(\epsilon_1^{\mathrm{e}}) \tag{6.4.42a}$$

$$V_{\sigma_2}^2 = \rho_{\mathrm{t}}^2 V_{\sigma_1}^2(\epsilon_1^{\mathrm{e}}) \tag{6.4.42b}$$

2) 双轴受压 $(\bar{\sigma}_1 = 0, \bar{\sigma}_2, \bar{\sigma}_3)$

σ_3 方向的应力均值和方差分别为

$$\mu_{\sigma_3}(\epsilon_3^{\mathrm{e}}) = \frac{\mu_E \epsilon_3^{\mathrm{e}}}{1-\rho_{\mathrm{s}}\nu_0}\Big[1-\mu_D(\theta^- \epsilon_3^{\mathrm{e}})\Big] \tag{6.4.43a}$$

$$V_{\sigma_3}^2(\epsilon_3^{\mathrm{e}}) = \left(\frac{\epsilon_3^{\mathrm{e}}}{1-\rho_{\mathrm{s}}\nu_0}\right)^2 \Big\{(\mu_E^2 + V_E^2) V_D^2(\theta^-\epsilon_3^{\mathrm{e}}) + V_E^2\big[1-\mu_D(\theta^-\epsilon_3^{\mathrm{e}})\big]\Big\} \tag{6.4.43b}$$

σ_2 方向的应力均值和方差分别为

$$\mu_{\sigma_2} = \rho_{\mathrm{s}} \mu_{\sigma_3}(\epsilon_3^{\mathrm{e}}) \tag{6.4.44a}$$

$$V_{\sigma_2}^2 = \rho_{\mathrm{s}}^2 V_{\sigma_3}^2(\epsilon_3^{\mathrm{e}}) \tag{6.4.44b}$$

3) **双轴拉压** $(\bar{\sigma}_1, \bar{\sigma}_2 = 0, \bar{\sigma}_3)$

σ_1 方向的应力均值和方差分别为

$$\mu_{\sigma_1}(\epsilon_1^{\mathrm{e}}) = \frac{\mu_E \epsilon_1^{\mathrm{e}}}{1 - \bar{\rho}\nu_0}\left[1 - \mu_{\mathrm{D}}(\theta^+ \epsilon_1^{\mathrm{e}})\right] \tag{6.4.45a}$$

$$V_{\sigma_1}^2(\epsilon_1^{\mathrm{e}}) = \left(\frac{\epsilon_1^{\mathrm{e}}}{1 - \bar{\rho}\nu_0}\right)^2 \left\{(\mu_E^2 + V_E^2)V_D^2(\theta^+ \epsilon_1^{\mathrm{e}}) + V_E^2\left[1 - \mu_{\mathrm{D}}(\theta^+ \epsilon_1^{\mathrm{e}})\right]\right\} \tag{6.4.45b}$$

σ_3 方向的应力均值和方差分别为

$$\mu_{\sigma_3}(\epsilon_3^{\mathrm{e}}) = \frac{\mu_E \epsilon_3^{\mathrm{e}}}{1 - \nu_0/\bar{\rho}}\left[1 - \mu_{\mathrm{D}}(\theta^- \epsilon_3^{\mathrm{e}})\right] \tag{6.4.46a}$$

$$V_{\sigma_3}^2(\epsilon_3^{\mathrm{e}}) = \left(\frac{\epsilon_3^{\mathrm{e}}}{1 - \nu_0/\bar{\rho}}\right)^2 \left\{(\mu_E^2 + V_E^2)V_{\mathrm{D}}^2(\theta^- \epsilon_3^{\mathrm{e}}) + V_E^2\left[1 - \mu_D(\theta^- \epsilon_3^{\mathrm{e}})\right]\right\} \tag{6.4.46b}$$

图 6.4.2 是按照上述随机损伤本构模型计算给出的双轴应力强度的分析实例。为了便于比较，图中同时列出了 Kupfer 等 (1969)、Lee 等 (2004) 研究者和本书作者 (李杰等, 2007; Ren et al.,2008) 的实验结果。

在图 6.4.2 中，不仅给出了理论计算的二维受力状态下的均值强度包络图，也给出了 ±1 倍标准差意义上的离散范围。考察图 6.4.2 的结果不难看出，实验值大多数在 ±1 倍标准差的离散范围内，少数超出 ±1 倍标准差的强度离散范围。这说明，利用本章的方法可以较好地预测混凝土在二维受力状态的强度及其随机性表现。

值得指出，对于随机损伤本构关系，还可以采用本书第 12 章所述的概率密度演化思想给出应力概率密度关于应变的演化进程，见后述。

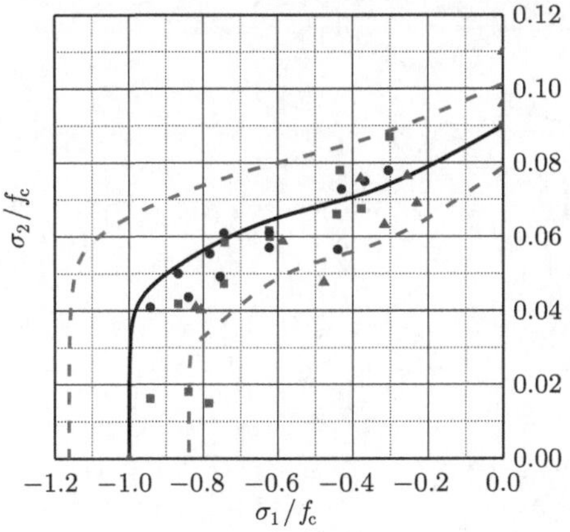

(a) 拉–压区

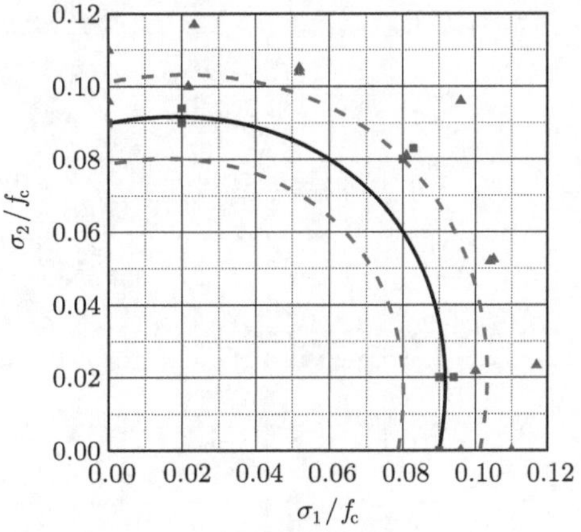

(b) 拉–拉区

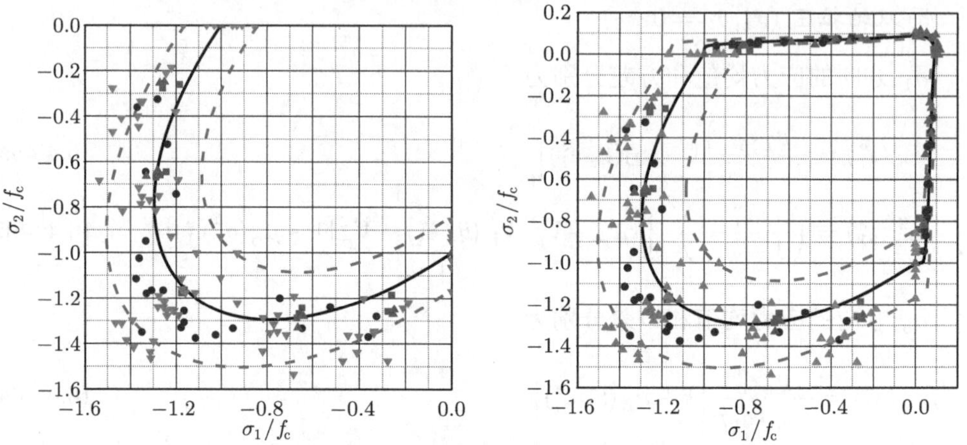

(c) 压–压区　　　　(d) 拉–拉、拉–压和压–压区

图 6.4.2　二维强度包络图均值和 ±1 倍标准差离散范围

(离散点为 Kupfer 等 (1969)、Lee 等 (2004) 研究者和本书作者 (李杰等，2007; Ren et al., 2008) 的实验数据，实线为理论计算均值点，虚线为均值 ± 标准差结果)

第 7 章　混凝土动力损伤本构关系

在不同的加载速率下，混凝土的强度会发生明显的变化，称为动力率相关效应。图 7.0.1 是 1917~1985 年关于这一现象的主要实验事实总结 (Bischoff & Perry, 1991)。显然，造成这一现象的基本原因应该与混凝土的损伤发展过程有关。

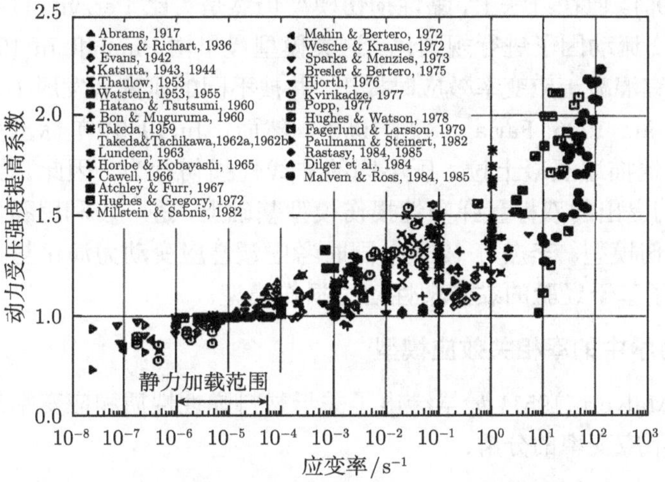

图 7.0.1　混凝土单轴受压强度的动力率相关效应

混凝土的动力率相关效应，构成了混凝土受力力学行为的本质随机性、显著非线性之外的第三种基本特征。本章论述混凝土动力率相关效应的形成机理与反映途径。

7.1　基于经验的黏性动力损伤模型

7.1.1　研究发展概况

尽管很早人们就认识到动力加载时混凝土强度存在率敏感性 (Abrams, 1917)。但是，直到 20 世纪 60~70 年代，混凝土的动力特性才受到更多研究者的重视。早期，人们试图用非弹性材料的黏性性质描述混凝土的应变率效应，20 世纪 80 年代末以来，初步形成了两类损伤本构模型：黏塑性损伤模型与黏性动力损伤模型。

在源流上，黏塑性动力损伤模型是类比经典黏塑性理论在有效应力空间里对塑性流动因子进行规则化的结果。这一模型不考虑损伤演化的应变率效应，因此，黏塑性损伤模型的损伤“驱动力”只能取为应变或塑性应变的某种形式 (Winnicke et al., 2001; Ragueneau & Gatuingt, 2003; Abu Al-Rub & Voyiadjis, 2006; Pedersen et al., 2008)，这就在根本上颠倒了损伤与塑性的物理次序。事实上，黏塑性模型是将混凝土应变率效应归结为混凝土的黏塑性，而认为加载速率对损伤演化无直接影响。所以，它并没有揭示加载速率对混凝土损伤演化的影响。

与黏塑性损伤模型不同，黏性动力损伤模型认为混凝土的应变率效应来源于加载速率对损伤演化的影响。快速加载使得混凝土微裂纹的扩张出现了滞后效应，因此使宏观损伤演化呈现时间相关性，进而表现为率相关效应(Bischoff & Perry, 1986, 1991, 1995)。但在方法上，黏性损伤模型仍然是类比 Perzyna (1971) 黏性规则化方法、对损伤流动因子进行规则化。这类模型最早由 Simó和 Ju(1987a, 1987b)、Ju(1989) 在研究混凝土应变率效应时提出，并被不同的研究者发展 (Faria & Oliver, 1993; Dube et al., 1996; Faria et al., 1998)。然而，Ju(1989) 单标量弹塑性损伤模型并不能合理地描述混凝土拉、压不同的非线性损伤行为，因此，吴建营和李杰 (2006b) 在他们提出的双标量弹塑性损伤模型基础上，进一步利用黏性规则化方法推广了动力损伤模型。李杰等 (2011) 同时考虑塑性应变动力演化与损伤动力演化的影响，发展了基于经验的黏弹塑性动力损伤模型。

7.1.2 塑性力学中的率相关效应模型

历史上，Malvern(1951) 最早给出了关于材料弹性性质和应变率效应关系的猜测。他考虑如下应变率的分解：

$$\dot{\epsilon} = \dot{\epsilon}^{\mathrm{e}} + \dot{\epsilon}^{\mathrm{vp}} \tag{7.1.1}$$

式中

$$\dot{\epsilon}^{\mathrm{e}} = \frac{\dot{\sigma}}{E_0} \tag{7.1.2}$$

为弹性应变率；$\dot{\epsilon}^{\mathrm{vp}}$ 为黏塑性应变率。

Malvern(1951) 猜测，黏塑性应变率的增加可能与过应力(动应力和静应力之差) 的某类函数成正比，即

$$\dot{\epsilon}^{\mathrm{vp}} = \gamma \left\langle \varPhi\left(\frac{\sigma}{\sigma_{\mathrm{s}}} - 1\right) \right\rangle \tag{7.1.3}$$

式中，σ 为动力实验曲线上的应力 (本质为动应力)；σ_{s} 为静力实验曲线上的应力；γ 为与材料黏性有关的参数；$\langle\cdot\rangle$ 为 Macaulay 括号，定义为

$$\langle x \rangle = \frac{x + |x|}{2} \tag{7.1.4}$$

$\varPhi(\cdot)$ 为某类经验函数。Malvern 建议了两类函数形式：线性函数与指数函数。

于是，综合式 (7.1.1)∼ 式 (7.1.3)，考虑应变率效应的理想黏弹塑性材料的物理关系可写成如下形式：

$$\dot{\epsilon}=\frac{\dot{\sigma}}{E_0}+\gamma\left\langle\varPhi\Big(\frac{\sigma}{\sigma_{\rm s}}-1\Big)\right\rangle \tag{7.1.5}$$

1971 年，波兰力学家 Perzyna(1971) 在上述单轴黏塑性本构关系的基础上提出了多维应力状态下的黏塑性演化方程

$$\dot{\boldsymbol{\epsilon}}^{\rm vp}=\gamma\left\langle\varPhi(F)\right\rangle\frac{\partial F}{\partial\boldsymbol{\sigma}} \tag{7.1.6}$$

其中静力屈服函数

$$F(\boldsymbol{\sigma},\boldsymbol{\kappa})=f(\boldsymbol{\sigma})-q(\boldsymbol{\kappa})\leqslant 0 \tag{7.1.7}$$

由此，形成了较为完整的黏塑性力学模型。

7.1.3 黏弹塑性动力损伤模型

材料的率相关效应，极可能与塑性变形的发展与损伤的演化均有关系。对于混凝土，损伤的演化应该在率相关效应中占主导地位。较为合适的做法是同时考虑这两种影响建立模型，然后细加考察以决定在实际应用中的取舍。基于这一观点，提出了双标量黏弹塑性动力损伤模型 (李杰等, 2011)。

如本书第 5 章所述，双标量弹塑性损伤本构模型的本构方程为

$$\boldsymbol{\sigma}=\big(\mathbb{I}-\mathbb{D}\big):\mathbb{E}_0:\big(\boldsymbol{\epsilon}-\boldsymbol{\epsilon}^{\rm p}\big) \tag{7.1.8}$$

由前述章节可知，弹塑性损伤模型的核心是内变量演化法则的确立。只要确立了内变量的演化法则，弹塑性应力–应变关系就完全确立。

对于塑性内变量，我们已经知道，静力条件下的塑性应变演化遵循以下流动法则：

$$\dot{\boldsymbol{\epsilon}}^{\rm p}=\dot{\lambda}^{\rm p}\frac{\partial F^{\rm p}(\bar{\boldsymbol{\sigma}},\boldsymbol{\kappa})}{\partial\bar{\boldsymbol{\sigma}}} \tag{7.1.9}$$

其中，决定演化的关键是流动因子 $\dot{\lambda}^{\rm p}$。类比于经典黏塑性力学的基本方法，对流动因子 $\dot{\lambda}^{\rm p}$ 做动力扩展 (一般文献中称为 Perzyna 规则化，鉴于 7.1.2 节所述背景，其实质是关于动力扩展的 Malvern 假定)，即取

$$\dot{\lambda}^{\rm p}=\eta^{\rm p}\left\langle\frac{F^{\rm p}(\bar{\boldsymbol{\sigma}})}{q(\boldsymbol{\kappa})}-1\right\rangle^{n^{\rm p}} \tag{7.1.10}$$

式中，$\eta^{\rm p}$、$n^{\rm p}$ 为与材料黏塑性有关的经验参数；$F^{\rm p}(\bar{\boldsymbol{\sigma}})$ 按式 (5.3.31) 计算；$q(\boldsymbol{\kappa})$ 为材料有效内聚力，计算公式为

$$q(\boldsymbol{\kappa}) = (1-\alpha)\bar{f}^{-}(\boldsymbol{\kappa}) \tag{7.1.11}$$

式中，$\bar{f}^{-}(\boldsymbol{\kappa})$ 按式 (5.3.37b) 计算；α 按式 (5.3.43) 计算，一般可取 0.1212。

对于损伤内变量，在确定性损伤力学框架内，可以通过对损伤流动因子进行动力扩展，以反映动力加载时混凝土损伤演化的滞后效应。

根据式 (5.3.66b) 可知，损伤流动因子

$$\dot{\lambda}^{\mathrm{d}\pm} = \dot{r}_n^{\pm} \tag{7.1.12}$$

因此，区别于 Ju(1989) 和 Faria 等. (1998) 的工作，李杰等 (2011) 直接关于损伤能释放率进行动力扩展，即取

$$\dot{r}_{\mathrm{t}}^{\pm} = \mu^{\pm} r_0^{\pm} \left\langle \frac{Y_{\mathrm{t}}^{\pm}}{r_{\mathrm{t}}^{\pm}} - 1 \right\rangle^{n^{\pm}} \tag{7.1.13}$$

式中，$Y_{\mathrm{t}}^{\pm}$ 是动力损伤能释放率；$r_0^{\pm}$ 是初始损伤能释放率阈值 (需经验确定)；$r_{\mathrm{t}}^{\pm}$ 是即时损伤能释放率阈值 (即历史最大损伤能释放率)；$\mu^{\pm}$、$n^{\pm}$ 是动力效应经验参数。

显然，式 (7.1.13) 是关于 $r_{\mathrm{t}}^{\pm}$ 的一阶微分方程。求解此式并代入静力损伤演化方程，即可得到动力损伤演化发展过程。换句话说，动力损伤的演化由下述方程组的解答决定。

动力受拉损伤演化：

$$\begin{cases} \dot{r}_{\mathrm{t}}^{+} = \mu^{+} r_0^{+} \left\langle \dfrac{Y_{\mathrm{t}}^{+}}{r_{\mathrm{t}}^{+}} - 1 \right\rangle^{n^{+}} \\ d^{+} = 1 - \dfrac{r_0^{+}}{r_{\mathrm{t}}^{+}} \left[A^{+} \left(1 - \dfrac{r_{\mathrm{t}}^{+}}{r_0^{+}} \right) \right] \end{cases} \tag{7.1.14}$$

动力受压损伤演化：

$$\begin{cases} \dot{r}_{\mathrm{t}}^{-} = \mu^{-} r_0^{-} \left\langle \dfrac{Y_{\mathrm{t}}^{-}}{r_{\mathrm{t}}^{-}} - 1 \right\rangle^{n^{-}} \\ d^{-} = 1 - \dfrac{r_0^{-}}{r_{\mathrm{t}}^{-}}(1 - A^{-}) - A^{-} \left[B^{+} \left(1 - \dfrac{r_{\mathrm{t}}^{-}}{r_0^{-}} \right) \right] \end{cases} \tag{7.1.15}$$

有了动力条件下的内变量演化法则，不难按照第 5 章所述的确定性损伤理论框架确立多维应力状态下的动应力–应变关系。

图 7.1.1 和图 7.1.2 即为按照上述模型计算的单轴受拉和单轴受压动应力–应变曲线并与实验比较的结果。可见，理论分析可以良好地模拟实验结果。

然而，上述模型并没有揭示混凝土动力损伤产生的本质原因。在上述模型中，用于描述动力率相关效应的基本参数事实上是经验识别的结果。在本书第 6 章建

立的细观随机断裂细观模型基础上，我们进一步发展了基于细观物理的随机动力损伤模型，详见下述。

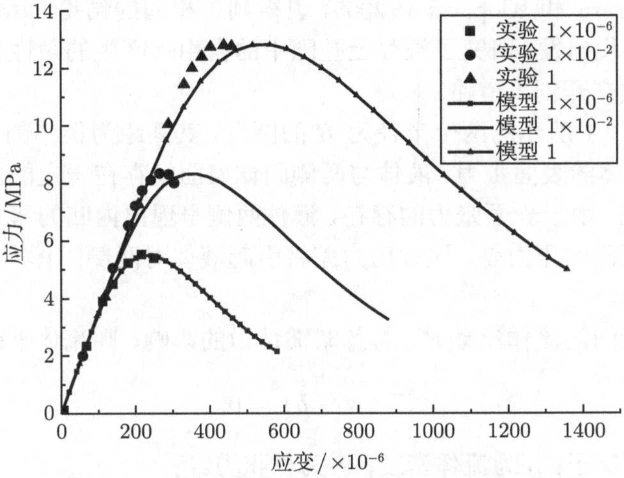

图 7.1.1 单轴受拉 —— 理论与实验结果的比较

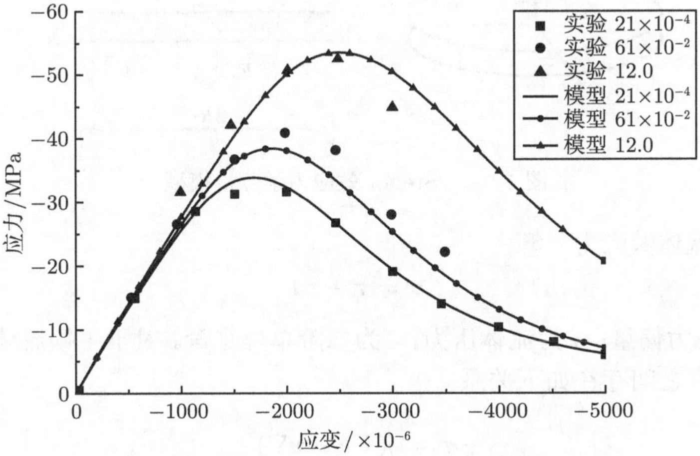

图 7.1.2 单轴受压 —— 理论与实验结果的比较

7.2 基于随机 Stefan 效应的动力损伤模型

7.2.1 Stefan 效应

1990 年，Reinhardt 等通过实验发现，在低应变率条件下，含水率对混凝土的动力效应有着显著的影响，即混凝土中的自由水影响着混凝土材料的率敏感性

(Reinhardt et al., 1990)。混凝土含水率越高，应变率效应越明显。通过类似的试验，Rossi 等 (Rossi, 1991; Rossi et al., 1992; Rossi & Toutlemonde, 1996)、Ross 等 (1995, 1996)、Brara 和 Klepaczko (2006) 也得到了相同的结论。Rossi 进而从自由水的基本物理方程出发，研究了混凝土孔隙中的自由水产生的黏性机制，为动力损伤物理模型的建立开创了道路。

考虑如图 7.2.1 所示的两个半径为 R 的圆盘，其间距为很小的 h，中间充满黏性液体。由于液体的表面张力，液体与两侧固体表面间存在一定的黏附力，从而形成一个液桥系统。由于表面张力的存在，液体两侧呈现出内凹的弯月形表面，从而引起凹凸内外两侧的压力差。这种压力差将引起液体对两侧固体产生一种拉拽力，从而形成液桥力。

在考虑圆盘间的流体流动时，若忽略惯性力的影响，则流体平衡方程为

$$\nabla \cdot \boldsymbol{\sigma} + \rho \boldsymbol{f} = 0 \tag{7.2.1}$$

式中，∇ 为散度算子；ρ 为流体密度；$\boldsymbol{f}$ 为体积力。

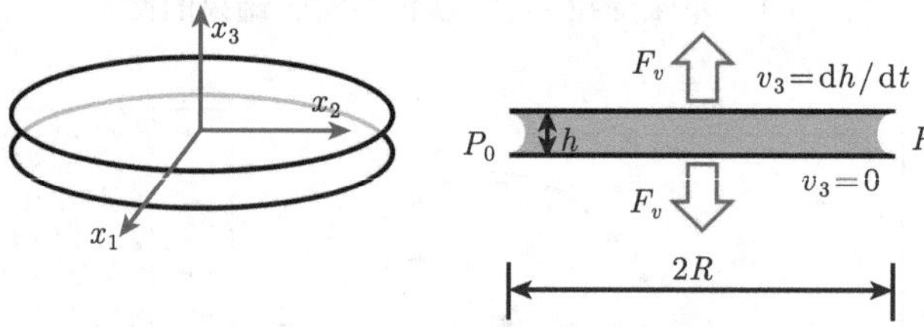

图 7.2.1　Stefan 效应力学分析模型

对黏性流体做应力分解

$$\boldsymbol{\sigma} = \boldsymbol{\tau} - p\boldsymbol{1} \tag{7.2.2}$$

式中，$\boldsymbol{\tau}$ 为应力偏量；p 为流体压力；l 为二阶单位张量。对于牛顿流体，其应力偏量与速度梯度之间存在如下关系：

$$\boldsymbol{\tau} = \eta(\nabla \boldsymbol{v} + \boldsymbol{v}\nabla) \tag{7.2.3}$$

式中，η 为流体的黏性系数；$\boldsymbol{v}$ 表示流体速度向量。对于不可压缩流体，有如下补充方程：

$$\nabla \cdot \boldsymbol{v} = 0 \tag{7.2.4}$$

将式 (7.2.2)、式 (7.2.3) 和式 (7.2.4) 代入流体平衡方程式 (7.2.1)，可得

$$\eta \nabla^2 \boldsymbol{v} - \nabla p + \rho \boldsymbol{f} = 0 \tag{7.2.5}$$

式中，η 是流体的黏性系数。

为方便考虑圆盘问题，以下圆盘中心点为极点，下圆盘为极平面，x_3 方向为竖轴，建立柱坐标系，将上述方程转到柱坐标系内并忽略体力影响，可得

$$\begin{cases} \eta\left(\dfrac{\partial^2 v_r}{\partial r^2}+\dfrac{1}{r}\dfrac{\partial v_r}{\partial r}+\dfrac{\partial^2 v_r}{\partial z^2}-\dfrac{v_r}{r^2}\right)=\dfrac{\partial p}{\partial r} \\ \eta\left(\dfrac{\partial^2 v_z}{\partial r^2}+\dfrac{1}{r}\dfrac{\partial v_z}{\partial r}+\dfrac{\partial^2 v_z}{\partial z^2}\right)=\dfrac{\partial p}{\partial z} \\ \dfrac{\partial v_r}{\partial r}+\dfrac{v_r}{r}+\dfrac{\partial v_z}{\partial z}=0 \end{cases} \tag{7.2.6}$$

式中，下标 r、θ 与 z 分别表示极轴、转角和竖轴方向。由于问题的对称性，转角方向的速度与压强均为零，所以相关分量在上述方程中没有出现。

对于上述方程，Reynolds 根据边界条件作出了如下简化 (Reynolds, 1886)：

$$\begin{cases} \dfrac{\partial^2 v_1}{\partial x_1^2}\ll\dfrac{\partial^2 v_1}{\partial x_3^2}, \quad \dfrac{\partial^2 v_1}{\partial x_2^2}\ll\dfrac{\partial^2 v_1}{\partial x_3^2} \\ \dfrac{\partial^2 v_2}{\partial x_1^2}\ll\dfrac{\partial^2 v_2}{\partial x_3^2}, \quad \dfrac{\partial^2 v_2}{\partial x_2^2}\ll\dfrac{\partial^2 v_2}{\partial x_3^2} \\ \dfrac{\partial v_3}{\partial x_3}=0, \quad \dfrac{\partial p}{\partial x_3}=0 \end{cases} \Longrightarrow \begin{cases} \dfrac{\partial^2 v_r}{\partial r^2}+\dfrac{1}{r}\dfrac{\partial v_r}{\partial r}-\dfrac{v_r}{r^2}\ll\dfrac{\partial^2 v_r}{\partial z^2} \\ \dfrac{\partial p}{\partial z}=0 \\ \dfrac{\partial v_z}{\partial z}=0 \end{cases} \tag{7.2.7}$$

因此方程式 (7.2.6) 进一步转化为

$$\begin{cases} \eta\dfrac{\partial^2 v_r}{\partial z^2}=\dfrac{\mathrm{d}p}{\mathrm{d}r} \\ \dfrac{\partial p}{\partial z}=0 \\ \dfrac{\partial v_r}{\partial r}+\dfrac{v_r}{r}+\dfrac{\mathrm{d}v_z}{\mathrm{d}z}=0 \end{cases} \tag{7.2.8}$$

由式 (7.2.8) 第一式积分可得

$$v_r=\frac{z(z-h)}{2\eta}\frac{\mathrm{d}p}{\mathrm{d}r} \tag{7.2.9}$$

可见，在两固定平行平面间稳定流动的流体，其流动速度沿高度方向呈二次抛物线的规律变化 (图 7.2.2)，且流速大小与该方向静水压力梯度成正比 (这种流动也称为泊肃叶流(朱克勤和许春晓, 2009))。

将式 (7.2.9) 代入式 (7.2.8) 的第三式可得

$$\frac{\mathrm{d}v_z}{\mathrm{d}z}=-\frac{z(z-h)}{2\eta}\left(\frac{\mathrm{d}^2p}{\mathrm{d}r^2}+\frac{1}{r}\frac{\mathrm{d}p}{\mathrm{d}r}\right) \tag{7.2.10}$$

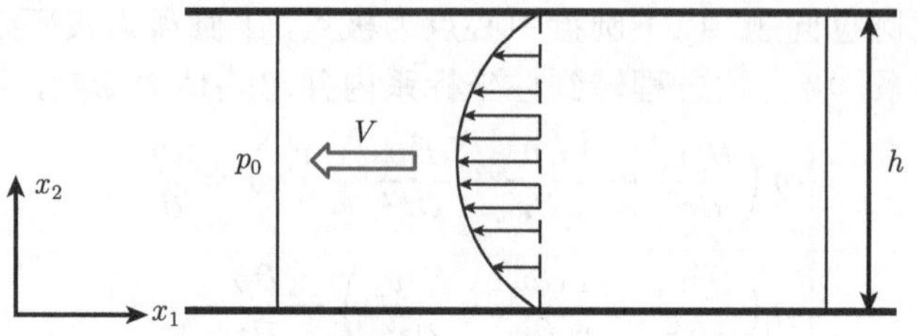

图 7.2.2　黏性流体速度与压力分布剖面图

式 (7.2.10) 两侧关于 z 求积分，得

$$\frac{h^3}{12\eta}\left(\frac{\mathrm{d}^2p}{\mathrm{d}r^2}+\frac{1}{r}\frac{\mathrm{d}p}{\mathrm{d}r}\right)=v_z\big|_{z=h}=\dot{h} \tag{7.2.11}$$

根据微分方程理论，式 (7.2.11) 的通解为

$$p(r)=\frac{3\eta\dot{h}}{h^3}r^2+C_1\ln r+C_2 \tag{7.2.12}$$

根据初始条件 $p(R)=p_0$ 以及边界条件 $p(0)<\infty$，可将通解化简为如下任意半径 r 处的静水压力表达式：

$$p=p_0-\frac{3\eta}{h^3}\frac{\mathrm{d}h}{\mathrm{d}t}\left(R^2-r^2\right) \tag{7.2.13}$$

根据内外力平衡，使圆盘分离所需的外力为

$$F_\mathrm{v}=\int_0^R 2\pi r\frac{3\eta}{h^3}\frac{\mathrm{d}h}{\mathrm{d}t}\left(R^2-r^2\right)\mathrm{d}r=\frac{3\eta\pi R^4}{2h^3}\frac{\mathrm{d}h}{\mathrm{d}t} \tag{7.2.14}$$

当定义圆盘间流体的体积为 $V=\pi R^2h$ 时，可得圆盘分离所需外力的另一种表达形式：

$$F_\mathrm{v}=\frac{3\eta V^2}{2\pi h^5}\frac{\mathrm{d}h}{\mathrm{d}t} \tag{7.2.15}$$

可见，以一定速度将圆盘分离或靠近时，由于黏性流体的流动，黏性流体将产生阻碍这种运动的阻力。显然，分离或压缩速度 $\mathrm{d}h/\mathrm{d}t$ 越高，对运动的阻力越大。这种效应最早由 Stefan 于 1874 年发现，故称为 Stefan 效应(Stefan, 1874)。

进一步，定义黏性应力和应变率如下：

$$\sigma_\mathrm{v}=\frac{F_v}{\pi R^2},\qquad \dot{\epsilon}=\frac{\dot{h}}{h} \tag{7.2.16}$$

则式 (7.2.14) 进一步化为

$$\sigma_\mathrm{v}=A\dot{\epsilon},\qquad A=\frac{\alpha_\mathrm{s}\eta}{\gamma_h^2} \tag{7.2.17}$$

此处引入形状系数表达式 $\alpha_\mathrm{s}=3/2$ 以及高宽比表达式 $\gamma_h=h/R$。显然，空隙越扁平，高宽比越大，黏性应力越大。

7.2.2 应变迟滞因子

若将混凝土中的微孔隙理想化为钱币状的微缺陷，则上述黏性阻力表达式同样适用于具有细观微孔隙的混凝土材料。由于液体表面张力的存在，混凝土中微孔洞、微裂纹中的流体 (自由水或水化水泥砂浆) 会形成细观液桥系统。当混凝土承受动力荷载作用时，系统会产生阻碍这种运动 (阻碍变形，从而延缓损伤的扩展) 的 Stefan 效应力，且这种阻力会因为加载速率的增加而增大。

因此，为了分析混凝土材料的率敏感性，可将混凝土微元体简化为图 7.2.3 所示的微元件系统，混凝土基体的弹性变形采用弹簧表示，而液体的 Stefan 效应采用黏性元件表示。

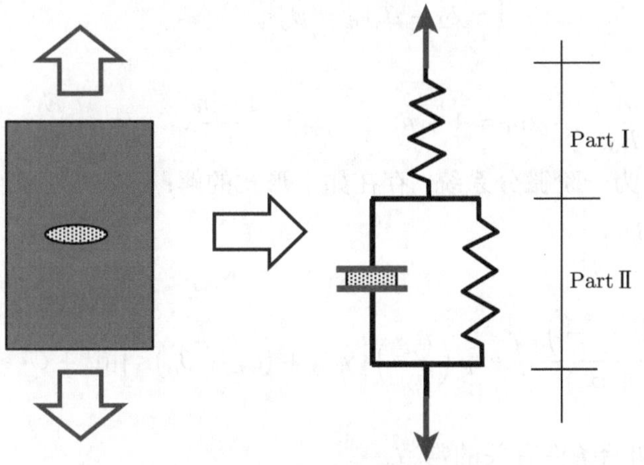

图 7.2.3 混凝土基本分析单元

根据上述微元件模型，可得如下控制方程：

$$\begin{cases} \epsilon_1 = \dfrac{\sigma}{E_1} \\ \epsilon_2 = \dfrac{\sigma - \sigma_v}{E_2} \end{cases} \tag{7.2.18}$$

式中，σ 为单轴应力；ϵ_1 和 ϵ_2 分别表示元件模型中第一部分与第二部分的应变；E_1 和 E_2 分别表示元件模型中第一部分与第二部分的等效弹性模量。

根据 7.2.1 节关于 Stefan 效应的结果，可知黏性元件的应力–应变率关系为

$$\sigma_{\mathrm{v}} = A\dot{\epsilon}_2 \tag{7.2.19}$$

图 7.2.3 所示的单元体系的总应变为

$$\epsilon_{\mathrm{d}} = \epsilon_1 + \epsilon_2 = \sigma\left(\frac{1}{E_1} + \frac{1}{E_2}\right) - \frac{\sigma_{\mathrm{v}}}{E_2} \tag{7.2.20}$$

式中，ϵ_{d} 为考虑动力效应后的体系总应变。

定义未考虑动力效应的体系 (静) 应变为

$$\epsilon_{\mathrm{s}}=\epsilon_1+\epsilon_2=\frac{\sigma}{E_0} \tag{7.2.21}$$

其中，体系等效弹性模量为

$$\frac{1}{E_0}=\frac{1}{E_1}+\frac{1}{E_2} \tag{7.2.22}$$

综合式 (7.2.18)、式 (7.2.19)、式 (7.2.20) 以及式 (7.2.21)，可得如下控制方程：

$$\begin{cases}\gamma_{\mathrm{a}}\dot{\epsilon}_2+(\alpha_n+\beta_n)\epsilon_2=\alpha_n\epsilon_{\mathrm{d}}\\ \gamma_{\mathrm{a}}\dot{\epsilon}_2+\beta_n\epsilon_{\mathrm{d}}=\beta_n\epsilon_{\mathrm{s}}\end{cases} \tag{7.2.23}$$

式中

$$\gamma_{\mathrm{a}}=\frac{A}{E_0},\qquad \alpha_n=1+n,\qquad \beta_n=\frac{1+n}{n},\qquad n=\frac{E_1}{E_2} \tag{7.2.24}$$

式 (7.2.23) 为一阶微分系统，存在如下形式的解：

$$\begin{cases}\epsilon_2=\epsilon_{\mathrm{d}}-\dfrac{\beta_n\epsilon_{\mathrm{s}}}{\alpha_n+\beta_n}\\ \epsilon_{\mathrm{d}}=\dfrac{\beta_n\exp\left(-\frac{\beta_n t}{\gamma_{\mathrm{a}}}\right)}{\gamma_{\mathrm{a}}(\alpha_n+\beta_n)}\displaystyle\int\exp\left(\frac{\beta_n t}{\gamma_{\mathrm{a}}}\right)\left[\gamma_{\mathrm{a}}\dot{\epsilon}_{\mathrm{s}}+(\alpha_n+\beta_n)\epsilon_{\mathrm{s}}\right]\mathrm{d}t+C_1\exp\left(-\frac{\beta_n t}{\gamma_{\mathrm{a}}}\right)\end{cases} \tag{7.2.25}$$

其中，C_1 是与初始条件有关的常数。

考虑零初始条件及匀速加载条件

$$\begin{cases}\epsilon_{\mathrm{s}}(0)=0,\qquad \epsilon_{\mathrm{d}}(0)=0\\ \epsilon_{\mathrm{s}}=\dot{\epsilon}_{\mathrm{s}}t\end{cases} \tag{7.2.26}$$

方程式 (7.2.25) 的解可简化为

$$\begin{cases}\epsilon_{\mathrm{d}}=\epsilon_{\mathrm{s}}-\epsilon_{\mathrm{v}}\\ \epsilon_{\mathrm{v}}=\dfrac{\alpha_n\gamma_{\mathrm{a}}}{\beta_n(\alpha_n+\beta_n)}\dfrac{1-\exp\left(-\dfrac{\beta_n t}{\gamma_{\mathrm{a}}}\right)}{t}\epsilon_{\mathrm{s}}\end{cases} \tag{7.2.27}$$

式 (7.2.27) 表明，由于存在黏性阻力 σ_{v}，采用动力加载所产生的应变值将小于采用静力加载所产生的应变值。换言之，在动力加载条件下，将产生“应变迟滞”效应。定义应变迟滞因子α_{st} 为

$$\alpha_{\mathrm{st}}=\frac{\epsilon_{\mathrm{d}}}{\epsilon_{\mathrm{s}}} \tag{7.2.28}$$

根据式 (7.2.27)，可给出

$$\alpha_{\mathrm{st}} = 1 - \frac{\alpha_n \gamma_{\mathrm{a}}}{\beta_n(\alpha_n + \beta_n)} \frac{1 - \exp\left(-\frac{\beta_n t}{\gamma_{\mathrm{a}}}\right)}{t} \tag{7.2.29}$$

考虑两类极限

$$\begin{cases} \lim\limits_{t \to 0} \alpha_{\mathrm{st}} = \dfrac{\alpha_n}{\alpha_n + \beta_n} < 1 \\ \lim\limits_{t \to +\infty} \alpha_{\mathrm{st}} = 1 \end{cases} \tag{7.2.30}$$

可以发现，对于动力加载，由于持时较短，应变迟滞因子趋近于一个小于 1 的常数；而静力加载的持时较长，此时应变迟滞因子趋近于 1，静力应变与动力应变趋于相等。

7.2.3 基于随机 Stefan 效应的随机动力损伤模型

在细观随机断裂模型的框架内，基于随机 Stefan 效应的细观机理，可以将静力随机损伤本构模型推广到动力随机损伤本构模型。此时，细观随机断裂模型中的微弹簧不仅具备了细观断裂应变的相关信息，同时也包含了细观微孔隙的细观结构特征，并具有随机分布的特征。

如本书 6.2 节所述，在静力加载条件下，受拉损伤和受压损伤可以表述为

$$D^+(\epsilon^{\mathrm{e}+}) = \int_0^1 H\left[\epsilon_{\mathrm{s}}^+ - \Delta^+(x)\right] \mathrm{d}x \tag{7.2.31a}$$

$$D^-(\epsilon^{\mathrm{e}-}) = \int_0^1 H\left[\epsilon_{\mathrm{s}}^- - \Delta^-(x)\right] \mathrm{d}x \tag{7.2.31b}$$

根据前述分析，可知动应变 ϵ_{d} 与静应变 ϵ_{s} 之间关系为

$$\epsilon_{\mathrm{d}} = \alpha_{\mathrm{st}} \epsilon_{\mathrm{s}} \tag{7.2.32}$$

因此，考虑动力加载速率影响，在较低应变率 ($\epsilon = 10^{-5} \sim 1\mathrm{s}^{-1}$) 条件下的动力损伤变量为

$$D_{\mathrm{d}}^+(\epsilon^{\mathrm{e}+}) = \int_0^1 H\left[\alpha_{\mathrm{st}} \epsilon_{\mathrm{s}}^+ - \Delta^+(x)\right] \mathrm{d}x \tag{7.2.33a}$$

$$D_{\mathrm{d}}^-(\epsilon^{\mathrm{e}-}) = \int_0^1 H\left[\alpha_{\mathrm{st}} \epsilon_{\mathrm{s}}^- - \Delta^-(x)\right] \mathrm{d}x \tag{7.2.33b}$$

在多维受力条件下，引用能量等效应变的概念，容易将上述动力损伤变量加以推广。结合本书第 6 章的内容，不难给出随机动力损伤本构模型。通常，地震作用在结构中产生的应变率 $\epsilon = 10^{-4} \sim 10^{-2}\mathrm{s}^{-1}$，因此，本节建议模型特别适合应用于结构地震响应分析。

值得指出，由于基本的随机源包括细观断裂应变随机场 $\Delta^{\pm}(x)$、细观缺陷形状系数 α_s 和高宽比 γ_h，相关的分析应该在样本层次、数值特征层次或概率密度层次进行。兹不赘述。

利用 Karhunen-Loève 分解(见附录 B.1) 对细观断裂应变随机场进行分解，运用上述随机损伤模型计算了单轴受拉与单轴受压在低应变率范围内的动力提高系数的均值与方差，计算结果如图 7.2.4 和图 7.2.5 所示。

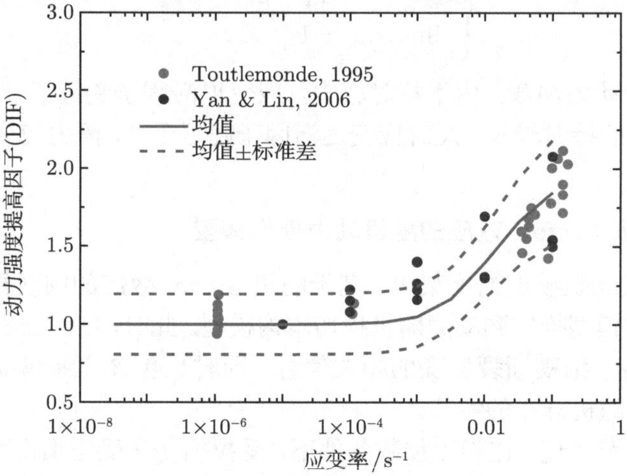

图 7.2.4 混凝土单轴受拉动强度提高因子随应变率变化曲线

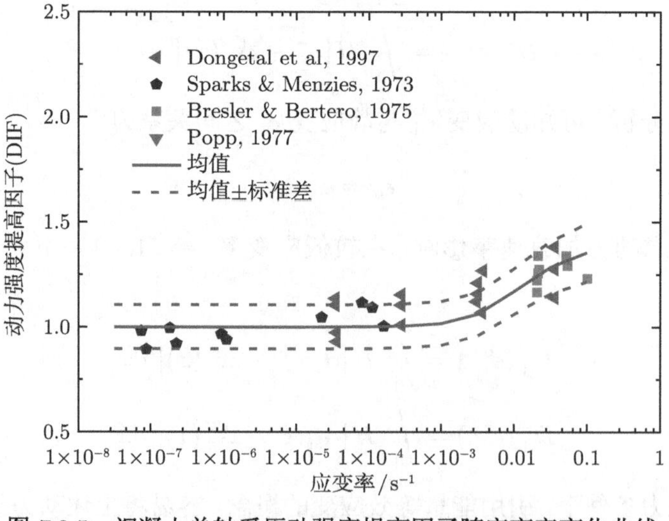

图 7.2.5 混凝土单轴受压动强度提高因子随应变率变化曲线

可见，随机损伤本构模型不仅可以在均值意义上反映混凝土应力–应变关系，也可以在概率意义上预测其离散范围。

7.3 基于多裂纹扩展的动力损伤模型

7.3.1 高应变率条件下的裂纹扩展特征

前述分析表明：在低应变率加载时，随机 Stefan 效应主导了混凝土动力率效应。在高应变率 ($\epsilon = 10^1 \sim 10^3\text{s}^{-1}$，对应于冲击作用、爆炸冲击波) 作用时，应力波的传播作用将会对具有初始微裂纹的混凝土破坏过程产生复杂的影响。此时，混凝土应变率效应将主要通过裂纹动力扩展机制表现出来。

大量实验表明，混凝土等准脆性材料在高应变率时呈现出与静力破坏完全不同的模式：在高应变率时裂纹扩展趋于弥散，如图 7.3.1 所示 (Meyers, 2006)。

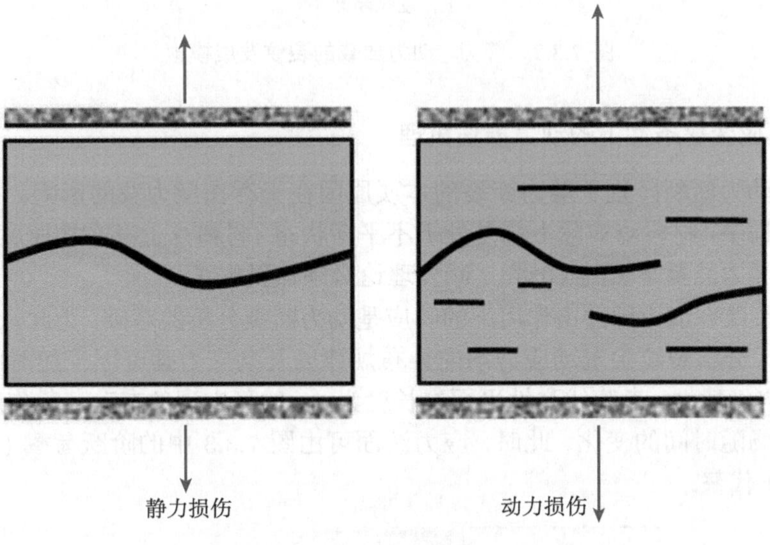

图 7.3.1 静力、动力损伤裂纹特征

图 7.3.2 为一组典型的数值模拟分析结果 (Li & Ren, 2011)。可见，在静力加载条件下，裂纹沿着一条主裂纹发展，而在动力加载条件下，裂纹出现分叉、扩展趋于弥散。这说明，动力加载时的材料破坏模式将由静力时的少数主要裂纹扩展转变为众多裂纹同时存在的破坏模式。

针对准脆性材料在高应变率下裂纹趋于弥散的现象，我们研究了应力波对裂纹动态扩展的影响，提出了裂纹动力扩展竞争假说，通过对 Griffith 静力断裂理论进行修正，得到了混凝土多裂纹同时扩展的动力断裂理论模型，建立了高应变率时的混凝土动力损伤本构关系 (Huang & Li, 2009; Li et al., 2013)。

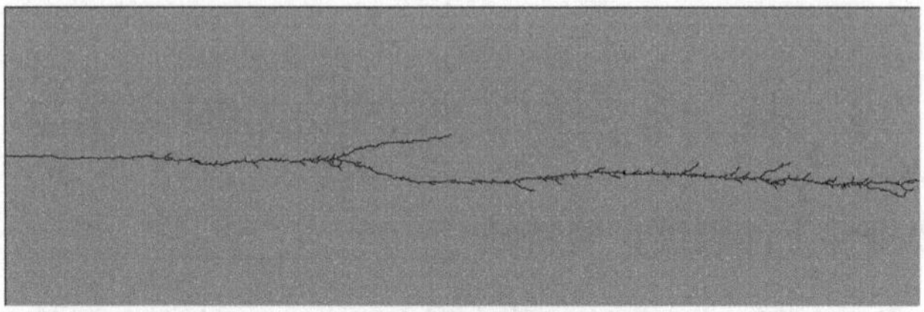

(a) 拟静态断裂

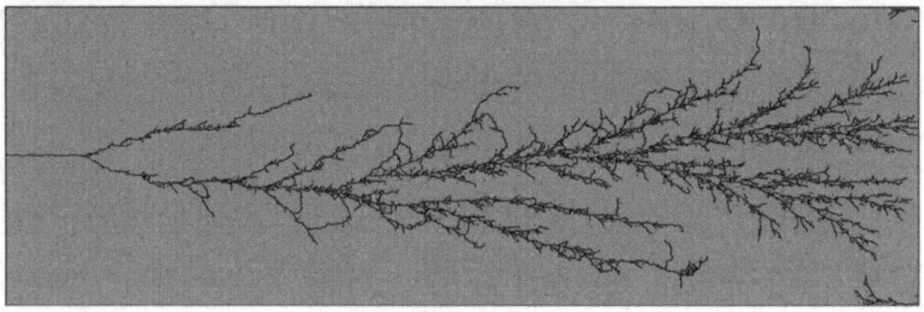

(b) 动态断裂

图 7.3.2　静力、动力加载的裂纹发展模拟

7.3.2　高应变率条件下的动力损伤机理

高速动力断裂区别于静力断裂的本质原因在于存在应力波的影响。在应力波的传播过程中，材料点实际上总是处于不平衡状态 (材料点上存在加速度和速度)，因此基于静力能量平衡的 Griffith 断裂理论必须加以修正。

单条裂纹在应力波冲击作用下的响应是动力断裂分析的基础。为此，先以单条裂纹为例，分析裂纹尖端动应力场的分布规律以及动应力强度因子随时间的变化规律。不失一般性，考察线弹性平面内长度为 $2a$ 的稳定裂纹在动荷载作用时裂纹尖端应力场随时间的变化。此时，应力波面可由图 7.3.3 中的阶跃荷载 (Heaviside 型冲击波) 代替。

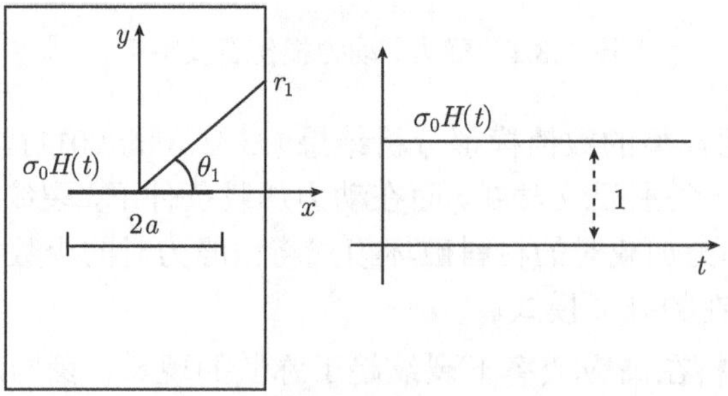

图 7.3.3　I 型有限长裂纹与阶跃荷载

在 Heaviside 冲击波作用下，裂纹尖端会产生次生应力波，包括纵波、横波及 Rayleigh 波。它们会沿着弹性体向四周传播。通常，可以通过求解波动方程获得波

动过程及动态应力，但对于图 7.3.3 所示的问题，尚没有解析解，需要借助数值方法求解。为此，对波动方程进行 Laplace 变换，将其转化第二类 Fredholm 积分方程并利用数值方法求解，再利用数值方法进行 Laplace 反演，由此得到时间域上的波动过程与动态应力解 (Sih et al., 1972; 黄桥平等, 2010)。典型的归一化动态应力强度因子如图 7.3.4 所示 (计算中的基本参数为：$E_0 = 37\text{GPa}$，$\nu = 0.2$，$c_2 = 1773.6\text{m/s}$，$k = 0.6123$)。

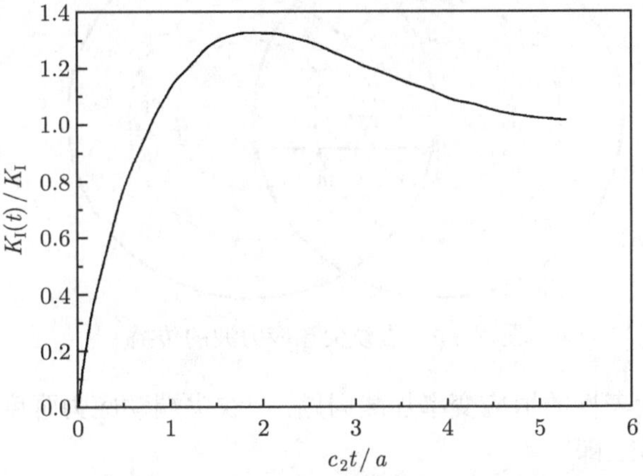

图 7.3.4 归一化动应力强度因子随时间变化

由图 7.3.4 可见，在高应变率加载条件下，动应力强度因子随时间变化逐步增加，首次等于静应力强度因子时的时间大约为：$c_2t/a = 1.57$。引入 $c_2/c_1 = 0.6123$，将横波波速 c_2 换算成纵波波速 c_1，有 $c_tt/a = 0.961$。这表明，当裂纹两端应力波首次相遇时，动应力强度因子达到静应力强度因子。在 $c_2t/a \approx 1.8(c_1t/a \approx 1.1)$ 处，动应力强度因子达到最大值。此后，由于应力波的相互作用，动应力强度因子缓慢减小至静应力强度因子附近。

图 7.3.5 给出了从裂纹尖端出发的应力波随时间变化的示意图。一般说来，在纵波(波速 c_1)、横波(波速 c_2) 与 Rayleigh 波(波速 c_{R}) 中，纵波波速最快，它首先传播 $2a$ 的距离到达裂纹另一端，并对裂纹尖端形成新的扰动，之后剪切波和 Rayleigh 波也陆续到达。根据 Freund 的研究 (Freund, 1998)，纵波与横波在裂纹端部的扰动对动态应力强度因子的影响极其有限，只有 Rayleigh 波对其有着本质的影响。一般认为，Rayleigh 波到达另一裂纹尖端的时间即为动态应力强度因子开始下降的时间。

当不考虑一个裂纹尖端产生的波对另一裂纹尖端的扰动时，半无限长裂纹在 Heaviside 冲击荷载作用时动应力强度因子与时间的平方根成正比：

$$K(t) \propto \sqrt{t} \tag{7.3.1}$$

对于 I 型断裂，对应的动应力强度因子表达式为 (Sih et al., 1972)

$$K_{\rm I}(t)=\sigma_0\frac{2\alpha\sqrt{a}}{\sqrt{\pi}}\sqrt{\frac{c_2t}{a}} \tag{7.3.2}$$

式中，α 是裂纹形状系数。

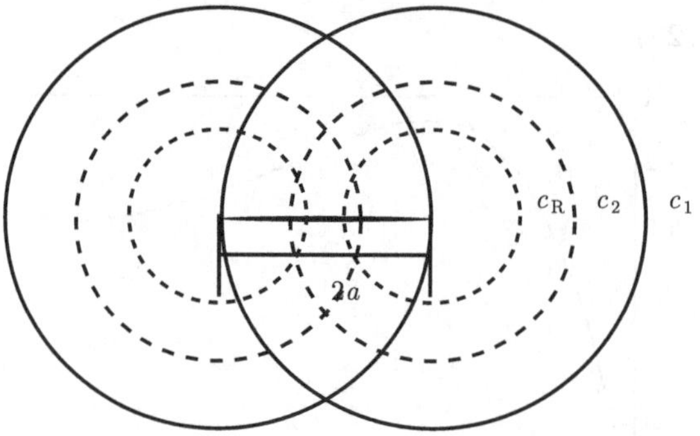

图 7.3.5　裂纹尖端应力波的传播

考虑更具有代表性的恒应变率加载问题，裂纹尖端动应力强度因子为 Heaviside 冲击荷载解的卷积，即

$$K_{\rm I}(t)=\frac{2\alpha\sqrt{c_2}}{\sqrt{\pi}}\int_0^t\dot{\sigma}_0\sqrt{(t-\tau)}{\rm d}\tau=\frac{4\alpha}{3\sqrt{\pi}}\dot{\sigma}_0\sqrt{c_2}t^{3/2} \tag{7.3.3}$$

可见，在恒定应变率加载时，裂纹尖端动应力强度因子随时间成 1.5 次幂变化。图 7.3.6 给出了动态应力强度因子解析解 (虚线) 与数值解 (实线) 的对比。可见二者在初始阶段一致性较好，当纵波与横波到达另一侧裂纹端部并发生散射作用时，数值解与解析解开始分离，但是二者区别较小，尚可用解析解逼近数值解。而当 Rayleigh 波到达另一侧裂纹端部时，裂纹端部的动态应力强度因子开始下降，解析解与数值解发生分离。另一方面可以发现，利用分离点处的动态应力强度因子值逼近动态应力强度因子的最大值 $K_{\max}$ 是可行的，而前者可以用解析解在 Rayleigh 波到达另一侧裂纹端部的时间 $t_{\rm c}=\dfrac{2a}{c_{\rm R}}$ 计算 (Freund, 1998)。

对于单条裂纹，若假定动态断裂韧性保持不变，则脆性材料的动强度可根据断裂判据由下式确定 (Kipp et al., 1980)：

$$K_{\rm Ic}=\frac{4\alpha}{3\sqrt{\pi}}\dot{\sigma}_0\sqrt{c_2}t_{\rm s}^{3/2} \tag{7.3.4}$$

式中

$$t_{\rm s}=\left(\frac{3\sqrt{\pi}K_{\rm Ic}}{4\alpha\sqrt{c_2}\dot{\sigma}_0}\right)^{2/3} \tag{7.3.5}$$

为恒应变率加载至断裂的时间，将断裂时间代入 $\sigma_c = \dot{\sigma}_0 t_s$，可得动强度：

$$\sigma_c = \left(\frac{9\pi E K_{Ic}^2}{16\alpha^2 c_2}\dot{\epsilon}_0\right)^{1/3} \tag{7.3.6}$$

由式 (7.3.6) 可见，材料动强度只与加载应变率相关，而与裂纹尺寸无关。因此，在恒应变率加载条件下，不同尺寸的初始裂纹将同时扩展。

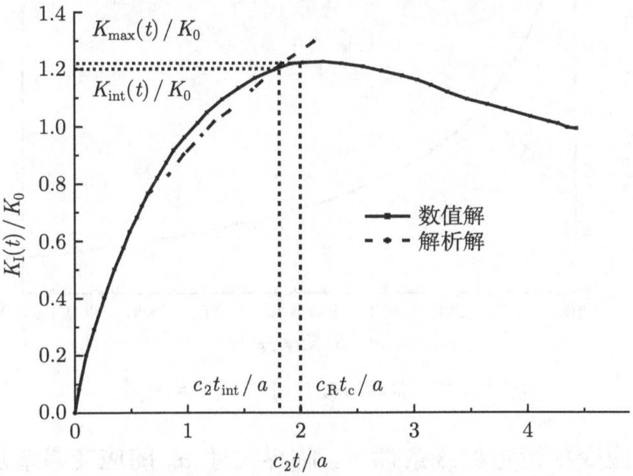

图 7.3.6 动应力强度因子精确解范围

另一方面，若动态应力强度因子在 Rayleigh 波到达另一侧裂纹尖端之后还未达到静态断裂韧性，即 $t_s > t_c$，则裂纹将不再发生扩展，因为实际的动力应力强度因子在越过了这一时间点之后即发生下降。所以裂纹发生动态扩展的条件为 $t_s \leqslant t_c$，即满足

$$\left(\frac{3\sqrt{\pi}K_{Ic}}{4\alpha\sqrt{c_2}\dot{\sigma}_0}\right)^{2/3} \leqslant \frac{2a}{c_R} \tag{7.3.7}$$

定义系数 $k = \dfrac{c_R}{c_2}$，则可以进一步求得不同应变率时材料动强度与裂纹尺寸无关的临界裂纹尺寸：

$$a_c \geqslant \frac{k}{2}\left(\frac{3\sqrt{\pi}K_{Ic}c_2}{4\alpha\dot{\sigma}_0}\right)^{2/3} \tag{7.3.8}$$

根据波动理论，k 的解析解不能直接得到。考虑到模型所需的计算精度，可采用如下形式的近似表达式 (Pichugin, 2008)：

$$k \approx \frac{1+\nu}{0.87+1.12\nu} \tag{7.3.9}$$

以 C30 混凝土为例计算不同应变率时临界裂纹尺寸 a_c 随应变率变化关系，其中基本材料参数为：$E = 37.0\text{GPa}$，$\nu = 0.2$，$K_{\text{Ic}} = 0.24\text{MPa}$，$c_2 = 1773.6\text{m/s}$，$k = 1.0969$。计算结果如图 7.3.7 所示。

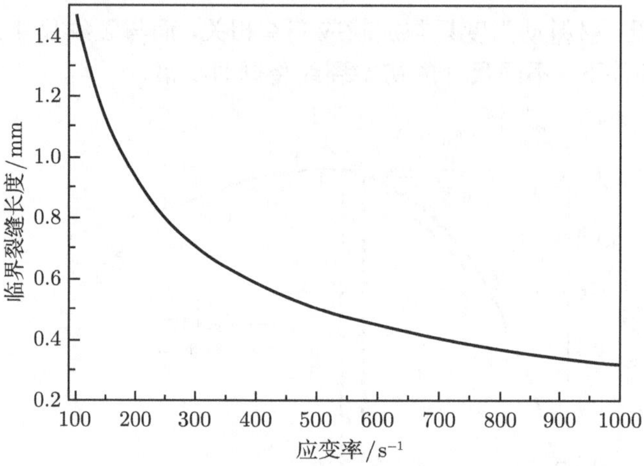

图 7.3.7　临界裂纹尺寸随应变率变化

可见，在高应变率恒定加载条件下，临界尺寸 a_c 随应变率增加而减小。在动力加载时，裂纹尺寸大于临界尺寸 a_c 的裂纹将同时扩展。若将受压破坏归结为受剪破坏，其动力裂纹扩展规律与单轴受拉相似。

7.3.3　多裂纹同时扩展的断裂动力学

Griffith 静力断裂理论认为，若系统预先存在很多裂纹，随着荷载的增加，最不利的裂纹将会首先扩展，扩展的裂纹使其他裂纹应力卸载，从而使其他裂纹的扩展受到抑制。因此，在静力作用时，材料的破坏表现出少数主裂纹扩展的破坏。大量实验表明，动力作用时这种裂纹扩展模式将会变化。事实上，上面已经证明，在高应变率条件下，大于某个临界尺寸的初始裂纹将同时扩展，即在高应变率条件下，混凝土损伤的演化进程将由静力条件下的单条裂纹扩展转化为动力作用下的多裂纹竞争扩展。为了定量地揭示这一机理，可以采用 Main 和 Meredith(1991) 提出的修正 Griffith 断裂理论，建立多裂纹同时扩展的能量平衡方程。为此，先作出假设：当多条裂纹同时存在时，忽略裂纹间的相互作用。

对于平面应力状态，当多条裂纹 (如 $N+1$ 条裂纹) 同时扩展时，系统的应变能改变量为

$$\mathrm{d}\tilde{U} = \mathrm{d}\left(\frac{\pi a^2\sigma^2}{E} + \sum_{i=1}^{N}\frac{\pi a_i^2\sigma^2}{E}\right) = \left(1 + \sum_{i=1}^{N}\frac{a_i}{a}\frac{\mathrm{d}a_i}{\mathrm{d}a}\right)\mathrm{d}U \qquad (a_i \leqslant a) \tag{7.3.10}$$

式中，a 为初始最大裂纹长度；a_i 为其他初始裂纹的长度；而

$$\mathrm{d}U=\frac{2\pi\sigma^2 a\mathrm{d}a}{E} \tag{7.3.11}$$

为主裂纹扩展引起的系统应变能改变。

在裂纹扩展过程中，相应的表面能改变量 (耗散能量) 为

$$\mathrm{d}\tilde{S}=2\xi_{\mathrm{r}}\left(\mathrm{d}a+\sum_{i=1}^{N}\mathrm{d}a_i\right)=2\xi_{\mathrm{r}}\left(1+\sum_{i=1}^{N}\frac{\mathrm{d}a_i}{\mathrm{d}a}\right)\mathrm{d}a \tag{7.3.12}$$

式中，ξ_{r} 为单条裂纹扩展的等效比表面能。

若只考虑动力效应引起的裂纹端部应力场变化，而忽略动能引起的应变能变化，则有如下能量平衡：

$$\mathrm{d}\tilde{U}=\mathrm{d}\tilde{S} \tag{7.3.13}$$

综合式 (7.3.10)、式 (7.3.12) 和式 (7.3.13)，可得

$$\frac{\mathrm{d}U}{\mathrm{d}a}=2\xi_{\mathrm{r}}\frac{1+\sum\limits_{i=1}^{N}\dfrac{\mathrm{d}a_i}{\mathrm{d}a}}{1+\sum\limits_{i=1}^{N}\dfrac{a_i}{a}\dfrac{\mathrm{d}a_i}{\mathrm{d}a}} \tag{7.3.14}$$

考虑动力加载情况下裂纹按照长度比例扩展，即 $\dfrac{\mathrm{d}a_i}{a_i}=\dfrac{\mathrm{d}a}{a}$，式 (7.3.14) 进一步化为

$$\frac{\mathrm{d}U}{\mathrm{d}a}=2\xi_{\mathrm{r}}\frac{1+\sum\limits_{i=1}^{N}\dfrac{a_i}{a}}{1+\sum\limits_{i=1}^{N}\dfrac{a_i^2}{a^2}} \tag{7.3.15}$$

式 (7.3.15) 表明，在主裂纹扩展的同时，众多次裂纹也将同时扩展。

记多条裂纹同时扩展的等效比表面能(耗散的能量) 为 $\tilde{\xi}_{\mathrm{r}}$，有

$$\tilde{\xi}_{\mathrm{r}}=\frac{1}{2}\frac{\mathrm{d}U}{\mathrm{d}a}=\frac{1+\sum\limits_{i=1}^{N}\dfrac{a_i}{a}}{1+\sum\limits_{i=1}^{N}\left(\dfrac{a_i}{a}\right)^2}\xi_{\mathrm{r}} \tag{7.3.16}$$

为了计算 $\tilde{\xi}_{\mathrm{r}}$，需要先确定裂纹在不同应变率时的分布，包括裂纹的尺寸和数目随应变率变化的情况。分析表明，脆性材料的裂纹尺寸分布具有分形的特点，且裂纹尺寸越小，密度越大 (谢和平, 1996)。不妨假定不同尺寸裂纹的密度函数为

$$p(a_i/a) = \lambda_0 \left(\frac{a}{a_i}\right)^{1+m/2} \tag{7.3.17}$$

式中，λ_0 和 m 为材料参数。

利用式 (7.3.17)，式 (7.3.16) 可以改写为如下积分形式：

$$\tilde{\xi}_{\mathrm{r}} = \frac{1 + \displaystyle\int_{x_{\mathrm{c}}}^{1} \lambda_0 \left(\frac{1}{x}\right)^{1+m/2} x \, \mathrm{d}x}{1 + \displaystyle\int_{x_{\mathrm{c}}}^{1} \lambda_0 \left(\frac{1}{x}\right)^{1+m/2} x^2 \, \mathrm{d}x} \xi_{\mathrm{r}} \tag{7.3.18}$$

式中，x 是归一化后的积分变量；x_{c} 是积分下限，表示不同应变率时参与同时扩展的最小裂纹长度与主裂纹长度的比值。

另一方面，对于某特定的应变率，注意到式 (7.3.8)，可取参与同时扩展的微裂纹的最小尺寸为

$$a_{\mathrm{c}} = 0.5k \left(\frac{3\sqrt{\pi} K_{\mathrm{Ic}} c_2}{4\alpha E \dot{\epsilon}_0}\right)^{2/3} \tag{7.3.19}$$

进而，取主裂纹长度均值 (Gross & Seeling, 2006) 为

$$\bar{a} = \frac{1}{\pi} \left(\frac{K_{\mathrm{Ic}}}{\sigma_{\mathrm{t}}}\right)^2 \tag{7.3.20}$$

式中，σ_{t} 是混凝土单轴受拉强度。

定义归一化积分变量为 $x = a/\bar{a}$，可得式 (7.3.18) 中的积分下限为

$$x_{\mathrm{c}} = \frac{a_{\mathrm{c}}}{\bar{a}} = \frac{\pi k}{2} \left(\frac{3\sqrt{\pi} c_2 \sigma_{\mathrm{t}}^3}{4\alpha E K_{\mathrm{Ic}}^2}\right)^{2/3} \dot{\epsilon}^{-2/3} \tag{7.3.21}$$

于是，利用式 (7.3.18)，可以求得多条裂纹同时扩展时的等效比表面能(裂缝扩展耗能)$\tilde{\xi}_{\mathrm{r}}$。

这样，我们就定量给出了高应变率条件下动力率效应的物理解释：当应变率较高时，不同尺寸裂纹将同时扩展，数目众多的次裂纹消耗了较多的能量，从而使发生裂纹扩展所需的总能量增加，提高了裂纹扩展的断裂韧性。换句话说，外界能量输入一定时，主裂纹和众多次裂纹间存在着耗能竞争关系，众多次裂纹消耗了较多能量，从而使主要裂纹扩展可用的能量减小，由此，延缓了裂纹扩展，提高了材料强度，形成了应变率效应。

高应变率条件下因多裂纹竞争延缓了裂纹扩展，意味着动力加载条件下相同应力水平对应的应变进程将迟缓于静力加载。注意到能量与应变之间的关系，可以引入高应变率条件下的应变迟滞因子

$$\alpha_{\mathrm{mf}}=\frac{\epsilon_{\mathrm{d}}}{\epsilon_{\mathrm{s}}}=\sqrt{\frac{\xi_{\mathrm{r}}}{\tilde{\xi}_{\mathrm{r}}}}=\left[\frac{1+\displaystyle\int_{x_{\mathrm{c}}}^{1}\lambda_0\left(\frac{1}{x}\right)^{1+m/2}x^2\,\mathrm{d}x}{1+\displaystyle\int_{x_{\mathrm{c}}}^{1}\lambda_0\left(\frac{1}{x}\right)^{1+m/2}x\,\mathrm{d}x}\right]^{1/2} \tag{7.3.22}$$

显然，$\alpha_{\mathrm{mf}}<1$。

7.3.4 动力损伤模型

在细观随机断裂损伤模型的框架内，可以利用式 (7.3.22) 将静力随机损伤模型推广为动力随机损伤模型。事实上，根据前述分析，可知在高应变率条件下动应变 ϵ_{d} 与静应变 ϵ_{s} 之间关系为

$$\epsilon_{\mathrm{d}}=\alpha_{\mathrm{mf}}\epsilon_{\mathrm{s}} \tag{7.3.23}$$

因此，考虑动力加载速度影响，在高应变率条件下的动力损伤变量为

$$D_{\mathrm{d}}^{+}(\epsilon^{\mathrm{e}+})=\int_0^1 H\left[\alpha_{\mathrm{mf}}\epsilon_{\mathrm{s}}^{+}-\varDelta^{+}(x)\right]\mathrm{d}x \tag{7.3.24a}$$

$$D_{\mathrm{d}}^{-}(\epsilon^{\mathrm{e}-})=\int_0^1 H\left[\alpha_{\mathrm{mf}}\epsilon_{\mathrm{s}}^{-}-\varDelta^{-}(x)\right]\mathrm{d}x \tag{7.3.24b}$$

在多维受力条件下，引用能量等效应变的概念，容易将上述动力损伤变量加以推广。

以 C30 混凝土为例，计算了不同应变率时均值意义上的单轴受力动强度提高系数随应变率变化关系，算例中基本材料常数列于表 7.3.1 与表 7.3.2 中。

表 7.3.1 受拉计算模型材料参数

E/GPa	ν	ρ/(kg/m^3)	σ_{t}/MPa	K_{Ic}/(MPa$\sqrt{m}$)	c_2/(km/s)	k	λ_0	m
30.0	0.2	2500	2.0	0.24	1.74	1.0969	1000	18.3

表 7.3.2 受压计算模型材料参数

E/GPa	ν	ρ/(kg/m^3)	σ_{t}/MPa	K_{Ic}/(MPa$\sqrt{m}$)	c_2 /(km/s)	k	λ_0	m
30.0	0.2	2500	2.0	0.91	1.74	1.0969	4500	22

按照前述模型计算得到了均值动应力强度因子及其标准差，如图 7.3.8 与图 7.3.9 所示。可见，在均值意义上，基于上述裂纹动力扩展的动力损伤本构模型，预测结果与实验吻合较好，而由于采用随机损伤的基本概念，随机动力损伤模型可以预测动应力强度因子的离散范围。

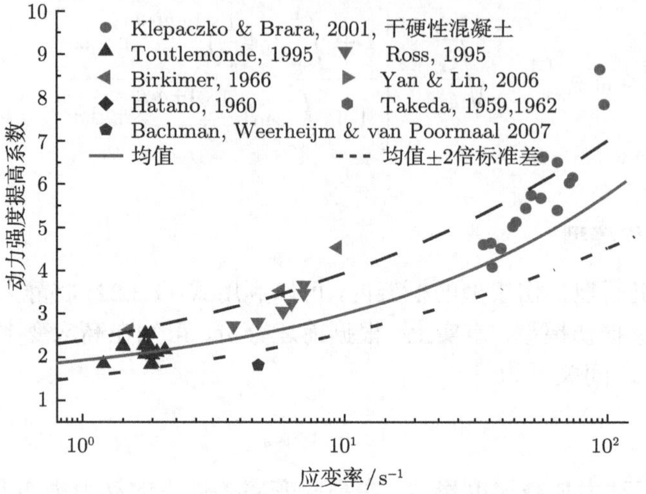

图 7.3.8　单轴受拉动力提高系数 —— 理论预测与实验结果

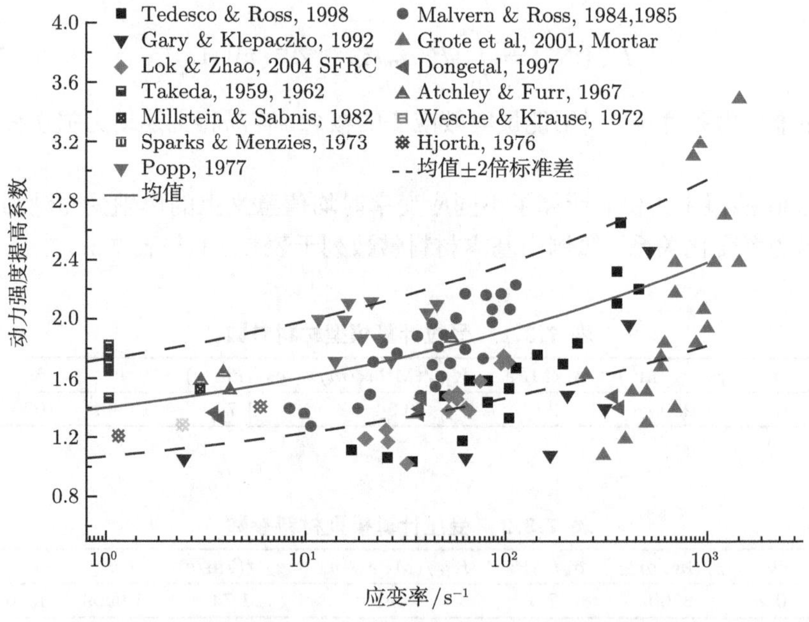

图 7.3.9　单轴受压动力提高系数 —— 理论预测与实验结果

第 8 章　混凝土本构关系的数值算法

前述四章，基本建立了比较完整的混凝土弹塑性随机损伤本构关系的理论框架。原则上，根据这些内容，已经可以基本完整地描述混凝土材料在复杂受力过程中的本质随机性与种种非线性行为。然而，由于损伤本构方程在数学上属于偏微分方程组，为了获得应力–应变关系的数值解，还要引入数值算法。

8.1 基本概念

为简明计，我们先以一维弹塑性损伤本构关系为例，考察其数值实现过程，以说明本构关系数值算法中的若干基本概念。

8.1.1 一维弹塑性损伤本构关系基本方程

不考虑材料的各向异性性质，一维弹塑性损伤本构关系可以表述为式 (5.3.23) 的形式 (这里为简便记，略去了分别代表单轴受拉和单轴受压的上标 $\pm$，下同)

$$\sigma = \big(1-d\big)\bar{\sigma} \tag{8.1.1}$$

式中，有效应力$\bar{\sigma}$ 服从经典的弹塑性关系，即

$$\bar{\sigma} = E_0\epsilon^{\mathrm{e}} = E_0\big(\epsilon - \epsilon^{\mathrm{p}}\big) \tag{8.1.2}$$

式中，E_0 为材料的弹性模量。

为了获得应力–应变关系的数值表述，首先存在是预先给定 ϵ(应变加载) 求 σ 还是预先给定 σ(应力加载) 求 ϵ 的分别。一般说来，由于存在材料的软化，应力加载会遇到 ϵ 多值的困难 (图 8.1.1)，在描述非线性应力–应变关系时，往往采用应变加载。

其次，无论应变加载还是应力加载，都存在是采用全量加载 (给定 ϵ 或 σ) 还是增量加载 (给定 $\Delta\epsilon$ 或 $\Delta\sigma$) 的区别。为说明问题起见，先考虑应变全量加载，即给定 ϵ 求 σ。表面看来，似乎给定 ϵ，就可以按照式 (8.1.1) 和式 (8.1.2) 直接求 σ。但马上可以发现，问题并不这样简单：由于存在损伤变量d 和塑性应变 ϵ^{p}，要获取给定应变 ϵ 对应的应力 σ，首先必须确定这两类内变量。

从第 5 章建立的混凝土弹塑性损伤本构关系可知，损伤变量d 是当前损伤能释放率Y_n 的函数，即式 (5.3.64) 和式 (5.3.71)

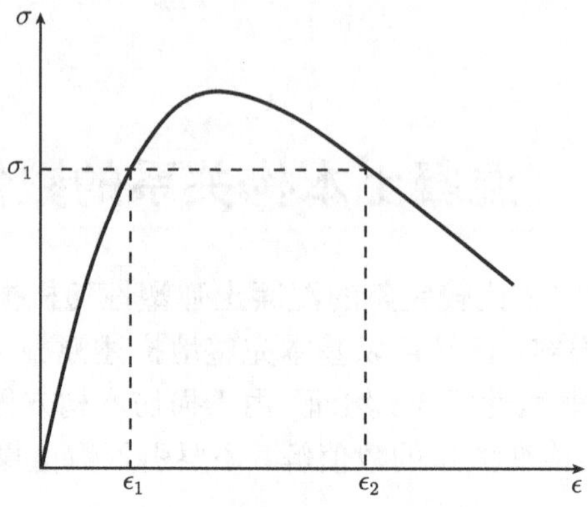

图 8.1.1 应力加载时的应变多值问题

$$d = g(r_n), \qquad r_n = \max_{\tau \in [0, t_n]} \Big[r_0, Y_\tau(\bar{\sigma}) \Big] \tag{8.1.3a}$$

式中，损伤能释放率Y_n 是有效应力$\bar{\sigma}$ 或等效的弹性应变 ϵ^{e} 的函数。换句话说，损伤变量d 是应变 ϵ^{e} 的隐式函数。

对于随机损伤，有

$$D = \int_0^1 H\big[\epsilon^{\mathrm{e}} - \varDelta(x)\big]\, \mathrm{d}x \tag{8.1.3b}$$

当给定随机场样本时，损伤变量D 也是弹性应变 ϵ^{e} 的函数。

然而，弹性应变 ϵ^{e} 的大小，则要根据

$$\epsilon^{\mathrm{e}} = \epsilon - \epsilon^{\mathrm{p}} \tag{8.1.4}$$

确定，其中的塑性应变 ϵ^{p} 又要通过求解塑性演化方程获得。

一般说来，塑性演化方程采用微分形式描述。在有效应力空间中，塑性发展方程表示为

$$\dot{\epsilon}^{\mathrm{p}} = \dot{\lambda} \frac{\partial F^{\mathrm{p}}}{\partial \bar{\sigma}} \tag{8.1.5}$$

式中，塑性势函数 F^{p} 为有效应力张量的函数；$\dot{\lambda} \geqslant 0$ 为塑性流动因子。

显然，塑性应变是有效应力的函数。这样，式 (8.1.1)~ 式 (8.1.5) 通过有效应力$\bar{\sigma}$ 或与之等效的弹性应变 ϵ^{e} 耦合了起来，构成了求解非线性应力–应变关系的基本方程组。要获得应力 σ 的解，必须采用迭代算法。事实上，由于塑性演化方程式 (8.1.5) 的本质增量性质，采用增量应变加载的方式求取本构方程的数值解，已经成为标准方法。

非线性、内变量、迭代求解，构成了学习本构关系数值计算时首先要建立的基本观念。

8.1.2 微分方程的数值算法

为了详细说明应用增量应变加载求解应力–应变关系过程中涉及的基本概念，我们考虑形如式 (8.1.5) 的如下微分方程：

$$\dot{x} = \frac{\mathrm{d}x}{\mathrm{d}t} = a(x(t)), \qquad t \in [0, T] \tag{8.1.6}$$

其初始条件为

$$x(t = 0) = x_0 \tag{8.1.7}$$

式中，速度 $a(x)$ 的函数关系已知。

由于速度 $a(x)$ 本身是 x 的函数，可将时间 $[0, T]$ 离散并考虑其中的某一时间增量步 $[t_n, t_{n+1}]$，时间增量步长为 $\Delta t = t_{n+1} - t_n$。需要指出的是，在当前增量步 $[t_n, t_{n+1}]$ 的计算过程中，其初始值 x_n 已知。此时，可以利用微分中值定理将式 (8.1.6) 写成如下形式：

$$a(x_{n+\vartheta}) = \frac{x_{n+1} - x_n}{\Delta t} \tag{8.1.8}$$

亦即

$$x_{n+1} = x_n + a(x_{n+\vartheta})\Delta t \tag{8.1.9}$$

式中，$x_{n+\vartheta}$ 为 $[x_n, x_{n+1}]$ 区间的某一取值，可以记为

$$x_{n+\vartheta} = (1 - \vartheta)x_n + \vartheta x_{n+1} \tag{8.1.10}$$

这里，$\vartheta \in [0, 1]$ 为参数，其取值决定了上述方法的稳定性和收敛速度。容易看出，当 $\vartheta \neq 0$ 时，式 (8.1.9) 和式 (8.1.10) 将构成 x_n 已知条件下的非线性方程，一般情况下需要采用迭代方法加以求解。这构成了求解弹塑性损伤本构关系最为常用的增量迭代算法。

显然，最简单直接的方法是取 $\vartheta = 0$，即

$$x_{n+1} = x_n + a(x_n)\Delta t \tag{8.1.11}$$

于是从初始条件式 (8.1.7) 出发，根据式 (8.1.11) 确定 $a(x_0)$，并利用式 (8.1.9) 得到 t_1 时刻的数值解 x_1，并依次遍历整个时间历程 $[0, T]$，给出所有时刻的全部数值解，如图 8.1.2(a) 所示。在数值算法中，上述方法称为向前欧拉算法或初始刚度方法，具有一阶收敛精度(Bilal & Richard, 1996)。

可以看出，向前欧拉算法的增量方向取为前一增量步结束时的切线方向，是一类显式积分算法。表面看来，这一算法不存在迭代，计算效率较高。然而，如不引入合适的校正系统，该算法将不可避免地产生解的漂移等数值误差，而且该误差会逐渐累积，是一种不稳定的微分方程求解算法。因此，为了保证求解精度，增量步必须取得很小，这无疑又会大大增加计算时间。

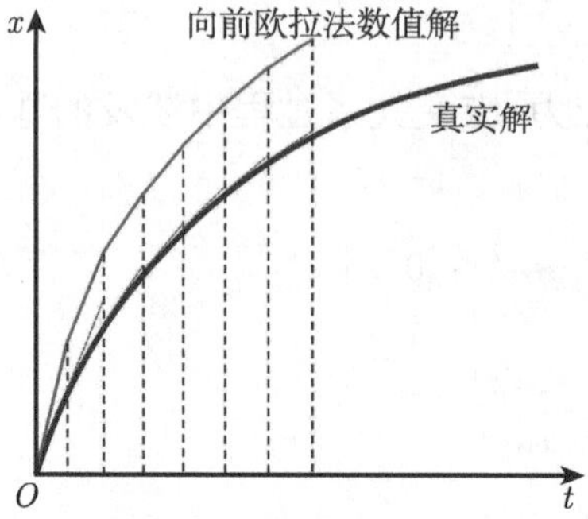

(a) 向前欧拉法

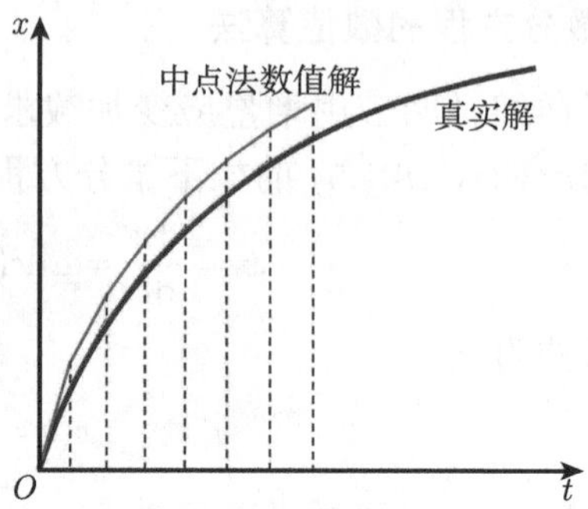

(b) 中点法

图 8.1.2　求解常微分方程的数值算法

研究表明，为了保证数值算法无条件稳定性的要求，必须取参数 $\vartheta \geqslant 1/2$。当 $\vartheta = 1/2$ 时，上述算法具有二阶收敛精度，对应微分方程数值算法中的中点方法或梯形方法，即取 $[x_n, x_{n+1}]$ 的中点对应的速度 $a(x_{n+1/2})$ 作为增量的方向，如图 8.1.2(b) 所示。

另一种更为简单且无条件稳定的方法是向后欧拉算法，对应于 $\vartheta = 1$，即以未知的 x_{n+1} 处的速度作为增量的方向。此时，式 (8.1.9) 可以写成

$$x_{n+1} = x_n + a(x_{n+1})\Delta t \tag{8.1.12}$$

由于 $a(x_{n+1})$ 为未知量，需要迭代求解。通常，称向后欧拉算法为完全隐式积分方法。与 $\vartheta = 0$ 的向前欧拉算法相比，向后欧拉方法同样具有一阶收敛精度，但其数值误差不会累积，即是无条件稳定的。因此在非线性应力–应变关系的数值求解中得到了非常广泛的应用。接下来我们将基于向后欧拉方法讨论一维弹塑性损伤本构关系式 (8.1.1)~ 式 (8.1.5) 的数值求解算法。

8.1.3　基于向后欧拉方法的塑性变形求解算法

数值求解弹塑性损伤本构关系式 (8.1.1)~ 式 (8.1.5) 的关键在于获得塑性应变 ϵ^{p}。为此，我们首先考虑一维有效应力空间的塑性力学基本公式，即

$$\begin{cases} \dot{\epsilon}^{\mathrm{p}} = \dot{\lambda}\dfrac{\partial F}{\partial \bar{\sigma}} = \dot{\lambda}\mathrm{sign}(\bar{\sigma}) \\ \dot{\kappa} \ = \dot{\lambda} \\ \bar{\sigma} \ = E_0\big(\epsilon - \epsilon^{\mathrm{p}}\big) \\ F = |\bar{\sigma}| - \big(\bar{\sigma}_{\scriptscriptstyle Y} + E_{\mathrm{p}}\kappa\big) \leqslant 0 \end{cases} \tag{8.1.13}$$

式中，$\mathrm{sign}(\cdot)$ 为符号函数，即 $x > 0$ 时，$\mathrm{sign}(x) = 1$；$x = 0$ 时，$\mathrm{sign}(x) = 0$；$x < 0$ 时，$\mathrm{sign}(x) = -1$。为简单起见，式 (8.1.13) 仅考虑相关流动法则，即塑性势函数

F^{p} 与屈服函数 F 相同；同时，假设有效应力空间材料服从线性硬化，即硬化模量 E_{p} 为常数，同时对单轴受拉和单轴受压塑性行为不作区分。需要指出的是，以下算法适用于一般情况。

采用增量应变方法求解上述微分方程组，考虑 $t \in [0,T]$ 时间段内某一时间增量步 $[t_n, t_{n+1}]$，时间增量步长为 $\Delta t = t_{n+1} - t_n$，其中，t_n 时刻对应的应变 ϵ_n 已知。此时，利用增量应变加载的方式求应力–应变数值解的问题转化为：在已知状态变量 $(\bar{\sigma}_n, \epsilon_n^{\mathrm{p}}, \kappa_n)$ 和应变增量 $\Delta\epsilon = \epsilon_{n+1} - \epsilon_n$ 的条件下，求取 t_{n+1} 时刻的状态变量 $(\bar{\sigma}_{n+1}, \epsilon_{n+1}^{\mathrm{p}}, \kappa_{n+1})$。

采用向后欧拉方法式 (8.1.12)、式 (8.1.13) 可以改写为如下非线性方程组：

$$\begin{cases} \epsilon_{n+1}^{\mathrm{p}} = \epsilon_n^{\mathrm{p}} + \Delta\lambda \mathrm{sign}(\bar{\sigma}_{n+1}) \\ \kappa_{n+1} = \kappa_n + \Delta\lambda \\ \bar{\sigma}_{n+1} = E_0\big(\epsilon_{n+1} - \epsilon_{n+1}^{\mathrm{p}}\big) \\ F_{n+1} = \left|\bar{\sigma}_{n+1}\right| - \big(\bar{\sigma}_{Y} + E_{\mathrm{p}}\kappa\big) \leqslant 0 \end{cases} \tag{8.1.14}$$

式中，$\Delta\lambda = \dot{\lambda}\Delta t$ 为塑性流动因子增量。

求解上述非线性方程组的关键在于确定当前的应力 (弹性或塑性) 状态。为此，可以引入如下弹性试算状态，即假定在增量步 $[t_n, t_{n+1}]$ 中没有塑性演化，从而按弹性预测的状态变量为

$$\begin{cases} \epsilon_{n+1}^{\mathrm{p,trial}} = \epsilon_n^{\mathrm{p}} \\ \kappa_{n+1}^{\mathrm{trial}} = \kappa_n \\ \bar{\sigma}_{n+1}^{\mathrm{trial}} = E_0\big(\epsilon_{n+1} - \epsilon_{n+1}^{\mathrm{p,trial}}\big) \\ F_{n+1}^{\mathrm{trial}} = \left|\bar{\sigma}_{n+1}^{\mathrm{trial}}\right| - \big(\bar{\sigma}_{Y} + E_p\kappa_{n+1}^{\mathrm{trial}}\big) \leqslant 0 \end{cases} \tag{8.1.15}$$

可以严格证明 (Simó & Hughes, 1998)，只要塑性屈服面 $F \leqslant 0$ 满足外凸、光滑 (即处处可微) 条件①，非线性方程组 (8.1.14) 的解存在而且具有唯一性；同时，有以下关系式成立

$$F_{n+1} \leqslant F_{n+1}^{\mathrm{trial}} \tag{8.1.16}$$

因此，根据上述弹性试算状态的状态变量，可以唯一判断当前材料的真实应力状态，即

$$\begin{cases} F_{n+1}^{\mathrm{trial}} \leqslant 0, & \text{弹性或弹性卸载状态} \\ F_{n+1}^{\mathrm{trial}} > 0, & \text{塑性加载状态} \end{cases} \tag{8.1.17}$$

①若塑性屈服面 $F \leqslant 0$ 为不光滑函数，在角点处屈服面的法线方向不唯一，此处介绍的单一屈服面数值算法失效。该情况下，可以采用多屈服面算法加以解决，详见 Simó和 Hughes(1998)。

事实上，上述弹性试算状态的判断条件与具体的屈服函数形式和本构关系的空间维数无关，因此同样也适用于混凝土弹塑性损伤本构关系中塑性应变的数值求解。

根据方程组 (8.1.14) 解的唯一性可以得知，若当前材料处于弹性状态或弹性卸载状态，则式 (8.1.15) 给出的弹性试算值即为所求的数值解，即 (图 8.1.3)

$$F_{n+1}^{\text{trial}} \leqslant 0 \quad \Longrightarrow \quad (\cdot)_{n+1} = (\cdot)_{n+1}^{\text{trial}} \tag{8.1.18}$$

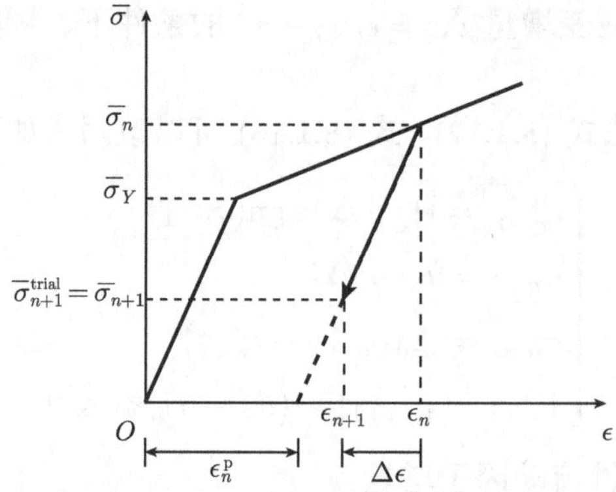

图 8.1.3　弹性试算状态

另一方面，若 $F_{n+1}^{\text{trial}} > 0$，材料处于塑性加载状态。此时，式 (8.1.15) 给出的弹性试算值将在容许的塑性屈服面 $F_{n+1} \leqslant 0$ 之外，而不可能是式 (8.1.14) 的解。为此，必须将式 (8.1.15) 给出的弹性试算值进行塑性校正，即通过一定的方法将弹性试算状态变量回映至当前的塑性屈服面，以保证塑性一致性条件得到满足 (图 8.1.4)，即

$$F_{n+1}^{\text{trial}} > 0 \quad \Longleftrightarrow \quad F_{n+1} = 0,\ \Delta\lambda > 0 \tag{8.1.19}$$

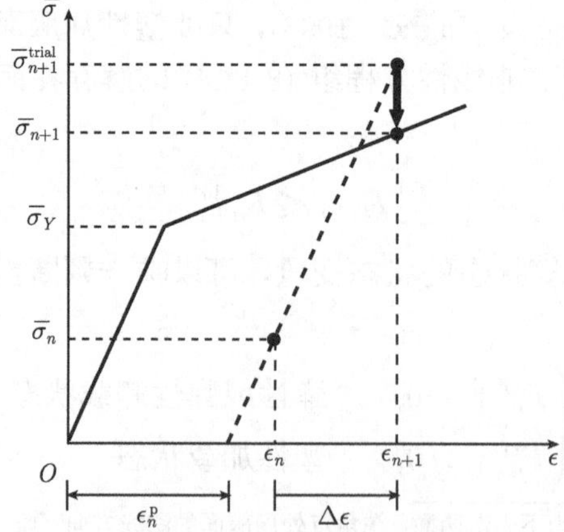

图 8.1.4　塑性加载状态

在塑性加载状态，为了将弹性试算状态变量回映至当前的塑性屈服面，可以首先将非线性方程组 (8.1.14) 中的塑性流动方程和塑性屈服条件写成如下残量形式

$$\begin{cases} \boldsymbol{r}_{n+1}^{\mathrm{p}} = -\epsilon_{n+1}^{\mathrm{p}} + \epsilon_n^{\mathrm{p}} + \Delta\lambda \mathrm{sign}(\bar{\sigma}_{n+1}) = 0 \\ F_{n+1} = \left|\bar{\sigma}_{n+1}\right| - \left(\bar{\sigma}_{Y} + E_{\mathrm{p}}\kappa_{n+1}^{\mathrm{trial}} + E_{\mathrm{p}}\Delta\lambda\right) = 0 \end{cases} \tag{8.1.20}$$

式中，应力 $\bar{\sigma}_{n+1}$ 表示为

$$\bar{\sigma}_{n+1} = E_0\left(\epsilon_{n+1} - \epsilon_n^{\mathrm{p}}\right) - E_0\Delta\epsilon^{\mathrm{p}} = \bar{\sigma}_{n+1}^{\mathrm{trial}} - E_0\Delta\lambda \mathrm{sign}(\bar{\sigma}_{n+1}) \tag{8.1.21}$$

为了求解非线性方程组 (8.1.20) 和式 (8.1.21)，首先利用关系式 $x = |x|\mathrm{sign}(x)$ 将式 (8.1.21) 改写为

$$\left|\bar{\sigma}_{n+1}\right|\mathrm{sign}(\bar{\sigma}_{n+1}) = \left|\bar{\sigma}_{n+1}^{\mathrm{trial}}\right|\mathrm{sign}(\bar{\sigma}_{n+1}^{\mathrm{trial}}) - E_0\Delta\lambda \mathrm{sign}(\bar{\sigma}_{n+1}) \tag{8.1.22}$$

亦即

$$\left(\left|\bar{\sigma}_{n+1}\right| + E_0\Delta\lambda\right)\mathrm{sign}(\bar{\sigma}_{n+1}) = \left|\bar{\sigma}_{n+1}^{\mathrm{trial}}\right|\mathrm{sign}(\bar{\sigma}_{n+1}^{\mathrm{trial}}) \tag{8.1.23}$$

从式 (8.1.23) 可以看出，因为 $\Delta\lambda > 0$，等式两边符号函数的系数均为正数，不会改变符号函数的取值，于是必然有如下关系式：

$$\begin{cases} \mathrm{sign}(\bar{\sigma}_{n+1}) = \mathrm{sign}(\bar{\sigma}_{n+1}^{\mathrm{trial}}) \\ \left|\bar{\sigma}_{n+1}\right| + E_0\Delta\lambda = \left|\bar{\sigma}_{n+1}^{\mathrm{trial}}\right| \end{cases} \tag{8.1.24}$$

因此，根据塑性屈服条件式(8.1.20) 第二式可以给出

$$F_{n+1} = \left|\bar{\sigma}_{n+1}\right| - q_{n+1} = \left|\bar{\sigma}_{n+1}^{\mathrm{trial}}\right| - E_0\Delta\lambda - \left(\bar{\sigma}_{Y} + E_{\mathrm{p}}\kappa_{n+1}^{\mathrm{trial}} + E_{\mathrm{p}}\Delta\lambda\right) = 0 \tag{8.1.25}$$

由此可得

$$\Delta\lambda = \frac{\left|\bar{\sigma}_{n+1}^{\mathrm{trial}}\right| - \left(\bar{\sigma}_{Y} + E_{\mathrm{p}}\kappa_{n+1}^{\mathrm{trial}}\right)}{E_0 + E_{\mathrm{p}}} = \frac{f_{n+1}^{\mathrm{trial}}}{E_0 + E_{\mathrm{p}}} \tag{8.1.26}$$

将式 (8.1.26) 代入式 (8.1.14)，即可给出 t_n 时刻的状态变量 $(\bar{\sigma}_{n+1}, \epsilon_{n+1}^{\mathrm{p}}, \kappa_{n+1})$。

随后，根据式 (8.1.3a) 和式 (8.1.4) 给出损伤变量d 或随机损伤样本值 D，并通过式 (8.1.1) 求取应力 σ_{n+1}，从而完成当前增量步 $[t_n, t_{n+1}]$ 的数值计算并开始下一增量步。

需要指出的是，一般情况下式 (8.1.20) 和式 (8.1.21) 为高度非线性方程组，难以如同上述特殊情况一样给出其解析解，往往必须采用迭代方法加以求解。已有研究已经发展了多种适用于塑性修正的回映迭代算法，常用的有最近点投影算法、切平面算法等 (Simó & Hughes, 1998)。其中，基于 Newton-Raphson 迭代方法的最近点投影算法可以给出与算法一致的切线模量，能够保证结构分析时具有二阶收敛速度，因此得到了更为广泛的应用。下节将基于该方法详细讨论混凝土弹塑性损伤本构关系的数值算法。

8.1.4　注记

需要指出，求取应力–应变数值解与在后文介绍的基于位移的结构有限单元法中应用的本构方程数值算法基本相同，其细微差别是：前者是给定统一的应变增量 (在多维时要求引入比例加载条件)，后者则是由结构离散后的单元节点位移增量确立应变增量，即

$$\Delta \boldsymbol{\epsilon} = \boldsymbol{B}(\boldsymbol{x}) \Delta \boldsymbol{d} \tag{8.1.27}$$

式中，$\boldsymbol{B}(\boldsymbol{x})$ 为单元的应变–位移几何协调矩阵；$\Delta \boldsymbol{d}$ 为单元的节点位移列向量。

显然，针对结构中不同的材料点，应变增量 $\Delta \boldsymbol{\epsilon}$ 存在较大差异。事实上，由于结构离散后的有限元控制方程本身是非线性方程组，往往需要采用增量迭代法 (相对于本构关系层次的局部迭代，一般称结构有限元层次的迭代为全局迭代) 求解作为未知量的单元节点位移应变。在实际计算过程中，往往需要多次全局迭代才能给出满足力平衡条件 (2.4.1) 的节点位移，同时，针对每次全局迭代给出的节点位移及其增量，需要在每个单元的每个数值积分点处应用弹塑性损伤应力–应变关系，这就需要关于本构关系层次的局部迭代计算过程，这一背景是直接应用材料本构关系进行结构非线性分析需要耗费大量计算时间的根本原因。此外，本构关系数值算法的收敛速度和健壮性也直接影响到结构非线性分析的速度和成功与否，因此必须特别加以关注。上述这些问题，将在后续章节中陆续介绍。

8.2　弹塑性损伤本构模型数值算法

本节将重点介绍确定性弹塑性损伤本构模型的数值算法。应该强调指出，由于确定性本构关系与随机本构关系具有内在的一致性，这些算法也构成了随机损伤本构关系计算的基础。本节内容将运用以下标记：

(1) $x_n^{(k)}$ 表示变量 x 在 t_n 时刻的第 k 次迭代结束后的值；

(2) 两类增量表示

$$\Delta x = x_{n+1} - x_n, \qquad \delta x = x_{n+1}^{(k+1)} - x_{n+1}^{(k)} \tag{8.2.1}$$

8.2.1　算子分离算法

前已述明，采用应变增量加载，混凝土弹塑性损伤本构关系数值算法的基本任务是：已知上一个时刻 t_n 的应变 $\boldsymbol{\epsilon}_n$ 和基本状态变量 $\boldsymbol{\sigma}_n$、$d_n^{\pm}$、$\boldsymbol{\epsilon}_n^{\mathrm{p}}$、$\boldsymbol{\kappa}_n$(这里 $\boldsymbol{\kappa}$ 是塑性强化参数)，在给定应变增量 $\Delta \boldsymbol{\epsilon}$ 的前提条件下，求 t_{n+1} 时刻的状态变量 $\boldsymbol{\sigma}_{n+1}$、$d_{n+1}^{\pm}$、$\boldsymbol{\epsilon}_{n+1}^{\mathrm{p}}$、$\boldsymbol{\kappa}_{n+1}$。由于塑性演化发生在有效应力空间，而损伤发生在损伤空间，两者是相互解耦的。这样，应力更新过程便可以采用 Simó和 Ju(1987b) 推荐的算子分离法加以实现。

算子分离的思想最早可追溯到 Chorin 等 (1978) 的工作，Simó和 Ju(1987b) 在此基础上建议了弹塑性损伤本构模型应力更新的算子分离法。这一算法由三个步骤组成：弹性预测、塑性修正与损伤修正。

1) **弹性预测**

弹性预测基本想法是先假定在增量过程中没有塑性演化和损伤演化，即先“冻结”(frozen) 塑性 (Oritz & Simó, 1986) 及损伤演化 (Simó & Ju, 1987b)，从而，按弹性预测的状态变量表示为

$$\begin{cases} \bar{\boldsymbol{\sigma}}_{n+1}^{\text{trial}} &= \mathbb{E}_0 : \left(\boldsymbol{\epsilon}_{n+1} - \boldsymbol{\epsilon}_{n+1}^{\text{p,trial}}\right) \\ \boldsymbol{\epsilon}_{n+1}^{\text{p,trial}} &= \boldsymbol{\epsilon}_n^{\text{p}} \\ \boldsymbol{\kappa}_{n+1}^{\text{trial}} &= \boldsymbol{\kappa}_n \\ d_{n+1}^{\pm,\text{trial}} &= d_n^{\pm} \end{cases} \tag{8.2.2}$$

通常称 $\bar{\boldsymbol{\sigma}}_{n+1}^{\text{trial}}$ 为弹性试算应力。显然，按弹性预测，在 t_{n+1} 时刻的状态变量将更新为按弹性预测的状态变量 $\bar{\boldsymbol{\sigma}}_{n+1}^{\text{trial}}$、$d_n^{\pm}$、$\boldsymbol{\epsilon}_n^{\text{p}}$、$\boldsymbol{\kappa}_n$。由于材料的真实应力状态可能导致进一步发生塑性流动或损伤演化，需要对上述弹性预测的状态变量进行塑性或损伤修正。

根据 8.1.3 节所述，对于满足外凸、光滑 (即处处可微) 条件的塑性屈服面 $F \leqslant 0$，可以根据上述弹性试算应力状态判断材料的真实状态，即将弹性预测得到的状态变量式 (8.2.2) 代入到屈服函数中。若

$$F_{n+1}^{\text{trial}} = F(\bar{\boldsymbol{\sigma}}_{n+1}^{\text{trial}}, \boldsymbol{\kappa}_{n+1}^{\text{trial}}) \leqslant 0 \tag{8.2.3}$$

表明在增量步 $[t_n, t_{n+1}]$ 内没有新的塑性流动产生，可以直接进入损伤修正阶段。反之，则表明按弹性预测的状态变量需要进行塑性修正。

2) **塑性修正**

根据物理背景，在有效应力空间进行塑性状态修正与损伤无关。因此，有效应力空间的塑性修正与应力更新可采用 8.1.3 节介绍的回映算法(Simó & Hughes, 1998; Belytschko et al., 2000) 实现。由于一般应力状态下的回映算法需要采用迭代方法加以求解而略显复杂，我们将在下一小节详细介绍。

根据向后欧拉方法式 (8.1.12)、式 (5.3.27b) 和式 (5.3.27c) 给出的塑性流动法则，可以按下式进行塑性修正：

$$\boldsymbol{\epsilon}_{n+1}^{\text{p}} = \boldsymbol{\epsilon}_n + \Delta\lambda \boldsymbol{\Gamma}_{n+1} \tag{8.2.4}$$

$$\boldsymbol{\kappa}_{n+1} = \boldsymbol{\kappa}_n + \Delta\lambda \boldsymbol{H}_{n+1} \tag{8.2.5}$$

式中，$\Delta\lambda = \dot{\lambda}\Delta t$，为塑性流动因子增量；塑性应变流动方向矢量 $\boldsymbol{\Gamma}_{n+1}$ 和硬化模量 $\boldsymbol{H}_{n+1}$ 分别记为

$$\boldsymbol{\Gamma}_{n+1} = \frac{\partial F^{\mathrm{p}}\left(\bar{\boldsymbol{\sigma}}_{n+1}, \boldsymbol{\kappa}_{n+1}\right)}{\partial \bar{\boldsymbol{\sigma}}} \tag{8.2.6}$$

$$\boldsymbol{H}_{n+1} = \boldsymbol{H}\left(\bar{\boldsymbol{\sigma}}_{n+1}, \boldsymbol{\kappa}_{n+1}\right) \tag{8.2.7}$$

经过塑性修正后的状态变量为 $\bar{\boldsymbol{\sigma}}_{n+1}$、$d_n^{\pm}$、$\boldsymbol{\epsilon}_{n+1}^{\mathrm{p}}$、$\boldsymbol{\kappa}_{n+1}$。

3) 损伤修正

经过塑性修正，可以得到 t_{n+1} 时刻的塑性应变 $\boldsymbol{\epsilon}_{n+1}^{\mathrm{p}}$ 和有效应力$\bar{\boldsymbol{\sigma}}_{n+1}$。在此基础上，利用 5.2.1 节介绍的张量正、负分解方法将有效应力$\bar{\boldsymbol{\sigma}}_{n+1}$ 分解为拉、压两部分 $(\bar{\boldsymbol{\sigma}}_{n+1}^{+}, \bar{\boldsymbol{\sigma}}_{n+1}^{-})$。随后，可以根据式 (5.3.62) 计算 t_{n+1} 时刻的损伤能释放率$Y_{n+1}^{\pm}$，将其代入损伤准则，可以得到更新的损伤状态，即

$$d_{n+1}^{\pm} = g^{\pm}(r_{n+1}^{\pm}), \qquad r_{n+1}^{\pm} = \max_{\tau \in [0, t_{n+1}]} \left[r_0^{\pm}, Y_{\tau}^{\pm}(\bar{\boldsymbol{\sigma}}) \right] \tag{8.2.8}$$

应该注意，损伤演化函数 $g^{\pm}(\cdot)$ 对不同的损伤模型应该取不同形式。例如，对于确定性弹塑性损伤模型，可以取式 (5.3.74) 和式 (5.3.81)(或式 (6.4.36) 所确立的均值)，而对于弹塑性随机损伤模型，则应取式 (6.4.24) 对应的样本值。如何取得随机场的样本值，我们将在附录 B 详细加以介绍。

经过上述损伤修正，即可以得到 t_{n+1} 时刻的 Cauchy 应力

$$\boldsymbol{\sigma}_{n+1} = \left(1 - d_{n+1}^{+}\right)\bar{\boldsymbol{\sigma}}_{n+1}^{+} + \left(1 - d_{n+1}^{-}\right)\bar{\boldsymbol{\sigma}}_{n+1}^{-} \tag{8.2.9}$$

从而，完成一个增量步的更新。

8.2.2　有效应力更新——最近点投影算法

前已述及，由于有效应力空间和损伤空间相互解耦，有效应力的更新算法与一般弹塑性力学本构计算中的应力更新算法类似。如 8.1.2 节所述，应力更新算法分为显式算法和隐式算法两种。前者的代表是向前欧拉法，后者的代表是向后欧拉算法。

根据式 (8.1.11)，向前欧拉法将塑性应变和强化变量的增量方向取为前一增量步结束时的切线方向，即

$$\begin{cases} \boldsymbol{\epsilon}_{n+1}^{\mathrm{p}} = \boldsymbol{\epsilon}_n^{\mathrm{p}} + \Delta\lambda \boldsymbol{\Gamma}_n \\ \boldsymbol{\kappa}_{n+1} = \boldsymbol{\kappa}_n + \Delta\lambda \boldsymbol{H}_n \\ \bar{\boldsymbol{\sigma}}_{n+1} = \mathbb{E}_0 : \left(\boldsymbol{\epsilon}_{n+1} - \boldsymbol{\epsilon}_{n+1}^{\mathrm{p}}\right) \end{cases} \tag{8.2.10}$$

由于缺乏屈服条件的约束，按上述向前欧拉算法更新后的有效应力和内变量往往不满足塑性屈服条件，即 $F_{n+1} = F(\bar{\boldsymbol{\sigma}}_{n+1}, \boldsymbol{\kappa}_{n+1}) > 0$。因此，这类算法的误差会逐步累积，导致最后结果完全失真。

为了避免时间步 t_{n+1} 结束时的更新状态变量偏离屈服面，必须采用其他有效算法将弹性试算状态变量回映至当前材料的屈服面以保证塑性一致性条件得到满足。在几何意义上，该方法相当于将弹性试算应力投影至材料的当前屈服面，如图 8.2.1 所示。基于不同的微分方程数值求解方法 (如无条件稳定的向后欧拉法或中点法、带校正系统的 Runge-Kuta 法等)，可以发展出不同的回映算法，如最近点投影算法、切平面方法等 (Simó & Hughes, 1998)。其中，应用最为广泛的回映算法是基于向后欧拉方法的最近点投影算法。下面我们将详细介绍这种最简单且无条件稳定的算法。

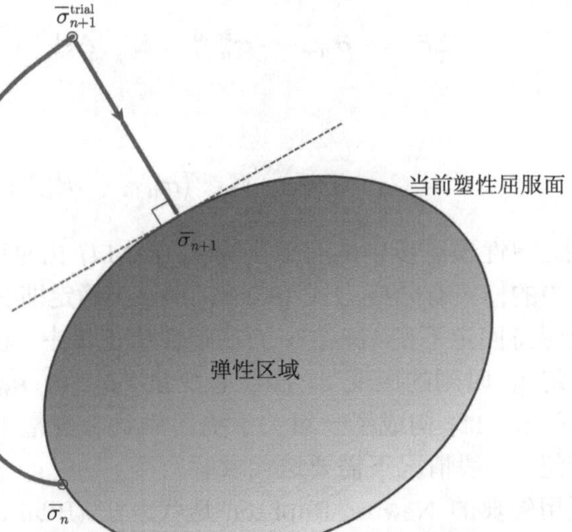

图 8.2.1　一般回映算法的几何示意图 (Simó & Hughes, 1998)

根据向后欧拉方法的求解格式 (8.1.12)，有效应力空间塑性力学基本方程 (5.3.27) 可以按下式进行更新：

$$\begin{cases} \boldsymbol{\epsilon}_{n+1}^{\mathrm{p}} = \boldsymbol{\epsilon}_n^{\mathrm{p}} + \Delta\lambda \boldsymbol{\Gamma}_{n+1} \\ \boldsymbol{\kappa}_{n+1} = \boldsymbol{\kappa}_n + \Delta\lambda \boldsymbol{H}_{n+1} \\ \bar{\boldsymbol{\sigma}}_{n+1} = \mathbb{E}_0 : \left(\boldsymbol{\epsilon}_{n+1} - \boldsymbol{\epsilon}_{n+1}^{\mathrm{p}}\right) \\ F_{n+1} = F(\bar{\boldsymbol{\sigma}}_{n+1}, \boldsymbol{\kappa}_{n+1}) = 0 \end{cases} \tag{8.2.11}$$

注意到公式 (8.2.11) 第一式，塑性应变增量为

$$\Delta\boldsymbol{\epsilon}^{\mathrm{p}} = \boldsymbol{\epsilon}_{n+1}^{\mathrm{p}} - \boldsymbol{\epsilon}_{n}^{\mathrm{p}} = \Delta\lambda\boldsymbol{\Gamma}_{n+1} \tag{8.2.12}$$

将式 (8.2.12) 代入式 (8.2.11) 第三式中可以得

$$\bar{\boldsymbol{\sigma}}_{n+1} = \mathbb{E}_0 : \left(\boldsymbol{\epsilon}_{n+1} - \boldsymbol{\epsilon}_{n}^{\mathrm{p}}\right) - \mathbb{E}_0 : \Delta\boldsymbol{\epsilon}^{\mathrm{p}} = \bar{\boldsymbol{\sigma}}_{n+1}^{\mathrm{trial}} - \Delta\bar{\boldsymbol{\sigma}} \tag{8.2.13}$$

式中，弹性试算应力 $\bar{\boldsymbol{\sigma}}_{n+1}^{\mathrm{trial}}$ 由式 (8.2.2) 给出，即

$$\bar{\boldsymbol{\sigma}}_{n+1}^{\mathrm{trial}} = \mathbb{E}_0 : \left(\boldsymbol{\epsilon}_{n+1} - \boldsymbol{\epsilon}_{n}^{\mathrm{p}}\right) = \mathbb{E}_0 : \left(\boldsymbol{\epsilon}_{n} - \boldsymbol{\epsilon}_{n}^{\mathrm{p}}\right) + \mathbb{E}_0 : \Delta\boldsymbol{\epsilon} = \bar{\boldsymbol{\sigma}}_{n} + \mathbb{E}_0 : \Delta\boldsymbol{\epsilon} \tag{8.2.14}$$

而 $\Delta\bar{\boldsymbol{\sigma}}$ 为塑性修正步的修正有效应力，其方向规定为 t_{n+1} 时刻的塑性流动方向，目的是将试算有效应力投影或返回到更新的屈服面，显然

$$\Delta\bar{\boldsymbol{\sigma}} = -\bar{\boldsymbol{\sigma}}_{n+1} + \bar{\boldsymbol{\sigma}}_{n+1}^{\mathrm{trial}} = \mathbb{E}_0 : \Delta\boldsymbol{\epsilon}^{\mathrm{p}} \tag{8.2.15}$$

亦即

$$\Delta\boldsymbol{\epsilon}^{\mathrm{p}} = \mathbb{C}_0 : \Delta\bar{\boldsymbol{\sigma}} = -\mathbb{C}_0 : \left(\bar{\boldsymbol{\sigma}}_{n+1} - \bar{\boldsymbol{\sigma}}_{n+1}^{\mathrm{trial}}\right) \tag{8.2.16}$$

我们注意到，弹性预测步中的有效应力式 (8.2.14) 由总应变的增量 $\Delta\boldsymbol{\epsilon}$ 驱动，而在塑性修正步中的修正有效应力式 (8.2.15) 由 $\Delta\lambda$ 确定即在弹性预测阶段，塑性应变和硬化参数保持固定不变 (冻结)，而在塑性修正步中，总应变保持不变。

显然，在给定 t_n 时刻的应变 $\boldsymbol{\epsilon}_n$ 和状态变量 $\{\bar{\boldsymbol{\sigma}}_n, \boldsymbol{\epsilon}_n^{\mathrm{p}}, \boldsymbol{\kappa}_n\}$ 以及已知应变增量 $\Delta\boldsymbol{\epsilon}$ 的条件下，式 (8.2.11) 构成了一组关于更新后状态变量 $\{\bar{\boldsymbol{\sigma}}_{n+1}, \boldsymbol{\epsilon}_{n+1}^{\mathrm{p}}, \boldsymbol{\kappa}_{n+1}\}$ 的非线性代数方程组，一般情况下需要迭代求解。

一般可以采用经典的 Newton-Raphson 迭代方法 (Bilal & Richard 1996) 求解非线性方程组 (8.2.11)。不失一般性，考虑非线性方程 $f(x) = 0$，对其进行泰勒级数展开并略去二阶以上项 (即线性化)，可以给出如下迭代格式：

$$f^{(k)} + \left(\frac{\mathrm{d}f}{\mathrm{d}x}\right)^{(k)} \delta x = 0, \qquad x^{(k+1)} = x^{(k)} + \delta x \tag{8.2.17}$$

式中，δx 为第 k 次迭代结束时 x 的增量，即

$$\delta x = -\left[\left(\frac{\mathrm{d}f}{\mathrm{d}x}\right)^{(k)}\right]^{-1} f^{(k)} \tag{8.2.18}$$

为了应用 Newton-Raphson 方法，首先将塑性流动法则式 (8.2.11) 第一式、式 (8.2.16)、塑性硬化法则式 (8.2.11) 第二式及塑性屈服条件式 (8.2.11) 第四式写

成如下残量形式：

$$\begin{cases} \boldsymbol{R}_{n+1}^{\boldsymbol{\epsilon}^{\mathrm{p}}} = \mathbb{C}_0 : (\bar{\boldsymbol{\sigma}}_{n+1} - \bar{\boldsymbol{\sigma}}_{n+1}^{\mathrm{trial}}) + \Delta\lambda \boldsymbol{\Gamma}_{n+1} = 0 \\ \boldsymbol{R}_{n+1}^{\boldsymbol{\kappa}} = -\boldsymbol{\kappa}_{n+1} + \boldsymbol{\kappa}_n + \Delta\lambda \boldsymbol{H}_{n+1} = 0 \\ F_{n+1} = F(\bar{\boldsymbol{\sigma}}_{n+1}, \boldsymbol{\kappa}_{n+1}) = 0 \end{cases} \tag{8.2.19}$$

式中，有效应力$\bar{\boldsymbol{\sigma}}_{n+1}$ 由式 (8.2.13) 给出。

将上述方程组进行线性化后得 (式中省略了上标 (k)，以下除非特别说明，所有的变量均在第 k 次迭代开始时取值)

$$\begin{cases} \boldsymbol{R}_{n+1}^{\boldsymbol{\epsilon}^{\mathrm{p}}} + \mathbb{C}_0 : \delta\bar{\boldsymbol{\sigma}} + \Delta\boldsymbol{\Gamma}_{n+1} \cdot \delta(\Delta\lambda) + \Delta\lambda \cdot \delta\boldsymbol{\Gamma} = \boldsymbol{0} \\ \boldsymbol{R}_{n+1}^{\boldsymbol{\kappa}} - \delta\boldsymbol{\kappa} + \boldsymbol{H}_{n+1} \cdot \delta(\Delta\lambda) + \Delta\lambda \cdot \delta\boldsymbol{H} = \boldsymbol{0} \\ F_{n+1} + \partial_{\bar{\boldsymbol{\sigma}}} F : \delta\bar{\boldsymbol{\sigma}} + \partial_{\boldsymbol{\kappa}} F \cdot \delta\boldsymbol{\kappa} = 0 \end{cases} \tag{8.2.20}$$

式中

$$\delta\boldsymbol{\Gamma} = \partial_{\bar{\boldsymbol{\sigma}}}\boldsymbol{\Gamma} : \delta\bar{\boldsymbol{\sigma}} + \partial_{\boldsymbol{\kappa}}\boldsymbol{\Gamma} \cdot \delta\boldsymbol{\kappa} \tag{8.2.21a}$$

$$\delta\boldsymbol{H} = \partial_{\bar{\boldsymbol{\sigma}}}\boldsymbol{H} \cdot \delta\bar{\boldsymbol{\sigma}} + \partial_{\boldsymbol{\kappa}}\boldsymbol{H} \cdot \delta\boldsymbol{\kappa} \tag{8.2.21b}$$

方程组 (8.2.20) 是一组线性方程，可以联立求解 $\delta\bar{\boldsymbol{\sigma}}$、$\delta\lambda$ 和 $\delta\boldsymbol{\kappa}$。为此，首先将式 (8.2.21) 代入到式 (8.2.20) 第一式和式 (8.2.20) 第二式中，并以矩阵的形式写成

$$\begin{bmatrix} \mathbb{C}_0 + \Delta\lambda\partial_{\bar{\boldsymbol{\sigma}}}\boldsymbol{\Gamma} & \Delta\lambda\partial_{\boldsymbol{\kappa}}\boldsymbol{\Gamma} \\ \Delta\lambda\partial_{\bar{\boldsymbol{\sigma}}}\boldsymbol{H} & \Delta\lambda\partial_{\boldsymbol{\kappa}}\boldsymbol{H} - \boldsymbol{I} \end{bmatrix} \begin{bmatrix} \delta\bar{\boldsymbol{\sigma}} \\ \delta\boldsymbol{\kappa} \end{bmatrix} = - \begin{bmatrix} \boldsymbol{R}_{n+1}^{\boldsymbol{\epsilon}^{\mathrm{p}}} \\ \boldsymbol{R}_{n+1}^{\boldsymbol{\kappa}} \end{bmatrix} - \begin{bmatrix} \boldsymbol{\Gamma}_{n+1} \\ \boldsymbol{H}_{n+1} \end{bmatrix} \delta(\Delta\lambda) \tag{8.2.22}$$

则可以得到有效应力增量和硬化参数的增量：

$$\begin{bmatrix} \delta\bar{\boldsymbol{\sigma}} \\ \delta\boldsymbol{\kappa} \end{bmatrix} = -\mathbb{A}_{n+1} : \Big[\boldsymbol{R}_{n+1} + \boldsymbol{\Lambda}_{n+1}\delta(\Delta\lambda)\Big] \tag{8.2.23}$$

这里我们引入了如下物理量：

$$\mathbb{A}_{n+1} = \begin{bmatrix} \mathbb{C}_0 + \Delta\lambda\partial_{\bar{\boldsymbol{\sigma}}}\boldsymbol{\Gamma} & \Delta\lambda\partial_{\boldsymbol{\kappa}}\boldsymbol{\Gamma} \\ \Delta\lambda\partial_{\bar{\boldsymbol{\sigma}}}\boldsymbol{H} & \Delta\lambda\partial_{\boldsymbol{\kappa}}\boldsymbol{H} - \boldsymbol{I} \end{bmatrix}^{-1} \tag{8.2.24a}$$

$$\boldsymbol{R}_{n+1} = \begin{bmatrix} \boldsymbol{R}_{n+1}^{\boldsymbol{\epsilon}^{\mathrm{p}}} \\ \boldsymbol{R}_{n+1}^{\boldsymbol{\kappa}} \end{bmatrix}, \qquad \boldsymbol{\Lambda}_{n+1} = \begin{bmatrix} \boldsymbol{\Gamma}_{n+1} \\ \boldsymbol{H}_{n+1} \end{bmatrix} \tag{8.2.24b}$$

将上述结果代入塑性屈服条件(8.2.20) 第三式中，可以得到该迭代步中塑性流动因子的增量

$$\delta(\Delta\lambda) = \frac{F_{n+1} - \boldsymbol{\nabla} F_{n+1} : \mathbb{A}_{n+1} : \boldsymbol{R}_{n+1}}{\boldsymbol{\nabla} F_{n+1} : \mathbb{A}_{n+1} : \boldsymbol{\Lambda}_{n+1}} \tag{8.2.25}$$

式中，$\nabla F = \{\partial_{\bar{\boldsymbol{\sigma}}} F, \partial_{\boldsymbol{\kappa}} F\}^{\mathrm{T}}$，为屈服函数 F 的梯度。

于是，第 k 次迭代结束后的有效应力、塑性应变、硬化参数和塑性流动因子可以分别更新为

$$\bar{\boldsymbol{\sigma}}_{n+1}^{(k+1)} = \bar{\boldsymbol{\sigma}}_{n+1}^{(k)} + \delta\boldsymbol{\sigma} \tag{8.2.26a}$$

$$\boldsymbol{\epsilon}_{n+1}^{\mathrm{p}(k+1)} = \boldsymbol{\epsilon}_{n+1}^{\mathrm{p}(k)} + \delta\boldsymbol{\epsilon}^{\mathrm{p}} = \boldsymbol{\epsilon}_{n+1}^{\mathrm{p}(k)} - \mathbb{C}_0 : \delta\bar{\boldsymbol{\sigma}} \tag{8.2.26b}$$

$$\boldsymbol{\kappa}_{n+1}^{(k+1)} = \boldsymbol{\kappa}_{n+1}^{(k)} + \delta\boldsymbol{\kappa} \tag{8.2.26c}$$

$$\Delta\lambda^{(k+1)} = \Delta\lambda^{(k)} + \delta(\Delta\lambda) \tag{8.2.26d}$$

采用上述第 k 次迭代结束后的状态变量取值，重新计算式 (8.2.19) 并检查残量 (或其某种范数) 是否在一定容许误差范围内等于零。如果是，则表明迭代结果收敛，相应的状态变量即为 t_{n+1} 时刻的数值解，并开始下一增量步的计算工作；否则，需要将更新后的状态变量作为初值，重复上述迭代过程直至最后结果收敛。

上述基于 Newton-Raphson 迭代方法的最近点投影算法在几何上可以表示为通过一系列迭代过程将弹性试算应力垂直投影至不断逼近真实解的屈服面上，从而将弹性预测步中的应力强制性地修正、返回到更新后的塑性屈服面，其最近投影点 (即垂足) 对应于某次塑性修正迭代结束后的状态变量。这一过程如图 8.2.2 所示。

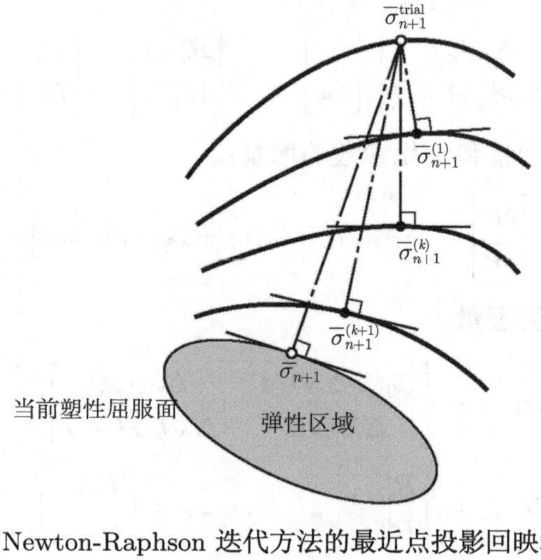

图 8.2.2　基于 Newton-Raphson 迭代方法的最近点投影回映算法几何示意图

8.2.3　谱分解方法

由于有效应力空间塑性力学中的塑性硬化参数 $\boldsymbol{\kappa}$(式 (5.3.39)) 和屈服函数 $F(\bar{\boldsymbol{\sigma}}, \boldsymbol{\kappa})$(式 (5.3.42)) 均与有效主应力$\bar{\sigma}_i$ 有关，在上述有效应力更新计算的每个迭

代步中都需要重新对有效应力张量进行特征值分解，以求得主有效应力，这大大增加了计算量。为此，Lee 和 Fenves(2002) 建议了一种称为谱分解的算法。

历史上，Simó(1992) 曾经证明，塑性应变增量 $\Delta\boldsymbol{\epsilon}_{n+1}^{\mathrm{p}}$ 可以写成如下谱分解的形式：

$$\Delta\boldsymbol{\epsilon}_{n+1}^{\mathrm{p}} = \Delta\lambda \boldsymbol{P}_{n+1} \hat{\boldsymbol{\Gamma}}_{n+1} \boldsymbol{P}_{n+1}^{\mathrm{T}} \tag{8.2.27}$$

式中，$\boldsymbol{P}_{n+1}$ 是 t_{n+1} 时刻有效应力张量 $\bar{\boldsymbol{\sigma}}_{n+1}$ 的特征向量矩阵；$\hat{\boldsymbol{\Gamma}}_{n+1}$ 是该时刻的塑性应变演化方向张量 $\boldsymbol{\Gamma}_{n+1} = \partial F_{n+1}^{\mathrm{p}} / \partial\bar{\boldsymbol{\sigma}}$ 的特征值矩阵。

类似地，Lee 和 Fenves(2002) 将试算有效应力进行谱分解：

$$\bar{\boldsymbol{\sigma}}_{n+1}^{\mathrm{trial}} = \boldsymbol{P}_{n+1} \hat{\bar{\boldsymbol{\sigma}}}_{n+1}^{\mathrm{trial}} \boldsymbol{P}_{n+1}^{\mathrm{T}} \tag{8.2.28}$$

式中，$\hat{\bar{\boldsymbol{\sigma}}}_{n+1}^{\mathrm{trial}}$ 是试算有效应力$\bar{\boldsymbol{\sigma}}_{n+1}$ 的特征值矩阵。

吴建营 (2004) 进一步证明，弹性预测过程中得到的有效应力张量的特征向量及其次序在塑性修正过程中保持不变。因此，在前述每一增量步的迭代过程中，只需要对试算有效应力进行一次特征值分解，这将大大提高计算效率。

8.2.4 数值一致性切线刚度

当采用迭代法进行本构关系求解时，收敛速度与弹塑性切线刚度密切相关 (Ortiz & Simó, 1986; Simó & Taylor, 1986; Oritz & Martin, 1989; Simó & Hughes, 1998)。研究表明，在弹塑性分析的状态转移处，由于屈服时材料状态突然从弹性转化为塑性，数值计算时若仍然采用弹塑性切线刚度$\mathbb{E}^{\mathrm{ep}}$，可能会导致无物理意义的伪加载和伪卸载(Crisfield, 1996)。因此，在非线性本构关系的数值求解算法中，必须采用与具体本构积分算法相一致的切线模量 (Simó & Hughes, 1998; Belytschko et al., 2000)，称为数值一致性切线模量。事实上，在应力更新算法中，只有当算法的切线刚度与应力更新的具体算法相一致时才能得到二阶收敛速度 (Simó & Hughes, 1998)。

在上述基于向后欧拉算法的有效应力更新算法中，其数值一致性切线模量定义为

$$\mathbb{E}_{\mathrm{alg}}^{\mathrm{ep}} = \frac{\mathrm{d}\bar{\boldsymbol{\sigma}}_{n+1}}{\mathrm{d}\boldsymbol{\epsilon}_{n+1}} \tag{8.2.29}$$

为了得到数值一致性切线模量的表达式，首先将状态变量更新格式 (8.2.11) 写成如下微分形式：

$$
\begin{cases}
\mathrm{d}\boldsymbol{\epsilon}_{n+1}^{\mathrm{p}} = \boldsymbol{\Gamma}_{n+1} \cdot \mathrm{d}(\Delta\lambda) + \Delta\lambda \cdot \mathrm{d}\boldsymbol{\Gamma}_{n+1} \\
\mathrm{d}\boldsymbol{\kappa}_{n+1} = \boldsymbol{H}_{n+1} \cdot \mathrm{d}(\Delta\lambda) + \Delta\lambda \cdot \mathrm{d}\boldsymbol{H}_{n+1} \\
\mathrm{d}\bar{\boldsymbol{\sigma}}_{n+1} = \mathbb{E}_0 : \left(\mathrm{d}\boldsymbol{\epsilon}_{n+1} - \mathrm{d}\boldsymbol{\epsilon}_{n+1}^{\mathrm{p}}\right) \\
\mathrm{d}F_{n+1} = \partial_{\bar{\boldsymbol{\sigma}}} F_{n+1} : \mathrm{d}\bar{\boldsymbol{\sigma}}_{n+1} + \partial_{\boldsymbol{\kappa}} F_{n+1} \cdot \mathrm{d}\boldsymbol{\kappa}_{n+1} = 0
\end{cases}
\tag{8.2.30}
$$

式中

$$
\mathrm{d}\boldsymbol{\Gamma}_{n+1} = \partial_{\bar{\boldsymbol{\sigma}}} \boldsymbol{\Gamma}_{n+1} : \mathrm{d}\bar{\boldsymbol{\sigma}}_{n+1} + \partial_{\boldsymbol{\kappa}} \boldsymbol{\Gamma}_{n+1} \cdot \mathrm{d}\boldsymbol{\kappa}_{n+1} \tag{8.2.31a}
$$

$$
\mathrm{d}\boldsymbol{H}_{n+1} = \partial_{\bar{\boldsymbol{\sigma}}} \boldsymbol{H}_{n+1} \cdot \mathrm{d}\bar{\boldsymbol{\sigma}}_{n+1} + \partial_{\boldsymbol{\kappa}} \boldsymbol{H}_{n+1} \cdot \mathrm{d}\boldsymbol{\kappa}_{n+1} \tag{8.2.31b}
$$

将式 (8.2.30) 第二式代入到式 (8.2.30) 第三式中，并考虑式 (8.2.31)，可得

$$
\begin{bmatrix} \mathrm{d}\bar{\boldsymbol{\sigma}}_{n+1} \\ \mathrm{d}\boldsymbol{\kappa}_{n+1} \end{bmatrix} = -\mathbb{A}_{n+1} : \left(\begin{bmatrix} \mathrm{d}\boldsymbol{\epsilon}_{n+1} \\ \mathbf{0} \end{bmatrix} + \boldsymbol{\Lambda}_{n+1} \mathrm{d}(\Delta\lambda) \right) \tag{8.2.32}
$$

式中，矩阵 $\mathbb{A}_{n+1}$ 和塑性流动方向矢量 $\boldsymbol{\Lambda}_{n+1}$ 由式 (8.2.24a) 给出。

将上述结果代入塑性一致性条件(8.2.30) 第四式中，可以给出

$$
\mathrm{d}(\Delta\lambda) = -\frac{\boldsymbol{\nabla} F_{n+1} : \mathbb{A}_{n+1} : \left\{\boldsymbol{\epsilon}_{n+1}, \mathbf{0}\right\}^{\mathrm{T}}}{\boldsymbol{\nabla} F_{n+1} : \mathbb{A}_{n+1} : \boldsymbol{\Lambda}_{n+1}} \tag{8.2.33}
$$

于是，式 (8.2.32) 给出的有效应力和塑性硬化参数的微分表示为

$$
\begin{bmatrix} \mathrm{d}\bar{\boldsymbol{\sigma}}_{n+1} \\ \mathrm{d}\boldsymbol{\kappa}_{n+1} \end{bmatrix} = \mathbb{A}^{\mathrm{ep}} \begin{bmatrix} \mathrm{d}\boldsymbol{\epsilon}_{n+1} \\ \mathbf{0} \end{bmatrix} \tag{8.2.34}
$$

式中，系数矩阵 $\mathbb{A}^{\mathrm{ep}}$ 表示为

$$
\mathbb{A}^{\mathrm{ep}} = \mathbb{A}_{n+1} - \frac{\mathbb{A}_{n+1} : \left(\boldsymbol{\Lambda}_{n+1} \otimes \boldsymbol{\nabla} F_{n+1}\right) : \mathbb{A}_{n+1}}{\boldsymbol{\nabla} F_{n+1} : \mathbb{A}_{n+1} : \boldsymbol{\Lambda}_{n+1}} \tag{8.2.35}
$$

将系数矩阵 $\mathbb{A}^{\mathrm{ep}}$ 按应力张量$\boldsymbol{\sigma}$(或有效应力张量 $\bar{\boldsymbol{\sigma}}$) 和塑性硬化向量 $\boldsymbol{\kappa}$ 的阶数进行分块，即可给出式 (8.2.29) 定义的数值一致性切线刚度

$$
\mathbb{E}_{\mathrm{alg}}^{\mathrm{ep}} = \begin{bmatrix}
A_{11}^{\mathrm{ep}} & A_{12}^{\mathrm{ep}} & \cdots & A_{1n_\sigma}^{\mathrm{ep}} \\
A_{21}^{\mathrm{ep}} & A_{22}^{\mathrm{ep}} & \cdots & A_{2n_\sigma}^{\mathrm{ep}} \\
\vdots & \vdots & \ddots & \vdots \\
A_{n_\sigma 1}^{\mathrm{ep}} & A_{n_\sigma 2}^{\mathrm{ep}} & \cdots & A_{n_\sigma n_\sigma}^{\mathrm{ep}}
\end{bmatrix} \tag{8.2.36}
$$

式中，A_{ij}^{ep} 为系数矩阵 $\mathbb{A}^{\mathrm{ep}}$ 的元素，其中 $i,j=1,2,\cdots,n_{\boldsymbol{\sigma}}$。这里，$n_{\boldsymbol{\sigma}}$ 为二阶应力张量(或有效应力张量) 转换为 Voigt 列向量的阶数。例如，对于三维应力状态，$\boldsymbol{\sigma}=\left\{\sigma_{11},\sigma_{22},\sigma_{33},\sigma_{12},\sigma_{13},\sigma_{23}\right\}^{\mathrm{T}}$，有 $n_{\boldsymbol{\sigma}}=6$；对于平面应力状态，$\boldsymbol{\sigma}=\left\{\sigma_{11},\sigma_{22},\sigma_{12}\right\}^{\mathrm{T}}$，有 $n_{\boldsymbol{\sigma}}=3$。

Oritz 和 Martin(1989) 证明了数值一致性切线模量保持对称性的条件：若塑性应变和塑性硬化参数的演化法则服从相关流动，即 $\boldsymbol{\Gamma}=\partial_{\bar{\boldsymbol{\sigma}}}F$ 和 $\boldsymbol{H}=\partial_{\boldsymbol{\kappa}}F$，此时有 $\boldsymbol{\Lambda}=\boldsymbol{\nabla}F$，则可以保证上述数值一致性切线刚度的对称性。

对于应力和硬化参数解耦的塑性流动方向和塑性屈服函数，数值弹性刚度矩阵式 (8.2.24a) 中的耦合项消失，即 $\partial_{\boldsymbol{\kappa}}\boldsymbol{\Gamma}=\mathbf{0}$ 和 $\partial_{\boldsymbol{\kappa}}\boldsymbol{H}=\mathbf{0}$，此时，数值弹性刚度矩阵 $\mathbb{A}$ 可以简化为

$$\mathbb{A}_{n+1}=\begin{bmatrix}\bar{\mathbb{E}}_{n+1} & \mathbf{0}\\ \mathbf{0} & \bar{\boldsymbol{\Pi}}\end{bmatrix} \tag{8.2.37}$$

式中，数值弹性刚度矩阵 $\bar{\mathbb{E}}_{n+1}$ 和 $\bar{\boldsymbol{\Pi}}$ 分别表示为

$$\bar{\mathbb{E}}_{n+1}=\left(\mathbb{C}_0+\Delta\lambda\partial_{\bar{\boldsymbol{\sigma}}}\boldsymbol{\Gamma}_{n+1}\right)^{-1},\qquad \bar{\boldsymbol{\Pi}}_{n+1}=\left(\Delta\lambda\partial_{\boldsymbol{\kappa}}\boldsymbol{H}_{n+1}-\boldsymbol{I}\right)^{-1} \tag{8.2.38}$$

则式 (8.2.36) 表示的数值一致性切向刚度 $\mathbb{E}_{\mathrm{alg}}^{\mathrm{ep}}$ 可以写成

$$\mathbb{E}_{\mathrm{alg}}^{\mathrm{ep}}=\bar{\mathbb{E}}_{n+1}-\frac{\bar{\mathbb{E}}_{n+1}:\left(\boldsymbol{\Gamma}_{n+1}\otimes\partial_{\bar{\boldsymbol{\sigma}}}F_{n+1}\right):\bar{\mathbb{E}}_{n+1}}{\partial_{\bar{\boldsymbol{\sigma}}}F_{n+1}:\bar{\mathbb{E}}_{n+1}:\boldsymbol{\Gamma}_{n+1}+\partial_{\boldsymbol{\kappa}}F_{n+1}\cdot\bar{\boldsymbol{\Pi}}_{n+1}\cdot\boldsymbol{H}_{n+1}} \tag{8.2.39}$$

将数值一致性切线模量式 (8.2.39) 与连续体弹塑性切线模量式 (5.3.47) 对比可以看出，除了弹性刚度张量 $\mathbb{E}_0$ 由数值弹性刚度 $\bar{\mathbb{E}}_{n+1}$ 代替、$-\partial_{\boldsymbol{\kappa}}F\cdot\boldsymbol{H}$ 由 $\partial_{\boldsymbol{\kappa}}F_{n+1}\cdot\bar{\boldsymbol{\Pi}}_{n+1}\cdot\boldsymbol{H}_{n+1}$ 代替，二者具有完全相同的形式。当时间增量 $\Delta t\to 0$ 时，塑性流动因子$\Delta\lambda\to 0$，则有 $\bar{\mathbb{E}}_{n+1}\to\mathbb{E}_0$ 和 $\bar{\boldsymbol{\Pi}}_{n+1}\to-\boldsymbol{I}$，因此有 $\mathbb{E}_{\mathrm{alg}}^{\mathrm{ep}}\to\mathbb{E}^{\mathrm{ep}}$。换句话说，对于无穷小增量步，数值一致性切线模量和连续体弹塑性切线模量重合，说明了数值方法和连续体问题的一致性。这一结论也是数值一致性切线模量命名的由来。

最后，根据式 (5.3.102) 即可给出弹塑性损伤模型的数值一致性切线刚度为

$$\mathbb{E}_{\mathrm{alg}}^{\tan}=\frac{\mathrm{d}\boldsymbol{\sigma}_{n+1}}{\mathrm{d}\boldsymbol{\epsilon}_{n+1}}=\left[\left(1-d_{n+1}^{+}\right)\mathbb{Q}_{n+1}^{+}+\left(1-d_{n+1}^{-}\right)\mathbb{Q}_{n+1}^{+}-\mathbb{R}_{n+1}^{+}-\mathbb{R}_{n+1}^{-}\right]:\mathbb{E}_{\mathrm{alg}}^{\mathrm{ep}} \tag{8.2.40}$$

在结构有限元非线性分析中，采用上述与向后欧拉算法一致的切向刚度能够保证二阶收敛速度。关于这一点，我们将在第 11 章中进一步说明。

8.2.5 算法流程

总结上述，弹塑性损伤本构关系的数值算法基本步骤 (图 8.2.3) 如下。

(1) 给定初始条件 $\boldsymbol{\epsilon}_n$、$\boldsymbol{\epsilon}_n^{\mathrm{p}}$、$\boldsymbol{\kappa}_n$、$d_n^{\pm}$、$r_n^{\pm}$ 和应变增量 $\Delta\boldsymbol{\epsilon}$。

(2) 弹性试算步：计算弹性试算有效应力$\bar{\boldsymbol{\sigma}}_{n+1}^{\mathrm{trial}}$ 和屈服函数 $F_{n+1}^{\mathrm{trial}}=F(\bar{\boldsymbol{\sigma}}_{n+1}^{\mathrm{trial}},\boldsymbol{\kappa}_n)$。如果：

① 塑性加载状态，即 $F_{n+1}^{\mathrm{trial}}>0$，转入塑性修正步 (3)。

② 弹性加载或弹性卸载状态，即 $F_{n+1}^{\mathrm{trial}}\leqslant 0$，相应的状态变量按弹性试算值进行更新，即

$$\bar{\boldsymbol{\sigma}}_{n+1}=\bar{\boldsymbol{\sigma}}_{n+1}^{\mathrm{trial}},\qquad \boldsymbol{\epsilon}_{n+1}^{\mathrm{p}}=\boldsymbol{\epsilon}_n^{\mathrm{p}},\qquad \boldsymbol{\kappa}_{n+1}=\boldsymbol{\kappa}_n$$

然后转入损伤修正步 (4)。

(3) 塑性修正步：更新状态变量 $\bar{\boldsymbol{\sigma}}_{n+1},\boldsymbol{\epsilon}_{n+1}^{\mathrm{p}},\boldsymbol{\kappa}_{n+1}$。

① 设置迭代初始值

$$\bar{\boldsymbol{\sigma}}_{n+1}=\bar{\boldsymbol{\sigma}}_{n+1}^{\mathrm{trial}},\qquad \boldsymbol{\epsilon}_{n+1}^{\mathrm{p}}=\boldsymbol{\epsilon}_n^{\mathrm{p}},\qquad \boldsymbol{\kappa}_{n+1}=\boldsymbol{\kappa}_n,\qquad \lambda=0$$

② 按式 (8.2.19) 计算残量 $\boldsymbol{R}_{n+1}^{\boldsymbol{\epsilon}^{\mathrm{p}}}$、$\boldsymbol{R}_{n+1}^{\boldsymbol{\kappa}}$ 和屈服条件F_{n+1}。

③ 判断迭代是否收敛

(I) 若 $\left\|\boldsymbol{R}_{n+1}^{\boldsymbol{\epsilon}^{\mathrm{p}}}\right|<\mathrm{tol1},\left\|\boldsymbol{R}_{n+1}^{\boldsymbol{\kappa}}\right|<\mathrm{tol2},\left|F_{n+1}\right|<\mathrm{tol3}$，则迭代收敛，转入损伤修正步 (4)，这里，tol1、tol2 和 tol3 为容许误差。

(II) 否则，按式 (8.2.23)~ 式 (8.2.26) 进行迭代，并按更新后的状态变量 $\bar{\boldsymbol{\sigma}}_{n+1}$、$\boldsymbol{\epsilon}_{n+1}^{\mathrm{p}}$、$\boldsymbol{\kappa}_{n+1}$ 重新判断迭代是否收敛。

④ 按式 (8.2.36) 或式 (8.2.39) 计算算法一致性切向刚度 $\mathbb{E}_{\mathrm{alg}}^{\mathrm{ep}}$。

(4) 损伤修正步：更新损伤变量$d_{n+1}^{\pm}$ 和应力 $\boldsymbol{\sigma}_{n+1}$。

① 对有效应力张量 $\bar{\boldsymbol{\sigma}}_{n+1}$ 进行正、负分解

$$\bar{\boldsymbol{\sigma}}_{n+1}^{+}=\boldsymbol{P}_{n+1}\hat{\bar{\boldsymbol{\sigma}}}_{n+1}^{+}\boldsymbol{P}_{n+1}^{\mathrm{T}},\qquad \bar{\boldsymbol{\sigma}}_{n+1}^{-}=\bar{\boldsymbol{\sigma}}-\bar{\boldsymbol{\sigma}}_{n+1}^{+}$$

② 按式 (5.3.62) 计算受拉和受剪损伤能释放率$Y_{n+1}^{\pm}$。

③ 判断损伤状态

(I) 若 $Y_{n+1}^{+}\leqslant r_n^{+}$ 和 $Y_{n+1}^{-}\leqslant r_n^{-}$ 同时满足，则不发生损伤加载，转入步骤 (5)。

(II) 若 $Y_{n+1}^{\pm}>r_n^{\pm}$，则发生损伤加载，更新损伤变量$d_{n+1}^{\pm}$

$$r_{n+1}^{\pm}=Y_{n+1}^{\pm},\qquad d_{n+1}^{\pm}=g^{\pm}(r_{n+1}^{\pm})$$

这里，根据具体的分析背景，$g(\cdot)$ 可取为第 5 章中的确定性经验损伤模型或第 6 章所述的随机损伤模型。然后，计算应力 $\boldsymbol{\sigma}_{n+1}$

$$\boldsymbol{\sigma}_{n+1}=\left(1-d_{n+1}^{+}\right)\bar{\boldsymbol{\sigma}}_{n+1}^{+}+\left(1-d_{n+1}^{-}\right)\bar{\boldsymbol{\sigma}}_{n+1}^{-}$$

④ 按式 (8.2.40) 计算弹塑性损伤模型的算法一致性切线刚度$\mathbb{E}_{\mathrm{alg}}^{\mathrm{tan}}$。

(5) 完成当前增量步的数值计算，转入下一增量步。

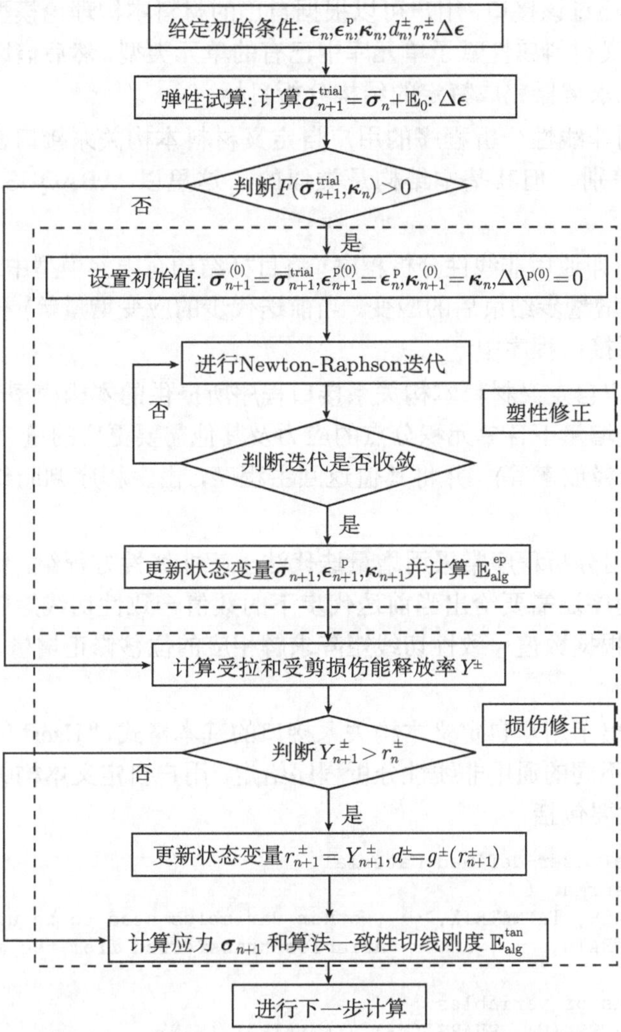

图 8.2.3 弹塑性损伤本构模型数值计算基本流程

8.2.6 与通用非线性有限元分析程序的接口

现代计算机技术的飞速发展，使得一些成熟的数值算法越来越迅速地被集成到一些大型的商业通用非线性分析程序中 (如 ABAQUS、DIANA、MSC.MARC、ADINA、ANSYS 等)。这些通用非线性分析程序一般具有友好的前后处理界面、强大的非线性求解器、广泛的适用范围及完善的接口扩充功能。充分利用这些已有的通用非线性分析程序，无疑将极大地节约时间。

一般来说，大型通用非线性分析程序都提供了用户自定义材料本构关系的 Fortran 程序接口。通过该接口，用户可以根据自己的材料本构理论模型编写相应的程序，将用户自定义材料属性赋予单元库中已有的单元类型，然后借助于通用分析程序强大的非线性求解器完成特定的结构分析目标。

尽管各通用非线性分析程序的用户自定义材料本构关系接口在名称和具体实现方法上有所差别，但其基本结构是类似的。这里以 ABAQUS 软件为例加以说明：

(1) 主程序 (即通用非线性分析程序) 将目标结构有限元模型中必要的数据 (如节点坐标、上一增量步结束后的应变、当前迭代步的应变增量等) 传递到用户自定义材料本构关系接口程序中。

(2) 根据用户自定义材料本构关系接口程序所提供的本构模型数值算法，更新当前迭代步应变增量下各单元积分点的应力及其他需要更新的量 (如塑性应变、损伤变量、损伤能释放率等)，并将其值返回主程序，由主程序判断结构是否满足平衡条件。

(3) 由于通用分析程序常采用增量迭代法求解非线性方程组，用户自定义材料本构关系接口程序还需要给出当前迭代步下的数值一致性切线矩阵。当结构不满足平衡条件时，根据数值一致性切线矩阵求解相应的位移修正增量，并进行下一迭代步的分析。

图 8.2.4 给出了用户自定义本构关系接口的基本格式，“UserMat”为子程序的名称，需要根据不同的通用非线性分析程序给定。用户自定义本构关系子程序中需要更新的变量主要包括：

```
C Interface of User-defined Material
SUBROUTINE UserMat (
1 STRESS, SVARS, TANMATRIX, … , other variables need to be updated,
2 STRAIN, DSTRAIN, … , other variables transferred from the main program
)
C declarations of variables
DIMENSION STRESS (N), SVARS (N3), TANMATRIX (N,N)
1 STRAIN (N), DSTRAIN (N), PARAS (N4),
2 and other variables need to be declared.
C
user coding to define TANMATRIX, STRESS, SVARS,
and, if necessary, other variables need to be updated.
C
RETURN
END
C End of the interface UserMat
```

图 8.2.4 用户自定义本构关系接口的基本格式

(1) STRESS(N)：Cauchy 应力张量，按照附录 A 给出的 Voigt 规则转化而来的 N 维列向量，根据所处应力状态的不同，对应 $N1$ 个直接分量和 $N2$ 个剪切分量，增量步开始时，主程序将应力列向量中的数值通过接口传递到用户自定义本构关系子程序中，并根据前面章节中所述的应力更新过程对其进行更新，最后通过接口将更新后的结果返回到主程序中。

(2) TANMATRIX(N,N)：N 维方阵，称作 Jacobi 矩阵，即数值一致性切线矩阵，与当前应力状态有关。

(3) SVARS(N3)：用于存储状态变量的 $N3$ 维列向量，其维数 $N3$ 的值通过主程序传递到子程序中。在增量步开始时，主程序将 SVARS 的值传递到用户自定义本构关系子程序中，并对其进行更新，最后通过接口返回到主程序中。

其他仅仅通过接口传递到用户自定义本构关系子程序而无需更新的变量主要有：

(1) STRAIN(N)：应变张量，按照附录 A 给出的 Voigt 规则转化而来的列向量。

(2) DSTRAIN(N)：应变增量张量，按照附录 A 给出的 Voigt 规则转化而来的列向量。

(3) PARAS (N4)：材料参数列矩阵。

(4) N1：直接应力 (即法向正应力) 分量的个数。

(5) N2：剪切应力分量的个数。

(6) N：总应力分量的个数，$N = N1 + N2$。

(7) N4：状态变量个数。

子程序中其他相关物理量的具体含义可参见各通用非线性分析程序帮助手册中的详细说明。

基于本节介绍的模型数值实现算法，参照上述用户自定义材料子程序的接口格式，即可采用 FORTRAN 语言编制弹塑性损伤本构模型用户自定义材料子程序。具体过程不再赘述。

第 9 章　混凝土框架结构分析

在第 2~8 章中，我们的主要关注点是混凝土的本构关系。研究本构关系的目的，不仅在于了解混凝土的受力非线性性能，更重要的是应用关于这种规律性的认识，服务于工程结构受力力学行为的分析和工程结构的设计。结构是基本构件的组合体，工程上描述构件受力力学行为的最直接方式是内力–变形关系，这就要求我们把上述应力–应变关系合理转化为内力–变形关系，以用于结构的分析。材料力学为这种转换提供了理论基础。同时，多数用混凝土建造的建筑结构是钢筋混凝土结构，因此，要求采用复合材料力学的思想来实现这种转换。换句话说，在“从本构到结构”的思想框架里，关于构件的分析构成了实现结构内力分析的关键桥梁或渠道。本章和下一章，将以混凝土框架和剪力墙结构为例，详细阐述确定性结构受力力学行为的分析方法。同时，由于结构非线性有限元分析在结构层次的内在逻辑一致性，我们在这两章中将阐述重点放在结构单元层次，而将关于结构分析的内容统一放在本书的第 11 章中。

本章阐述混凝土框架结构分析的基本内容。

9.1　梁–柱构件正截面 N-M-φ 关系分析

通常，混凝土框架结构分析包括三个层次：截面分析、梁–柱单元分析和框架结构分析。截面分析从钢筋和混凝土的本构关系出发，通过关于变形状态的假定，给出梁–柱正截面的力–变形关系；在此基础上，结合有限元分析的基本思想，可以获得框架梁–柱单元的力–变形关系，从而为混凝土结构分析奠定基础。依据截面划分方式的不同，梁–柱构件的正截面分析可以区分为条带法与网格法。

9.1.1　条带法

回顾材料力学的基本知识可知，当仅考虑小变形时，梁截面的弯矩 M 和曲率 φ 满足

$$M = EI\varphi \tag{9.1.1}$$

式中，EI 为截面抗弯刚度的度量，即截面抗弯模量。

在混凝土梁的变形全过程中，由于混凝土与钢筋材料性能的非线性，弯矩–曲率关系将不再是式 (9.1.1) 中的线性关系，而是非线性曲线。对于框架结构中的梁、

柱构件，轴力也会对曲率产生影响，因此，需要分析轴力–弯矩–曲率变化 (N-M-φ) 全过程。

为了分析梁、柱构件正截面的 N-M-φ 全过程变化曲线，一般引入如下基本假定：

(1) 截面的变形服从平截面假定；

(2) 钢筋与混凝土的黏结良好，两者的应变变化相同，不会发生黏结滑移；

(3) 不考虑结构构件的剪切变形影响和开裂后裂缝的影响。

以矩形截面构件为例。图 9.1.1(a) 的矩形截面构件尺寸为 $b \times h$。将截面进行有限条带划分，若记划分的条带数为 m_c，其中条带 i 的面积为 ΔA_i，其形心距离截面形心距离为 $y_i \in [-h/2, h/2]$。上部钢筋中轴线距上边沿为 a'，下部钢筋中轴线距下边沿为 a。

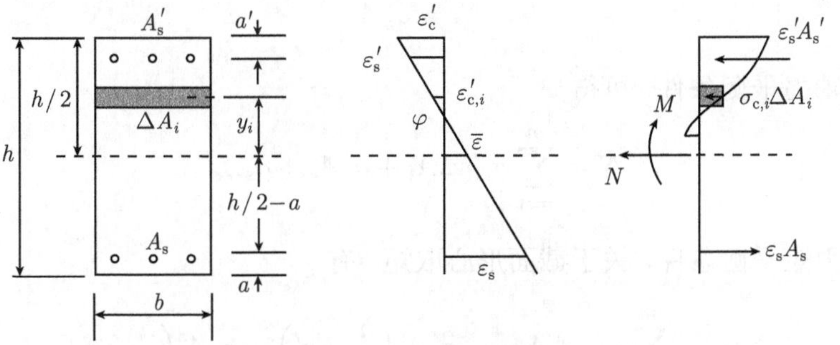

图 9.1.1 混凝土梁 (柱) 矩形截面的应变、应力图

根据平截面假定，若设截面的曲率为 φ，截面形心处的应变为 $\bar{\epsilon}$(为方便计，以受拉为正)，则在距离形心竖向距离为 y 处的应变为 (图 9.1.1(b))

$$\epsilon(y) = \bar{\epsilon} - y\varphi \tag{9.1.2}$$

第 i 条带处的混凝土应变为

$$\epsilon_{c,i} = \bar{\epsilon} - y_i\varphi \tag{9.1.3}$$

而钢筋应变分别为

$$\epsilon_s' = \bar{\epsilon} - \left(\frac{h}{2} - a'\right)\varphi \tag{9.1.4a}$$

$$\epsilon_s = \bar{\epsilon} + \left(\frac{h}{2} - a\right)\varphi \tag{9.1.4b}$$

根据混凝土的单轴受力本构关系，可知第 i 条带处的混凝土应力为

$$\sigma_{c,i} = f_c(\epsilon_{c,i}) \tag{9.1.5}$$

式中，$f_c(\cdot)$ 表示函数关系 (下同)。而钢筋的应力为

$$\sigma'_{\mathrm{s}} = f_{\mathrm{s}}(\epsilon'_{\mathrm{s}}) \tag{9.1.6a}$$

$$\sigma_{\mathrm{s}} = f_{\mathrm{s}}(\epsilon_{\mathrm{s}}) \tag{9.1.6b}$$

从图 9.1.1(c) 可见，截面的内力为轴力 N 和弯矩 M。其中第 i 条带混凝土上的合力为

$$N_{\mathrm{c},i} = \sigma_{\mathrm{c},i}\Delta A_i \tag{9.1.7}$$

拉区与压区钢筋的合力分别为

$$N'_{\mathrm{s}} = \sigma'_{\mathrm{s}}A'_{\mathrm{s}} \tag{9.1.8a}$$

$$N_{\mathrm{s}} = \sigma_{\mathrm{s}}A_{\mathrm{s}} \tag{9.1.8b}$$

根据轴力平衡条件，可得

$$N = \sum_{i=1}^{m}\sigma_{\mathrm{c},i}\Delta A_i + \sigma'_{\mathrm{s}}A'_{\mathrm{s}} + \sigma_{\mathrm{s}}A_{\mathrm{s}} \tag{9.1.9}$$

根据力矩平衡条件，关于截面形心取矩，有

$$M = -\sum_{i=1}^{m}\sigma_{\mathrm{c},i}\Delta A_i y_i - \sigma'_{\mathrm{s}}A'_{\mathrm{s}}\left(\frac{h}{2} - a'\right) + \sigma_{\mathrm{s}}A_{\mathrm{s}}\left(\frac{h}{2} - a\right) \tag{9.1.10}$$

结合式 (9.1.2)∼ 式 (9.1.8)，可知式 (9.1.9) 和式 (9.1.10) 中的基本变量均为 φ 和 $\bar{\epsilon}$，因此，不妨将式 (9.1.9) 和式 (9.1.10) 写为

$$N = f_N(\varphi, \bar{\epsilon}) \tag{9.1.11a}$$

$$M = f_M(\varphi, \bar{\epsilon}) \tag{9.1.11b}$$

由于混凝土与钢筋的应力–应变关系为非线性关系，上述二式构成了一组关于 φ、$\bar{\epsilon}$ 的非线性方程。求解这一组非线性方程，即可以获得 N-M-φ 关系。

为了求解上述方程，在算法上存在逐级加变形和逐级加荷载的分野。通常，在混凝土梁、柱构件正截面 N-M-φ 关系计算中，逐级增加变形的算法较为方便。这一算法的基本步骤为 (朱伯龙和董振祥，1985)：

(1) 确定初始条件 $\varphi_0 = 0$ 和 $\bar{\epsilon}_0 = N/(E_{\mathrm{c}}A_{\mathrm{eq}})$，这里 $A_{\mathrm{eq}} = A_{\mathrm{c}} + (A_{\mathrm{s}} + A'_{\mathrm{s}})E_{\mathrm{s}}/E_{\mathrm{c}}$ 为钢筋混凝土梁、柱截面的等效截面积。显然，$M_0 = 0$。

(2) 给定曲率$\varphi_j = \varphi_{j-1} + \Delta\varphi_j$，其中 φ_j 为第 j 步时的曲率，$\Delta\varphi_j$ 为曲率增量。

(3) 对于给定的 φ_j，由方程 (9.1.11a) 求解截面形心应变 $\bar{\epsilon}$。

(4) 对于给定的 φ_j 及求得的 $\bar{\epsilon}$，由式 (9.1.11b) 计算得到即时弯矩 M_j。

在上述第 (3) 步，由于方程 (9.1.11) 是一个非线性方程，一般需要用迭代法求解。此时，可取 $\bar{\epsilon}_j^{(0)}$ 的初值为

$$\bar{\epsilon}_j^{(0)} = \bar{\epsilon}_{j-1} \tag{9.1.12}$$

记由式 (9.1.11a) 计算的不平衡力

$$\Delta N^{(k-1)} = N - f_N(\varphi_j, \bar{\epsilon}_j^{(k-1)}) \qquad (k = 1, 2, \cdots) \tag{9.1.13}$$

式中，上标 k 表示在第 j 个增量步 $\Delta\varphi_j$ 内的第 k 次迭代。

设应变为 $\bar{\epsilon}_j^{(k)}$ 时的不平衡力为 $\Delta N^{(k)}$，则利用 $\bar{\epsilon}_j^{(k-1)}$ 与 $\bar{\epsilon}_j^{(k)}$ 进行线性插值，可知不平衡力为零时截面形心的应变为 (图 9.1.2)

$$\tilde{\bar{\epsilon}}_j = \bar{\epsilon}_j^{(k)} - \frac{\bar{\epsilon}_j^{(k)} - \bar{\epsilon}_j^{(k-1)}}{\Delta N^{(k)} - \Delta N^{(k-1)}} \Delta N^{(k)} \tag{9.1.14}$$

这一估计值可作为下一次的迭代值 $\bar{\epsilon}_j^{(k+1)} = \tilde{\bar{\epsilon}}_j$。注意，式 (9.1.14) 需要 $\bar{\epsilon}_j^{(k)}$ 的两个初值，因此，除式 (9.1.12) 给出一个，还可取 $\bar{\epsilon}^{(1)} = \bar{\epsilon}_{j-2}$。

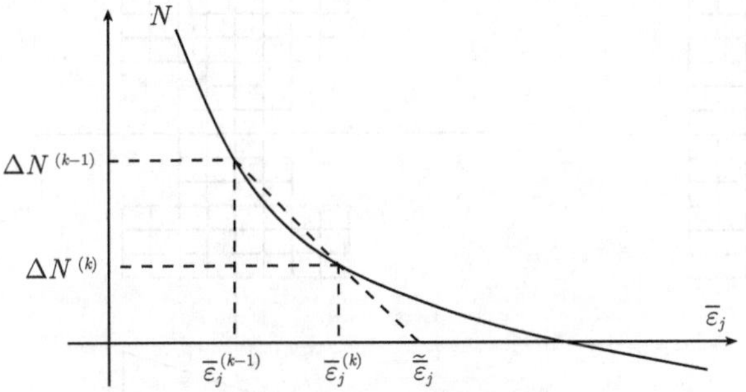

图 9.1.2 截面形心应变的线性插值估计

在 $\Delta\varphi_j$ 内的迭代步数可以通过精度

$$\left\|\Delta N^{(k)}\right\| \leqslant \text{Tol} \tag{9.1.15}$$

加以控制，Tol 为允许误差。

不难理解，截面形心应变的线性插值估计实际上即是非线性代数方程求解的割线迭代法。

图 9.1.3 给出了一组典型的梁、柱 N-M-φ 关系。

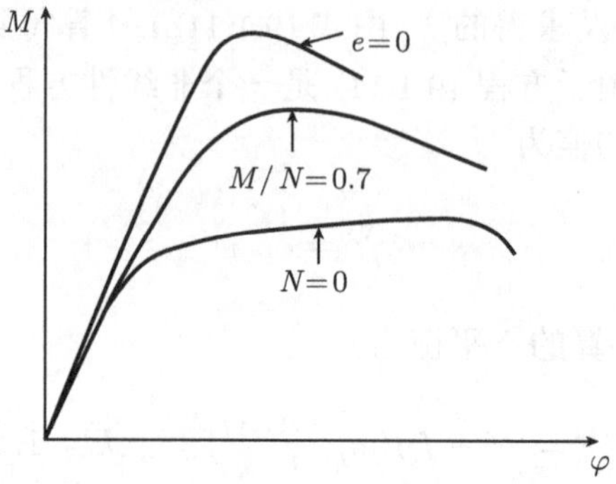

图 9.1.3　典型梁、柱 N-M-φ 曲线

9.1.2　网格法

当荷载不是作用在截面的主对称轴平面内，或者截面的形式较为复杂 (如非对称平面) 时，采用条带划分往往较为困难。这时，可以采用图 9.1.4 所示的网格划分截面。

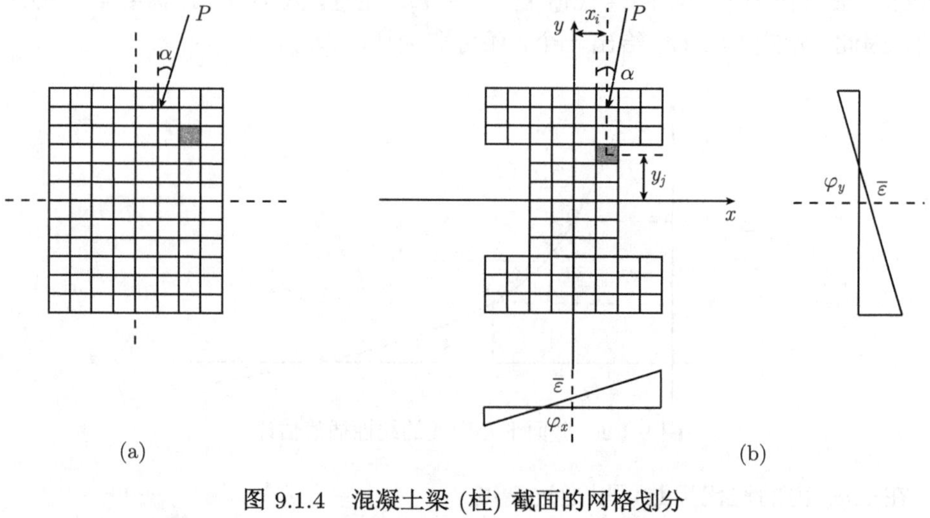

图 9.1.4　混凝土梁 (柱) 截面的网格划分

仍然采用平截面假定，在小变形情况下，可知任意网格单元形心 (x_i, y_i) 处的应变为

$$\epsilon_{c,ij} = \bar{\epsilon} - x_i\varphi_x - y_i\varphi_y \tag{9.1.16}$$

于是，可以建立截面的弯矩和轴力平衡条件。

由轴力平衡条件可得

$$N=\sum_{i=1}^{m_x}\sum_{j=1}^{m_y}\sigma_{\mathrm{c},ij}\Delta A_{ij}+\sum_{k=1}^{m_\mathrm{s}}\sigma_{\mathrm{s},k}A_{\mathrm{s},k} \tag{9.1.17}$$

式中，m_x 和 m_y 分别为 x 和 y 轴方向的分段数目；m_s 为钢筋数目；ΔA_{ij} 为单元 (i,j) 的面积；$A_{\mathrm{s},k}$ 为第 k 根钢筋的横截面积。

分别考虑绕 x 轴、y 轴的弯矩平衡条件，可知

$$M_x=-\sum_{i=1}^{m_x}\sum_{j=1}^{m_y}\sigma_{\mathrm{c},ij}\Delta A_{ij}y_j-\sum_{k=1}^{m_s}\sigma_{\mathrm{s},k}A_{\mathrm{s},k}y_k \tag{9.1.18a}$$

$$M_y=-\sum_{i=1}^{m_x}\sum_{j=1}^{m_y}\sigma_{\mathrm{c},ij}\Delta A_{ij}x_j-\sum_{k=1}^{m_s}\sigma_{\mathrm{s},k}A_{\mathrm{s},k}x_k \tag{9.1.18b}$$

式 (9.1.17) 和式 (9.1.18) 中的右侧实际上是关于 φ_x、φ_y、ϵ 的函数，因此，可写为

$$N=f_N(\varphi_x,\varphi_y,\bar{\epsilon}) \tag{9.1.19a}$$

$$M_x=f_{M_x}(\varphi_x,\varphi_y,\bar{\epsilon}) \tag{9.1.19b}$$

$$M_y=f_{M_y}(\varphi_x,\varphi_y,\bar{\epsilon}) \tag{9.1.19c}$$

上述三式构成一组关于 φ_x、φ_y、$\bar{\epsilon}$ 的非线性方程，可以采用迭代法求解。

注意，若在加载过程中荷载角度 α 不变，则尚须满足条件

$$M_y/M_x=\tan\alpha \tag{9.1.20}$$

可见，在此情况下，两个方向的弯矩 M_x 和 M_y 是不独立的，因而 φ_x 和 φ_y 也不独立。根据式 (9.1.19b) 和式 (9.1.19c) 可得 φ_x 和 φ_y 需要满足的约束条件

$$f_{M_y}(\varphi_x,\varphi_y,\bar{\epsilon})=\tan\alpha\cdot f_{M_x}(\varphi_x,\varphi_y,\bar{\epsilon}) \tag{9.1.21}$$

当采用逐级加变形算法时，不妨以 φ_x 为控制变量，计算的基本步骤如下：

(1) 确定初始条件 $\varphi_{x,0}=0$、$\bar{\epsilon}_0=N/(E_\mathrm{c}A_\mathrm{eq})$ 及 $M_{x,0}=0$。

(2) 给定曲率$\varphi_{x,j}=\varphi_{x,j-1}+\Delta\varphi_{x,j}$，其中 $\varphi_{x,j}$ 为第 j 步时的 x 方向的曲率，$\Delta\varphi_{x,j}$ 为曲率增量。

(3) 对于给定的 $\varphi_{x,j}$，联立求解式 (9.1.19a) 和式 (9.1.19c) 构成的非线性方程组，获得曲率$\varphi_{y,j}$ 和截面形心应变 $\bar{\epsilon}$。

(4) 对于给定的 $\varphi_{x,j}$ 及求得的 $\varphi_{y,j}$ 和 $\bar{\epsilon}$，由式 (9.1.19b) 计算得到即时弯矩 $M_{x,j}$。

步骤 (3) 中的非线性方程组同样需采用迭代法求解。类似于 9.1.1 节，可以采用二维线性插值获得截面形心处的应变 $\bar{\epsilon}$。

总结上述分析方法可见梁–柱构件正截面分析的基本思想：通过将分析截面离散为若干纤维单元，在平截面假定的条件下，认为每根纤维处于一维受拉或受压应力状态，根据不同纤维的一维应力–应变关系，计算整个截面力与变形的非线性关系。事实上，这类方法还可通过引入对单轴应力–应变关系的适当修改 (如箍筋的约束效应)，达到更好地反映截面实际受力行为的目的。

9.1.3　增量 dN-dM-dφ 关系

上述分析给出的是全量 N-M-φ 关系，为了进行框架结构的受力非线性全过程分析，往往需要增量 dN-dM-dφ 关系。这一关系原则上也可以按照上述计算方法给出。为读者方便起见，这里以条带法为例，给出基本公式。

考察图 9.1.1，根据截面的平衡条件，有

$$\begin{cases} N = \displaystyle\int_A \sigma \, \mathrm{d}A \\ M = \displaystyle\int_A \sigma y \, \mathrm{d}A \end{cases} \tag{9.1.22}$$

将式 (9.1.22) 表示为微分形式，即

$$\begin{cases} \mathrm{d}N = \displaystyle\int_A \mathrm{d}\sigma \, \mathrm{d}A \\ \mathrm{d}M = \displaystyle\int_A \mathrm{d}\sigma y \, \mathrm{d}A \end{cases} \tag{9.1.23}$$

由于截面被分为若干个条带，注意到式 (9.1.2)~ 式 (9.1.6)，并以 y 轴向下为正向，可将式 (9.1.23) 写成求和形式：

$$\begin{cases} \mathrm{d}N = & \displaystyle\sum_{i=1}^{m_\mathrm{c}} E_{\mathrm{c},i}^{\tan}\left(\mathrm{d}\bar{\epsilon} + y_{\mathrm{c},i}\mathrm{d}\varphi\right)\Delta A_{\mathrm{c},i} + \sum_{i=1}^{m_\mathrm{s}} E_{\mathrm{s},i}^{\tan}\left(\mathrm{d}\bar{\epsilon} + y_{\mathrm{s},i}\mathrm{d}\varphi\right)\Delta A_{\mathrm{s},i} \\ & \displaystyle + \sum_{i=1}^{m_\mathrm{s}'} E_{\mathrm{s},i}^{\prime\,\tan}\left(\mathrm{d}\bar{\epsilon} + y_{\mathrm{s},i}'\mathrm{d}\varphi\right)\Delta A_{\mathrm{s},i}' \\ \mathrm{d}M = & \displaystyle\sum_{i=1}^{m_\mathrm{c}} E_{\mathrm{c},i}^{\tan}\left(\mathrm{d}\bar{\epsilon} + y_{\mathrm{c},i}\mathrm{d}\varphi\right)y_{\mathrm{c},i}\Delta A_{\mathrm{c},i} + \sum_{i=1}^{m_\mathrm{s}} E_{\mathrm{s},i}^{\tan}\left(\mathrm{d}\bar{\epsilon} + y_{\mathrm{s},i}\mathrm{d}\varphi\right)y_{\mathrm{s},i}\Delta A_{\mathrm{s},i} \\ & \displaystyle + \sum_{i=1}^{m_\mathrm{s}'} E_{\mathrm{s},i}^{\prime\,\tan}\left(\mathrm{d}\bar{\epsilon} + y_{\mathrm{s},i}'\mathrm{d}\varphi\right)y_{\mathrm{s},i}'\Delta A_{\mathrm{s},i}' \end{cases} \tag{9.1.24}$$

式中，m_c、m_s、m'_s 分别为混凝土条带数以及受拉、受压钢筋的排数；$E^{\tan}_{c,i}$、$E^{\tan}_{s,i}$、$E'^{\tan}_{s,i}$ 分别为各条带混凝土以及受拉、受压钢筋的切线模量，应根据即时应变分别由混凝土与钢筋的应力–应变关系确立。

将式 (9.1.24) 用矩阵表示，则为

$$\begin{bmatrix} \mathrm{d}N \\ \mathrm{d}M \end{bmatrix} = \begin{bmatrix} E_{\mathrm{AT}} & E_{\mathrm{ST}} \\ E_{\mathrm{ST}} & E_{\mathrm{IT}} \end{bmatrix} \begin{bmatrix} \mathrm{d}\bar{\epsilon} \\ \mathrm{d}\varphi \end{bmatrix} \tag{9.1.25}$$

其中

$$E_{\mathrm{AT}} = \sum_{i=1}^{m_c} E^{\tan}_{c,i} \Delta A_{c,i} + \sum_{i=1}^{m_s} E^{\tan}_{s,i} \Delta A_{s,i} + \sum_{i=1}^{m'_s} E'^{\tan}_{s,i} \Delta A'_{s,i} \tag{9.1.26a}$$

$$E_{\mathrm{ST}} = \sum_{i=1}^{m_c} E^{\tan}_{c,i} y_{c,i} \Delta A_{c,i} + \sum_{i=1}^{m_s} E^{\tan}_{s,i} y_{s,i} \Delta A_{s,i} + \sum_{i=1}^{m'_s} E'^{\tan}_{s,i} y'_{s,i} \Delta A'_{s,i} \tag{9.1.26b}$$

$$E_{\mathrm{IT}} = \sum_{i=1}^{m_c} E^{\tan}_{c,i} y^2_{c,i} \Delta A_{c,i} + \sum_{i=1}^{m_s} E^{\tan}_{s,i} y^2_{s,i} \Delta A_{s,i} + \sum_{i=1}^{m'_s} E'^{\tan}_{s,i} y'^2_{s,i} \Delta A'_{s,i} \tag{9.1.26c}$$

式 (9.1.25) 建立了梁、柱单元正截面的增量轴力–增量弯矩–增量曲率($\mathrm{d}N$-$\mathrm{d}M$-$\mathrm{d}\varphi$) 关系。因为混凝土与钢筋的应力–应变关系为非线性关系，所以，若希望取得精细化的结果，则需要在每一个增量求解过程中考虑关于切线刚度的迭代求解过程。

值得指出，截面内力式 (9.1.23) 是关于应力的积分过程，因此，可以采用高斯积分的方式计算 N-M-φ 与 $\mathrm{d}N$-$\mathrm{d}M$-$\mathrm{d}\varphi$ 关系。此时，关于截面的条带划分应按照高斯积分点考虑。

9.2 梁–柱单元分析

在混凝土框架结构梁–柱单元非线性分析中，提出了多种分析模型，如杆端弹簧模型、双分量模型、三分量模型及这些模型的衍生模型等。令人遗憾的是，这些模型大多都难以考虑轴力与 M-φ 曲线的相关关系。事实上，轴力对 M-φ 曲线将产生明显的影响。并且，在结构非线性发展过程中，因荷载变动或内力重分布影响，轴力处于不断变化的过程之中。这使得杆端弹簧模型、双分量、三分量模型及它们的衍生模型在根本上具有难以消除的误差源。经过长期探索，人们逐步发现，纤维梁单元模型是较为理想的混凝土框架结构梁–柱分析单元。本节具体介绍这类模型。

9.2.1 纤维梁单元增量刚度矩阵

纤维梁单元模型是将结构有限元分析与梁–柱正截面分析思想相结合的产物。

考虑图 9.2.1 所示的梁单元，其端点为 $i = 1, 2$。关于单元 e 建立图 9.2.1 所示的坐标系，则单元端部所受力与端部变形分别为

$$F_i = \begin{bmatrix} N_i \\ Q_i \\ M_i \end{bmatrix}, \qquad \Delta_i = \begin{bmatrix} u_i \\ v_i \\ \theta_i \end{bmatrix} \tag{9.2.1}$$

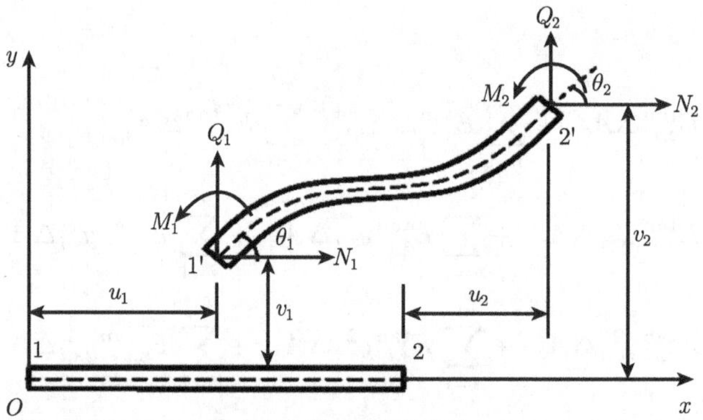

图 9.2.1　一般梁–柱单元

根据有限元基本知识，杆件单元任意一点的轴向位移 u 可取为杆端轴向位移的线性函数，即

$$u(x) = \frac{l-x}{l}u_1 + \frac{x}{l}u_2 = \mathcal{N}_1 u_1 + \mathcal{N}_2 u_2 \tag{9.2.2}$$

式中，x 是单元坐标系中杆中任一点的横坐标值；l 是单元长度；$\mathcal{N}_i$ 是插值形函数，即

$$\mathcal{N}_1 = 1 - \eta, \qquad \mathcal{N}_2 = \eta \tag{9.2.3}$$

其中，$\eta = x/l$ 为归一化坐标。

在另一方面，单元上任一点的挠度 v 可以由三次 Hermite 多项式进行插值，即

$$\begin{aligned} v(x) &= (1 - 3\eta^2 + 2\eta^3)v_1 + (3\eta^2 - 2\eta^3)v_2 + l(\eta - 2\eta^2 + \eta^3)\theta_1 + l(-\eta^2 + \eta^3)\theta_2 \\ &= \mathcal{N}_{1v}v_1 + \mathcal{N}_{2v}v_2 + \mathcal{N}_{1\theta}\theta_1 + \mathcal{N}_{2\theta}\theta_2 \end{aligned} \tag{9.2.4}$$

式中，插值形函数分别为

$$\mathcal{N}_{1v}(x) = 1 - 3\eta^2 + 2\eta^3, \qquad \mathcal{N}_{2v}(x) = 3\eta^2 - 2\eta^3 \tag{9.2.5a}$$

$$\mathcal{N}_{1\theta}(x) = l(\eta - 2\eta^2 + \eta^3), \qquad \mathcal{N}_{2\theta}(x) = l(-\eta^2 + \eta^3) \tag{9.2.5b}$$

定义如下插值形函数矩阵：

$$\boldsymbol{N}_u(x)=\left[\mathscr{N}_1,0,0\ \vdots\ \mathscr{N}_2,0,0\right],\qquad \boldsymbol{N}_v(x)=\left[0,\mathscr{N}_{1v},\mathscr{N}_{1\theta}\ \vdots\ 0,\mathscr{N}_{2v},\mathscr{N}_{2\theta}\right] \tag{9.2.6}$$

则由式 (9.2.2) 和式 (9.2.4) 可以给出单元内任一点位移与杆端位移的关系为

$$\begin{bmatrix}u(x)\\v(x)\end{bmatrix}=\begin{bmatrix}\boldsymbol{N}_u(x)\\\boldsymbol{N}_v(x)\end{bmatrix}\begin{bmatrix}\varDelta_1\\\varDelta_2\end{bmatrix} \tag{9.2.7}$$

在小变形假定条件下，梁单元截面形心处轴向应变 $\bar{\epsilon}$ 及截面曲率φ 与截面位移 u、v 的关系分别为

$$\bar{\epsilon}=\frac{\mathrm{d}u(x)}{\mathrm{d}x},\qquad \varphi=\frac{\mathrm{d}^2v(x)}{\mathrm{d}x^2} \tag{9.2.8}$$

将式 (9.2.7) 代入式 (9.2.8)，并用矩阵形式表述，可得

$$\begin{bmatrix}\bar{\epsilon}\\\varphi\end{bmatrix}=\begin{bmatrix}\dfrac{\mathrm{d}\boldsymbol{N}_u}{\mathrm{d}x}\\\dfrac{\mathrm{d}^2\boldsymbol{N}_v}{\mathrm{d}x^2}\end{bmatrix}\begin{bmatrix}\varDelta_1\\\varDelta_2\end{bmatrix}=\boldsymbol{B}(x)\boldsymbol{\varDelta} \tag{9.2.9}$$

式中，$\boldsymbol{B}(x)$ 为应变–位移几何矩阵；$\boldsymbol{\varDelta}=\{\varDelta_1,\varDelta_2\}^{\mathrm{T}}$ 为梁单元节点位移向量。

式 (9.2.9) 建立了梁单元截面变形与杆端位移的关系。由于应变–位移几何矩阵 $\boldsymbol{B}(x)$ 与 $\boldsymbol{\varDelta}$ 无关，故若令 $\boldsymbol{\varPsi}=\{\bar{\epsilon},\varphi\}^{\mathrm{T}}$，则有如下微分关系：

$$\mathrm{d}\boldsymbol{\varPsi}=\boldsymbol{B}(x)\,\mathrm{d}\boldsymbol{\varDelta} \tag{9.2.10}$$

由 9.1 节正截面分析知道，梁单元任一截面处的增量物理方程由式 (9.1.25) 给出，即

$$\begin{bmatrix}\mathrm{d}N\\\mathrm{d}M\end{bmatrix}=\begin{bmatrix}E_{\mathrm{AT}}&E_{\mathrm{ST}}\\E_{\mathrm{ST}}&E_{\mathrm{IT}}\end{bmatrix}\begin{bmatrix}\mathrm{d}\bar{\epsilon}\\\mathrm{d}\varphi\end{bmatrix}=\boldsymbol{E}^{\tan}\begin{bmatrix}\mathrm{d}\bar{\epsilon}\\\mathrm{d}\varphi\end{bmatrix} \tag{9.2.11}$$

式中，$\boldsymbol{E}^{\tan}$ 为切线模量矩阵，由式 (9.1.26) 给出。

因此，容易写出单元的变形能增量

$$\mathrm{d}W=\frac{1}{2}\int_{\mathscr{B}}\mathrm{d}\boldsymbol{\varPsi}^{\mathrm{T}}\boldsymbol{E}^{\tan}\mathrm{d}\boldsymbol{\varPsi}\,\mathrm{d}\mathscr{B}=\frac{1}{2}\mathrm{d}\boldsymbol{\varDelta}^{\mathrm{T}}\int_{\mathscr{B}}\boldsymbol{B}^{\mathrm{T}}\boldsymbol{E}^{\tan}\boldsymbol{B}\,\mathrm{d}\mathscr{B}\mathrm{d}\boldsymbol{\varDelta}=\frac{1}{2}\mathrm{d}\boldsymbol{\varDelta}^{\mathrm{T}}\boldsymbol{K}\mathrm{d}\boldsymbol{\varDelta} \tag{9.2.12}$$

式中，$\mathscr{B}$ 为积分区域；$\boldsymbol{K}$ 为单元切线刚度矩阵

$$\boldsymbol{K}=\int_{\mathscr{B}}\boldsymbol{B}^{\mathrm{T}}\boldsymbol{E}^{\tan}\boldsymbol{B}\,\mathrm{d}\mathscr{B} \tag{9.2.13}$$

在一个微分区间内，若忽略剪力的影响，则单元端部力与变形之间的关系为

$$\mathrm{d}\boldsymbol{F} = \boldsymbol{K}\mathrm{d}\boldsymbol{\Delta} \tag{9.2.14}$$

式中，$\boldsymbol{F} = \{\boldsymbol{F}_1, \boldsymbol{F}_2\}^{\mathrm{T}}$ 为节点力向量。

通常可以利用高斯积分计算单元切线刚度矩阵，例如，沿单元长度取五点高斯积分，可得

$$\boldsymbol{K} = \begin{bmatrix} K_{11} & & \text{对} & & & \\ K_{21} & K_{22} & & \text{称} & & \\ K_{31} & K_{32} & K_{33} & & \text{矩} & \\ K_{41} & K_{42} & K_{43} & K_{44} & & \text{阵} \\ K_{51} & K_{52} & K_{53} & K_{54} & K_{55} & \\ K_{61} & K_{62} & K_{63} & K_{64} & K_{65} & K_{66} \end{bmatrix} \tag{9.2.15}$$

其中

$$K_{11} = K_{44} = -K_{41} = \frac{1}{2l}\sum_{i=1}^{5} w_i E_{\mathrm{AT},i} \tag{9.2.16a}$$

$$K_{22} = K_{55} = -K_{52} = \frac{18}{l^3}\sum_{i=1}^{5} w_i (1 - 2\eta_i) E_{\mathrm{IT},i} \tag{9.2.16b}$$

$$K_{33} = \frac{2}{l}\sum_{i=1}^{5} w_i (4 - 12\eta_i + 9\eta_i^2) E_{\mathrm{IT},i} \tag{9.2.16c}$$

$$K_{66} = \frac{2}{l}\sum_{i=1}^{5} w_i (1 - 6\eta_i + 9\eta_i^2) E_{\mathrm{IT},i} \tag{9.2.16d}$$

$$K_{21} = -K_{42} = -K_{51} = K_{54} = \frac{3}{l^2}\sum_{i=1}^{5} w_i (1 - 2\eta_i) E_{\mathrm{ST},i} \tag{9.2.16e}$$

$$K_{31} = -K_{43} = \frac{1}{l}\sum_{i=1}^{5} w_i (2 - 3\eta_i) E_{\mathrm{ST},i} \tag{9.2.16f}$$

$$K_{32} = -K_{53} = \frac{6}{l^2}\sum_{i=1}^{5} w_i (2 - 7\eta_i + 6\eta_i^2) E_{\mathrm{IT},i} \tag{9.2.16g}$$

$$K_{61} = -K_{64} = \frac{1}{l}\sum_{i=1}^{5} w_i (1 - 3\eta_i) E_{\mathrm{ST},i} \tag{9.2.16h}$$

$$K_{62} = -K_{65} = \frac{6}{l^2}\sum_{i=1}^{5} w_i (1 - 5\eta_i + 6\eta_i^2) E_{\mathrm{IT},i} \tag{9.2.16i}$$

$$K_{63} = \frac{2}{l}\sum_{i=1}^{5} w_i (2 - 9\eta_i + 9\eta_i^2) E_{\mathrm{IT},i} \tag{9.2.16j}$$

式中，w_i 为高斯积分权重，$w_1 = w_4 = 0.2369268851, w_2 = w_5 = 0.4786286705, w_3 = 0.5688888889$；$\eta_i$ 为 $[0,1]$ 区间的高斯积分点坐标，$\eta_1 = 1 - \eta_5 = 0.046910077$，$\eta_2 = 1 - \eta_4 = 0.230765345$，$\eta_3 = 0.50$。

由于基本的截面分析基于条带法或网格法，而每一条带或区格可以视为一根纤维，上述单元常被称为纤维梁单元。值得强调指出的是，这种利用截面分析实现细观意义上的应力–应变关系到构件内力–变形关系的转换，在混凝土力学中具有普遍价值。事实上，自式 (9.2.8) 开始，已经在构件的内力–变形层面考虑问题，并且利用微分区段上的线性关系逼近真实的非线性进程。这与通常基于弹性力学的有限元方法还是有明显区别的。细心的读者，不妨探讨一下这种区别的意义所在。

对于混凝土框架结构，原则上可以以实际的结构构件作为分析中的基本单元，但研究经验表明，若对于每一个梁、柱构件再做有限段的单元划分 (如 5~7 段)，则有助于提高结构进入严重性能退化阶段后的分析数值稳定性。同时，当结构进入大变形状态时，应该考虑几何非线性对单元刚度矩阵的影响。

9.2.2 刚域的考虑

在框架节点强度较高而不发生节点破坏的情况下，梁端至柱截面中心的节点区域可以用刚域进行模拟。

如图 9.2.2 所示，当梁–柱单元与一个刚臂串接时，由于刚臂本身不产生新的变形，刚臂的端点位移 $\mathrm{d}\bar{\boldsymbol{u}} = \left\{\mathrm{d}\bar{u}_1, \mathrm{d}\bar{v}_1, \mathrm{d}\bar{\theta}_1, \mathrm{d}\bar{u}_2, \mathrm{d}\bar{v}_2, \mathrm{d}\bar{\theta}_2\right\}^{\mathrm{T}}$ 与梁–柱单元端部位移 $\mathrm{d}\boldsymbol{u} = \left\{\mathrm{d}u_1, \mathrm{d}v_1, \mathrm{d}\theta_1, \mathrm{d}u_2, \mathrm{d}v_2, \mathrm{d}\theta_2\right\}^{\mathrm{T}}$ 的转换关系为

$$\begin{bmatrix} \mathrm{d}\bar{u}_1 \\ \mathrm{d}\bar{v}_1 \\ \mathrm{d}\bar{\theta}_1 \\ \mathrm{d}\bar{u}_2 \\ \mathrm{d}\bar{v}_2 \\ \mathrm{d}\bar{\theta}_2 \end{bmatrix} = \begin{bmatrix} 1 & 0 & 0 & 0 & 0 & 0 \\ 0 & 1 & e_1 & 0 & 0 & 0 \\ 0 & 0 & 1 & 0 & 0 & 0 \\ 0 & 0 & 0 & 1 & 0 & 0 \\ 0 & 0 & 0 & 0 & 1 & -e_2 \\ 0 & 0 & 0 & 0 & 0 & 1 \end{bmatrix} \begin{bmatrix} \mathrm{d}u_1 \\ \mathrm{d}v_1 \\ \mathrm{d}\theta_1 \\ \mathrm{d}u_2 \\ \mathrm{d}v_2 \\ \mathrm{d}\theta_2 \end{bmatrix} \tag{9.2.17}$$

或简记为

$$\mathrm{d}\bar{\boldsymbol{u}} = \boldsymbol{A}\mathrm{d}\boldsymbol{u} \tag{9.2.18}$$

式中，e_1、e_2 为刚臂在 u 和 v 方向上的投影长度。

类似地，不难获得节点力转换关系

$$
\begin{bmatrix} d\bar{N}_1 \\ d\bar{Q}_1 \\ d\bar{M}_1 \\ d\bar{N}_2 \\ d\bar{Q}_2 \\ d\bar{M}_2 \end{bmatrix} = \begin{bmatrix} 1 & 0 & 0 & 0 & 0 & 0 \\ 0 & 1 & 0 & 0 & 0 & 0 \\ 0 & e_1 & 1 & 0 & 0 & 0 \\ 0 & 0 & 0 & 1 & 0 & 0 \\ 0 & 0 & 0 & 0 & 1 & 0 \\ 0 & 0 & 0 & 0 & -e_2 & 1 \end{bmatrix} \begin{bmatrix} dN_1 \\ dQ_1 \\ dM_1 \\ dN_2 \\ dQ_2 \\ dM_2 \end{bmatrix} \tag{9.2.19}
$$

亦即

$$
d\bar{\boldsymbol{F}} = \boldsymbol{A}^{\mathrm{T}} d\boldsymbol{F} \tag{9.2.20}
$$

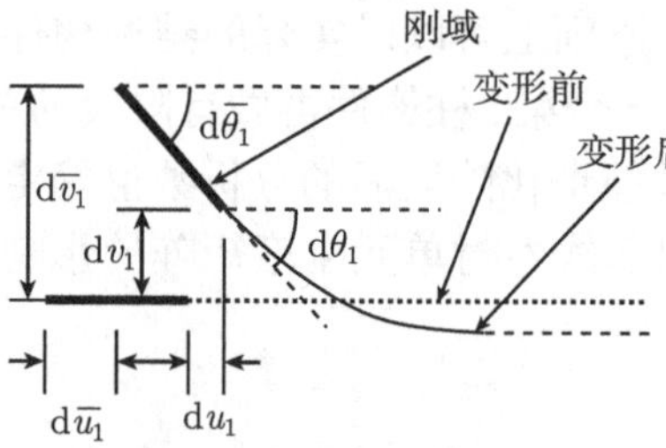

图 9.2.2　杆件左端刚域的位移转换

结合式 (9.2.18) 与式 (9.2.20) 可知

$$
d\bar{\boldsymbol{F}} = \boldsymbol{A}^{\mathrm{T}} d\boldsymbol{F} = \boldsymbol{A}^{\mathrm{T}} \boldsymbol{K} d\boldsymbol{u} = \boldsymbol{A}^{\mathrm{T}} \boldsymbol{K} \boldsymbol{A}^{-1} d\bar{\boldsymbol{u}} \tag{9.2.21}
$$

故带刚域的杆件单元的刚度方程为

$$
d\bar{\boldsymbol{F}} = \bar{\boldsymbol{K}} d\bar{\boldsymbol{u}} \tag{9.2.22}
$$

其中

$$
\bar{\boldsymbol{K}} = \boldsymbol{A}^{\mathrm{T}} \boldsymbol{K} \boldsymbol{A}^{-1} \tag{9.2.23}
$$

9.2.3　注记：混凝土梁–柱单元分析模型的发展

对于梁–柱构件，当仅考虑单向弯曲作用时，可以用构件截面的弯矩–曲率关系反映构件的非线性受力行为。基于这一观念，Penzien(1962) 首先提出了双分量模型。这一模型把构件分割成两个仅在杆端连接的并行杆件，一根为弹性杆，一根为弹塑性杆。根据杆端转角的大小，杆件将分别处于两端弹性连接、一端弹性连接一端塑性铰接、两端塑性铰接的状态。Clough 和 Johnston(1966) 考虑到钢筋混凝土构件在反复荷载作用下具有非线性刚度退化的特征，对双线性模型进行了改进，提出了退化双线性模型。该模型使用简便且能够反映滞回曲线的基本特性，因而引起较大反响，被大量文献称为 Clough 模型，且广泛地应用于框架结构的非线性动力反应分析。

几乎与 Clough 同期，Giberson(1967, 1969) 提出了杆端弹簧模型。这一模型的基本思想是将杆件中的非线性变形集中于杆端，并用等效的转动弹簧加以反映，在非线性弹簧之间的杆件仅发生弹性变形。这一模型的最大优势在于杆端转动弹簧可被赋以任何形式的滞回规则，因而比双分量模型具有更广泛的适应性，且由于其简单性而被广泛应用于框架结构的非线性分析。20 世纪 70 年代以后，Clough 模型与 Giberson 模型形成了框架结构非线性分析的两类主要模型。对他们的改进一直持续到 20 世纪 80 年代后期。

在本质上，Clough 模型与 Giberson 模型均属于集中塑性铰模型，因为他们均假定塑性变形只出现在构件端部。这一假定在取得简化效果的同时也导致了明显的偏差。为修正偏差，分布塑性模型应运而生。Soleimani 等 (1979) 首先提出了一个能考虑塑性发展的有限长度杆端塑性铰模型，假设构件由三部分组成：两端有限长度的塑性铰区和中间的弹性单元，并在杆端插入一个零长度塑性铰以模拟梁柱节点变形。经过学者一系列的改进，Filippou 和 Issa(1998) 提出了能同时考虑多种效应 (弯曲、弹性剪切变形、黏结滑移) 的分布塑性杆单元模型，该模型由弹性单元和有限长度塑性铰单元的并联体与节点转动弹簧串联而成。对分布塑性模型的研究一直持续到 20 世纪 90 年代末 (汪梦甫, 1999; D'Ambrisi & Filippou, 1999)。

令人遗憾的是，上述模型，无论是集中塑性模型还是分布塑性模型，都很难有效地考虑轴力的影响。20 世纪 80 年代中期，以 Lai 等 (Lai et al., 1984; Lai & Will, 1986) 为代表，提出了模拟钢筋混凝土梁–柱构件非线性行为的柱端并联弹簧模型。在本质上，这一模型可以视为杆端弹簧模型与截面分析的网格法相结合的产物，只是将截面网格分析的纤维数简化到能反映轴力与弯矩耦合的最小数目 (柱端并联弹簧)。

在计算机运算速度已经高速发展的今天，这种通过牺牲分析精度获取一定的计算效率的做法显然已经失去竞争力。采用纤维梁单元模型用于框架结构的精细化非线性分析，已经是势所必然的选择。事实上，一部混凝土梁–柱构件非线性分析单元的发展史，充分说明了试图抛弃材料本构关系、在内力–变形层次上重新构建物理关系的不可行性。历史的戏剧化回归，充分说明了这样一个真理：科学批判的要害，在于继承性的发展。

9.3 有限单元柔度法

9.3.1 基本思想

上述基于刚度法的有限单元法，基本思想是以节点位移为基本未知量，在单元内采用位移形函数插值，单元间满足一定的位移连续条件。由于非线性情况下位移场颇为复杂，为了更好地模拟实际情况，往往需要将单元的尺寸划分得非常小，因而大大地增加了分析的计算工作量。同时，刚度法的一个较大的问题是进入下降段后往往处理较为困难，不易获得可靠的结果。在此情况，基于力插值的有限单元柔度法(Spacone et al., 1996 a, 1996 b; Neuenhofer & Filippou, 1997, 1998) 是一个更好的选择。

如图 9.3.1(a) 所示，空间梁单元的局部坐标系为 xyz，x 为轴线方向，y、z 为横向。若记三个方向的位移分别为 u、w、v，即

$$\boldsymbol{u}(x)=\left\{u(x),w(x),v(x)\right\}^{\mathrm{T}} \tag{9.3.1}$$

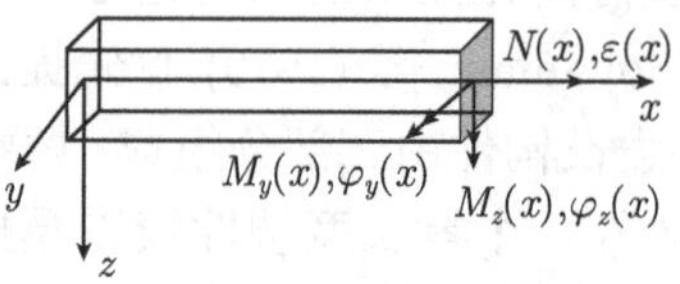

(a) 截面内力与应变、曲率

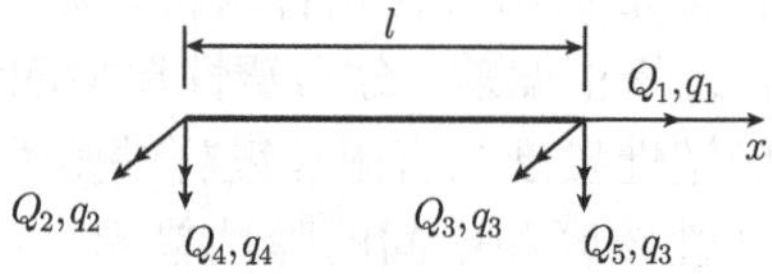

(b) 单元节点力与节点位移

图 9.3.1　单元内力与变形

则截面轴线应变 ϵ、绕 y 轴的曲率$\varphi_y(x)$、绕 z 轴的曲率 φ_z 分别为

$$\boldsymbol{d}=\left\{\epsilon(x),\varphi_y,\varphi_z\right\}^{\mathrm{T}}=\left\{\frac{\partial u(x)}{\partial x},-\frac{\partial^2 w(x)}{\partial x^2},\frac{\partial^2 v(x)}{\partial x^2}\right\}^{\mathrm{T}} \tag{9.3.2}$$

而截面内力为

$$\boldsymbol{F}(x)=\left\{N(x),M_y(x),M_z(x)\right\}^{\mathrm{T}} \tag{9.3.3}$$

根据 9.1.2 节中基于网格划分的截面分析，可以获得纤维模型的截面内力–广义应变关系，以迭代形式表达为

$$\boldsymbol{F}^{(j)}=\boldsymbol{C}(\boldsymbol{F}^{(j-1)},\boldsymbol{d}^{(j-1)},\boldsymbol{d}^{(j)}) \tag{9.3.4}$$

式中，$\boldsymbol{F}^{(j)}$ 为第 j 次迭代的截面内力；$d^{(j)}$ 为第 j 次迭代的截面应变与曲率。

不难将式 (9.3.4) 写成增量形式

$$\Delta\boldsymbol{F}=\tilde{\boldsymbol{k}}\Delta\boldsymbol{d} \tag{9.3.5}$$

其中，$\tilde{\boldsymbol{k}}=\partial\boldsymbol{F}/\partial\boldsymbol{d}$ 为截面刚度矩阵。

显然，上述关系也可以用柔度形式表述，即

$$\Delta\boldsymbol{d}=\tilde{\boldsymbol{f}}\Delta\boldsymbol{F} \tag{9.3.6}$$

其中，$\tilde{\boldsymbol{f}}=\tilde{\boldsymbol{k}}^{-1}$ 为截面柔度矩阵。

应该特别注意，在采用柔度法时，存在对柔度矩阵求逆的过程，因此，要求单元是无刚体变形模式的。如图 9.3.1(b) 所示，记单元各节点力 $\boldsymbol{Q}=\{Q_1,Q_2,Q_3,Q_4,Q_5\}^{\mathrm{T}}$，相应的节点位移为 $\boldsymbol{q}=\{q_1,q_2,q_3,q_4,q_5\}^{\mathrm{T}}$。

采用基于位移插值的刚度法时，是以节点位移 $\boldsymbol{q}$ 为基本未知量，对单元中各截面的位移进行插值，进而得到各截面的应变、应力，再应用虚功原理给出节点力。而柔度法的基本思想，则是对单元中各截面的力进行插值，即取

$$\boldsymbol{F}(x)=\boldsymbol{b}(x)\boldsymbol{Q} \tag{9.3.7}$$

对于图 9.3.1(b) 中单元截面上无外荷载的杆件，不难得到插值函数

$$\boldsymbol{b}(x)=\begin{bmatrix}1 & 0 & 0 & 0 & 0\\ 0 & \eta-1 & \eta & 0 & 0\\ 0 & 0 & 0 & \eta-1 & \eta\end{bmatrix} \tag{9.3.8}$$

式中，$\eta=x/l$ 为相对于单元长度 l 的归一化坐标。

获得各截面内力之后，利用式 (9.3.6) 即可获得各截面应变与曲率，以增量形式表达为

$$\Delta\boldsymbol{d}(x)=\tilde{\boldsymbol{f}}(x)\Delta\boldsymbol{F}(x)=\tilde{\boldsymbol{f}}(x)\boldsymbol{b}(x)\Delta\boldsymbol{Q} \tag{9.3.9}$$

进而，利用虚力原理可以得到节点位移

$$\Delta\boldsymbol{q}=\int_0^l \boldsymbol{b}^{\mathrm{T}}(x)\Delta\boldsymbol{d}(x)\,\mathrm{d}x=\int_0^l \boldsymbol{b}^{\mathrm{T}}(x)\tilde{\boldsymbol{f}}(x)\boldsymbol{b}(x)\,\mathrm{d}x\Delta\boldsymbol{Q} \tag{9.3.10}$$

亦即

$$\Delta\boldsymbol{q}=\boldsymbol{f}\Delta\boldsymbol{Q} \tag{9.3.11}$$

此即为单元柔度方程，其中柔度矩阵$\boldsymbol{f}$ 表示为

$$\boldsymbol{f}=\int_0^l \boldsymbol{b}^{\mathrm{T}}(x)\tilde{\boldsymbol{f}}(x)\boldsymbol{b}(x)\,\mathrm{d}x \tag{9.3.12}$$

如前所述，在基于位移插值的刚度法中，由于非线性程度的发展，位移模式将发生变化，但插值函数并不能随之发生改变，这是导致非线性分析中基于位移插值的有限单元刚度法精度降低的一个重要原因。而在柔度法中，单元上荷载不变，因此实际的内力关系不变，故分析过程中内力插值形函数不需要改变。即：在分析过程中，内力平衡条件总可以得到精确满足，从而避免了刚度法的缺点，提高了计算精度，形成了有限单元柔度法的突出优点。

9.3.2 单元状态确定

在通用有限元程序中，是以节点位移为未知量，而在有限单元柔度法中，是以节点力为基本未知量。为此，往往需要将单元柔度矩阵求逆以给出以单元节点位移为基本未知量的形式。这为以内力插值为特点的柔度法中单元状态的确定带来了新的特殊性。

对式 (9.3.11) 求逆，改写为传统的刚度方程形式，在第 j 个迭代步中，可得节点力增量

$$\Delta\boldsymbol{Q}^{(j)}=\left[\boldsymbol{f}^{(j-1)}\right]^{-1}\Delta\boldsymbol{q}^{(j)} \tag{9.3.13}$$

其中，$\boldsymbol{f}^{(j-1)}$ 为上一个迭代步给出的柔度矩阵。

根据内力形函数插值，可得内力增量

$$\Delta\boldsymbol{F}^{(j)}(x)=\boldsymbol{b}(x)\Delta\boldsymbol{Q}^{(j)}+\tilde{\boldsymbol{F}}^{(j-1)}(x) \tag{9.3.14}$$

式中，$\tilde{\boldsymbol{F}}^{(j-1)}(x)$ 为上一迭代步中的不平衡力。

利用式 (9.3.6)，单元各截面应变与曲率为

$$\Delta\boldsymbol{d}^{(j)}(x)=\tilde{\boldsymbol{f}}^{(j-1)}(x)\Delta\boldsymbol{F}^{(j)} \tag{9.3.15}$$

与更新后的应变相对应，由式 (9.3.4) 可确定此时的截面内力

$$\boldsymbol{F}^{(j)}=\boldsymbol{C}(\boldsymbol{F}^{(j-1)},\boldsymbol{d}^{(j-1)},\boldsymbol{d}^{(j)}) \tag{9.3.16}$$

以及当前截面柔度矩阵 $\tilde{\boldsymbol{f}}^{(j)}$。

截面残余应变为

$$\boldsymbol{\rho}^{(j)}(x)=\tilde{\boldsymbol{f}}^{(j)}(x)\left[\boldsymbol{F}^{(j-1)}(x)+\Delta\boldsymbol{F}^{(j)}-\boldsymbol{F}^{(j)}\right] \tag{9.3.17}$$

由虚力原理可得节点残余位移为

$$\boldsymbol{r}^{(j)}=\int_0^l\boldsymbol{b}^{\mathrm{T}}(x)\boldsymbol{\rho}^{(j)}\,\mathrm{d}x \tag{9.3.18}$$

因此，单元节点力为

$$\boldsymbol{Q}^{(j)}=\boldsymbol{Q}^{(j-1)}+\Delta\boldsymbol{Q}^{(j)}-\left[\boldsymbol{f}^{(j)}\right]^{-1}\boldsymbol{r}^{(j)} \tag{9.3.19}$$

如此一来，第 j 步迭代后单元截面的不平衡力为

$$\tilde{\boldsymbol{F}}^{(j)}(x)=\boldsymbol{b}(x)\boldsymbol{Q}^{(j)}-\boldsymbol{F}^{(j)}(x) \tag{9.3.20}$$

可以在下一个迭代步进行修正。

单元状态确定之后，进行柔度矩阵求逆即可得到单元刚度矩阵，从而可以应用常规的、基于刚度法的有限元程序进行总刚度矩阵的组集，形成结构平衡方程并进入下一步分析。

图 9.3.2 为有限单元柔度法在单元状态迭代阶段的分析流程。

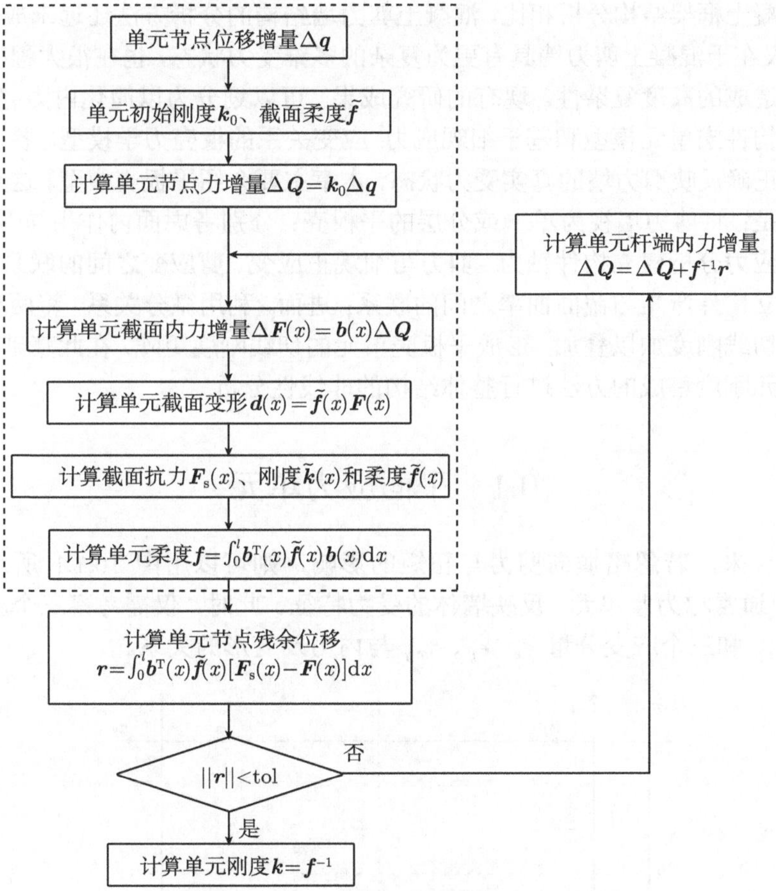

图 9.3.2 有限单元柔度法分析流程

第 10 章　混凝土剪力墙结构分析

与混凝土框架结构分析相比，混凝土剪力墙结构的分析方法还远未成熟。究其原因，不仅在于混凝土剪力墙具有更为复杂的多维受力状态，也在很大程度上源于钢筋存在造成的高度复杂性。现有的研究成果，可以划分为以简化内力–变形关系为特征的构件宏单元模型和基于细观应力–应变关系的板壳力学模型。鉴于宏单元模型很难正确反映剪力墙的真实受力状态，本章主要介绍平板壳模型。这类模型的基本思想是：将剪力墙视为单一或分层的平板壳；分别考虑面内作用与弯曲作用，利用平面应力分析建立构件轴力、剪力与细观正应变、剪应变之间的联系；利用薄板理论建立构件弯矩与截面曲率之间的联系；进而，利用微分关系，将两种不同类型的单元切线刚度加以叠加，形成平板壳单元的切线刚度矩阵，在此基础上，不难利用有限元刚度集成的方法进行整体结构的非线性分析。

10.1　平面应力单元

一般说来，若忽略横向剪力与扭矩的影响，则可以用图 10.1.1 所示的平面应力单元(通常称为膜单元) 反映墙体的受力特征。此时，仅需考察三个应力分量 σ_x、σ_y、τ_{xy} 和三个应变分量 ϵ_x、ϵ_y、γ_{xy} 与内力及变形的关系。

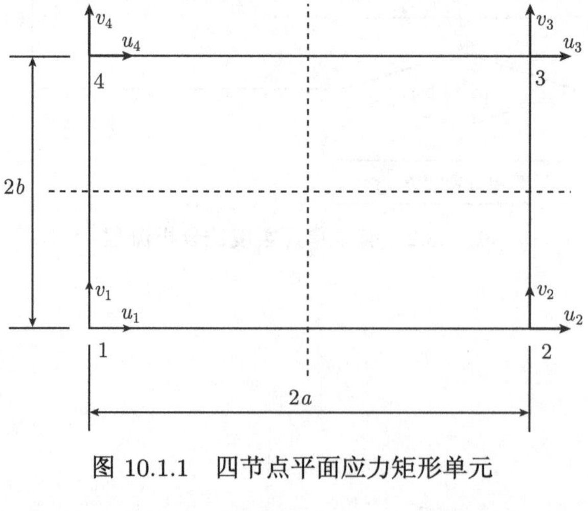

图 10.1.1　四节点平面应力矩形单元

单元内任一点沿 x、y 方向上的位移分量 (u,v) 是坐标 (x,y) 的函数。设四边形单元的四个节点按逆时针顺序分别记为 1、2、3、4，每个节点有两个位移分量(图 10.1.1)，则该单元有 8 个自由度。因此，单元位移函数应取为具有 8 个未知量的函数形式，可采用如下双线性的形式：

$$u(x,y)=a_1+a_2x+a_3y+a_4xy \tag{10.1.1a}$$

$$v(x,y)=a_5+a_6x+a_7y+a_8xy \tag{10.1.1b}$$

式中，$a_1,\cdots,a_8$ 为待定系数。

将四个节点的坐标和位移代入式 (10.1.1) 就可以确定这 8 个未知量。显然，这些未知量可以表示成节点位移的函数。将这样确定出来的未知参数再代回到式 (10.1.1) 中，可得

$$u(x,y)=\sum_{i=1}^{4}\mathscr{N}_i(x,y)u_i,\qquad v(x,y)=\sum_{i=1}^{4}\mathscr{N}_i(x,y)v_i \tag{10.1.2}$$

式中，插值形函数$\mathscr{N}_i$ 分别为

$$\mathscr{N}_1(x,y)=\frac{1}{4}\left(1-\frac{x}{a}\right)\left(1-\frac{y}{b}\right) \tag{10.1.3a}$$

$$\mathscr{N}_2(x,y)=\frac{1}{4}\left(1+\frac{x}{a}\right)\left(1-\frac{y}{b}\right) \tag{10.1.3b}$$

$$\mathscr{N}_3(x,y)=\frac{1}{4}\left(1+\frac{x}{a}\right)\left(1+\frac{y}{b}\right) \tag{10.1.3c}$$

$$\mathscr{N}_4(x,y)=\frac{1}{4}\left(1-\frac{x}{a}\right)\left(1+\frac{y}{b}\right) \tag{10.1.3d}$$

其中，a、b 分别为矩形单元长度和宽度的一半，如图 10.1.1 所示。

为了给出单元变形能量的表达式，需要考虑单元内应变–位移之间的几何关系和应力–应变物理关系。平面内一点处的三个应变分量 ϵ_x、ϵ_y、γ_{xy} 与该点的位移 u、v 之间具有如下关系：

$$\epsilon_x=\frac{\partial u}{\partial x} \tag{10.1.4a}$$

$$\epsilon_y=\frac{\partial v}{\partial y} \tag{10.1.4b}$$

$$\gamma_{xy}=\frac{\partial u}{\partial y}+\frac{\partial v}{\partial x} \tag{10.1.4c}$$

将式 (10.1.2) 代入式 (10.1.4)，并取应变 $\boldsymbol{\epsilon}=\left\{\epsilon_x,\epsilon_y,\gamma_{xy}\right\}^{\mathrm{T}}$ 和节点 i 的位移 $\boldsymbol{u}_i=\left\{u_i,v_i\right\}^{\mathrm{T}}$，则有几何方程

$$\boldsymbol{\epsilon}(x,y)=\sum_{i=1}^{4}\boldsymbol{B}_i(x,y)\boldsymbol{u}_i \tag{10.1.5}$$

其中几何矩阵 $\boldsymbol{B}_i(x,y)$ 表示为

$$\boldsymbol{B}_i(x,y)=\begin{bmatrix}\dfrac{\partial \mathcal{N}_i}{\partial x} & 0\\ 0 & \dfrac{\partial \mathcal{N}_i}{\partial y}\\ \dfrac{\partial \mathcal{N}_i}{\partial y} & \dfrac{\partial \mathcal{N}_i}{\partial x}\end{bmatrix} \tag{10.1.6}$$

利用式 (10.1.3)，不难得出其显式表达式。

若将所有节点的位移记为 $\boldsymbol{u}=\left\{\boldsymbol{u}_1^{\mathrm{T}},\boldsymbol{u}_2^{\mathrm{T}},\boldsymbol{u}_3^{\mathrm{T}},\boldsymbol{u}_4^{\mathrm{T}}\right\}^{\mathrm{T}}$，则几何方程式 (10.1.5) 可以写成如下矩阵形式：

$$\boldsymbol{\epsilon}=\boldsymbol{B}_{\mathrm{m}}\boldsymbol{u} \tag{10.1.7}$$

式中，$\boldsymbol{B}_{\mathrm{m}}=\left\{\boldsymbol{B}_1,\boldsymbol{B}_2,\boldsymbol{B}_3,\boldsymbol{B}_4\right\}$ 为四节点平面应力单元的应变–位移协调矩阵。

在另一方面，单元内任一点处应力与相应应变之间的关系可以由非线性本构关系给出，在一个微分增量范围内，有

$$\mathrm{d}\boldsymbol{\sigma}=\boldsymbol{E}_{\mathrm{m}}^{\tan}\mathrm{d}\boldsymbol{\epsilon} \tag{10.1.8}$$

式中，应力向量记为 $\boldsymbol{\sigma}=\left\{\sigma_x,\sigma_y,\tau_{xy}\right\}^{\mathrm{T}}$；$\boldsymbol{E}_{\mathrm{m}}^{\tan}$ 为平面应力单元(膜单元) 的切线模量矩阵①。在弹性阶段有

$$\boldsymbol{E}_{\mathrm{m}}^{\tan}=\boldsymbol{E}_{\mathrm{m0}}=\frac{E_0}{1-\nu_0^2}\begin{bmatrix}1 & \nu_0 & 0\\ \nu_0 & 1 & 0\\ 0 & 0 & \dfrac{1-\nu_0}{2}\end{bmatrix} \tag{10.1.9}$$

这里，E_0 和 ν_0 为材料的弹性模量与泊松比。在非线性阶段，$\boldsymbol{E}_{m}^{\tan}$ 依据当前应变状态由本构关系确定。

设 W 为上述平面应力单元的变形能，则在一个微分增量范围内

$$\mathrm{d}W=\frac{1}{2}\int_{\Omega}\mathrm{d}\boldsymbol{\epsilon}^{\mathrm{T}}\mathrm{d}\boldsymbol{\sigma}\,\mathrm{d}\Omega \tag{10.1.10}$$

式中，Ω 表示矩形单元所代表的积分区域。

将式 (10.1.7) 和式 (10.1.8) 代入式 (10.1.10) 后得

$$\mathrm{d}W=\frac{1}{2}\mathrm{d}\boldsymbol{u}^{\mathrm{T}}\left(\int_{\Omega}\boldsymbol{B}_{\mathrm{m}}^{\mathrm{T}}\boldsymbol{E}_{\mathrm{m}}^{\tan}\boldsymbol{B}_{\mathrm{m}}\,\mathrm{d}\Omega\right)\mathrm{d}\boldsymbol{u}=\frac{1}{2}\mathrm{d}\boldsymbol{u}^{\mathrm{T}}\boldsymbol{K}_{\mathrm{m}}^{\tan}\mathrm{d}\boldsymbol{u} \tag{10.1.11}$$

式中，单元切线刚度矩阵 $\boldsymbol{K}_{\mathrm{m}}^{\tan}$ 为

①有限元基本公式通常采用矩阵标记，相应的材料刚度 $\mathbb{E}$ 记为 $\boldsymbol{E}$。

$$\boldsymbol{K}_{\mathrm{m}}^{\tan} = \int_{\Omega} \boldsymbol{B}_{\mathrm{m}}^{\mathrm{T}} \boldsymbol{E}_{\mathrm{m}}^{\tan} \boldsymbol{B}_{\mathrm{m}} \, \mathrm{d}\Omega \tag{10.1.12}$$

值得指出，在非线性变形阶段，由于 $\boldsymbol{E}_{\mathrm{m}}^{\tan}$ 为材料的即时切线模量，相应的 $\boldsymbol{K}_{\mathrm{m}}^{\tan}$ 为单元切线刚度矩阵。

10.2 四节点平板壳单元

事实上，如果仅仅是分析单榀剪力墙沿其纵向的变形，采用上述平面应力单元已经足以反映其受力特征。但是，在实际结构中，剪力墙还会受到横向的弯曲作用，并且，剪力墙还往往与其他横向构件相连接。这就要求考察剪力墙在平面外的弯曲作用甚至横向的剪切作用。为此，需要引入板单元。

考察图 10.2.1(a) 所示的板单元 (图中，弯矩 M_x、M_y 以板在 z 轴的正向一侧产生拉应力为正)。此时，引用 Kirchhoff 假定并忽略扭矩的影响，可知板的全部变形和应力、应变均可以由板法向的挠度 w 确定 (徐芝纶, 1979)。板单元所受力及节点位移如图 10.2.1(b) 所示。

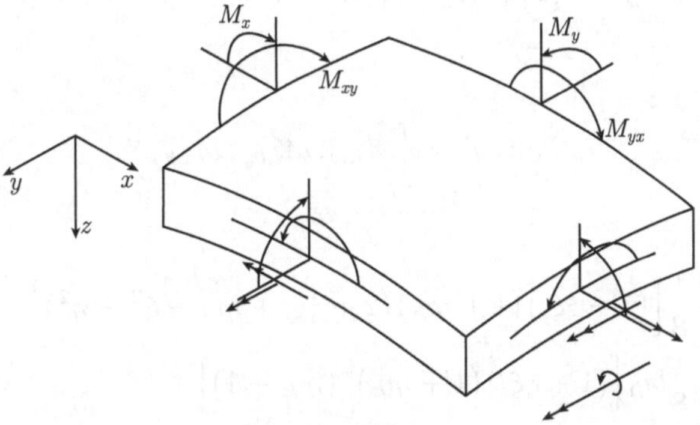

(a) 板受力示意图

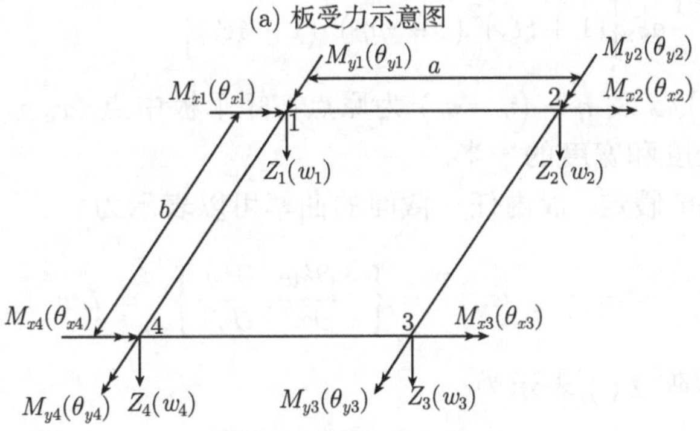

(b) 板单元所受力及节点位移

图 10.2.1 四节点矩形板单元

板单元的位移分量包括：节点挠度 $w_i(i=1,2,3,4)$、绕 x 轴的节点转角 $\theta_{x,i}$、绕 y 轴转角 $\theta_{y,i}$，共 12 个自由度，可表示为 $\boldsymbol{\delta}=\left\{\boldsymbol{\delta}_1^{\mathrm{T}},\boldsymbol{\delta}_2^{\mathrm{T}},\boldsymbol{\delta}_3^{\mathrm{T}},\boldsymbol{\delta}_4^{\mathrm{T}}\right\}^{\mathrm{T}}$，其中

$$\boldsymbol{\delta}_i=\left\{w_i,\theta_{xi},\theta_{yi}\right\}^{\mathrm{T}}=\left\{w_i,\frac{\partial w_i}{\partial y},-\frac{\partial w_i}{\partial x}\right\}^{\mathrm{T}} \tag{10.2.1}$$

由于有 12 个自由度，故引入包含 12 个未知量 (广义坐标) 的位移函数表示 w

$$\begin{aligned}w(x,y)=&\,a_1+a_2x+a_3y+a_4x^2+a_5xy+a_6y^2+a_7x^3\\&+a_8x^2y+a_9xy^2+a_{10}y^3+a_{11}x^3y+a_{12}xy^3\end{aligned} \tag{10.2.2}$$

将板的节点位移、转角位移代入式 (10.2.2)，可以确定 12 个未知量 $a_k(k=1,2,\cdots,12)$，从而确定板中面上任意一点的挠度 w 的插值函数：

$$w(x,y)=\boldsymbol{N}(x,y)\boldsymbol{\delta} \tag{10.2.3}$$

式中，插值形函数矩阵

$$\boldsymbol{N}(x,y)=\left\{\boldsymbol{N}_1(x,y),\boldsymbol{N}_2(x,y),\boldsymbol{N}_3(x,y),\boldsymbol{N}_4(x,y)\right\} \tag{10.2.4}$$

这里

$$\boldsymbol{N}_i(x,y)=\left\{\mathscr{N}_{i,w},\mathscr{N}_{i,\theta_x},\mathscr{N}_{i,\theta_y}\right\} \tag{10.2.5a}$$

其中

$$\mathscr{N}_{i,w}=\frac{1}{8}\Big[\left(1+\xi\xi_i\right)\left(1+\eta\eta_i\right)\left(2+\xi\xi_i+\eta\eta_i-\xi^2-\eta^2\right)\Big] \tag{10.2.5b}$$

$$\mathscr{N}_{i,\theta_x}=\frac{1}{8}b\eta_i\Big[\left(1+\xi\xi_i\right)\left(1+\eta\eta_i\right)^2\left(\eta\eta_i-1\right)\Big] \tag{10.2.5c}$$

$$\mathscr{N}_{i,\theta_y}=\frac{1}{8}a\xi_i\Big[\left(1+\xi\xi_i\right)^2\left(1+\eta\eta_i\right)^2\left(1-\xi\xi_i\right)\Big] \tag{10.2.5d}$$

这里，$\xi=\left(x-x_{\mathrm{c}}\right)/a$ 及 $\eta=\left(y-y_{\mathrm{c}}\right)$ 为原点在矩形板中点 $(x_{\mathrm{c}},y_{\mathrm{c}})$ 局部坐标；a 和 b 分别为矩形板长度和宽度的一半。

根据 Kirchhoff 假定，板内任一截面的曲率可以表示为

$$\boldsymbol{\varPsi}=\left\{\varphi_x,\varphi_y\right\}^{\mathrm{T}}=\left\{-\frac{\partial^2 w}{\partial x^2},\frac{\partial^2 w}{\partial y^2}\right\}^{\mathrm{T}}=\boldsymbol{L}w \tag{10.2.6}$$

式中，微分算子矩阵 $\boldsymbol{L}(\cdot)$ 表示为

$$\boldsymbol{L}(\cdot)=\left\{-\frac{\partial^2(\cdot)}{\partial x^2},\frac{\partial^2(\cdot)}{\partial y^2}\right\}^{\mathrm{T}} \tag{10.2.7}$$

考虑式 (10.2.3)，可建立板中面任一点变形与节点变形的联系

$$\boldsymbol{\Psi}(x,y)=\boldsymbol{L}w=\boldsymbol{L}\boldsymbol{N}\boldsymbol{\delta}=\boldsymbol{B}_{\mathrm{p}}(x,y)\boldsymbol{\delta} \tag{10.2.8}$$

式中，$\boldsymbol{B}_{\mathrm{p}}(x,y)=\boldsymbol{L}\boldsymbol{N}$ 为四节点矩形板单元的几何矩阵，不难根据上述插值形函数式 (10.2.5) 给出。

设 z 为板内任一点到板中面的距离，则若忽略扭矩影响，该点应变可以表示为

$$\epsilon_x=-z\frac{\partial^2 w}{\partial x^2},\qquad \epsilon_y=-z\frac{\partial^2 w}{\partial y^2} \tag{10.2.9}$$

薄板弯矩是截面应力的积分，即

$$\boldsymbol{M}=\begin{bmatrix}M_x\\M_y\end{bmatrix}=\int_{-h/2}^{h/2}\begin{bmatrix}\sigma_x\\\sigma_y\end{bmatrix}z\,\mathrm{d}z \tag{10.2.10}$$

式中，h 为板厚。

在弹性阶段，薄板弯曲的应力–应变关系为

$$\epsilon_x=\frac{1}{E_0}\left(\sigma_x-\nu_0\sigma_y\right),\qquad \epsilon_y=\frac{1}{E_0}\left(\sigma_y-\nu_0\sigma_x\right) \tag{10.2.11}$$

亦即

$$\boldsymbol{\sigma}=\begin{bmatrix}\sigma_x\\\sigma_y\end{bmatrix}=\frac{E_0 z}{1-\nu_0^2}\begin{bmatrix}1&\nu_0\\\nu_0&1\end{bmatrix}\begin{bmatrix}-\dfrac{\partial^2 w}{\partial x^2}\\-\dfrac{\partial^2 w}{\partial y^2}\end{bmatrix} \tag{10.2.12}$$

将上述应力–应变关系代入式 (10.2.10) 并注意到式 (10.2.6)，可以得到如下线弹性弯矩–曲率关系：

$$\boldsymbol{M}=\boldsymbol{E}_{\mathrm{p}0}\boldsymbol{\Psi} \tag{10.2.13}$$

式中，薄板截面弹性弯曲刚度矩阵 $\boldsymbol{E}_{\mathrm{p}0}$ 表示为

$$\boldsymbol{E}_{\mathrm{p}0}=\frac{Eh^3}{12\left(1-\nu_0^2\right)}\begin{bmatrix}1&\nu_0\\\nu_0&1\end{bmatrix} \tag{10.2.14}$$

在非线性阶段，薄板单元的弯矩–曲率关系可以写成微分形式，即

$$\mathrm{d}\boldsymbol{M}=\boldsymbol{E}_{\mathrm{p}}^{\tan}\mathrm{d}\boldsymbol{\Psi} \tag{10.2.15}$$

式中，$\boldsymbol{E}_{\mathrm{p}}^{\tan}$ 为薄板单元截面的切线弯曲刚度，应根据所在点的应变状态由非线性本构关系确定。于是，一个微分增量内的板单元变形能增量 $\mathrm{d}W$ 可以表示为

$$\mathrm{d}W=\frac{1}{2}\int_{\Omega}\mathrm{d}\boldsymbol{\Psi}^{\mathrm{T}}\mathrm{d}\boldsymbol{M}\,\mathrm{d}\Omega=\frac{1}{2}\int_{\Omega}\mathrm{d}\boldsymbol{\Psi}^{\mathrm{T}}\boldsymbol{E}_{\mathrm{p}}^{\tan}\mathrm{d}\boldsymbol{\Psi}\,\mathrm{d}\Omega \tag{10.2.16}$$

式中，Ω 是矩形薄板单元的积分区域。将式 (10.2.8) 代入后可以得到

$$\mathrm{d}W=\frac{1}{2}\mathrm{d}\boldsymbol{\delta}^{\mathrm{T}}\left(\int_{\Omega}\boldsymbol{B}_{\mathrm{p}}^{\mathrm{T}}\boldsymbol{E}_{\mathrm{p}}^{\tan}\boldsymbol{B}_{\mathrm{p}}\,\mathrm{d}\Omega\right)\mathrm{d}\boldsymbol{\delta}=\frac{1}{2}\mathrm{d}\boldsymbol{\delta}^{\mathrm{T}}\boldsymbol{K}_{\mathrm{p}}^{\tan}\mathrm{d}\boldsymbol{\delta} \tag{10.2.17}$$

其中

$$\boldsymbol{K}_{\mathrm{p}}^{\tan}=\int_{\Omega}\boldsymbol{B}_{\mathrm{p}}^{\mathrm{T}}\boldsymbol{E}_{\mathrm{p}}^{\tan}\boldsymbol{B}_{\mathrm{p}}\,\mathrm{d}\Omega \tag{10.2.18}$$

称为薄板单元的切线刚度矩阵。

将 10.1 节所述平面应力单元(膜单元) 与上述板单元的切线刚度相叠加，即形成平板壳单元的切线刚度矩阵。为方便理解起见，可以把壳单元位移分成膜位移和板位移，即

$$\boldsymbol{\delta}_{\mathrm{e}}=\left\{u_1,v_1,u_2,v_2,u_3,v_3,u_4,v_4;w_1,\theta_{x1},\theta_{y1},w_2,\theta_{x2},\theta_{y2},w_3,\theta_{x3},\theta_{y3},w_4,\theta_{x4},\theta_{y4}\right\}^{\mathrm{T}} \tag{10.2.19}$$

则平板壳单元的切线刚度矩阵可以表示为

$$\boldsymbol{K}_{\mathrm{e}}=\begin{bmatrix}\boldsymbol{K}_{\mathrm{m}}^{\tan} & \mathbf{0}\\ \mathbf{0} & \boldsymbol{K}_{\mathrm{p}}^{\tan}\end{bmatrix} \tag{10.2.20}$$

上述方式可以直观地解释壳单元的刚度叠加过程，但在多数实际的有限元程序格式中，通常是采用下述单元节点位移的排列方式：

$$\boldsymbol{\delta}_{\mathrm{e}}=\left\{u_1,v_1,w_1,\theta_{x1},\theta_{y1},u_2,v_2,w_2,\theta_{x2},\theta_{y2},u_3,v_3,w_3,\theta_{x3},\theta_{y3},u_4,v_4,w_4,\theta_{x4},\theta_{y4}\right\}^{\mathrm{T}} \tag{10.2.21}$$

此时，需要把膜单元与板单元的刚度矩阵按照上述节点位移排列方式分块后再叠加。

值得指出，在非线性变形阶段，壳体单元的应力场应该依据几何矩阵所决定的即时应变场由材料非线性本构关系计算。在壳体的中面，由于板的弯曲应力为零，所以仅需按照膜单元计算应变与应力。而在壳体内偏离中面的地方，沿 x、y 方向的板弯曲应力、应变应该与由膜单元产生的轴向应力、应变相叠加，这样，才能保证变形能计算的正确性。换句话说，在板的切线刚度矩阵计算中，应该将膜单元产

生的轴向应变与不同点的弯曲应变相叠加，然后按照材料本构关系计算该点的切线刚度。显然，此时的弯矩计算可以采用本书第 9 章所述的条带法或网格法。

在切线刚度计算中，要牵涉到二维数值积分，通常应用二维高斯积分进行计算。

10.3 精细化平板壳单元

深入的研究表明，上述四节点平板壳单元存在下述弱点：单元位移函数阶次较低、膜单元不能反映节点的旋转自由度、板单元不能反映板厚度方向的剪切变形 (陈万吉，1992)。因此，采用上述四节点单元，往往要划分较小的单元才可以达到较好的计算精度。改善数值计算精度的方法是引入八节点精化平板壳单元(周俊明，2010)。这类单元的分析思想仍如前述：采用膜单元反映平面内二维应力状态，采用板单元反映平面外弯曲应力状态，将二者切线刚度叠加，即得可以应用于结构非线性分析的壳单元切线刚度矩阵。

10.3.1 考虑节点旋转自由度的膜单元

旋转自由度是指某点处沿 x 方向微段的转角和沿 y 方向微段的转角的平均值 (图 10.3.1)。实际上，这就是节点旋转后单元相邻两边的平分线的交角。此处转角均以逆时针旋转为正。

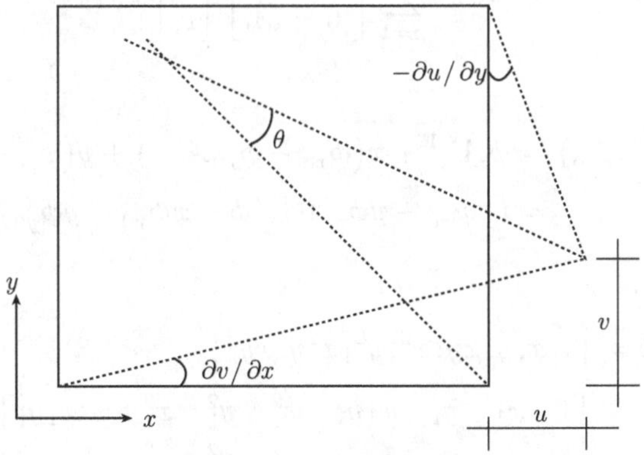

图 10.3.1 旋转自由度

引入旋转自由度，可以增加位移场的阶次，提高计算精度 (陈万吉和李勇东，1993)。同时，由于考虑了面内的转动刚度，可以进一步提高膜单元的计算精度。为此，考察图 10.3.2 所示的一般平面应力单元。

由图可见，这一类型的单元包括 8 个节点，在角部节点，除了平移自由度，还包括了刚体转角，即单元包括了 20 个自由度。单元节点位移可以表示为

$$\boldsymbol{\delta} = \left\{u_1, v_1, \theta_1, u_2, v_2, \theta_2, u_3, v_3, \theta_3, u_4, v_4, \theta_4, u_5, v_5, u_6, v_6, u_7, v_7, u_8, v_8\right\}^{\mathrm{T}} \tag{10.3.1}$$

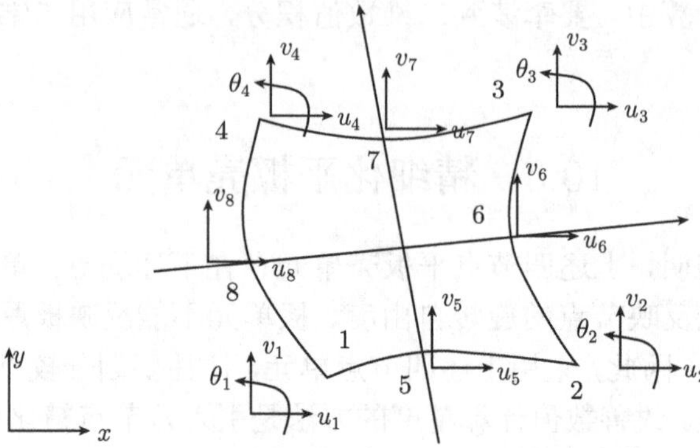

图 10.3.2 八节点带旋转自由度的膜单元

单元内任一点的位移可以表示为

$$\boldsymbol{u} = \boldsymbol{u}_u + \boldsymbol{u}_\theta \tag{10.3.2}$$

式中，$\boldsymbol{u}_u$ 和 $\boldsymbol{u}_\theta$ 分别为线位移和转动位移产生的位移场。

引入非协调元的概念，$\boldsymbol{u}_u = \{u(x,y), v(x,y)\}^{\mathrm{T}}$ 可以表示为

$$\boldsymbol{u}_u = \sum_{i=1}^{8} \begin{bmatrix} \mathscr{N}_i & 0 \\ 0 & \mathscr{N}_i \end{bmatrix} \begin{bmatrix} u_i \\ v_i \end{bmatrix} \tag{10.3.3}$$

其中，形函数

$$\begin{aligned} N_u = \{N_1, \cdots, N_8\} &= \boldsymbol{\phi}\boldsymbol{A}^{-1} + x\left(\boldsymbol{\phi}_{xc} - \boldsymbol{\phi}_{x0}\boldsymbol{A}^{-1}\right) + y\left(\boldsymbol{\phi}_{yc} - \boldsymbol{\phi}_{y0}\boldsymbol{A}^{-1}\right) \\ &= \left(x\boldsymbol{\phi}_{xc} + y\boldsymbol{\phi}_{yc}\right) + \left(\boldsymbol{\phi} - x\boldsymbol{\phi}_{x0} - y\boldsymbol{\phi}_{y0}\right)\boldsymbol{A}^{-1} \end{aligned} \tag{10.3.4}$$

式中

$$\boldsymbol{\phi} = \left\{1, x, y, xy, x^2, y^2, x^2y, xy^2\right\} \tag{10.3.5a}$$

$$\boldsymbol{A} = \begin{bmatrix} 1 & x_1 & y_1 & x_1y_1 & x_1^2 & y_1^2 & x_1^2y_1 & x_1y_1^2 \\ 1 & x_2 & y_2 & x_2y_2 & x_2^2 & y_2^2 & x_2^2y_2 & x_2y_2^2 \\ 1 & x_3 & y_3 & x_3y_3 & x_3^2 & y_3^2 & x_3^2y_3 & x_3y_3^2 \\ 1 & x_4 & y_4 & x_4y_4 & x_4^2 & y_4^2 & x_4^2y_4 & x_4y_4^2 \\ 1 & x_5 & y_5 & x_5y_5 & x_5^2 & y_5^2 & x_5^2y_5 & x_5y_5^2 \\ 1 & x_6 & y_6 & x_6y_6 & x_6^2 & y_6^2 & x_6^2y_6 & x_6y_6^2 \\ 1 & x_7 & y_7 & x_7y_7 & x_7^2 & y_7^2 & x_7^2y_7 & x_7y_7^2 \\ 1 & x_8 & y_8 & x_8y_8 & x_8^2 & y_8^2 & x_8^2y_8 & x_8y_8^2 \end{bmatrix} \tag{10.3.5b}$$

$$\boldsymbol{\phi}_{xc}=\frac{1}{6\varDelta}\{\psi_{xc1},\psi_{xc2},\psi_{xc3},\psi_{xc4},\psi_{xc5},\psi_{xc6},\psi_{xc7},\psi_{xc8}\} \tag{10.3.5c}$$

$$\boldsymbol{\phi}_{yc}=-\frac{1}{6\varDelta}\{\psi_{yc1},\psi_{yc2},\psi_{yc3},\psi_{yc4},\psi_{yc5},\psi_{yc6},\psi_{yc7},\psi_{yc8}\} \tag{10.3.5d}$$

$$\begin{bmatrix}\psi_{xc1} & \psi_{yc1}\\ \psi_{xc2} & \psi_{yc2}\\ \psi_{xc3} & \psi_{yc3}\\ \psi_{xc4} & \psi_{yc4}\\ \psi_{xc5} & \psi_{yc5}\\ \psi_{xc6} & \psi_{yc6}\\ \psi_{xc7} & \psi_{yc7}\\ \psi_{xc8} & \psi_{yc8}\end{bmatrix}=\begin{bmatrix}0 & -1 & 0 & 1 & 4 & 0 & 0 & -4\\ 1 & 0 & -1 & 0 & -4 & 4 & 0 & 0\\ 0 & 1 & 0 & -1 & 0 & -4 & 4 & 0\\ -1 & 0 & 1 & 0 & 0 & 0 & -4 & 4\\ -4 & 4 & 0 & 0 & 0 & 0 & 0 & 0\\ 0 & -4 & 4 & 0 & 0 & 0 & 0 & 0\\ 0 & 0 & -4 & 4 & 0 & 0 & 0 & 0\\ 4 & 0 & 0 & -4 & 0 & 0 & 0 & 0\end{bmatrix}\begin{bmatrix}y_1 & x_1\\ y_2 & x_2\\ y_3 & x_3\\ y_4 & x_4\\ y_5 & x_5\\ y_6 & x_6\\ y_7 & x_7\\ y_8 & x_8\end{bmatrix} \tag{10.3.5e}$$

$$\boldsymbol{\phi}_{x0}=\frac{1}{\varDelta}\{0,\varDelta,0,0,0,0,2J_{xy},J_y\} \tag{10.3.5f}$$

$$\boldsymbol{\phi}_{y0}=\frac{1}{\varDelta}\{0,\varDelta,0,0,0,0,J_x,2J_{xy}\} \tag{10.3.5g}$$

这里

$$\varDelta=\int_{\varOmega}\mathrm{d}\varOmega,\quad J_x=\int_{\varOmega}x^2\,\mathrm{d}\varOmega,\quad J_y=\int_{\varOmega}y^2\,\mathrm{d}\varOmega,\quad J_{xy}=\int_{\varOmega}xy\,\mathrm{d}\varOmega \tag{10.3.6}$$

其中，$\varOmega$ 为矩形单元的积分区域。

转动位移产生的位移场 $\boldsymbol{u}_\theta$ 是由单元节点刚体转角 $\theta_i(i=1,2,3,4)$ 引起的附加位移场。设

$$u_\theta=(1-\xi^2)(\alpha_1+\alpha_2\eta)+(1-\eta^2)(\alpha_3+\alpha_4\xi) \tag{10.3.7a}$$

$$v_\theta=(1-\xi^2)(\beta_1+\beta_2\eta)+(1-\eta^2)(\beta_3+\beta_4\xi) \tag{10.3.7b}$$

式中，ξ、η 是单元的局部等参坐标。

利用边界条件和广义协调条件，可得

$$\boldsymbol{u}_\theta=\begin{bmatrix}u_\theta\\ v_\theta\end{bmatrix}=\sum_{i=1}^{4}\begin{bmatrix}\mathscr{N}_{u\theta,i}\\ \mathscr{N}_{v\theta,i}\end{bmatrix}\theta_i \tag{10.3.8}$$

式中

$$\mathscr{N}_{u\theta,i}=\frac{1}{8}\Big[\xi_i(1-\xi^2)(a_1+a_3\eta_1)(1+\eta_i\eta)+\eta_i(1-\eta^2)(a_2+a_3\xi_1)(1+\xi_i\xi)\Big] \tag{10.3.9a}$$

$$\mathscr{N}_{v\theta,i}=-\frac{1}{8}\Big[\xi_i(1-\xi^2)(b_1+b_3\eta_1)(1+\eta_i\eta)+\eta_i(1-\eta^2)(b_2+b_3\xi_1)(1+\xi_i\xi)\Big] \tag{10.3.9b}$$

这里

$$a_1=\frac{1}{4}\sum_{i=1}^{4}\xi_i y_i,\qquad a_2=\frac{1}{4}\sum_{i=1}^{4}\eta_i y_i,\qquad a_3=\frac{1}{4}\sum_{i=1}^{4}\xi_i\eta_i y \tag{10.3.10a}$$

$$b_1=\frac{1}{4}\sum_{i=1}^{4}\xi_i x_i,\qquad b_2=\frac{1}{4}\sum_{i=1}^{4}\eta_i x_i,\qquad b_3=\frac{1}{4}\sum_{i=1}^{4}\xi_i\eta_i x \tag{10.3.10b}$$

将式 (10.3.3) 和式 (10.3.8) 代入位移式 (10.3.2) 中，可以得到带旋转自由度的八节点精化膜单元的总位移场

$$\boldsymbol{u}=\sum_{i=1}^{4}\begin{bmatrix}\mathscr{N}_i & 0 & \mathscr{N}_{u\theta,i}\\ 0 & \mathscr{N}_i & \mathscr{N}_{v\theta,i}\end{bmatrix}\begin{bmatrix}u_i\\ v_i\\ \theta_i\end{bmatrix}+\sum_{i=5}^{8}\begin{bmatrix}\mathscr{N}_i & 0\\ 0 & \mathscr{N}_i\end{bmatrix}\begin{bmatrix}u_i\\ v_i\end{bmatrix}=\boldsymbol{N\delta} \tag{10.3.11}$$

将式 (10.3.11) 代入应变–位移的几何关系式 (10.1.4)，可以求得膜单元内任意一点的应变为

$$\boldsymbol{\epsilon}=\begin{bmatrix}\dfrac{\partial u}{\partial x} & 0\\ 0 & \dfrac{\partial v}{\partial y}\\ \dfrac{\partial u}{\partial y} & \dfrac{\partial v}{\partial x}\end{bmatrix}=\begin{bmatrix}\dfrac{\partial \boldsymbol{N}}{\partial x} & 0\\ 0 & \dfrac{\partial \boldsymbol{N}}{\partial y}\\ \dfrac{\partial \boldsymbol{N}}{\partial y} & \dfrac{\partial \boldsymbol{N}}{\partial x}\end{bmatrix}\boldsymbol{\delta}=\boldsymbol{B}_{\mathrm{m}}\boldsymbol{\delta} \tag{10.3.12}$$

式中，$\boldsymbol{B}_{\mathrm{m}}$ 为 3×20 阶的八节点精化膜单元几何矩阵。

建立了应变与位移的几何关系，即可以应用应力–应变物理关系求得单元变形能的表达式。类似于 10.1 节的推导，不难给出八节点精化膜单元的切线刚度矩阵表达式，即

$$\boldsymbol{K}_{\mathrm{m}}^{\tan}=\int_{\Omega}\boldsymbol{B}_{\mathrm{m}}^{\mathrm{T}}\boldsymbol{E}_{\mathrm{m}}^{\tan}\boldsymbol{B}_{\mathrm{m}}\,\mathrm{d}\Omega \tag{10.3.13}$$

这是一个 20×20 阶的矩阵。其中，$\boldsymbol{E}_{\mathrm{m}}^{\tan}$ 可以依据即时应变场的状态，由给定材料本构关系求得。

10.3.2 八节点 Reissner-Mindlin 板单元

与前述八节点膜单元相适应，采用图 10.3.3 所示的八节点板单元反映板的弯曲效应。

与 10.2 节中的薄板不同，这里进一步考虑横向剪切变形 γ_{xz} 和 γ_{yz} 的影响。由于这一影响，变形前垂直于中面的直线在变形后不垂直于中面，即所谓 Reissner-Mindlin 板。换句话说，中面法线变形后绕 x 轴和 y 轴的转角 θ_x 和 θ_y，在数值上

不再等于斜率 $\partial w/\partial y$ 和 $-\partial w/\partial x$。因此，基本的位移有三个：挠度 w、法线转动 θ_x 和 θ_y，它们各自独立，即板的变形需要由 w、θ_x、θ_y 共同决定。

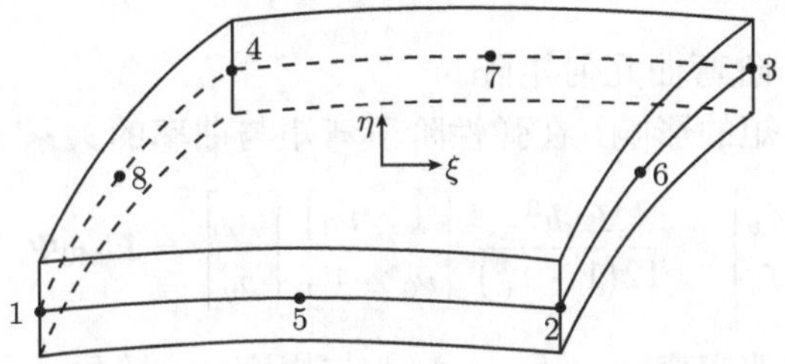

图 10.3.3 八节点 Reissner-Mindlin 板单元

利用等参单元的概念 (Zienkiewicz & Taylor, 2008)，可以设基本的位移函数为

$$f(\xi,\eta)=a_1+a_2\xi+a_3\eta+a_4\xi^2+a_5\xi\eta+a_6\eta^2+a_7\xi^2\eta+a_8\xi\eta^2 \tag{10.3.14}$$

式中，ξ 和 η 为等参坐标。

板单元的节点 $i(i=1,2,\cdots,8)$ 位移记为 $\boldsymbol{\delta}_i=\{w_i,\theta_{xi},\theta_{yi}\}^{\mathrm{T}}$，包括节点挠度 w_i、绕 x 轴的节点转角 θ_{xi}、绕 y 轴转角 θ_{yi}，共 24 个自由度，可表示为

$$\boldsymbol{\delta}=\{\boldsymbol{\delta}_1^{\mathrm{T}},\boldsymbol{\delta}_2^{\mathrm{T}},\boldsymbol{\delta}_3^{\mathrm{T}},\boldsymbol{\delta}_4^{\mathrm{T}},\boldsymbol{\delta}_5^{\mathrm{T}},\boldsymbol{\delta}_6^{\mathrm{T}},\boldsymbol{\delta}_7^{\mathrm{T}},\boldsymbol{\delta}_8^{\mathrm{T}}\}^{\mathrm{T}} \tag{10.3.15}$$

将板的节点位移、转角位移代入式 (10.3.14)，可以确定板中面上任意一点的挠度 w 和转角 θ_x、θ_y

$$w=\sum_{i=1}^{8}\mathscr{N}_i w_i,\qquad \theta_x=\sum_{i=1}^{8}\mathscr{N}_i\theta_{xi},\qquad \theta_y=\sum_{i=1}^{8}\mathscr{N}_i\theta_{yi} \tag{10.3.16}$$

式中，插值形函数 $\mathscr{N}_i$ 为

$$\mathscr{N}_i=\frac{1}{4}(1+\xi_i\xi)(1+\eta_i\eta)(\xi_i\xi+\eta_i\eta-1)\qquad (i=1,2,3,4) \tag{10.3.17a}$$

$$\mathscr{N}_i=\frac{1}{2}(1-\xi^2)(1+\eta_i\eta)\qquad (i=5,7) \tag{10.3.17b}$$

$$\mathscr{N}_i=\frac{1}{2}(1-\eta^2)(1+\xi_i\xi)\qquad (i=6,8) \tag{10.3.17c}$$

板内任一点的位移分量为

$$u=z\theta_y,\qquad v=-z\theta_x,\qquad w=w(x,y) \tag{10.3.18}$$

若忽略扭转曲率的影响，板中面任一点的弯曲曲率可以表示为

$$\boldsymbol{\Psi}=\{\varphi_x,\varphi_y\}^{\mathrm{T}}=\left\{-\frac{\partial\theta_y}{\partial x},-\frac{\partial\theta_x}{\partial y}\right\}^{\mathrm{T}} \tag{10.3.19}$$

将式 (10.3.16) 代入式 (10.3.19) 可以得到

$$\boldsymbol{\Psi} = \boldsymbol{B}_{\mathrm{M}}\boldsymbol{\delta} \tag{10.3.20}$$

式中，$\boldsymbol{B}_{\mathrm{M}}$ 为 2×24 阶弯曲几何矩阵。

类似地，忽略扭矩的影响，在弹性阶段弯矩与曲率的关系 (物理方程) 为

$$\boldsymbol{M} = \begin{bmatrix} M_x \\ M_y \end{bmatrix} = \frac{E_0 h^3}{12\left(1-\nu_0^2\right)} \begin{bmatrix} 1 & \nu_0 \\ \nu_0 & 1 \end{bmatrix} \begin{bmatrix} \varphi_x \\ \varphi_y \end{bmatrix} = \boldsymbol{E}_{\mathrm{M0}}\boldsymbol{\Psi} \tag{10.3.21}$$

另一方面，横向剪应变 $\boldsymbol{\gamma} = \left\{\gamma_{xz}, \gamma_{yz}\right\}$ 与挠度 w、转角 θ 之间的关系为

$$\boldsymbol{\gamma} = \begin{bmatrix} \gamma_{xz} \\ \gamma_{yz} \end{bmatrix} = \begin{bmatrix} \dfrac{\partial w}{\partial x} + \theta_y \\ \dfrac{\partial w}{\partial y} - \theta_x \end{bmatrix} \tag{10.3.22}$$

将式 (10.3.16) 代入式 (10.3.22) 可以得到

$$\boldsymbol{\gamma} = \boldsymbol{B}_{\mathrm{S}}\boldsymbol{\delta} \tag{10.3.23}$$

式中，$\boldsymbol{B}_{\mathrm{S}}$ 为 2×24 阶剪切几何矩阵。

在弹性阶段，横向剪力与剪应变之间的物理关系为

$$\boldsymbol{Q} = \begin{bmatrix} Q_x \\ Q_y \end{bmatrix} = \frac{\alpha_{\mathrm{s}} E_0 h}{2\left(1+\nu_0\right)} \begin{bmatrix} \gamma_{xz} \\ \gamma_{yz} \end{bmatrix} = \boldsymbol{E}_{\mathrm{S0}}\boldsymbol{\gamma} \tag{10.3.24}$$

式中，α_{s} 为考虑截面扭转影响的剪切形状系数。

在非线性阶段，类似于式 (10.3.21) 和式 (10.3.24)，容易写出在一个微分增量内的板单元变形能增量

$$\mathrm{d}W = \frac{1}{2}\int_{\Omega}\left(\mathrm{d}\boldsymbol{\Psi}^{\mathrm{T}}\mathrm{d}\boldsymbol{M} + \mathrm{d}\boldsymbol{\gamma}^{\mathrm{T}}\mathrm{d}\boldsymbol{Q}\right)\mathrm{d}\Omega = \frac{1}{2}\int_{\Omega}\left(\mathrm{d}\boldsymbol{\Psi}^{\mathrm{T}}\boldsymbol{E}_{\mathrm{M}}^{\tan}\mathrm{d}\boldsymbol{\Psi} + \mathrm{d}\boldsymbol{\gamma}^{\mathrm{T}}\boldsymbol{E}_{\mathrm{S}}^{\tan}\mathrm{d}\boldsymbol{\gamma}\right)\mathrm{d}\Omega \tag{10.3.25}$$

式中，$\boldsymbol{E}_{\mathrm{M}}^{\tan}$ 和 $\boldsymbol{E}_{\mathrm{S}}^{\tan}$ 分别为板的弯曲和剪切切线模量矩阵，应根据所在点的应变状态由材料非线性本构关系确定；Ω 是矩形板单元的积分区域。

将式 (10.3.20) 和式 (10.3.23) 代入式 (10.3.25)，可得

$$\mathrm{d}W = \frac{1}{2}\mathrm{d}\boldsymbol{\delta}^{\mathrm{T}}\left[\int_{\Omega}\left(\boldsymbol{B}_{\mathrm{M}}^{\mathrm{T}}\boldsymbol{E}_{\mathrm{M}}^{\tan}\boldsymbol{B}_{\mathrm{M}} + \boldsymbol{B}_{\mathrm{S}}^{\mathrm{T}}\boldsymbol{E}_{\mathrm{S}}^{\tan}\boldsymbol{B}_{\mathrm{S}}\right)\mathrm{d}\Omega\right]\mathrm{d}\boldsymbol{\delta} = \frac{1}{2}\mathrm{d}\boldsymbol{\delta}^{\mathrm{T}}\boldsymbol{K}_{\mathrm{p}}\mathrm{d}\boldsymbol{\delta} \tag{10.3.26}$$

式中

$$\boldsymbol{K}_{\mathrm{p}} = \int_{\Omega}\left(\boldsymbol{B}_{\mathrm{M}}^{\mathrm{T}}\boldsymbol{E}_{\mathrm{M}}^{\tan}\boldsymbol{B}_{M} + \boldsymbol{B}_{\mathrm{S}}^{\mathrm{T}}\boldsymbol{E}_{\mathrm{S}}^{\tan}\boldsymbol{B}_{\mathrm{S}}\right)\mathrm{d}\Omega \tag{10.3.27}$$

即为板单元切线刚度矩阵，它是一个 24×24 阶的对称矩阵。

细心的读者可以发现，在弯曲几何矩阵与横向剪切几何矩阵中，都牵涉到 $\partial \mathscr{N}_i/\partial x$ 和 $\partial \mathscr{N}_i/\partial y$ 的计算。此时，要根据有限元理论中等参元法的基本概念 (Zienkiewicz & Taylor, 2008)，建立如下坐标变换关系：

$$x = \sum_{i=1}^{8} \mathscr{N}_i x_i, \qquad y = \sum_{i=1}^{8} \mathscr{N}_i y_i \tag{10.3.28}$$

因此有

$$\begin{bmatrix} \dfrac{\partial \mathscr{N}_i}{\partial x} \\ \dfrac{\partial \mathscr{N}_i}{\partial y} \end{bmatrix} = \boldsymbol{J}^{-1} \begin{bmatrix} \dfrac{\partial \mathscr{N}_i}{\partial \xi} \\ \dfrac{\partial \mathscr{N}_i}{\partial \eta} \end{bmatrix} \tag{10.3.29}$$

式中，$\boldsymbol{J}$ 为 Jacobi 矩阵

$$\boldsymbol{J} = \begin{bmatrix} \dfrac{\partial x}{\partial \xi} & \dfrac{\partial y}{\partial \xi} \\ \dfrac{\partial x}{\partial \eta} & \dfrac{\partial y}{\partial \eta} \end{bmatrix} \tag{10.3.30}$$

同理，在式 (10.3.25) 中积分的微面积元 $\mathrm{d}\Omega = |\boldsymbol{J}|\mathrm{d}\xi\mathrm{d}\eta$。

10.3.3 平板壳单元

采用带旋转自由度的八节点 20 自由度精化膜单元与八节点 24 自由度的板单元组合，可以形成一种精度较高的八节点 44 自由度的平板壳单元(周俊明, 2010)，如图 10.3.4 所示。

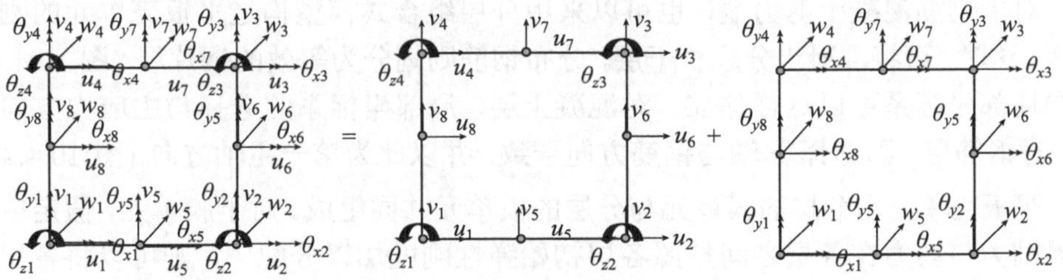

图 10.3.4 八节点 44 自由度平板壳单元

平板壳单元的切线单元刚度矩阵可以由膜单元和板单元进行简单叠加而成，即将 $\boldsymbol{K}_{\mathrm{m}}$ 和 $\boldsymbol{K}_{\mathrm{p}}$ 进行叠加便组成平板壳单元的切线单元刚度矩阵，兹不赘述。

10.4 钢筋混凝土分层平板壳单元

钢筋混凝土是由钢筋和混凝土两种材料组成的复合材料。因此，在其结构有限元模型的刚度矩阵构造过程中，要充分考虑这种材料的特点。这主要体现为两个方面：①如何考虑钢筋与混凝土的材料特点构造单元刚度矩阵；②如何考虑钢筋与混凝土的相互作用，修正混凝土的损伤演化法则。本节结合剪力墙结构，具体论述这两个方面。

10.4.1 分层平板壳单元的刚度构成

既有研究，业已形成了三种构造钢筋混凝土单元刚度的方式：分离式模型、整体式模型和组合式模型。分离式模型(Ngo & Scordelis, 1967; Nillson, 1968) 把混凝土和钢筋作为不同的单元来处理，即把混凝土和钢筋分别划分为足够小的单元，分别计算混凝土和单元钢筋的刚度矩阵，然后统一集成到整体刚度矩阵中去。整体式模型(Suidan & Schnobrich, 1973; Darwin & Pecknold, 1976) 则是将钢筋弥散于混凝土之中，将单元视为连续均匀材料，一次求得综合的单元刚度矩阵。而分层组合式模型 (Hand et al., 1973; Lin & Scordelis, 1975) 是在构件横截面上划分出若干钢筋层和混凝土层，通过对截面应变作出某些假定 (如平截面假定)，根据材料的实际应力–应变关系和平衡条件计算单元的刚度矩阵。经过长期探索与实践，人们逐渐认同：分层组合式模型比较适合于反映钢筋混凝土的材料特点。事实上，本书第 9 章中的梁正截面分析，就是典型的分层组合式模型。

对于钢筋混凝土剪力墙，也可以采用分层组合式模型构造平板壳单元的刚度矩阵。这时，可将混凝土分成若干层，分布钢筋则划分为等效的钢片层 (图 10.4.1)。各层局部坐标系可以这样建立：对混凝土层，局部坐标系的选择与主应力方向一致；对钢筋层，则选择 x 轴与钢筋方向一致，并以此为第一主轴方向 (图 10.4.2)。

平板壳单元由分层的膜单元与分层的板单元共同组成。对于膜单元，假定单元边界轴力与剪力在各层之间按照各层初始弹性刚度加以分配①，则可以将各层作为一个平面应力单元加以分析，再将各个平面应力单元的刚度矩阵加以叠加，即得膜单元刚度矩阵。

设各层局部坐标系为 $x'oy'$，若材料为正交各向异性，则在此坐标系下的线弹性阶段的应力–应变关系为

①显然，这种假定忽略了混凝土开裂后在钢筋层与混凝土层之间的荷载重分布。为了考虑这种影响，也可以在非线性分析过程中根据各层即时切线刚度分配荷载。

$$\begin{bmatrix} \sigma'_x \\ \sigma'_y \\ \tau'_{xy} \end{bmatrix} = \begin{bmatrix} \dfrac{E_1}{1-\nu_1\nu_2} & \dfrac{\nu_2 E_1}{1-\nu_1\nu_2} & 0 \\ \dfrac{\nu_1 E_2}{1-\nu_1\nu_2} & \dfrac{E_2}{1-\nu_1\nu_2} & 0 \\ 0 & 0 & G_{12} \end{bmatrix} \begin{bmatrix} \epsilon'_x \\ \epsilon'_y \\ Y'_{xy} \end{bmatrix} \tag{10.4.1}$$

式中，E_1 和 E_2、ν_1 和 ν_2 分别为材料主轴 1 和 2 方向的弹性模量和泊松比，满足对称条件 $\nu_2 E_1 = \nu_1 E_2$；G_{12} 为材料的剪切模量。

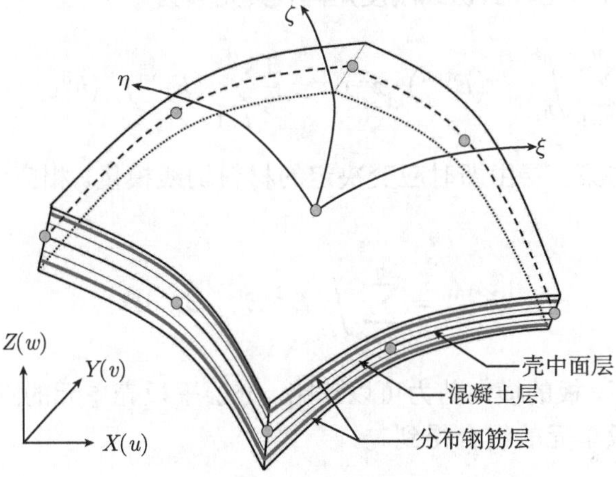

图 10.4.1 分层壳单元

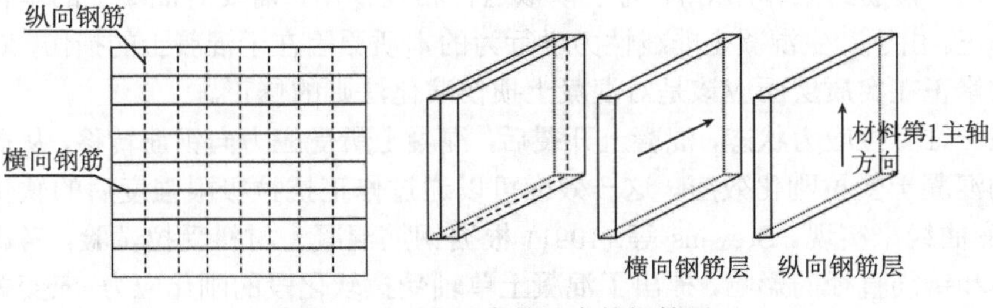

图 10.4.2 分层壳单元中的钢筋层

在非线性阶段，可以根据具体的应力–应变状态由钢筋或混凝土的非线性本构关系确立即时切线刚度$\boldsymbol{E}_{\mathrm{c}}^{\tan}$ 和 $\boldsymbol{E}_{\mathrm{s}}^{\tan}$。一般说来，对于钢筋层，可以不考虑边界剪力的影响，仅按照一维受力状态确立即时切线刚度。而对于混凝土层，则综合考虑轴力和剪力的联合作用，按照混凝土二维弹塑性损伤本构关系确立即时切线刚度。

将钢筋层和混凝土层刚度矩阵相叠加，即给出膜单元的切线刚度矩阵

$$\boldsymbol{K}_{\mathrm{m}}^{\tan} = \sum_{l=1}^{n} \int_{\Omega} \boldsymbol{B}_{\mathrm{m}}^{\mathrm{T}} \boldsymbol{E}_{\mathrm{m},l}^{\tan} \boldsymbol{B}_{\mathrm{m}} \,\mathrm{d}\Omega \tag{10.4.2}$$

式中，n 为分层数；$\boldsymbol{E}_{\mathrm{m},l}^{\tan}$ 为第 l 层材料的切线刚度矩阵。

类似地，在分层情况下，板的内力由各分层内应力分层积分叠加得到

$$\mathrm{d}\boldsymbol{M} = \begin{bmatrix} \mathrm{d}M_x \\ \mathrm{d}M_y \end{bmatrix} = \int_{-h/2}^{h/2} \begin{bmatrix} \mathrm{d}\sigma_x \\ \mathrm{d}\sigma_y \end{bmatrix} z\mathrm{d}z = \boldsymbol{E}_{\mathrm{p}}^{\tan} \mathrm{d}\boldsymbol{\Psi} \tag{10.4.3}$$

式中，$\boldsymbol{E}_{\mathrm{p}}^{\tan}$ 为板的单元弯曲切线刚度矩阵，其元素为

$$\left(\boldsymbol{E}_{\mathrm{p}}^{\tan}\right)_{ij} = \sum_{l=1}^{n} \int_{h_i}^{h_{i+1}} \left(E_l^{\tan}\right)_{ij} z^2 \,\mathrm{d}z = \frac{1}{3} \sum_{l=1}^{n} \left(E_l^{\tan}\right)_{ij} \left(h_{l+1}^3 - h_l^3\right) \tag{10.4.4}$$

这里，$E_l^{\tan}$ 为板内第 l 层由即时应变决定的材料切线模量。相应地，板单元的切线刚度矩阵表示为

$$\boldsymbol{K}_{\mathrm{p}}^{\tan} = \sum_{l=1}^{n} \int_{\Omega} \boldsymbol{B}_{\mathrm{p}}^{\mathrm{T}} \boldsymbol{E}_{\mathrm{p},l}^{\tan} \boldsymbol{B}_{\mathrm{p}} \,\mathrm{d}\Omega \tag{10.4.5}$$

在分层条件下，板的横向剪力可以忽略。分层平板壳单元的刚度矩阵可以由分层膜单元和分层板单元的组合得到。

10.4.2 损伤演化法则的修正

混凝土开裂后，在钢筋和混凝土之间存在相互作用 (包括黏结滑移影响、钢筋销栓作用、箍筋约束作用等)。为了模拟这种相互作用，需要对混凝土的本构关系作出修正。由于产生混凝土非线性力学行为的本质原因在于混凝土的损伤，对本构关系的修正在实质层面应该是对混凝土损伤演化法则的修正。

在一维受拉应力状态，混凝土开裂后，混凝土所受应力向钢筋转移，从而形成所谓的混凝土受拉刚化效应。这一效应可以通过修正抗拉极限强度后的软化段应力–应变曲线来实现。Stevens 等 (1991) 根据钢筋混凝土材料受拉试验，考虑钢筋配筋率和钢筋直径的影响，提出了混凝土单轴受拉软化段的刚化应力–应变关系曲线 (图 10.4.3)，表达为

$$\frac{\sigma^+}{f_0^+} = \left(1 - \theta\right) \exp\left[\vartheta\left(\epsilon_0^+ - \epsilon^+\right)\right] + \vartheta \tag{10.4.6}$$

式中，θ 与钢筋配筋率 ρ_{s} 和钢筋直径 d_{b} 有关，可表达为 $\theta = c\rho_{\mathrm{s}}/d_{\mathrm{b}}$，$c$ 为常数，一般可取为 75mm；ϑ 为反映刚化程度的系数，与钢筋配筋率有关，可取 $\vartheta = 270\sqrt{\theta} \leqslant 1000$。

根据式 (10.4.6)，混凝土受拉损伤变量d^+ 的表达式 (5.3.74) 应该修正为 (吴建营，2004; Wu et al., 2006; Wu & Li, 2007)

$$d^+ = 1 - \frac{r_0^+}{r_n^+}\left\{(1-\theta)\exp\left[A^+\left(1-\frac{r_n^+}{r_0^+}\right)\right]+\vartheta\right\} \quad (r_n^+ \geqslant r_0^+) \tag{10.4.7}$$

参数 A^+ 和 ϑ 的关系为

$$A^+ = \vartheta\frac{r_0^+}{E_0} = \vartheta\epsilon_0^+ \tag{10.4.8}$$

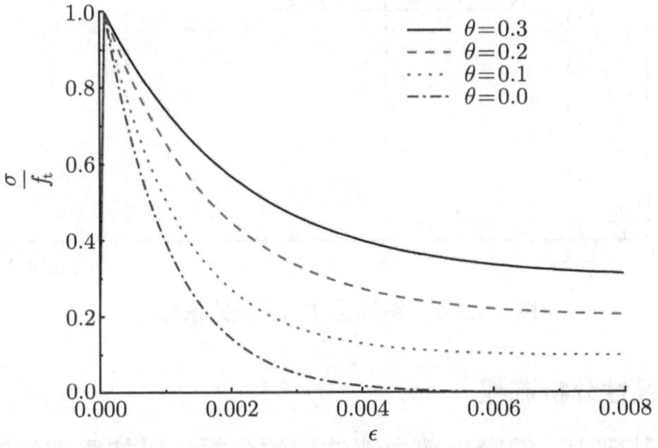

图 10.4.3　不同配筋率和钢筋直径比对混凝土受拉软化段的影响

上述修正的限制条件是：计算混凝土受拉应变不应大于裂缝张开应变 ϵ_u^+。对于一般配筋率的混凝土，取应变 $\epsilon_u^+ = 1.0\times10^{-3}$，即 10 倍的混凝土受拉线弹性极限应变 (一般为 1.0×10^{-4})；对于配筋率较大的构件，考虑到钢筋屈服后，对混凝土的刚化作用影响很小，因此应变的下限一般取为钢筋的屈服应变。

受混凝土受拉刚化的影响，在非线性分析中的钢筋应力-应变关系也应作出修正。事实上，由于裂缝间混凝土参与受力，裸钢筋受拉试验得到的应力-应变曲线和埋在混凝土中钢筋的平均应力-应变曲线明显不同 (图 10.4.4)。裸钢筋的应力-应变曲线是关于某一点的应力和应变的关系，而埋在混凝土中钢筋的应力-应变曲线是包含若干条裂缝的一段钢筋内的平均应力和平均应变之间的关系。

为了反映上述影响，可以采用如下修正的钢筋应力-应变关系 (Zhu et al., 2001)：

$$\sigma_s = \begin{cases} E_s\epsilon_s, & \sigma_s \leqslant f_y' \\ (0.91-2b)f_y' + (0.02+0.25b)E_s\epsilon_s, & \sigma_s \geqslant f_y' \end{cases} \tag{10.4.9}$$

式中

$$f_y' = (0.93 - 2b)f_y, \qquad b = \frac{1}{\rho_s}\left(f_t/f_y\right)^{1.5} \tag{10.4.10}$$

这里，f_y 为钢筋的屈服强度；ρ_s 为钢筋配筋率；f_t 为混凝土抗拉强度；b 为钢筋硬化参数，与配筋率及材料强度有关。

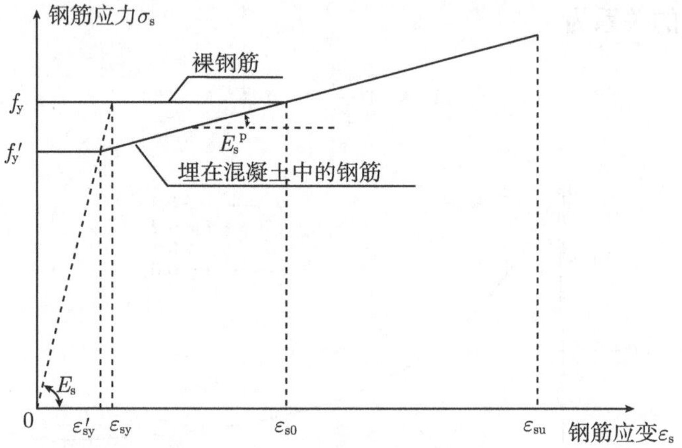

图 10.4.4　钢筋应力–应变关系修正

10.4.3　结构非线性分析流程

在上述分析基础上，混凝土剪力墙结构的分析可以按照常规有限元的方式进行总体刚度集成和结构非线性分析。这可以通过完全自编计算机程序加以实现，也可以利用商业软件的优势，通过嵌入自主开发的子程序，进行整体结构的非线性分析。例如，利用 ABAQUS 软件 (ABAQUS 2007)，即可以实现这一目的。

基于 ABAQUS 的用户自定义材料 (user defined material，UMAT) 和用户自定义单元(user defined element，UEL) 两类接口，可以利用本章前述理论进行二次开发，实现分层平板壳单元与混凝土弹塑性损伤本构模型的结合，将所开发的子程序嵌入 ABAQUS，即可进行剪力墙结构的非线性全过程分析。

具体的数值实现过程可以归纳为：在 ABAQUS 前处理模块 CAE 中输入所建结构模型的几何尺寸、材料特性、边界条件和外部荷载等已知条件，采用分层板壳单元划分有限单元；依次调用用户自定义单元UEL 处理各个单元，使相关参数通过 UEL 的接口传递到单元内部；调用用户自定义材料本构模型 UMAT，在每个单元内部积分点处判断该点所处的应力状态，构造即时切线刚度矩阵；返回主程序执行增量步计算。按照这一方式，根据收敛误差调整加载增量，直至完成整个非线性分析。

上述非线性分析过程如图 10.4.5 所示。

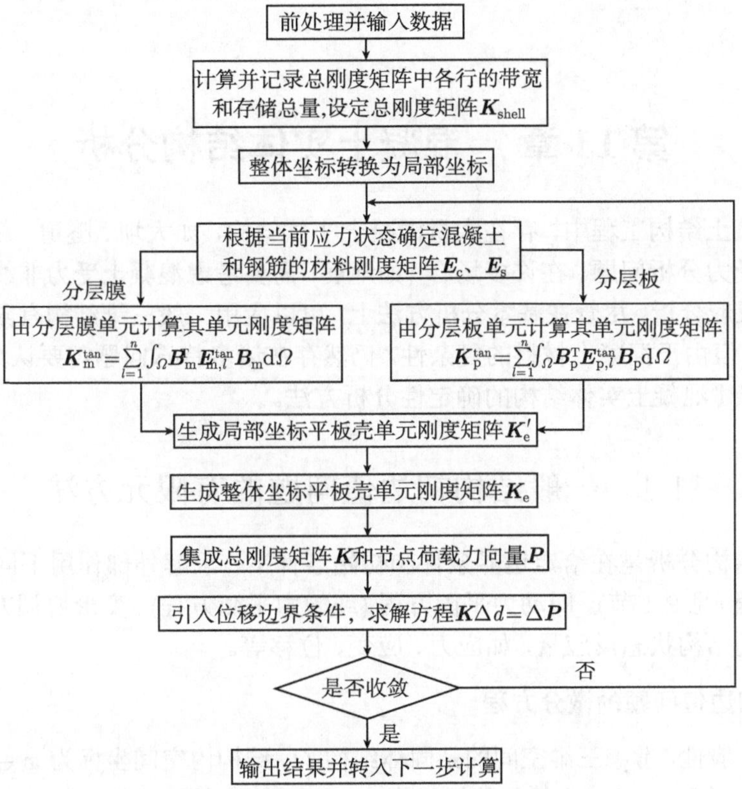

图 10.4.5 混凝土剪力墙结构非线性分析过程

第 11 章　混凝土实体结构分析

在混凝土结构工程中，存在大量混凝土实体结构，如大坝、隧道、桥梁、建筑基础等的受力分析问题。在许多场合 (如地震) 需要考虑混凝土受力非线性性质并进行结构反应分析。尽管在基本分析方法上，可以应用一般三维结构有限元分析理论与程序，但由于混凝土材料的复杂性，仍然存在诸多特殊问题需要认真研究、解决。本章论述混凝土实体结构的确定性分析方法。

11.1　一般结构初边值问题的有限元方法

固体结构分析是在给定边界条件和初始条件下，求解外部作用下同时满足三类基本方程 (见 2.4 节)，即动力平衡方程 (或静力平衡方程)、变形协调方程和材料本构方程的结构状态反应量，如应力、应变、位移等。

11.1.1　初边值问题的微分方程

不失一般性，考虑三维空间的某固体结构 Ω。结构内空间坐标为 $\boldsymbol{x} \in \Omega$ 的任意一点在某一时刻 $t \in [0,T]$ 的位移场记为 $\boldsymbol{u}(\boldsymbol{x},t)$，相应的速度场和加速度场分别记为 $\boldsymbol{v}(\boldsymbol{x},t) = \dot{\boldsymbol{u}}(\boldsymbol{x},t) = \mathrm{d}\boldsymbol{u}(\boldsymbol{x},t)/\mathrm{d}t$ 和 $\boldsymbol{a}(\boldsymbol{x},t) = \ddot{\boldsymbol{u}}(\boldsymbol{x},t) = \mathrm{d}^2\boldsymbol{u}(\boldsymbol{x},t)/\mathrm{d}t^2$，这里 $\mathrm{d}(\cdot)/\mathrm{d}t$ 和 $\mathrm{d}^2(\cdot)/\mathrm{d}t^2$ 为对时间的一阶和二阶导数。

在连续介质–损伤力学理论框架内，位移场 $\boldsymbol{u}(\boldsymbol{x},t)$ 处处连续，即满足 $\mathcal{C}^0$ 连续性假定。相应地，根据变形协调方程(2.4.5) 可以定义如下应变场 $\boldsymbol{\epsilon}(\boldsymbol{x},t)$:

$$\boldsymbol{\epsilon}(\boldsymbol{x},t) = \frac{1}{2}\Big[\boldsymbol{\nabla}\boldsymbol{u}(\boldsymbol{x},t) + \boldsymbol{\nabla}^{\mathrm{T}}\boldsymbol{u}(\boldsymbol{x},t)\Big] = \boldsymbol{\nabla}^{\mathrm{s}}\boldsymbol{u}(\boldsymbol{x},t) \tag{11.1.1}$$

式中，$\boldsymbol{\nabla}(\cdot) = \partial(\cdot)/\partial\boldsymbol{x}$ 为空间梯度算子；$\boldsymbol{\nabla}^{\mathrm{s}}(\cdot) = \dfrac{1}{2}\big[\boldsymbol{\nabla}(\cdot) + \boldsymbol{\nabla}^{\mathrm{T}}(\cdot)\big]$ 为对称化的空间梯度算子；$(\cdot)^{\mathrm{T}}$ 为矩阵的转置。

对于满足局部性假定的标准材料，结构内任意一点的应力场 $\boldsymbol{\sigma}(\boldsymbol{x},t)$ 仅与该点的应变场 $\boldsymbol{\epsilon}(\boldsymbol{x},t)$ 及反映能量耗散的内变量(如损伤变量，累积塑性应变等)$\boldsymbol{\alpha}(\boldsymbol{x},t)$ 有关，即

$$\boldsymbol{\sigma}(\boldsymbol{x},t) = \hat{\boldsymbol{\sigma}}\big[\boldsymbol{\epsilon}(\boldsymbol{x},t), \boldsymbol{\alpha}(\boldsymbol{x},t)\big] \tag{11.1.2}$$

式中，$\hat{\boldsymbol{\sigma}}(\boldsymbol{x},t)$ 记为材料的局部应力–应变本构方程。

结构内任意一点 $\boldsymbol{x}$ 在任意时刻 t 的应力场 $\boldsymbol{\sigma}(\boldsymbol{x},t)$ 必须满足式 (2.4.2) 给出的动力平衡方程，即

$$\mathrm{div}\boldsymbol{\sigma}+\rho\boldsymbol{b}^*=\rho\ddot{\boldsymbol{u}}+\eta\dot{\boldsymbol{u}} \tag{11.1.3}$$

式中，$\mathrm{div}(\cdot)$ 为散度算子；ρ 为结构材料的密度；$\boldsymbol{b}^*$ 为单位体积结构材料的均布力向量 (如自重等)。需要指出的是，与式 (2.4.2) 相比，式 (11.1.3) 进一步考虑了动力荷载作用下与速度 $\dot{\boldsymbol{u}}$ 有关的黏滞阻尼应力的影响，其中 η 为材料的等效线性黏滞阻尼系数。

由于存在刚体位移 (不引起应变场) 和不同的初始条件，同时满足上述变形协调方程(11.1.1)、本构方程 (11.1.2) 和动力平衡方程 (11.1.3) 的位移场 $\boldsymbol{u}(\boldsymbol{x},t)$ 不唯一。为了保证解的唯一性，需要引入合适的边界条件和初始条件。

首先，结构分析的边界条件需将结构 Ω 的几何边界 $\partial\Omega$ 分为不存在相互叠合的两部分：$\partial_{\boldsymbol{t}}\Omega$ 和 $\partial_{\boldsymbol{u}}\Omega$(即满足 $\partial_{\boldsymbol{t}}\Omega\cup\partial_{\boldsymbol{u}}\Omega=\partial\Omega$ 和 $\partial_{\boldsymbol{t}}\Omega\cap\partial_{\boldsymbol{u}}\Omega=\emptyset$，这里 $\emptyset$ 表示空集)，并分别承受如下给定的力边界条件

$$\boldsymbol{\sigma}(\boldsymbol{x},t)\cdot\boldsymbol{n}=\boldsymbol{t}^*(\boldsymbol{x},t)\qquad \boldsymbol{x}\in\partial_{\boldsymbol{t}}\Omega \tag{11.1.4}$$

和位移边界条件

$$\boldsymbol{u}(\boldsymbol{x},t)=\boldsymbol{u}^*(\boldsymbol{x},t)\qquad \boldsymbol{x}\in\partial_{\boldsymbol{u}}\Omega \tag{11.1.5}$$

式中，作用在边界 $\partial_{\boldsymbol{t}}\Omega$ 上的面力 $\boldsymbol{t}^*$ 和边界位移 $\boldsymbol{u}^*$ 均为给定值；$\boldsymbol{n}^*$ 为几何边界 $\partial\Omega$ 的外法线矢量。

其次，对于结构的动力分析问题，还需要给定相应的初始条件，即初始 $t=0$ 时刻结构任意位置的位移场和速度场为

$$\boldsymbol{u}(\boldsymbol{x},0)=\boldsymbol{u}_0(\boldsymbol{x}),\qquad \dot{\boldsymbol{u}}(\boldsymbol{x},0)=\boldsymbol{v}_0(\boldsymbol{x}) \tag{11.1.6}$$

需要指出的是，上述初始条件应该与式 (11.1.5) 给出的边界条件相协调，即

$$\boldsymbol{u}_0(\boldsymbol{x})=\boldsymbol{u}^*(\boldsymbol{x},0),\qquad \boldsymbol{v}_0(\boldsymbol{x})=\dot{\boldsymbol{u}}^*(\boldsymbol{x},0)\qquad \boldsymbol{x}\in\partial_{\boldsymbol{u}}\Omega \tag{11.1.7}$$

在满足变形协调方程(11.1.1) 并给定材料应力–应变本构方程 (11.1.2) 的条件下，动力平衡方程 (11.1.3)、边界条件 (11.1.4) 与 (11.1.5) 及初始条件 (11.1.6) 共同构成了经典的固体结构分析初边值问题。

11.1.2 初边值问题的弱形式

对于混凝土实体结构的确定性非线性分析，由于结构几何拓扑的复杂性及材料应力–应变本构关系的强非线性，通常情况下难以 (甚至不可能) 给出上述初边

值问题的封闭解析解。因此，采用有限元法、有限差分法、无网格法等数值工具对上述初边值问题进行近似求解成为确定性结构分析的必由之路。其中，发展最为成熟、应用最为广泛的初边值问题数值求解工具是有限元方法 (Hughes, 1988; Bathe, 1995; Zienkiewicz & Taylor, 2008)。

有限元方法并不直接对初边值问题的微分表达形式进行数值求解，而是利用计算区域 Ω 内等效的积分形式 (即弱形式)求解。对于一般固体结构，初边值问题(11.1.3)~(11.1.6) 的标准位移有限元的弱形式可以表述为：在所有满足位移边界条件 (11.1.5) 和初值条件 (11.1.6) 的位移场中，真实位移场 $\boldsymbol{u}(\boldsymbol{x},t)$ 满足如下虚功原理 (或称为最小势能原理(Washizu, 1982))

$$\begin{aligned}&\int_{\Omega}\rho\ddot{\boldsymbol{u}}\cdot\delta\boldsymbol{u}\,\mathrm{d}\Omega+\int_{\Omega}\eta\dot{\boldsymbol{u}}\cdot\delta\boldsymbol{u}\,\mathrm{d}\Omega+\int_{\Omega}\boldsymbol{\sigma}:\boldsymbol{\nabla}^{\mathrm{s}}\delta\boldsymbol{u}\,\mathrm{d}\Omega\\&=\int_{\Omega}\rho\boldsymbol{b}^{*}\cdot\delta\boldsymbol{u}\,\mathrm{d}\Omega+\int_{\partial_{\boldsymbol{t}}\Omega}\boldsymbol{t}^{*}\cdot\delta\boldsymbol{u}\,\mathrm{d}S\end{aligned}\tag{11.1.8}$$

式中，应力场 $\boldsymbol{\sigma}(\boldsymbol{x},t)$ 通过变形协调关系 (11.1.1) 和局部应力–应变本构方程 (11.1.2) 表示为位移场 $\boldsymbol{u}(\boldsymbol{x},t)$ 的函数；容许虚位移$\delta\boldsymbol{u}\in H^1(\Omega)$ 满足位移边界条件 $\delta\boldsymbol{u}(\boldsymbol{x},t)=\boldsymbol{0}\ \forall\boldsymbol{x}\in\partial_{\boldsymbol{u}}\Omega$，这里 $H^1(\Omega)$ 为一阶导数平方可积的函数空间。

利用散度定理并考虑容许虚位移$\delta\boldsymbol{u}$ 的任意性和被积分函数的连续性，可以从虚功原理表示的弱形式(11.1.8) 给出动力平衡方程 (11.1.3) 和力边界条件 (11.1.4)。换句话说，上述积分形式的弱形式与微分形式的强形式等效。

11.1.3　初边值问题的有限元控制方程

采用有限元方法求解初边值问题弱形式(11.1.8)，首先需要进行空间离散，即将计算域 Ω 离散为有限个 (记为 n_{el}) 单元 Ω_e

$$\Omega\approx\bigcup_{e=1}^{n_{\mathrm{el}}}\Omega_e,\qquad\partial\Omega\approx\bigcup_{e=1}^{n_{\mathrm{el}}}\left(\partial_{\boldsymbol{t}}\Omega_e\cup\partial_{\boldsymbol{u}}\Omega_e\right)\tag{11.1.9}$$

式中，$\partial_{\boldsymbol{t}}\Omega_e$ 和 $\partial_{\boldsymbol{u}}\Omega_e$ 分别为给定面力和给定位移的单元边界。

单元 Ω_e 的位移场 $\boldsymbol{u}(\boldsymbol{x},t)$ 一般按照等参方式进行插值，即

$$\boldsymbol{u}(\boldsymbol{x},t)\approx\boldsymbol{u}\big[\boldsymbol{x}(\boldsymbol{\xi}),t\big]=\sum_{A=1}^{n_{\mathrm{p}}}N_A(\boldsymbol{\xi})\boldsymbol{d}_A(t)=\boldsymbol{N}(\boldsymbol{\xi})\boldsymbol{d}(t)\tag{11.1.10}$$

式中，空间几何坐标 $\boldsymbol{x}$ 与等参坐标 $\boldsymbol{\xi}$ 之间满足如下映射关系

$$\boldsymbol{x}(\boldsymbol{\xi})=\sum_{A=1}^{n_{\mathrm{p}}}N_A(\boldsymbol{\xi})\boldsymbol{x}_A\tag{11.1.11}$$

换句话说，等参单元中的位移场 $\boldsymbol{u}(\boldsymbol{x},t)$ 和空间几何坐标 $\boldsymbol{x}(\boldsymbol{\xi})$ 采用同样的插值形函数$N_A(\boldsymbol{\xi})$，$\boldsymbol{d}_A(t)$ 为单元节点 A 的位移列向量，n_{p} 为单元插值节点的个数；$\boldsymbol{N}(\boldsymbol{\xi})=\{N_A(\boldsymbol{\xi})\}$ 为插值函数矩阵，$\boldsymbol{d}(t)=\{\boldsymbol{d}_A(t)\}^{\mathrm{T}}$ 为单元 Ω_e 所有的节点位移列向量。图 11.1.1 表示了二维四节点单元的等参映射关系。

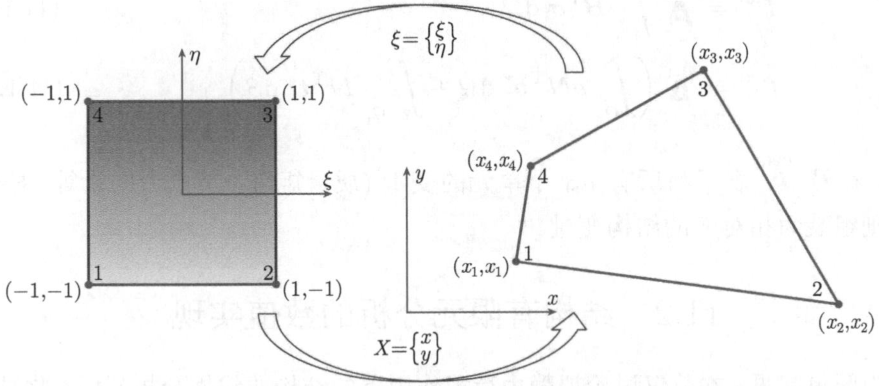

图 11.1.1 二维四节点单元的等参映射关系 (Hughes 1988)

相应的单元应变场 $\boldsymbol{\epsilon}(\boldsymbol{x},t)$ 可以根据变形协调方程(11.1.1) 写成如下矩阵形式：

$$\boldsymbol{\epsilon}(\boldsymbol{x},t)\approx\sum_{A=1}^{n_{\mathrm{p}}}\boldsymbol{B}_A(\boldsymbol{x})\boldsymbol{d}_A(t)=\boldsymbol{B}(\boldsymbol{x})\boldsymbol{d}(t) \tag{11.1.12}$$

式中，$\boldsymbol{B}_A(\boldsymbol{x})$ 和 $\boldsymbol{B}(\boldsymbol{x})=\{\boldsymbol{B}_A\}$ 分别为单元节点 A 和所有节点的应变–位移协调矩阵，其元素为插值形函数N_A 对空间几何坐标 $\boldsymbol{x}$ 的导数 $\partial N_A/\partial x_i$ $(i=1,2,3)$，可按等参映射关系 (11.1.11) 给出。

类似地，标准有限元方法中的虚位移场 $\delta\boldsymbol{u}$ 为

$$\delta\boldsymbol{u}(\boldsymbol{x},t)\approx\delta\boldsymbol{u}\big[\boldsymbol{x}(\boldsymbol{\xi}),t\big]=\sum_{A=1}^{n_{\mathrm{p}}}N_A(\boldsymbol{\xi})\delta\boldsymbol{d}_A(t)=\boldsymbol{N}(\boldsymbol{\xi})\delta\boldsymbol{d}(t) \tag{11.1.13}$$

式中，$\delta\boldsymbol{d}_A(t)$ 为单元节点 A 的虚位移。

将虚位移场插值格式 (11.1.13) 代入虚功原理 (11.1.8)，并考虑单元节点虚位移 $\delta\boldsymbol{d}$ 的任意性，可以得到如下固体结构的有限元控制方程

$$\boldsymbol{M}\ddot{\boldsymbol{d}}+\boldsymbol{C}\dot{\boldsymbol{d}}+\boldsymbol{f}^{\mathrm{int}}=\boldsymbol{f}^{\mathrm{ext}} \tag{11.1.14}$$

式中，结构的一致质量矩阵 $\boldsymbol{M}$、阻尼系数矩阵 $\boldsymbol{C}$、内力列向量 $\boldsymbol{f}^{\mathrm{int}}$ 和外力列向量 $\boldsymbol{f}^{\mathrm{ext}}$ 分别由相应的单元贡献组装给出，即 (Zienkiewicz & Taylor, 2008)

$$M = \mathop{\mathbf{A}}_{e=1}^{n_{\text{el}}} \int_{\Omega_e} \rho \boldsymbol{N}^{\text{T}} \boldsymbol{N} \, \mathrm{d}\Omega \tag{11.1.15a}$$

$$C = \mathop{\mathbf{A}}_{e=1}^{n_{\text{el}}} \int_{\Omega_e} \eta \boldsymbol{N}^{\text{T}} \boldsymbol{N} \, \mathrm{d}\Omega \tag{11.1.15b}$$

$$\boldsymbol{f}^{\text{int}} = \mathop{\mathbf{A}}_{e=1}^{n_{\text{el}}} \int_{\Omega_e} \boldsymbol{B}^{\text{T}} \boldsymbol{\sigma} \, \mathrm{d}\Omega \tag{11.1.15c}$$

$$\boldsymbol{f}^{\text{ext}} = \mathop{\mathbf{A}}_{e=1}^{n_{\text{el}}} \left(\int_{\Omega_e} \rho \boldsymbol{N}^{\text{T}} \boldsymbol{b}^* \, \mathrm{d}\Omega + \int_{\partial_t \Omega_e} \boldsymbol{N}^{\text{T}} \boldsymbol{t}^* \, \mathrm{d}S \right) \tag{11.1.15d}$$

这里，符号 $\mathop{\mathbf{A}}_{e=1}^{n_{el}}$ 表示将所有 n_{el} 个单元的变量 (质量矩阵、节点力向量等) 按一定的法则组装为相对应的结构变量。

11.2 结构有限元分析的数值实现

为简单起见，本节仅讨论拟静力荷载作用下的结构非线性分析问题。此时，加速度引起的结构惯性力和速度导致的结构阻尼可忽略不计。相应地，式 (11.1.14) 退化为传统的结构有限元静力平衡方程

$$\boldsymbol{f}^{\text{ext}} - \boldsymbol{f}^{\text{int}}(\boldsymbol{\sigma}) = \boldsymbol{0} \tag{11.2.1}$$

这里，为讨论方便，将内力列向量 $\boldsymbol{f}^{\text{int}}(\sigma)$ 写成如下形式：

$$\boldsymbol{f}^{\text{int}} = \mathop{\mathbf{A}}_{e=1}^{n_{\text{el}}} \boldsymbol{f}_e^{\text{int}}, \qquad \boldsymbol{f}_e^{\text{int}}(\boldsymbol{\sigma}) = \int_{\Omega_e} \boldsymbol{B}^{\text{T}} \boldsymbol{\sigma} \, \mathrm{d}\Omega = \int_{\bar{\Omega}_e} \boldsymbol{B}^{\text{T}} \boldsymbol{\sigma} \, |\boldsymbol{J}| \mathrm{d}\bar{\Omega}_e \tag{11.2.2}$$

式中，$\bar{\Omega}_e$ 为等参坐标系 $\boldsymbol{\xi}$ 的积分域；$|\boldsymbol{J}|$ 为等参映射 (11.1.11) 的 Jacobi 矩阵$\boldsymbol{J}$ 的行列式。以三维空间几何坐标系 $\boldsymbol{x} = (x_1, x_2, x_3)$ 和等参坐标系 $\boldsymbol{\xi} = (\xi_1, \xi_2, \xi_3)$ 为例，Jacobi 矩阵$\boldsymbol{J}$ 表示为

$$\boldsymbol{J} = \frac{\partial \boldsymbol{x}}{\partial \boldsymbol{\xi}} = \begin{bmatrix} \dfrac{\partial x_1}{\partial \xi_1} & \dfrac{\partial x_2}{\partial \xi_1} & \dfrac{\partial x_3}{\partial \xi_1} \\ \dfrac{\partial x_1}{\partial \xi_2} & \dfrac{\partial x_2}{\partial \xi_2} & \dfrac{\partial x_3}{\partial \xi_2} \\ \dfrac{\partial x_1}{\partial \xi_3} & \dfrac{\partial x_2}{\partial \xi_3} & \dfrac{\partial x_3}{\partial \xi_3} \end{bmatrix} \tag{11.2.3}$$

实体结构有限元分析的任务是对给定的外荷载 $\boldsymbol{f}^{\text{ext}}$ 求解式 (11.2.1) 以获得所有的节点位移 $\boldsymbol{d}$。在此基础上，根据位移插值 (11.1.10) 和变形协调条件 (11.1.12) 即可获得所有单元的位移场和应变场，进而可利用应力-应变本构方程 (11.1.2) 给出相应的应力场分布。

11.2.1 数值积分方法

在有限元分析过程中，一般采用高斯积分等数值积分方法计算单元贡献。以式 (11.2.2) 给出的单元内力列向量 $\boldsymbol{f}_e^{\text{int}}$ 为例，根据高斯积分方法 (Abramowitz & Stegun, 1965) 可得

$$\boldsymbol{f}_e^{\text{int}} = \int_{\bar{\Omega}_e} \boldsymbol{B}^{\text{T}} \boldsymbol{\sigma} \left|\boldsymbol{J}\right| \text{d}\bar{\Omega}_e \approx \sum_{i=1}^{n_{\text{int}}} \boldsymbol{B}^{\text{T}}(\boldsymbol{\xi}_i)\boldsymbol{\sigma}(\boldsymbol{\xi}_i) \left|\boldsymbol{J}\right| w_i \tag{11.2.4}$$

式中，n_{int} 为单元内高斯积分点的个数；$\boldsymbol{\xi}_i$ 为第 i 个高斯积分点的等参坐标；w_i 为相应的高斯积分权重。

从式 (11.2.4) 可以清楚地看出，单元内力列向量计算需要给出高斯积分点处的应力。因此，对于满足局部性假定的材料，利用有限元方法进行结构分析时，需要根据应力–应变方程 (11.1.2) 和当前数值积分点 $\boldsymbol{\xi}_n$ 的应变 $\boldsymbol{\epsilon}(\boldsymbol{\xi}_n)$ 计算该点的应力 $\boldsymbol{\sigma}(\boldsymbol{\xi}_n)$。这事实上是第 8 章材料应力–应变本构关系数值算法在结构非线性分析中的具体应用。

11.2.2 非线性方程组的求解

在非线性分析中，全量法和增量法是两大类基本的数值方法。由于混凝土材料的应力–应变关系与加载路径相关，且存在强度软化、刚度退化等强烈非线性行为，结构非线性分析通常采用增量法。首先将时间步 $[0,T]$ 离散为 M 个时间增量步，即

$$[0,T] = \bigcup_{n=1}^{M} [t_n, t_{n+1}] \tag{11.2.5}$$

需要指出的是，在拟静力加载时，一般取时间步长 $T = 1.0$，即此时 T 并非真实的物理时间，而是代表分级加荷载或分级加位移的比例系数。

考虑任一增量步 $[t_n, t_{n+1}]$。在该增量步的初始时刻 t_n，所有单元节点位移 $\boldsymbol{d}_n$ 以及所有单元高斯积分点处的应变 $\boldsymbol{\epsilon}_n$、应力 $\boldsymbol{\sigma}_n$ 和内变量$\boldsymbol{\alpha}_n$ 已经根据前一增量步分析确定。由于结构处于平衡状态，即在 t_n 时刻满足力平衡条件

$$\boldsymbol{R}_n = \boldsymbol{f}_n^{\text{ext}} - \boldsymbol{f}^{\text{int}}(\boldsymbol{\sigma}_n) = \boldsymbol{0} \tag{11.2.6}$$

因此求解非线性方程组 (11.2.1) 的任务转化为：确定该增量步结束时刻 t_{n+1} 时的节点位移 $\boldsymbol{d}_{n+1}$ 或相应的位移增量 $\Delta\boldsymbol{d}_{n+1} = \boldsymbol{d}_{n+1} - \boldsymbol{d}_n$，使得

$$\boldsymbol{R}_{n+1} = \boldsymbol{f}_{n+1}^{\text{ext}} - \boldsymbol{f}^{\text{int}}(\boldsymbol{\sigma}_{n+1}) = \mathbf{0} \tag{11.2.7}$$

即结构仍然处于平衡状态。

由于问题的非线性性质，即便是对于步长较短的增量步，也无法直接求解上述非线性方程组式 (11.2.7)。一类较为有效的方法是从该增量步的初始平衡状态式 (11.2.6) 出发，经过若干次迭代而逼近最终平衡状态，由此构成求解非线性方程组的增量–迭代算法(Zienkiewicz & Taylor, 2008)。

常用的迭代格式主要是 Newton-Raphson 迭代算法 (即切线刚度方法) 及 quasi-Newton 迭代算法 (或称为割线刚度方法)。通常它们具有局部收敛性。在实施过程中，一般以迭代格式的上一步结果作为本步迭代的初值，这一修正量不致太大，除峰值点附近和负刚度阶段需要专门的处理外，通常情况下可以保证问题的收敛性。同时，对于静力分析问题，数值稳定性一般也是可以得到保证的。以下，我们以 Newton-Raphson 迭代方法为例加以说明。

将非线性方程组式 (11.2.7) 进行泰勒级数展开并略去二阶以上的高阶项，可以给出如下线性化方程组：

$$\boldsymbol{R}_{n+1}^{(k+1)} \approx \boldsymbol{R}_{n+1}^{(k)} + \left.\frac{\partial \boldsymbol{R}}{\partial \boldsymbol{d}}\right|_{n+1}^{(k)} \delta \boldsymbol{d}_{n+1}^{(k)} = \boldsymbol{R}_{n+1}^{(k)} - \left.\boldsymbol{K}^{\tan}\right|_{n+1}^{(k)} \delta \boldsymbol{d}_{n+1}^{(k)} = \boldsymbol{0} \tag{11.2.8}$$

式中，迭代的初始值 $\boldsymbol{d}_{n+1}^{(0)}$ 取为上一增量步结束后的节点位移 $\boldsymbol{d}_n$，即

$$\boldsymbol{d}_{n+1}^{(0)} = \boldsymbol{d}_n \tag{11.2.9}$$

这里，上标 (k) 和 $(k+1)$ 分别表示第 k 次和第 $k+1$ 次迭代结束后的变量取值。

式 (11.2.8) 中，$\boldsymbol{K}^{\tan}$ 为 t_{n+1} 时刻结构的切线刚度矩阵，由单元切线刚度矩阵组装后给出，即

$$\left.\boldsymbol{K}^{\tan}\right|_{n+1} = -\frac{\partial \boldsymbol{R}_{n+1}}{\partial \boldsymbol{d}_{n+1}} = \mathop{\mathbf{A}}_{e=1}^{n_{\text{el}}} \left.\boldsymbol{K}_e^{\tan}\right|_{n+1} \tag{11.2.10}$$

式中，t_{n+1} 时刻单元的切线刚度矩阵 $\boldsymbol{K}_e^{\tan}$ 表示为

$$\left.\boldsymbol{K}_e^{\tan}\right|_{n+1} = \int_{\Omega_e} \boldsymbol{B}^{\mathrm{T}} \frac{\partial \boldsymbol{\sigma}_{n+1}}{\partial \boldsymbol{d}_{n+1}} \,\mathrm{d}\Omega = \int_{\Omega_e} \boldsymbol{B}^{\mathrm{T}} \frac{\mathrm{d}\boldsymbol{\sigma}_{n+1}}{\mathrm{d}\boldsymbol{\epsilon}_{n+1}} \boldsymbol{B} \,\mathrm{d}\Omega \tag{11.2.11}$$

需要指出的是，这里 $\mathrm{d}\boldsymbol{\sigma}_{n+1}/\mathrm{d}\boldsymbol{\epsilon}_{n+1}$ 即为 8.2.4 节所讨论的算法一致性切线模量。

于是，根据式 (11.2.8) 可以给出第 $k+1$ 步迭代结束后的节点位移 $\boldsymbol{d}_{n+1}^{(k+1)}$，即

$$\boldsymbol{d}_{n+1}^{(k+1)} = \boldsymbol{d}_{n+1}^{(k)} + \delta \boldsymbol{d}_{n+1}^{(k)} = \boldsymbol{d}_n + \Delta \boldsymbol{d}_{n+1}^{k} \tag{11.2.12}$$

这里，$\Delta \boldsymbol{d}_{n+1}^{k}$ 表示第 $k+1$ 步迭代结束后的节点位移增量

$$\Delta \boldsymbol{d}_{n+1}^{(k)} = \boldsymbol{d}_{n+1}^{(k)} - \boldsymbol{d}_n = \sum_{j=1}^{k} \delta \boldsymbol{d}_{n+1}^{(j)} \tag{11.2.13}$$

根据迭代后的节点位移 $\boldsymbol{d}_{n+1}^{(k+1)}$，重新计算所有单元高斯积分点处的应变 $\boldsymbol{\epsilon}_{n+1}^{(k+1)}$ 和应力 $\boldsymbol{\sigma}_{n+1}^{(k+1)}$，由此给出内力列向量 $\boldsymbol{f}^{\text{int}}(\boldsymbol{\sigma}_{n+1}^{(k+1)})$，并判断不平衡节点力向量的范数 $\|\boldsymbol{R}_{n+1}^{(k+1)})\|$ 是否满足设定的精度范围。若不满足迭代收敛精度，则以 $k+1$ 迭代步结束后的状态变量作为初始值，进入新的迭代计算直至迭代收敛。当不平衡节点力向量满足迭代收敛精度时，当前增量步 $[t_n, t_{n+1}]$ 的计算结束，可开始下一增量步的计算，直至最后全部计算完成。

上述基于 Newton-Raphson 格式的增量迭代算法如图 11.2.1 所示。

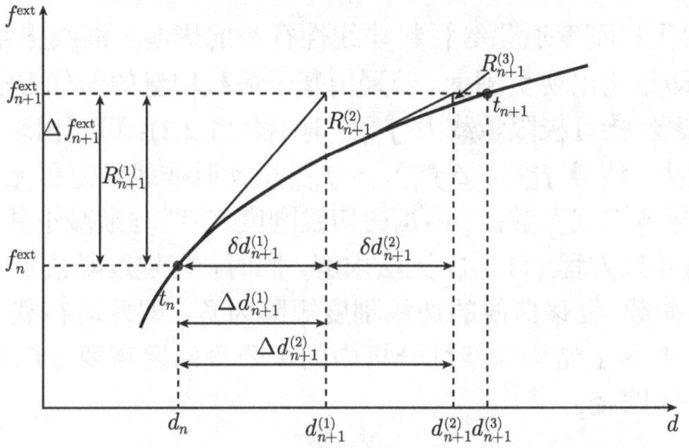

图 11.2.1 基于 Newton-Raphson 格式的非线性方程组增量迭代算法 (Zienkiewicz & Taylor, 2008)

当目标解具有较好的光滑特性且迭代初始值在收敛半径之内时，若单元切线刚度矩阵式 (11.2.11) 采用准确的算法一致性模量，可以保证上述 Newton-Raphson 迭代算法具有最高的二阶收敛精度，通常情况下只需若干次迭代即可收敛。需要指出的是，只要能够保证迭代收敛，算法一致性模量仅影响迭代收敛速度，而对计算结果的精度没有影响。尽管如此，由于 Newton-Raphson 迭代算法的缺点是需要在每一迭代步更新刚度矩阵并重新进行矩阵分解，以求解位移修正增量，这一过程往往需要消耗较多的计算时间，应该尽可能地给出准确的算法一致性模量，以加快收敛速度。

在实际结构非线性分析过程中，往往也会根据实际情况需要选择收敛速度相对较慢的 quasi-Newton 迭代算法 (Zienkiewicz & Taylor, 2008)。

上述非线性方程组的增量迭代求解是一类隐式算法，即根据当前时刻和前若干时刻的结构状态变量建立以下一时刻结构反应值为未知量的非线性方程组，并采用迭代方法加以求解。一般来说，隐式算法是无条件稳定的，意味着可以采用较大的时间增量步长。

与上述隐式算法相对应，还可以采用显式算法对有限元控制方程式 (11.1.14)

进行求解，即根据当前时刻及前若干时刻的结构状态变量直接外推下一时刻的结构响应，而无需求解非线性方程组。由于方程组的求解一般占有限元求解耗时的 70%左右 (Belytschko et al., 2000)，显式算法可以节省大量的计算时间。同时，由于不判断计算结果是否收敛，显式算法具有较好的数值健壮性。然而，显式算法是条件稳定的，为了保证计算精度，往往需要采用较小的时间积分步长。计算经验表明，对于自由度数巨大的高度非线性分析问题，显式算法具有一定的优越性。

11.2.3　负刚度问题及其处理

由于强度软化和刚度退化等材料非线性行为的影响，混凝土结构的响应往往会进入下降段，即结构出现负刚度。若采用基于荷载增量的迭代方法进行结构非线性分析，当荷载逐步接近极限承载力 $\boldsymbol{f}_{\max}^{\text{ext}}$ 时 (图 11.2.2)，可能出现两个问题：①给定的荷载增量过大，使得 $\boldsymbol{f}_n^{\text{ext}}+\Delta\boldsymbol{f}_{n+1}^{\text{ext}}>\boldsymbol{f}_{\max}^{\text{ext}}$，此时非线性方程无解，因而也不可能搜索到解答，导致迭代发散；②结构的切线刚度$\boldsymbol{K}^{\tan}$ 逐渐减小并趋向于零，由于刚度矩阵奇异而导致方程 (11.2.7) 无法求解。同时，在越过峰值点 $(\boldsymbol{d}_{\max},\boldsymbol{f}_{\max}^{\text{ext}})$ 进入下降段之后，荷载–位移曲线的切线刚度矩阵为负，即此时荷载增量为负值。这些问题使得对于混凝土结构非线性分析中的下降段问题需要专门的处理，以便正确判断荷载的平衡路径。

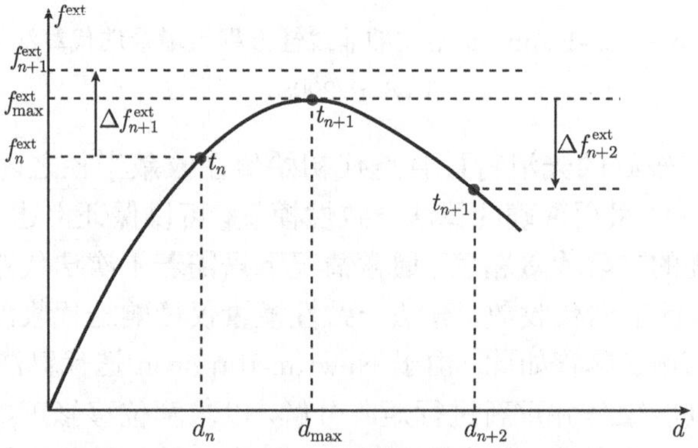

图 11.2.2　基于荷载增量的迭代算法失效

针对负刚度问题，已经提出了若干算法，如位移控制法、强制迭代法、弧长法等 (Zienkiewicz & Taylor, 2008)。这里仅简要讨论较为常用的弧长法(Riks, 1979; Crisfield, 1980, 1986, 1996)。弧长法适用于比例加载情况，即外荷载列向量 $\boldsymbol{f}_{n+1}^{\text{ext}}$ 可以写成如下形式：

$$\boldsymbol{f}_{n+1}^{\text{ext}}=\lambda_{n+1}\boldsymbol{f}_0 \tag{11.2.14}$$

相应地，静力平衡方程(11.2.7) 可以改写为

$$\boldsymbol{R}_{n+1} = \lambda_{n+1} \boldsymbol{f}_0 - \boldsymbol{f}^{\text{int}}(\boldsymbol{\sigma}_{n+1}) = \boldsymbol{0} \tag{11.2.15}$$

式中，$\boldsymbol{f}_0$ 为给定的外荷载列向量参考值；荷载比例系数 λ_{n+1} 和节点位移 $\boldsymbol{d}_{n+1}$ 均为未知量，可写成如下增量形式：

$$\lambda_{n+1} = \lambda_n + \Delta\lambda_{n+1}, \qquad \boldsymbol{d}_{n+1} = \boldsymbol{d}_n + \Delta\boldsymbol{d}_{n+1} \tag{11.2.16}$$

由于额外增加了未知量 $\Delta\lambda_{n+1}$(或等效的增量 $\Delta\lambda_{n+1}$)，必须补充新的约束方程。显然，补充约束方程需要能够给出负值 $\Delta\lambda_{n+1} < 0$，以描述荷载下降段。其中应用较为广泛的是 Riks(1979) 建议的如下约束方程 (图 11.2.3)：

$$\Delta\boldsymbol{d}_{n+1}^{\text{T}} \Delta\boldsymbol{d}_{n+1} + \Delta\lambda_{n+1}^2 \boldsymbol{f}_0^{\text{T}} \boldsymbol{f}_0 = \Delta l_0^2 \tag{11.2.17}$$

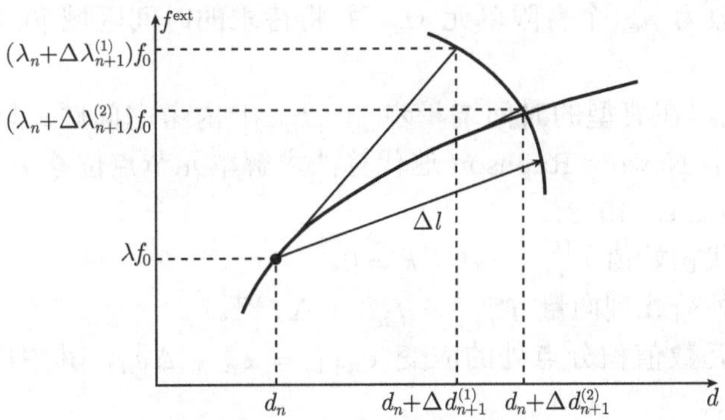

图 11.2.3　比例加载时的弧长法

随后，Crisfield(1980, 1996) 进一步将其简化为如下形式：

$$\Delta\boldsymbol{d}_{n+1}^{\text{T}} \Delta\boldsymbol{d}_{n+1} = \Delta l^2 \tag{11.2.18}$$

式中，Δl 即为给定的“弧长”。

应用 11.2.2 节介绍的 Newton-Raphson 方法同时对平衡方程(11.2.15) 和约束方程 (11.2.17) 或 (11.2.18) 进行线性化，可求解荷载比例系数增量 $\Delta\lambda_{n+1}$ 和位移增量 $\Delta\boldsymbol{u}_{n+1}$。然而，这一方法会导致线性化后的方程组刚度矩阵不对称，因此通常仅对平衡方程(11.2.15) 进行线性化，即

$$\boldsymbol{R}_{n+1}^{(k+1)} = \boldsymbol{R}_{n+1}^{(k)} + \boldsymbol{f}_0\, \delta\lambda_{n+1} - \boldsymbol{K}^{\tan}\Big|_{n+1}^{(k)} \delta\boldsymbol{d}_{n+1}^{(k)} = \boldsymbol{0} \tag{11.2.19}$$

而约束方程不进行线性化。以式 (11.2.18) 为例，可以直接利用式 (11.2.13) 将其改写为

$$\left(\Delta\boldsymbol{d}_{n+1}^{(k+1)}\right)^{\text{T}} \Delta\boldsymbol{d}_{n+1}^{(k+1)} = \left(\Delta\boldsymbol{d}_{n+1}^{(k)} + \delta\boldsymbol{d}_{n+1}^{(k)}\right)^{\text{T}} \left(\Delta\boldsymbol{d}_{n+1}^{(k)} + \delta\boldsymbol{d}_{n+1}^{(k)}\right) = \Delta l^2 \tag{11.2.20}$$

联立式 (11.2.19) 和式 (11.2.20) 并消去节点位移增量 $\Delta \boldsymbol{d}_{n+1}^{(k)}$，可以得到关于荷载比例系数增量 $\delta\lambda_{n+1}^{(k)}$ 的一元二次方程

$$a\left(\delta\lambda_{n+1}^{(k)}\right)^2 + b\delta\lambda_{n+1}^{(k)} + c = 0 \tag{11.2.21}$$

系数 a、b、c 的表达式可参见 Crisfield(1980, 1996)。于是，可求出第 $k+1$ 迭代步结束后的荷载比例系数增量 $\delta\lambda_{n+1}^{(k)}$ 和节点位移增量 $\delta \boldsymbol{d}_{n+1}^{(k)}$，代入式 (11.2.12) 可以给出相应的节点位移 $\boldsymbol{d}_{n+1}^{(k+1)}$。

11.2.4 结构有限元分析的基本步骤

从前述结构初边值问题的控制方程及其数值求解算法可知，利用有限元方法进行结构非线性分析通常包括空间离散和时间离散两个基本步骤，即按式 (11.1.9) 将计算域 Ω 离散为 n_{el} 个有限单元 Ω_e，并将待求的时间区域 $[0,T]$ 按式 (11.2.5) 进行离散。

不失一般性，在典型的时间增量步 $[t_n, t_{n+1}]$ 内考虑问题。以给定外力增量 $\Delta \boldsymbol{f}^{\text{ext}}$ 为例，基于 Newton-Raphson 迭代算法求解单元节点位移 $\boldsymbol{d}_{n+1}$ 的基本步骤如下 (Simó & Hughes, 1998)：

(1) 设定迭代初始值 $\boldsymbol{d}_{n+1}^{(k)} = \boldsymbol{d}_n$，$k=0$。

(2) 计算总外荷载列向量 $\boldsymbol{f}_{n+1}^{\text{ext}} = \boldsymbol{f}_n^{\text{ext}} + \Delta \boldsymbol{f}^{\text{ext}}$。

(3) 计算单元数值积分点处的应变 $\boldsymbol{\epsilon}_{n+1} = \boldsymbol{\epsilon}_n + \Delta\boldsymbol{\epsilon}_n$，其中应变增量 $\Delta\boldsymbol{\epsilon} = \boldsymbol{B}\Delta \boldsymbol{d}_{n+1}^{(k)}$。

(4) 计算单元数值积分点处的应力 $\boldsymbol{\sigma}_{n+1}$。

(5) 计算内力列向量 $\boldsymbol{f}_{n+1}^{\text{int}} = \int_\Omega \boldsymbol{B}^{\text{T}}\boldsymbol{\sigma}_{n+1}\,\mathrm{d}\Omega$。

(6) 计算不平衡节点力向量 $\boldsymbol{R}_{n+1}^{(k)} = \boldsymbol{f}_{n+1}^{\text{ext}} - \boldsymbol{f}_{n+1}^{\text{int}}$。

(7) 如果 $\left\|\boldsymbol{R}_{n+1}^{(k)}\right\| < \text{Tol}$，则 $\boldsymbol{d}_{n+1} = \boldsymbol{d}_{n+1}^{(k)}$，本增量步计算结束；否则转入步骤 (8)。

(8) 计算单元刚度矩阵 $\boldsymbol{K}_e^{\tan}\Big|_{n+1}^{(k)}$，并组装为整体刚度矩阵 $\boldsymbol{K}^{\tan}\Big|_{n+1}^{(k)}$。

(9) 根据 $\boldsymbol{R}_{n+1}^{(k)} - \boldsymbol{K}^{\tan}\big|_{n+1}^{(k)}\delta \boldsymbol{d}_{n+1}^{(k)} = \boldsymbol{0}$ 求解 $\delta \boldsymbol{d}_{n+1}^{(k)}$。

(10) 更新节点位移 $\boldsymbol{d}_{n+1}^{(k+1)} = \boldsymbol{d}_{n+1}^{(k)} + \delta \boldsymbol{d}_{n+1}^{(k)}$。

(11) 设定 $k \leftarrow k+1$，并重复进行步骤 (3)。

除步骤 (4)，上述其他各步骤均为有限元方法的标准步骤，与特定的材料本构关系无关，因此可以直接利用 ABAQUS、DIANA、MSC.Marc、ANSYS 等大型通用有限元程序加以实现。在步骤 (4) 中，单元数值积分点处的应力 $\boldsymbol{\sigma}_{n+1}$ 的计算与材料本构方程的积分算法有关，对于隐式算法(如后退欧拉方法)，通常需要通过另一级局部迭代予以求解，可以通过上述通用有限元程序提供的自定义材料结构程序加以实现，详见第 8 章所述。

对于动力问题，可以通过合理的近似算法 (如线性加速度假定)，将有限元控制方程 (11.1.14) 转化为拟静力增量方程 (见 12.3.2 节介绍的 Newmark 方法)，相应的求解步骤与上述静力分析步骤基本相同，此处不加赘述。

11.3　混凝土结构分析的应变局部化问题

从表面上看，利用前述的一般结构有限元分析方法，并在单元数值积分点处应用混凝土材料的局部应力-应变关系，进行混凝土结构的非线性分析似乎是十分自然而直接的工作。然而，大量理论研究和数值分析表明，对于应力-应变关系具有软化段的混凝土材料，由于应变局部化现象的客观存在，问题远比想象的复杂!

11.3.1　软化材料的应变局部化

为了说明应变局部化的基本概念，考虑图 11.3.1 所示的混凝土单轴受拉试验。为讨论方便，假设构件截面面积 A 沿长度方向不发生变化，根据力平衡原理可知，截面上的应力 $\sigma = F/A$ 沿构件长度方向均匀分布。进一步，假设在构件沿长度方向位置为 x_0 处的截面存在某种初始缺陷，从而导致 x_0 处的材料抗拉强度 f_{t0} 小于其他位置材料的抗拉强度 f_{t}。

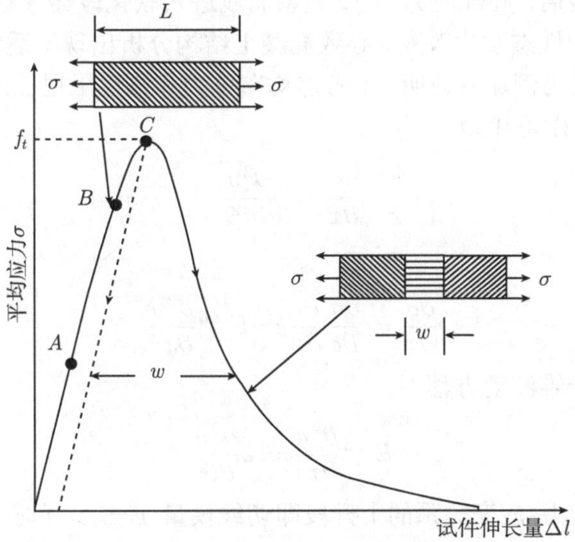

图 11.3.1　应变局部化

利用位移控制加载试验，当平均应力 σ 不超过材料的最小抗拉强度 f_{t0} 时，构件变形相对均匀，可以定义平均应变 $\epsilon = \Delta l/L$，这里 Δl 为构件的伸长长度，L 为构件的初始长度。

若构件进一步受拉伸长，截面应力 σ 会首先达到 x_0 位置处材料的抗拉强度 f_{t0} 而出现开裂，此时有

$$\sigma = f_{t0} < f_t \tag{11.3.1}$$

即应力 σ 仍然低于其他截面的抗拉强度 f_t，因此其他截面仍然处于局部应力–应变曲线的上升段。

随着变形进一步增加，开裂截面 x_0 将处于应变加载状态，其局部应力–应变曲线进入软化段，从而导致构件应力 σ 降低，因此其他截面不再可能达到相应的抗拉强度 f_t 并进入软化段。同时，为了保证力平衡，这些截面必然出现应变卸载。换句话说，构件的变形将越来越集中于开裂截面处，即出现所谓的应变局部化现象。

当构件应力 σ 下降到零时，其他未开裂位置的应变将卸载至零，相应地，所有构件的变形将全部集中于开裂位置 x_0，构件将破坏为两部分。

由上述分析可知，一旦受拉开裂，由于软化段应变局部化的影响，混凝土试件的应变沿长度方向将不再均匀分布，这将导致基于平均应变 $\bar{\epsilon} = \Delta l/L$ 的材料应力–应变关系失效。

11.3.2　材料应变局部化对初边值问题的影响

材料受拉开裂后，局部应力–应变关系曲线进入软化段会导致固体结构的初边值问题控制方程的性态发生改变，导致混凝土结构分析出现不适定性。

仍以一维情况为例加以说明，不考虑均布体力和黏性阻尼应力的影响，则动力平衡方程式 (11.1.3) 退化为

$$\frac{\partial \sigma}{\partial x} = \rho \frac{\partial^2 u}{\partial t^2} \tag{11.3.2}$$

代入关系式

$$\frac{\partial \sigma}{\partial x} = \frac{\partial \sigma}{\partial \epsilon}\frac{\partial \epsilon}{\partial x} = E^{\tan}\frac{\partial^2 u}{\partial x^2} \tag{11.3.3}$$

可以得到经典的一维波动方程

$$E^{\tan}\frac{\partial^2 u}{\partial x^2} = \rho \frac{\partial^2 u}{\partial t^2} \tag{11.3.4}$$

在材料局部应力–应变关系的上升段即切线模量 $E^{\tan} > 0$ 时，上述一维波动方程为双曲型偏微分方程(Courant & Hilbert, 1962)，可以定义固体波速 $c = \sqrt{E^{\tan}/\rho}$。而应力–应变关系进入软化段后，切线模量 $E^{\tan} < 0$，波动方程式 (11.3.4) 将变为椭圆型偏微分方程(Courant & Hilbert, 1962)，此时由于波速 $c = \sqrt{E^{\tan}/\rho}$ 为虚数，意味着波在固体中能够在瞬间从空间的一个位置传播至另一位置，相应的初边值问题将不适定 (Bažant & Belytschko, 1985)。

静力情况下，一维波动方程式 (11.3.4) 退化为

$$E^{\tan}\frac{\partial^2 u}{\partial x^2}=0 \tag{11.3.5}$$

上述微分方程保持椭圆性是固体结构边值问题具有适定解的必要条件之一 (Bigoni, 2012)。然而，材料进入软化段后会导致静力平衡方程丧失椭圆性，相应边值问题的解将出现图 11.3.2 所示的应变 (弱) 不连续甚至位移 (强) 不连续(Thomas, 1961; Hill, 1962; Rudnicki & Rice, 1975)。

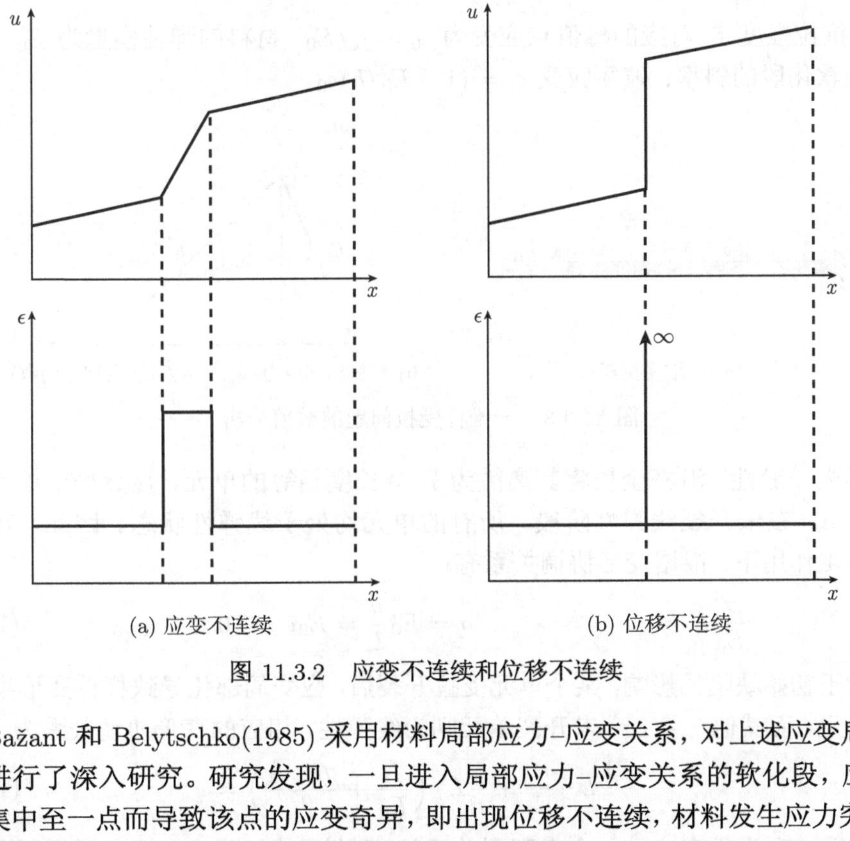

(a) 应变不连续 (b) 位移不连续

图 11.3.2 应变不连续和位移不连续

Bažant 和 Belytschko(1985) 采用材料局部应力–应变关系，对上述应变局部化问题进行了深入研究。研究发现，一旦进入局部应力–应变关系的软化段，应变将瞬间集中至一点而导致该点的应变奇异，即出现位移不连续，材料发生应力突然释放并破坏；同时，破坏与具体的局部应力–应变关系软化段无关，整个破坏过程中的能量耗散为零。显然，上述分析结果与物理事实不符，说明具有软化段的材料局部应力–应变关系不能直接应用于结构非线性分析。

11.3.3 数值分析结果病态

软化材料局部应力–应变本构关系引起的初边值问题不适定性将导致数值分析结果病态，相应的有限元分析结果与网格大小有关，即所谓的网格敏感性问题 (Rots et al., 1985; Rots, 1988)。

以图 11.3.3(a) 所示的一维杆受拉有限元分析为例加以说明。图中，杆的长度为 L，截面面积为 A，其左端固定，右端施加不断增大的位移 u。为分析简单起见，假设材料的局部应力–应变关系为图 11.3.3(b) 所示的双线性，即

$$\sigma=\begin{cases}E_0\epsilon, & \epsilon\leqslant\epsilon_0\\ f_{\mathrm{t}}+h(\epsilon-\epsilon_0), & \epsilon_0\leqslant\epsilon\leqslant\epsilon_{\mathrm{f}}\\ 0, & \epsilon\geqslant\epsilon_{\mathrm{f}}\end{cases}\tag{11.3.6}$$

式中，抗拉强度 f_{t} 对应的峰值点应变为 $\epsilon_0=f_{\mathrm{t}}/E_0$；材料的弹性模量为 E_0；$h<0$ 为线性软化段的斜率；破坏应变 $\epsilon_{\mathrm{f}}=(1-E_0/h)\epsilon_0$。

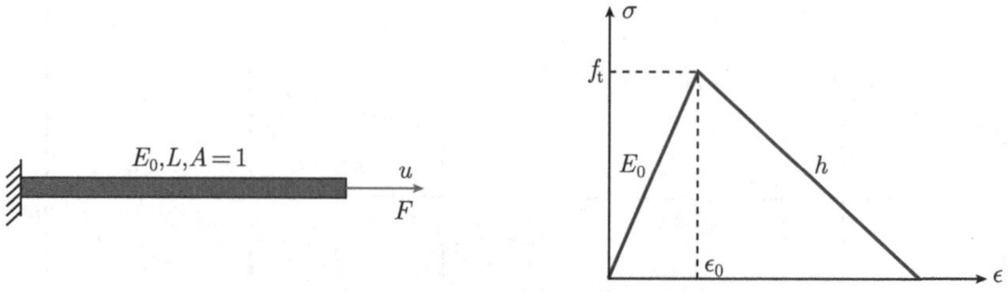

(a) 一维受拉杆　　(b) 材料局部应力–应变关系(线性软化函数)

图 11.3.3　一维杆受拉问题的数值分析

不失一般性，沿杆全长将其离散为 n 个长度相等的单元，显然每个单元的长度为 l/n。在未开裂线弹性阶段，所有的单元均处于线弹性状态。因此，在应力 $\sigma=F/A$ 作用下，根据变形协调关系有

$$\frac{\sigma}{E_0}L=u\qquad\Longrightarrow\qquad\sigma=E_0\frac{u}{L}=E_0\bar{\epsilon}\qquad 0\leqslant\bar{\epsilon}\leqslant\epsilon_0\tag{11.3.7}$$

由于初始缺陷的影响，某个单元受拉开裂后，应变局部化导致杆件变形集中于开裂单元，而其他 $n-1$ 个未开裂单元则为线弹性，相应的变形协调关系为

$$\frac{n-1}{n}L\cdot\frac{\sigma}{E_0}+\frac{1}{n}L\cdot\left(\frac{f_{\mathrm{t}}}{E_0}+\frac{\sigma-f_{\mathrm{t}}}{h}\right)=u\tag{11.3.8}$$

式中，第一项为所有 $n-1$ 个未开裂单元的 (弹性) 伸长长度；第二项为开裂单元的伸长变形。相应地，应力 $\sigma=F/A$ 与平均应变 $\bar{\epsilon}=u/L$ 之间的关系为

$$\sigma=\frac{f_t(E_0-h)+nE_0h\bar{\epsilon}}{E_0+(n-1)h}\qquad\epsilon_0\leqslant\bar{\epsilon}\leqslant\frac{1}{n}\epsilon_f\tag{11.3.9}$$

显然，最后开裂单元完全丧失承载力，杆件破坏为两部分，即

$$\sigma=0,\qquad\bar{\epsilon}\geqslant\frac{1}{n}\epsilon_f\tag{11.3.10}$$

为便于讨论，将上述分析结果写成荷载 F-位移 u 关系，即

$$F(u)=\sigma\cdot A=\begin{cases}\dfrac{E_0A}{L}u, & 0\leqslant u\leqslant L\epsilon_0\\[2mm] \dfrac{E_0A}{L}\cdot\dfrac{(E_0-h)L\epsilon_0+nhu}{E_0+(n-1)h}, & L\epsilon_0\leqslant u\leqslant\dfrac{1}{n}L\epsilon_{\rm f}\\[2mm] 0, & u\geqslant\dfrac{1}{n}L\epsilon_{\rm f}\end{cases}\tag{11.3.11}$$

图 11.3.4 给出了不同有限单元个数 n 的分析结果，图中对应于 $\epsilon_{\rm f}/\epsilon_0=20$。特别地，可以考虑以下三种特殊情况。

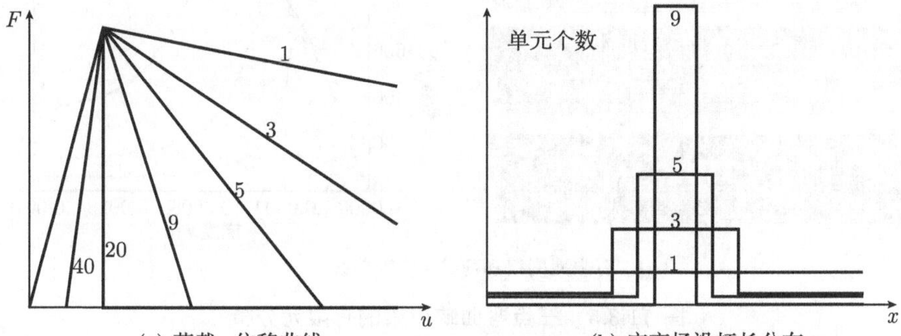

(a) 荷载–位移曲线　　(b) 应变场沿杆长分布

图 11.3.4 一维杆受拉问题的有限元分析结果

(1) $n=1$。此时应力 σ- 平均应变 $\bar{\epsilon}$ 与材料局部应力–应变关系式 (11.3.6) 重合。

(2) $n=\epsilon_{\rm f}/\epsilon_0=1-E_0/h$。此时应力 σ 达到抗拉强度 $f_{\rm t}$ 后直接陡降为零。

(3) $n\to\infty$。单元长度趋近于零，式 (11.3.11) 给出的应力 σ- 平均应变 $\bar{\epsilon}$ 退化为线弹性，即 $\sigma=E_0\bar{\epsilon}$，意味着杆受拉破坏全过程不耗散任何能量。

从式 (11.3.11) 和图 11.3.4 可以清楚地看出，采用局部应力–应变关系计算得到的应力 σ- 平均应变 $\bar{\epsilon}$(或等效的荷载 F-位移 u) 结果与所采用的单元数量 n(或等效的单元长度 L/n) 密切相关：所采用的单元个数 n 越多，即单元长度越小，计算结果的下降段斜率越陡峭，同时应变局部化越来越集中。

由于本例中截面应力 σ 沿杆全长均匀分布，任何合理的有限单元均能对此进行有效描述，故出现上述有限元分析网格大小敏感性问题的根源与有限元方法本身无关，而只能归咎于所采用的局部应力–应变关系本身。

在更为复杂的问题中，由于应力重分布的影响及有限元方法本身的局限性，混凝土结构的数值分析结果病态的问题表现得更为明显。以图 11.3.5(a) 所示的三点弯曲缺口梁为例，采用三种不同大小的有限元网格和完全相同的混凝土材料局部应力–应变本构关系进行了有限元分析 (Ren et al., 2011)。

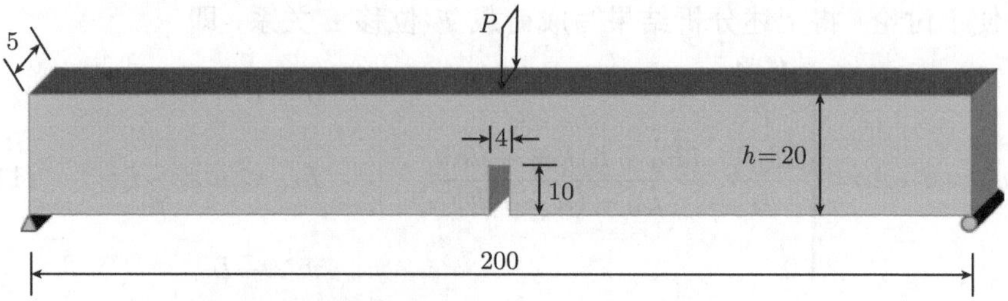

(a) 几何尺寸、加载条件和边界条件

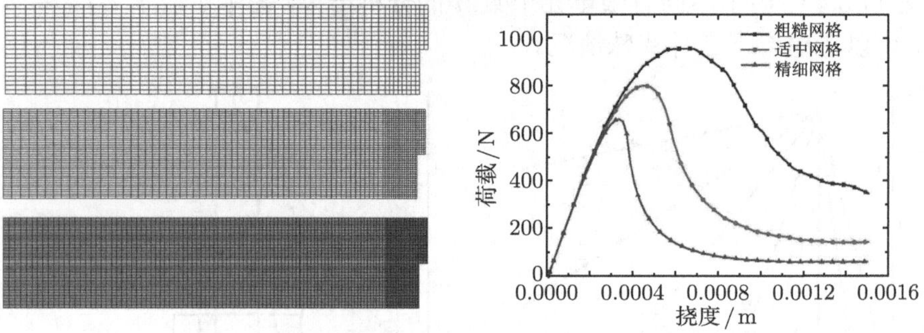

(b) 有限元网络和荷载–挠度曲线

图 11.3.5　三点弯曲缺口梁的有限元分析

从图 11.3.5(b) 给出的数值分析结果可以看出，软化材料应变局部化的影响被结构应力重分布放大，此时不仅荷载–挠度曲线的下降段，更为重要的是，极限承载力和耗能能力，严重依赖所采用的有限元网格大小，数值分析结果完全失真。

需要说明的是，目前广泛采用的裂缝带模型 (Bažant & Oh, 1983) 通过引入与单元大小有关的应力–应变关系软化段，只能部分减少而无法完全消除网格大小敏感性问题。

11.4　混凝土材料非局部本构关系

11.4.1　非局部材料本构关系的物理机制

仔细分析上述应变局部化问题不难发现，混凝土结构分析存在理论和数值问题的根源在于经典连续介质理论的基本假定本身。

经典连续介质力学理论将材料视为 Noll 局部材料(Noll, 1972)，即认为材料中某一点的应力仅与该点的应变及内变量相关，与该点周围的应变及内变量无关，即材料本构关系具有局部性，这类本构模型也称为局部本构模型。局部材料本构模型只是将宏观力–位移关系通过简单平均的方式映射为材料的局部应力–应变关系，而忽略了在非线性发展过程中材料内部微结构的变化及相互作用。

事实上，材料的损伤破坏都是由细观开始的，在一定的细观特征尺度下，宏观材料可视为由具有特定细观结构的特征组分组成的非均匀空间离散体 (这种特征离散体与观测尺度有关，如混凝土在微米级尺度时可视为由骨料、砂浆和界面过渡区组成。但是当尺度进一步减小时，砂浆和界面过渡区仍具有各自的特征细观结构)。正是由于这种内禀的细观非均匀性，材料内部的变形也呈现出非均匀变形的特点。基于代表体积单元具有宏观均匀性的假定给出的材料局部平均应力–应变本构模型，无法考虑夹杂、孔洞、粗细骨料等异质微结构引起的细观非均质特性。

在非线性发展过程中，材料内部微结构的演化在变形局部化过程中发挥着重要的作用，特别是当观测尺度与微结构内在尺度相差不大时，观测结果具有明显的尺寸效应(即材料的名义强度与试件尺寸相关)。对于混凝土和岩石这类非均匀材料，材料的内在微结构具有较大的尺度，例如，Bažant 和 Planas(1998) 认为对于混凝土材料，要想得到稳定的观测结果，试件的尺度至少要大于最大骨料 3 倍才能消除尺度影响。而传统上认为比较均匀的金属材料在细观尺度也表现出明显的尺寸效应，如剑桥大学 Fleck 等 (1994) 利用微米级不同直径细铜丝进行了扭转试验，观测到了明显尺寸效应。其他研究者 (Stolken & Evans, 1997) 也分别从不同的角度对材料尺寸效应进行了相关试验，均发现随着观测尺度的减小，材料的强度呈现出显著的尺寸效应。上述实验现象表明，在一定尺度下，由材料细观结构非均匀性引起的尺寸效应是材料的普遍现象。显然，这些现象难以用经典的局部强度理论加以解释。

对于混凝土等软化材料，其宏观力学行为主要受微裂缝演化等损伤机制控制。一方面，混凝土微裂纹的扩展不仅与局部应力或应变相关，而且还与裂纹周围一定体积内材料的能量释放相关，该体积大小不仅取决于微裂缝本身的尺寸和平均间距，还与材料细观非均质特征尺度有关。另一方面，当混凝土材料进入软化段后，其损伤演化发展到一定程度时，大量存在的微裂纹之间存在明显的相互作用 (Bažant, 1994)，使得材料变形呈现出高度的“应变局部化”现象。经典的局部材料本构模型没有材料细观结构尺寸的概念，因此无法反映这种应变局部化现象。

因此，为了更合理地反映混凝土的细观非均匀性这一物理本质，更好地描述混凝土材料的应变软化现象并解决应变局部化引起的数值问题，引入材料特征长度的概念并建立相应的非局部材料本构模型是较为理想的选择。

事实上，细心的读者可能会意识到，在第 6 章混凝土随机损伤模型中，我们已经引入了类似的材料特征长度ω(见公式 (6.2.17))，较好地反映了混凝土材料细观破坏应变随机场之间的相关性以及材料宏观强度和应力–应变关系的随机性。因此，将混凝土材料视为等效单一随机介质这一思想可以将细观结构的非均质特性和宏观力学性能的非局部性统一起来，有望从本质上揭示材料非线性和随机性及其相互耦合作用的内禀物理机制。

11.4.2 非局部材料本构模型的基本概念

非局部理论最早由 Edelen(1969, 1971)、Eringen (1972) 等奠定，这里我们仅介绍应用最为广泛的非局部材料本构模型。在该类模型中，除了局部应力–应变关系 (11.1.2) 被材料非局部应力–应变关系替换，变形协调方程(11.1.1)、动力平衡方程 (11.1.3)、边界条件 (11.1.4) 与 (11.1.5) 及初始条件 (11.1.6) 等均保持其局部强形式不变，因此大大减少了结构分析的难度。

根据考虑非局部相关作用程度的强弱，非局部材料本构模型可以分为积分型 (强非局部模型) 和梯度型 (弱非局部模型) 两类 (Bažant & Jirásek, 2002)。

1) 积分型非局部材料模型

积分型非局部材料模型(Bažant & Pijaudier-Cabot, 1988; Bažant & Jirásek, 2002) 的基本思想是将与材料本构关系有关的物理量在一定空间内进行加权平均，从而考虑材料细观结构的非均匀性 (图 11.4.1)，即

$$\tilde{f}(\boldsymbol{x}) = \int_V \alpha(\boldsymbol{x}, \boldsymbol{\xi}) f(\boldsymbol{\xi})\, \mathrm{d}\boldsymbol{\xi} \tag{11.4.1}$$

式中，$\bar{f}(\boldsymbol{x})$ 代表非局部变量；$f(\boldsymbol{x})$ 是对应的局部变量；V 代表局部平均单元体积；$\alpha(\boldsymbol{x}, \boldsymbol{\xi})$ 是平均化权函数，也称为衰减函数或相关函数，满足如下归一化条件：

$$\int_V \alpha(\boldsymbol{x}, \boldsymbol{\xi})\, \mathrm{d}\boldsymbol{\xi} = 1 \qquad \forall \boldsymbol{x} \in V \tag{11.4.2}$$

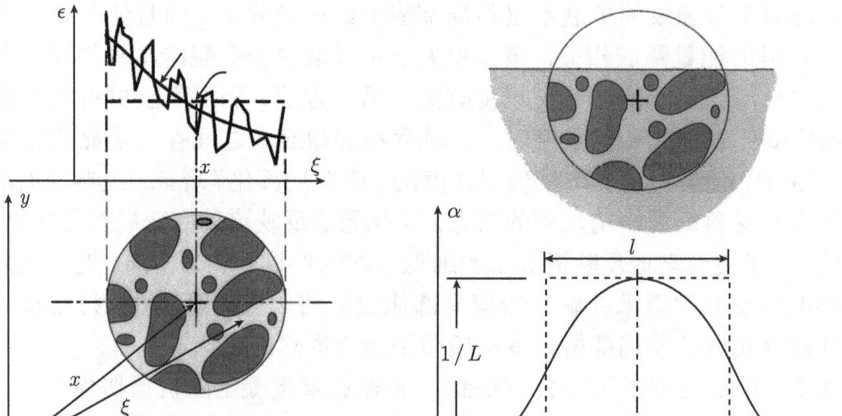

图 11.4.1　局部变量的空间加权平均 (Bažant & Jirásek，2002)

对于宏观均匀各向同性材料，可以假定邻域体积 V 内两点 $\boldsymbol{x}$ 和 $\boldsymbol{\xi}$ 之间的相互作用仅与其间距 $\gamma = \|\boldsymbol{x} - \boldsymbol{\xi}\|$ 有关，且随间距增大而逐渐衰减，即 $\alpha(\boldsymbol{x}, \boldsymbol{\xi}) = \alpha(\gamma)$。

例如，可以采用如下归一化的高斯分布函数：

$$\alpha(\gamma) = \frac{1}{(\sqrt{2\pi}\omega)^{n_{\text{dim}}}} \exp\left(-\frac{\gamma^2}{2\omega^2}\right) \tag{11.4.3}$$

式中，ω 即为反映非局部相互作用的材料特征长度；n_{dim} 表示空间维数。

上述高斯分布型衰减函数的非局部作用区域无穷远，为减少计算量，往往采用截断型衰减函数，即邻域 V 为有限体积。

例如，对局部应变张量$\boldsymbol{\epsilon}(\boldsymbol{x})$ 进行非局部化，可以给出如下非局部应变 $\tilde{\boldsymbol{\epsilon}}(\boldsymbol{x})$:

$$\tilde{\boldsymbol{\epsilon}}(\boldsymbol{x}) = \int_V \alpha(\boldsymbol{x}, \boldsymbol{\xi}) \boldsymbol{\epsilon}(\boldsymbol{\xi}) \, \mathrm{d}\boldsymbol{\xi} \tag{11.4.4}$$

若假定应力 $\boldsymbol{\sigma}(\boldsymbol{x})$ 与非局部应变 $\tilde{\boldsymbol{\epsilon}}(\boldsymbol{x})$ 之间满足线弹性关系

$$\boldsymbol{\sigma}(\boldsymbol{x}) = \mathbb{E}_0 : \tilde{\boldsymbol{\epsilon}}(\boldsymbol{x}) \tag{11.4.5}$$

即可给出 Eringen(1972) 提出的非局部弹性本构模型。

2) 梯度型非局部材料模型

将上述积分型非局部模型进行泰勒展开，可以将变量的高阶梯度引入材料本构关系中，给出一类梯度型非局部模型 (Peerlings et al., 1996, 1998)。

不失一般性，将局部变量 $f(\boldsymbol{x})$ 在位置 $\boldsymbol{x}$ 进行泰勒展开

$$f(\boldsymbol{\xi}) = f(\boldsymbol{x}) + \boldsymbol{\nabla} f(\boldsymbol{x}) \cdot (\boldsymbol{\xi} - \boldsymbol{x}) + \frac{1}{2} \boldsymbol{\nabla}^2 f(\boldsymbol{x}) \cdot (\boldsymbol{\xi} - \boldsymbol{x})^2 + \cdots \tag{11.4.6}$$

将式 (11.4.6) 代入式 (11.4.1)，可以给出

$$\tilde{f}(\boldsymbol{x}) = f(\boldsymbol{x}) + c\boldsymbol{\nabla}^2 f(\boldsymbol{x}) + d\boldsymbol{\nabla}^4 f(\boldsymbol{x}) \tag{11.4.7}$$

式中，参数 c 和 d 与相关函数 $\alpha(\boldsymbol{x}, \boldsymbol{\xi})$ 有关，是材料特征尺度的度量。这里，由于权函数 $\alpha(\boldsymbol{x}, \boldsymbol{\xi})$ 关于空间坐标对称，从而奇数阶偏导数项积分为零。

式 (11.4.7) 中，若仅保留二阶梯度项，可得到常见的显式非局部梯度模型：

$$\tilde{f}(\boldsymbol{x}) = f(\boldsymbol{x}) + c\boldsymbol{\nabla}^2 f(\boldsymbol{x}) \tag{11.4.8}$$

换句话说，在显式非局部梯度模型中，非局部变量 $\tilde{f}(\boldsymbol{x})$ 由其对应的局部变量 $f(\boldsymbol{x})$ 及其二阶梯度 $\boldsymbol{\nabla}^2 f(x)$ 显式地确定。

上述显式非局部梯度模型要求给出局部变量的二阶梯度，其有限元插值格式的构造需要高阶连续 (至少 $\mathcal{C}^1$ 连续) 插值函数，这给模型的有限元实现带来了困难。为此，一般将其转化为如下非局部隐式梯度模型：

$$\tilde{f}(\boldsymbol{x}) - c\boldsymbol{\nabla}^2 \tilde{f}(\boldsymbol{x}) = f(\boldsymbol{x}) \tag{11.4.9}$$

式 (11.4.9) 是关于非局部变量 $\tilde{f}(\boldsymbol{x})$ 的二阶偏微分方程，在有限元求解时不出现局部变量的高阶微分项，从而可以避免对单元插值函数连续性的过高要求。随之带来的负面影响是，求解上述非局部隐式梯度模型 (11.4.9) 必须补充新的边界条件。一般可采用如下自然边界条件：

$$\nabla\tilde{f}(\boldsymbol{x})\cdot\boldsymbol{n}=0 \qquad \forall\boldsymbol{x}\in\partial\Omega \tag{11.4.10}$$

式中，$\boldsymbol{n}$ 为计算域边界 $\partial\Omega$ 的外法线矢量。若可以定义与 $\nabla\tilde{f}$ 功共轭的物理量，上述自然边界条件可视为流过计算区域边界的通量为零 (Forest, 2009)。

需要指出的是，梯度型非局部模型和积分型非局部模型的基本思想均是将反映细观非均质结构特性的材料特征长度参数引入本构关系中，但二者在物理概念上仍然有区别。梯度型非局部模型只依赖于与所考虑材料点直接相关的变量的梯度，因而称之为弱非局部材料模型。这类模型可能导致材料局部弱化或过分劣化，从而使得计算极限荷载比实际情况低 (周维垣, 2005)。与此相反，积分型非局部模型通过空间加权平均来考虑周围材料点的梯度对该点的影响，因此可能过高地估计极限荷载，特别是非局部作用严重削弱的变形后期 (Jirásek, 1998)。此外，相关函数的选择以及边界处的处理是积分型非局部模型在其理论框架内难以解决的基本问题。

在数值实现方面，积分型非局部模型本身的数值实现方法比梯度型非局部模型简单，然而，其实现过程中需要整个计算结构区域所有单元信息并涉及有限元求解算法的内核，一般通用有限元软件不允许用户修改结构层面的代码，所以软件的局限性限制了其应用。梯度型非局部模型包含一个单元层次的微分方程，一般可以引入节点附加自由度对非局部变量 $\tilde{f}(\boldsymbol{x})$ 进行有限元插值，并利用混合变分原理，将其与单元节点位移自由度一起作为未知量进行求解。由于在数值实现时只需在单元格式上进行修改，容易嵌入到通用有限元程序中。

令人遗憾的是，上述非局部模型并不能完全解决软化材料的应变局部化问题 (Vermeer & Brinkgreve, 1994; Stromberg & Ristinmaa, 1996)。Bažant 和 Planas(1998) 发现，随着网格的加密，积分型非局部模型并不能保证完全消除网格敏感性，为此提出了如下改进的非局部材料模型：

$$\tilde{\tilde{f}}(\boldsymbol{x})=m\tilde{f}(\boldsymbol{x})+(1-m)f(\boldsymbol{x}) \tag{11.4.11}$$

即改进后的非局部变量 $\tilde{\tilde{f}}(\boldsymbol{x})$ 由常规非局部变量 $\tilde{f}(\boldsymbol{x})$ 和局部变量 $f(\boldsymbol{x})$ 线性叠加组成。研究表明，当经验系数 $m>1$ 时，可以完全消除网格敏感性，当时称这类改进后的积分型非局部模型为“第二类非局部模型”。Di Luzio 和 Bažant(2005) 全面考察了积分型非局部模型、显式梯度模型及隐式梯度模型这三类模型，进一步确认了上述结论，并称之为 over-nonlocal 模型。随后，Poh 和 Swaddiwudhipong(2009) 将其应用到塑性软化及弹塑性损伤软化的分析中，并且建议 m 取为 $1.0\sim1.1$。

11.4.3 混凝土积分型非局部损伤模型

为了消除混凝土应变局部化引起的分析结果网格敏感性问题， Bažant 等 (Bažant & Pijaudier-Cabot, 1988; Bažant & Lin, 1988; Bažant & Ožbolt, 1990) 最早建立了混凝土非局部损伤模型，Jirásek(1998) 等则进一步深入比较讨论了不同非局部损伤模型的优缺点。

将上述非局部理论应用于混凝土等应变软化材料的本构建模时，选择合理的非局部变量至关重要。早期直接基于非局部应变 (11.4.4) 的混凝土非局部损伤模型仅适用于极其特殊的情况。随后研究发现 (Bažant & Pijaudier-Cabot, 1988)，对于损伤模型或软化塑性模型等非线性模型，非局部变量只能选择那些其值不会降低的内变量，如损伤变量、损伤能释放率、累积塑性应变等。然而，即便如此，选择不同的非局部变量往往会给出完全不同甚至不合理的计算结果。

为了说明这一点，考虑 4.3.2 节给出的单标量弹性损伤模型，其局部应力–应变关系可以表示为

$$\boldsymbol{\sigma} = \big(1 - d\big)\mathbb{E}_0 : \boldsymbol{\epsilon} \tag{11.4.12a}$$

$$d = \hat{d}(r) \tag{11.4.12b}$$

$$r = \max_{\tau\in[0,T]} \big[r_0, Y_\tau\big] \tag{11.4.12c}$$

$$Y = \sqrt{\frac{1}{E_0}\boldsymbol{\epsilon} : \mathbb{E}_0 : \boldsymbol{\epsilon}} \tag{11.4.12d}$$

这里，我们对上述损伤能释放率Y 进行了重新定义，使其在一维条件下可以退化为单轴应变，以便于构造损伤演化函数 $\hat{d}$。

仍然以图 11.4.2(a) 所示的一维杆受拉为例，为方便数值计算，材料局部损伤演化函数 $\hat{d}$ 按图 11.4.2(b) 所示的指数下降段加以确定。考虑以下两种情况：

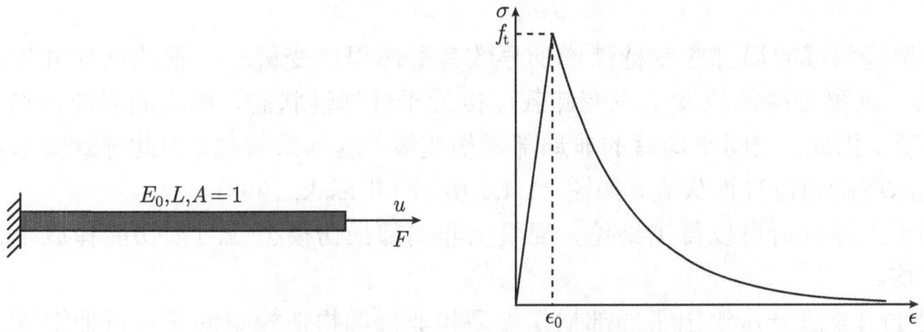

(a) 一维受拉杆 (b) 材料局部应力–应变关系(指数软化函数)

图 11.4.2 一维杆受拉问题的有限元分析结果

(1) 按式 (11.4.1) 对损伤能释放率Y 进行空间非局部化，即

$$d = \hat{d}(\tilde{Y}_{\max}), \quad \tilde{Y} = \int_V \alpha(\boldsymbol{x}, \boldsymbol{\xi}) Y(\boldsymbol{\xi})\, \mathrm{d}\boldsymbol{\xi} \tag{11.4.13}$$

此时，随着施加的位移 u 一直增大，由于应变局部化的影响，裂缝邻域的局部应变持续增加，且远远大于远离裂缝部位由于卸载导致的应变降低量，所以，空间平均后的非局部损伤能释放率$\tilde{Y}$ 仍然能够保持单调递增，并保证损伤变量$d(\tilde{Y}_{\max})$ 不断趋近于 1，相应的应力 $\boldsymbol{\sigma}$ 逐渐消失，最后构件承载能力完全丧失。有限元分析结果如图 11.4.3 所示 (Jirásek, 2004)。

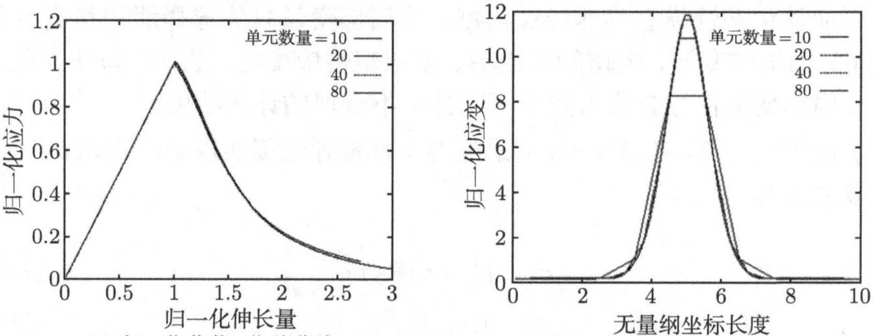

(a) 归一化荷载–位移曲线　　(b) 应变场沿杆长分布

图 11.4.3　基于非局部损伤能释放率的一维受拉杆数值分析结果 (Jirásek, 2004)

从图中可以看出，计算得到的荷载–位移曲线与有限单元数量或网格大小无关；同时，与采用局部模型时应变局部化集中于一个点形成了鲜明的对比，非局部损伤模型中给出的应变软化集中在一个具有一定宽度的窄带内，保证了破坏过程中能量耗散不会因为网格加密而趋近于零。

(2) 按式 (11.4.1) 对损伤变量d 进行空间非局部化，即

$$\tilde{d} = \int_V \alpha(\boldsymbol{x}, \boldsymbol{\xi})\, \hat{d}(\boldsymbol{\xi})\, \mathrm{d}\boldsymbol{\xi} \tag{11.4.14}$$

此时，裂缝邻域的局部应变持续增加导致其局部损伤变量$d(r)$ 很快增加并接近于 1；然而，远离裂缝部位发生应变卸载而接近于线弹性状态，相应的局部损伤变量基本为零。因此，空间平均后的非局部损伤变量$\tilde{d}$ 基本为常数，由此导致变形后期构件的承载能力过高而失真，如图 11.4.4 所示 (Jirásek, 1998)。

基于上述分析可以得出结论，混凝土非局部损伤模型应对损伤能释放率进行空间平均。

图 11.4.5 进一步给出了局部损伤模型和非局部损伤模型的三点弯曲混凝土缺口梁的有限元分析结果 (Jirásek, 2004)，分析中采用的材料局部损伤演化函数 $\hat{d}$ 按图 11.4.2(b) 所示的指数下降段加以确定。

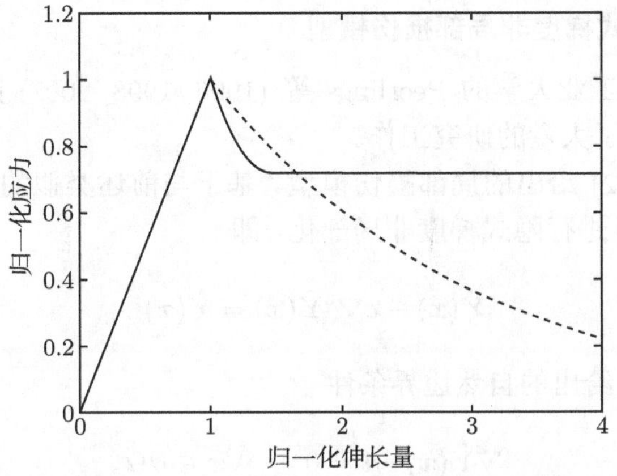

图 11.4.4 基于非局部损伤变量的一维受拉杆数值分析结果 (Jirásek, 1998)

从图 11.4.5(c) 可以看出，只要有限元网格尺寸小于设定的材料特征长度ω(此处 ω 取为 4mm)，非局部材料模型给出的数值分析结果即与网格大小无关，能够有效地解决局部模型存在的分析结果病态的问题。

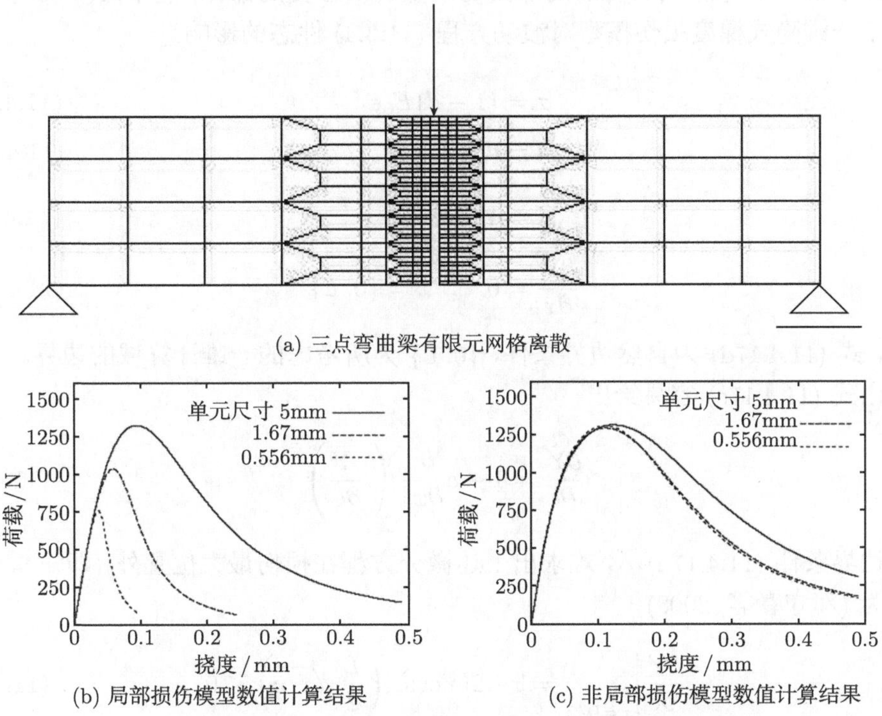

图 11.4.5 三点弯曲梁局部损伤模型和非局部损伤模型计算结果对比 (Jirásek, 2004)

11.4.4　混凝土隐式梯度非局部损伤模型

荷兰埃因霍温工业大学的 Peerlings 等 (1996, 1998, 2001) 则在混凝土隐式梯度模型等方面开展了大量的研究工作。

考虑式 (11.4.12) 给出的局部损伤模型。基于与前述类似的原因，选择将局部损伤能释放率$Y(\boldsymbol{x})$ 进行隐式梯度非局部化，即

$$\tilde{Y}(\boldsymbol{x})-c\boldsymbol{\nabla}^2\tilde{Y}(\boldsymbol{x})=Y(\boldsymbol{x}) \tag{11.4.15}$$

并采用式 (11.4.10) 给出的自然边界条件

$$\boldsymbol{\nabla}\tilde{Y}(\boldsymbol{x})\cdot\boldsymbol{n}=0 \qquad \forall\boldsymbol{x}\in\partial\Omega \tag{11.4.16}$$

为了求解微分方程 (11.4.15)，一般可以引入节点附加自由度对非局部损伤能释放率$\tilde{Y}$ 进行有限元插值，并利用混合变分原理，将其与单元节点位移自由度一起作为未知量进行求解。上述工作可以利用通用有限元程序 ABAQUS 等提供的用户自定义单元结构来实现。

为了说明上述隐式梯度非局部损伤模型解决应变局部化问题的实际效果，考察如下一维隐式梯度损伤模型对波动方程 (11.3.4) 性态的影响。

$$\sigma=\big(1-d\big)E_0\epsilon \tag{11.4.17a}$$

$$d=\hat{d}(\tilde{Y}) \tag{11.4.17b}$$

$$Y=\tilde{Y}-c\frac{\partial^2\tilde{Y}}{\partial x^2} \tag{11.4.17c}$$

$$\frac{\partial\tilde{Y}}{\partial x}=0 \qquad x=\{0,L\} \tag{11.4.17d}$$

这里，式 (11.4.17d) 为自然边界条件，$\{0,L\}$ 为所考虑的一维计算域的边界。

由式 (11.4.17c) 容易给出

$$\frac{\partial\tilde{Y}}{\partial\epsilon}=1+c\frac{\partial^2}{\partial x^2}\left(\frac{\partial\tilde{Y}}{\partial\epsilon}\right) \tag{11.4.18}$$

考虑边界条件 (11.4.17d)，不难求出上述微分方程在损伤最大位置外 (即 $x=L/2$) 的解为 (邓守春等, 2008)

$$\left.\frac{\partial\tilde{Y}}{\partial\epsilon}\right|_{x=L/2}=1-2\mathrm{ar}\cosh\left(\frac{L}{2}\sqrt{1/c}\right)\leqslant 0 \tag{11.4.19}$$

式中，$\cosh(x)=\dfrac{1}{2}\big(\mathrm{e}^x+\mathrm{e}^{-x}\big)$ 为双曲余弦函数。

根据式 (11.4.17a) 和式 (11.4.17b)，可以将隐式梯度非局部损伤模型的切线模量 $E^{\tan}$ 表示为

$$E^{\tan}=\frac{\partial\sigma}{\partial\epsilon}=\big(1-d\big)E_0-E_0\epsilon\frac{\partial d}{\partial\tilde{Y}}\frac{\partial\tilde{Y}}{\partial\epsilon}\tag{11.4.20}$$

显然，由于 $d\in[0,1]$，式 (11.4.20) 中的第一项恒为非负数；此外，由于局部损伤演化函数 $\hat{d}(\tilde{Y})$ 为单调递增函数，有 $\partial\hat{d}/\partial\tilde{Y}>0$，式 (11.4.20) 中的第二项同样恒为非负数。于是一维隐式梯度损伤模型的切线模量 $E^{\tan}$ 恒为非负，故波动方程 (11.3.4) 性态保持双曲型不变。然而，与积分型非局部模型类似，在变形后期隐式梯度损伤模型仍将给出数值较大的正切线模量，因此往往会高估材料的残余承载能力。

需要说明的是，一维显式梯度模型的切向模量不能保证为非负数，因此波动方程 (11.3.4) 性态同样会发生突变。

对于一般情况，以图 11.4.6 给出的混凝土直接拉伸试件有限元分析说明隐式梯度损伤模型的效果 (Peerlings et al., 1998)。分析中采用的材料局部损伤演化函数 $\hat{d}$ 同样按图 11.4.2(b) 所示的指数下降段加以确定。

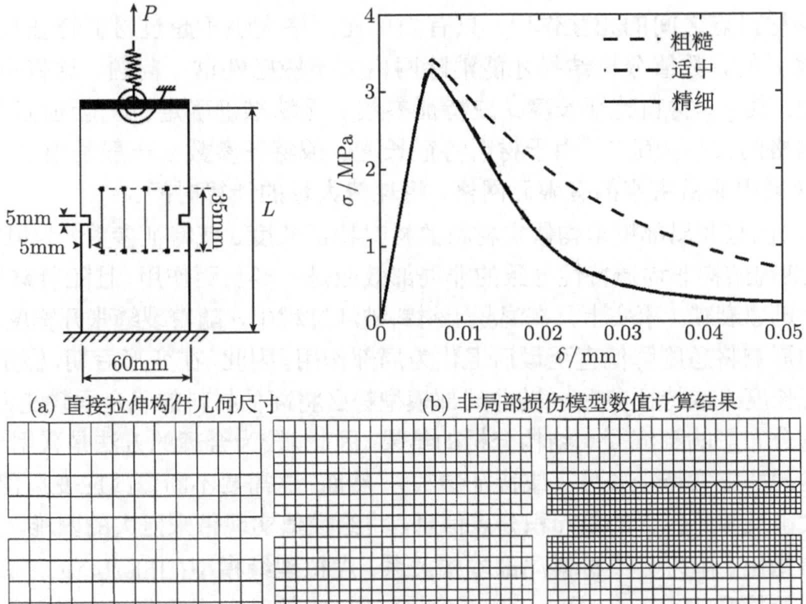

(a) 直接拉伸构件几何尺寸　(b) 非局部损伤模型数值计算结果

(c) 直接拉伸构件有限元网格离散

图 11.4.6　混凝土直接拉伸构件非局部损伤模型计算结果 (Peerlings et al., 1998)

从图 11.4.6(b) 可以看出，与非局部损伤模型分析结果类似，只要有限元网格

尺寸小于设定的材料特征长度参数 c(此处 c 取为 1mm)，隐式梯度损伤模型给出的数值分析结果即与网格大小无关，能够解决局部材料模型存在的分析结果病态的问题。

11.4.5　相关评述

非局部模型 (包括积分型和梯度型，下同) 通过引入材料细观结构的特征尺度对混凝土细观结构的性质进行空间加权平均，较好地解决了混凝土结构分析中存在的软化段应变局部化问题，这是相对局部材料本构模型的进步。

然而，非局部模型也存在若干在其理论框架内难以解决的问题。首先，数值分析结果受材料特征长度ω 或特征参数 c 的影响很大，而其选取又存在很大的主观性。目前，尚无可能从理论或者试验上给出材料软化区域的特征尺度，一般只能通过对试验的反演推断得到。事实上，为了确定非局部模型的特征长度，Bažant(1994) 试图避开对特征长度的经验估计，而直接基于细观力学方法并采用叠加法 (Kachanov, 1985) 建立考虑裂纹间相互作用的非局部模型。遗憾的是，由于混凝土材料进入软化段后，微裂缝数目巨大、裂缝方向和大小均无法确定，该方法只能给出定性的物理解释。

其次，从 11.4.4 节给出的非局部模型有限元分析结果可知，为了考虑应变局部化邻域各材料点之间的相互作用，只有当单元网格大小不超过材料特征长度ω 或特征参数 c 时，数值分析结果才能消除网格大小敏感性这一问题。这将带来两方面的问题：其一，材料特征长度ω 或特征参数 c 无法准确确定，只能通过试算确定有限元网格的大小；其二，由于材料特征长度ω 或特征参数 c 一般都很小 (毫米量级)，因此采用非常密集的有限元网格，将耗费大量的计算时间。

最后，已有非局部模型均假定材料的材料特征长度ω 或特征参数 c 为恒定值。然而，材料细观结构非均质特性导致的非局部效应是一类长距作用，且随着材料点距离的增加而迅速衰减。事实上，在混凝土材料破坏过程中，随着裂缝张开宽度的增加，非局部的影响将急剧降低直至最后退化为局部作用。因此，在变形后期，假定定常的材料特征长度ω 或特征参数 c 的非局部模型势必将高估材料的残余承载能力，并通过内力重分布影响到混凝土结构分析的结果。因此，较为合理的方法是采用考虑裂缝宽度影响的非定常特征长度ω 或特征参数 c。然而，这需要不断修改应变局部化邻域的体积大小及其所包含的单元积分点信息，将给数值实现带来巨大的困难。

值得指出，作为一类材料局部本构关系，虚拟裂缝模型(Hillerborg et al., 1976) 在黏聚裂缝模型(Dugdale, 1960; Barenblatt, 1962) 的基础上，进一步引入反映破坏全过程能量耗散的材料属性 —— 断裂能，直接建立裂缝传递的黏聚力与裂缝张开位移之间的定量关系，特别是 20 世纪 90 年代中期以来发展的嵌入裂缝模型 (Simó et al., 1993; Oliver, 1996; Armero, 1999) 和扩展有限元方法 (Moës et al., 1999; Wells & Sluys, 2001; Moës & Belytschko, 2002)，解决了数值实现时传统黏聚裂缝模型只能布置在单元边界这一难题，十分适用于描述混凝土材料和结构破坏后期的应变局部化行为 (Wu, 2011)。

注意到上述事实，已有部分研究人员 (Jirásek & Zimmermann, 2001) 试图结合非局部模型和黏聚裂缝模型各自的优点，发展一类非局部向黏聚裂缝过渡的材料本构模型及相应的数值算法。作为混凝土理论和计算破坏力学的当前研究热点之一，该方向的发展、成熟并最终应用于混凝土结构损伤破坏的全过程分析，还有赖于包括各位读者在内的研究者的共同努力。

第 12 章　混凝土结构随机非线性分析

在本书第 1 章即已阐明：在外部作用下，混凝土结构的力学性态非线性发展过程取决于损伤和损伤的随机演化过程；非线性与随机性的耦合影响，必然造成混凝土结构非线性反应的涨落。经过近五十年的发展，尽管在混凝土本构关系、结构非线性分析模型和数值算法等方面均取得了丰富的研究成果，但令人遗憾的是，直至 21 世纪初，人们仍然很难对混凝土结构的非线性力学行为给出准确的预测。究其原因，在于传统的结构非线性反应分析仅关注到混凝土的受力非线性性质，而忽略了混凝土损伤及其演化进程的随机性。

要正确、合理地反映混凝土结构的非线性反应性态，必须发展可以正确反映混凝土损伤演化规律的随机损伤本构关系和可以同时反映混凝土随机性、非线性及其耦合影响的结构随机非线性反应分析方法。关于前者，在本书前述章节 (尤其是第 6 章、第 7 章) 已经给出详细论述。本章主要论述混凝土结构的随机非线性反应分析方法。

12.1　随机性在物理系统中的传播

要讨论混凝土结构的随机非线性反应分析方法，就不能不回答这样的问题：混凝土初始损伤的随机性是如何影响结构的非线性反应特征的。这就牵涉到一个基本的问题：随机性在物理系统中是如何传播的？研究发现：在一定条件下，随机性在物理系统中的传播将遵守概率守恒原理(Li & Chen，2008)。

12.1.1　概率守恒原理

概率守恒原理是指：对于保守的随机系统，在系统状态演化过程中概率守恒(李杰，2005；Li & Chen，2009a)。这里，保守的随机系统是指：在该系统的演化过程中，既没有随机因素消失，也没有新的随机因素产生。为了说明这一原理，让我们先从简单的随机函数的概率分布讲起。

设 ϖ 为基本随机事件，$X(\varpi)$ 是一连续随机变量，其概率密度函数为 $p_X(x)$。若存在一一对应的函数变换关系：

$$Y = f(x) \tag{12.1.1}$$

则可求得随机变量 Y 的概率密度函数，即

$$p_Y(y) = p_X\left[f^{-1}(y)\right]\frac{\mathrm{d}x}{\mathrm{d}y} = \left|J\right|p_X\left[f^{-1}(y)\right] \tag{12.1.2}$$

式中，$\left|J\right| = \left|\mathrm{d}x/\mathrm{d}y\right|$ 为 Jacobi 导数的绝对值。

根据变换式 (12.1.2) 有

$$p_Y(y)\mathrm{d}y = p_X(x)\mathrm{d}x \tag{12.1.3}$$

从概率测度的角度分析，式 (12.1.3) 左右两端分别等于

$$p_X(x)\mathrm{d}x = \Pr\left\{X(\varpi) \in (x, x+\mathrm{d}x)\right\} = \mathrm{d}\left[\Pr(\varpi)\right] \tag{12.1.4a}$$

$$p_Y(y)\mathrm{d}x = \Pr\left\{Y(\varpi) \in (y, y+\mathrm{d}y)\right\} = \mathrm{d}\left[\Pr(\varpi)\right] \tag{12.1.4b}$$

式中，$\Pr\{\cdot\}$ 表示随机事件的概率。由上述公式可知：在数学变换过程中基本的随机事件ϖ 保持不变，因此，在变换前后关于 $X(\varpi)$ 和 $Y(\varpi)$ 的概率测度不变。

上述事实在一定区域内仍然成立。根据概率分布描述，由式 (12.1.3) 不难得到

$$\int_{\Omega_Y} p_Y(y)\,\mathrm{d}y = \int_{\Omega_X} p_X(x)\,\mathrm{d}x \tag{12.1.5}$$

式中，Ω_X 与 Ω_Y 为 x, y 的值域。显然，Ω_X 与 Ω_Y 之间满足式 (12.1.1) 规定的函数关系。

分析上述过程可知，由于函数关系 (12.1.1) 的存在，随机事件$\left\{Y \in \Omega_Y\right\}$ 与 $\left\{X \in \Omega_X\right\}$ 等价，其概率测度不变。即在任意大小的区域内，由式 (12.1.1) 确定的映射前后相应区域内的概率测度相同。换句话说，由初始随机源所决定的概率测度在系统状态演化过程中不发生变化。这就是概率守恒原理。

当式 (12.1.1) 不是一一映射时，也可以按照上述思想类似处理，此时

$$P_Y(y) = \sum_{j=1}^{n} p_X\left[x = f_j^{-1}(y)\right]\left|J_j\right| \tag{12.1.6}$$

式中，$f_j^{-1}(y)$ 为式 (12.1.1) 的第 j 个反函数；$\left|J_j\right|$ 为相应的 Jacobi 导数的绝对值。显然，式 (12.1.5) 依然成立。

对于多变量系统，式 (12.1.2)~ 式 (12.1.4) 同样成立。所以在一般意义上存在概率守恒原理：在保守的系统演化过程中，概率测度不变。

12.1.2 概率守恒原理的随机事件描述

变换式 (12.1.1) 一般对应某种物理关系，而式 (12.1.5) 中的值域范围 Ω 可以是任意大小的。显然，不同的区域大小，对应不同的组合随机事件。因此，概率守恒原理也可以表述为：在数学与物理变换中，同一随机事件的概率测度不变。我们

称这种表述为概率守恒原理的随机事件描述。引入系统状态演化参数 τ 并以 $\boldsymbol{X}$ 表述系统状态，则可以用图 12.1.1 形象地描述概率守恒原理。

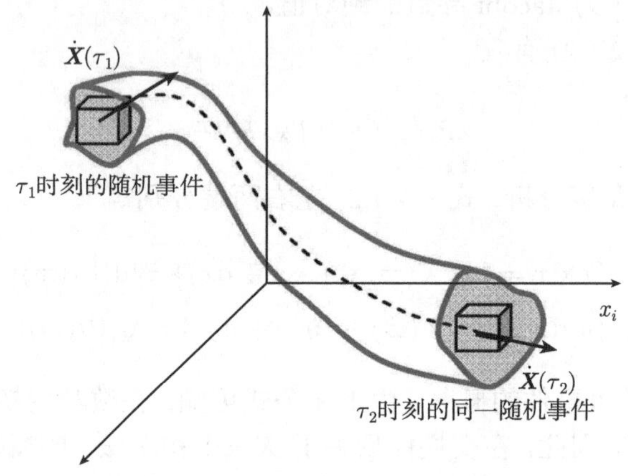

图 12.1.1　概率守恒原理的随机事件描述

若定义概率空间中物理量的全导数 $\dfrac{\mathrm{D}(\cdot)}{\mathrm{D}\tau}$ 为

$$\frac{\mathrm{D}}{\mathrm{D}\tau}\int_{\Omega_\tau} p_{\boldsymbol{X}}(\boldsymbol{x},\tau)\,\mathrm{d}\boldsymbol{x} = \lim_{\Delta\tau\to 0}\frac{1}{\Delta\tau}\left(\int_{\Omega_{\tau+\Delta\tau}} p_{\boldsymbol{X}}(\boldsymbol{x},\tau+\Delta\tau)\,\mathrm{d}\boldsymbol{x} - \int_{\Omega_\tau} p_{\boldsymbol{X}}(\boldsymbol{x},\tau)\,\mathrm{d}\boldsymbol{x}\right) \tag{12.1.7}$$

则概率守恒意味着

$$\frac{\mathrm{D}}{\mathrm{D}\tau}\int_{\Omega_\tau} p_{\boldsymbol{X}}(\boldsymbol{x},\tau)\,\mathrm{d}\boldsymbol{x} = 0 \tag{12.1.8}$$

式中，Ω_τ 为 τ 时刻 X 的值域。

应该注意，概率守恒要求随机系统必须是保守系统，亦即在系统演化进程中没有新的随机因素加入，也没有随机因素消失，因此，在状态量 $\boldsymbol{X}$ 中，包含了给定时刻 t 时的全部随机因素。

12.1.3　广义概率密度演化方程

在上述概率守恒原理的随机事件描述基础上，可以推导给出广义概率密度演化方程。

不失一般性，讨论系统

$$\boldsymbol{Z} = \boldsymbol{f}(\boldsymbol{\Theta},\tau,\boldsymbol{x},t) \tag{12.1.9}$$

式中，$\boldsymbol{\Theta}$ 为随机参数向量；τ 为广义时间参数，代表系统状态演化方向；$\boldsymbol{x}$、t 分别为系统所在的空间位置向量和所处的时间参量。

式 (12.1.9) 的分量可表示为

$$Z_l = f_l(\boldsymbol{\Theta}, \tau, \boldsymbol{x}, t) \qquad (l = 1, 2, \cdots, n) \tag{12.1.10}$$

n 为系统维数。

系统变化速率为 $\boldsymbol{Z}$ 关于广义时间参数τ 的导数，即

$$\dot{Z}_l(\tau) = \frac{\partial Z_l}{\partial \tau} \qquad (l = 1, 2, \cdots, n) \tag{12.1.11}$$

显然，式 (12.1.9) 是一个随机因素完全由 $\boldsymbol{\Theta}$ 刻画的概率保守系统。记 $(\boldsymbol{Z}(\tau), \boldsymbol{\Theta})$ 的联合概率密度函数为 $p_{\boldsymbol{Z\Theta}}(\boldsymbol{z}, \boldsymbol{\theta}, \tau)$，则根据概率守恒原理的随机事件描述式 (12.1.8) 可得

$$\frac{\mathrm{D}}{\mathrm{D}\tau}\int_{\Omega_\tau \times \Omega_{\boldsymbol{\Theta}}} p_{\boldsymbol{Z\Theta}}(\boldsymbol{z}, \boldsymbol{\theta}, \tau)\,\mathrm{d}\boldsymbol{z}\mathrm{d}\boldsymbol{\theta} = 0 \tag{12.1.12}$$

设系统演化初始时点为τ_0，$\boldsymbol{\Theta}$的值域为$\Omega_{\boldsymbol{\Theta}}$，对式(12.1.12)左端做详细推导，有

$$\begin{aligned}
\frac{\mathrm{D}}{\mathrm{D}\tau}\int_{\Omega_\tau \times \Omega_{\boldsymbol{\Theta}}} p_{\boldsymbol{Z\Theta}}(\boldsymbol{z}, \boldsymbol{\theta}, \tau)\,\mathrm{d}\boldsymbol{z}\mathrm{d}\boldsymbol{\theta} &= \frac{\mathrm{D}}{\mathrm{D}\tau}\int_{\Omega_{\tau_0} \times \Omega_{\boldsymbol{\Theta}}} p_{\boldsymbol{Z\Theta}}(\boldsymbol{z}, \boldsymbol{\theta}, \tau)|J|\,\mathrm{d}\boldsymbol{z}\mathrm{d}\boldsymbol{\theta} \\
&= \int_{\Omega_{\tau_0} \times \Omega_{\boldsymbol{\Theta}}} \left(|J|\frac{\mathrm{D}p_{\boldsymbol{Z\Theta}}}{\mathrm{D}\tau} + p_{\boldsymbol{Z\Theta}}\frac{\mathrm{D}|J|}{\mathrm{D}\tau}\right)\mathrm{d}\boldsymbol{z}\mathrm{d}\boldsymbol{\theta} \\
&= \int_{\Omega_{\tau_0} \times \Omega_{\boldsymbol{\Theta}}} \left(\frac{\partial p_{\boldsymbol{Z\Theta}}}{\partial \tau} + \sum_{l=1}^{n}\dot{Z}_l\frac{\partial p_{\boldsymbol{Z\Theta}}}{\partial z_l} + p_{\boldsymbol{Z\Theta}}\frac{\partial \dot{\boldsymbol{Z}}}{\partial \boldsymbol{Z}}\right)|J|\,\mathrm{d}\boldsymbol{z}\mathrm{d}\boldsymbol{\theta} \\
&= \int_{\Omega_{\tau_0} \times \Omega_{\boldsymbol{\Theta}}} \left(\frac{\partial p_{\boldsymbol{Z\Theta}}}{\partial \tau} + \sum_{l=1}^{n}\dot{Z}_l\frac{\partial p_{\boldsymbol{Z\Theta}}}{\partial z_l}\right)|J|\,\mathrm{d}\boldsymbol{z}\mathrm{d}\boldsymbol{\theta} \\
&= \int_{\Omega_\tau \times \Omega_{\boldsymbol{\Theta}}} \left(\frac{\partial p_{\boldsymbol{Z\Theta}}}{\partial \tau} + \sum_{l=1}^{n}\dot{Z}_l\frac{\partial p_{\boldsymbol{Z\Theta}}}{\partial z_l}\right)\mathrm{d}\boldsymbol{z}\mathrm{d}\boldsymbol{\theta}
\end{aligned} \tag{12.1.13}$$

注意到 $\Omega_\tau \times \Omega_{\boldsymbol{\Theta}}$ 的任意性，由式 (12.1.12) 与式 (12.1.13) 有

$$\frac{\partial p_{\boldsymbol{Z\Theta}}(\boldsymbol{z}, \boldsymbol{\theta}, \tau)}{\partial \tau} + \sum_{l=1}^{n}\dot{Z}_l\frac{\partial p_{\boldsymbol{Z\Theta}}(\boldsymbol{z}, \boldsymbol{\theta}, \tau)}{\partial z_l} = 0 \tag{12.1.14}$$

显然，$\boldsymbol{Z}(\tau)$ 的概率密度函数为

$$p_{\boldsymbol{Z}}(\boldsymbol{z}, \tau) = \int_{\Omega_{\boldsymbol{\Theta}}} p_{\boldsymbol{Z\Theta}}(\boldsymbol{z}, \boldsymbol{\theta}, \tau)\,\mathrm{d}\boldsymbol{\theta} \tag{12.1.15}$$

称式 (12.1.14) 为广义概率密度演化方程。它描述了随机性在一般物理系统中的传播规律 (李杰和陈建兵，2006；Li & Chen，2009a；李杰和陈建兵，2010)。

显然，式 (12.1.14) 可以退化为一个一维偏微分方程

$$\frac{\partial p_{Z_l\Theta}(z_l,\boldsymbol{\theta},\tau)}{\partial\tau}+\dot{Z}_l\frac{\partial p_{Z_l\Theta}(z_l,\boldsymbol{\theta},\tau)}{\partial z_l}=0 \tag{12.1.16}$$

由于函数关系 $f(\cdot)$ 的一般性，广义概率密度演化方程适用于任意线性或非线性随机系统的任意物理量。

为求解广义概率密度演化方程，需确立初始条件。对于一维情形，若随机参数与初始条件无关，则有

$$p_{Z\Theta}(z,\boldsymbol{\theta},\tau)|_{\tau=0}=\delta(z-z_0)p_{\Theta}(\boldsymbol{\theta}) \tag{12.1.17}$$

式中，z_0 为 $Z(\tau)$ 在 τ_0 点的确定性初始值；$\delta(\cdot)$ 为 Dirac-delta 函数。

多维情形的初始条件与式 (12.1.17) 类似。

12.1.4 广义概率密度演化方程的解析解

物理方程 (12.1.9)、状态方程 (12.1.11)、广义概率密度演化方程 (12.1.14) 或 (12.1.16)、初始条件 (12.1.17) 构成了概率密度演化分析理论的基本方程。显然，其求解的核心是式 (12.1.14) 或式 (12.1.16) 的解答问题。采用经典微分方程理论中的特征线方法，容易给出广义概率密度演化方程的解析解。为简明计，这里仅讨论一维问题。

在经典微分方程中，形如

$$\frac{\partial p(x,t)}{\partial t}+a(t)\frac{\partial p(x,t)}{\partial x}=0 \tag{12.1.18}$$

的偏微分方程，存在如下解答：

$$p(x,t)=p_0\Big[x-\int_0^t a(t)\,\mathrm{d}t\Big] \tag{12.1.19}$$

利用这一结果，显然可知方程 (12.1.16) 的解答为

$$p_{Z_l\Theta}(z_l,\boldsymbol{\theta},\tau)=p_0\Big[z_l-\int_0^\tau \dot{z}_l(\boldsymbol{\theta},\tau)\,\mathrm{d}\tau\Big] \tag{12.1.20}$$

注意到式 (12.1.17) 所示的初始条件和式 (12.1.9) 所示的物理方程，应用式 (12.1.15)，可得 $\boldsymbol{Z}(\tau)$ 的概率密度函数为

$$p_{Z_l}(\boldsymbol{z}_l,\tau)=\int_{\Omega_\Theta}p_{Z_l\Theta}(z_l,\boldsymbol{\theta},\tau)\,\mathrm{d}\boldsymbol{\theta}=\int_{\Omega_\Theta}\delta\Big[z_l-f_l(\boldsymbol{\theta},\tau)\Big]p_\Theta(\boldsymbol{\theta})\mathrm{d}\boldsymbol{\theta} \tag{12.1.21}$$

在一般意义上，要求得到某一物理量的演化概率密度解析解，需要知道物理方程及其解的显式表达式。对于一般的非线性系统，这是很难做到的，在涉及弹塑性损伤本构关系的场合，甚至是不可能的。因此，对于实际工程问题，需要寻求数值求解的途径。

12.2 混凝土结构静力非线性随机反应分析

12.2.1 结构反应的概率密度演化方程

结构分析是在给定外部作用下求取结构反应的过程。事实上，结构反应是一个广义的概念，它既可以是宏观的结构内力、变形反应，也可以是细观的应力、应变反应。不失一般性，在静力加载条件下的结构非线性反应可以表述为

$$\boldsymbol{Z} = \boldsymbol{G}(\boldsymbol{\Theta}, \tau, \boldsymbol{x}) \tag{12.2.1}$$

式中，$\boldsymbol{\Theta}$ 为反映结构材料性质随机性的随机向量，如损伤变量、弹性模量、强度等；τ 为结构加载参数，反映结构反应演化方向。由本书第 9 章分析可知，结构加载存在荷载增量法与位移增量法的区别。对于荷载增量法，τ 为比例加载因子；对于位移增量法，τ 为控制点位移。最后，$\boldsymbol{x}$ 为决定结构反应所在位置的空间位置变量。

事实上，结构反应是在给定外部作用下利用有限元分析方法求得的。因此，$\boldsymbol{Z}$ 的各个分量之间在形式上可以认为是互不耦合的，即存在分量表达式

$$Z_l = G_l(\boldsymbol{\Theta}, \tau, \boldsymbol{x}) \tag{12.2.2}$$

当 $\boldsymbol{\Theta}$ 为确定性参数时，结构系统的非线性分析问题已经在第 9 章、第 10 章和第 11 章详加说明。当 $\boldsymbol{\Theta}$ 为随机参数向量时，结构反应应该以概率的方式加以反映。其中，最全面的反映方式是给出结构反应随加载过程的概率密度演化过程 (图 12.2.1)。

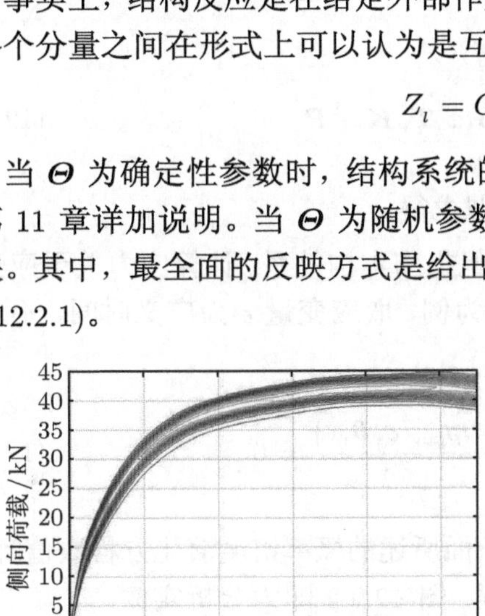

(a) 承载力随控制位移的变化

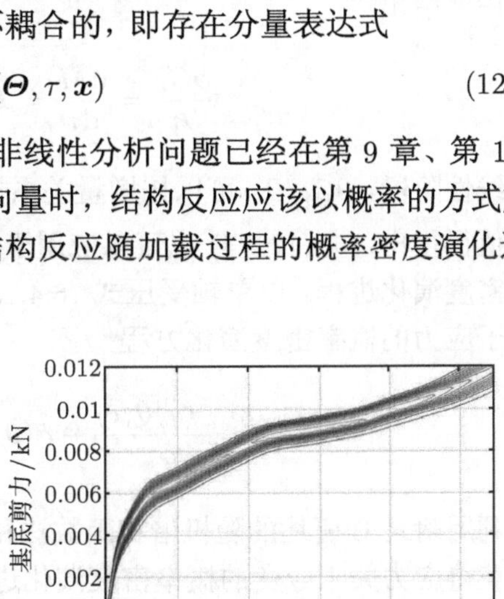

(b) 内力随控制位移的变化

图 12.2.1 框架结构反应的概率密度演化过程 (等概率密度线)

广义概率密度演化方程提供了求取一般结构反应概率密度演化过程的可能。事实上，根据 12.1 节分析，对于式 (12.2.1)，存在如下形式的概率密度演化方程：

$$\frac{\partial p_{\boldsymbol{Z}\boldsymbol{\Theta}}(\boldsymbol{z},\boldsymbol{\theta},\tau)}{\partial\tau}+\sum_{l=1}^{n}\frac{\partial G_l}{\partial\tau}\frac{\partial p_{\boldsymbol{Z}\boldsymbol{\Theta}}(\boldsymbol{z},\boldsymbol{\theta},\tau)}{\partial z_l}=0 \tag{12.2.3}$$

相应地，$\boldsymbol{Z}(\tau)$ 的概率密度函数可以按式 (12.1.15) 进行计算。

对于指定位置的结构反应，一维概率密度演化方程为

$$\frac{\partial p_{Z_l\boldsymbol{\Theta}}(z_l,\boldsymbol{\theta},\tau)}{\partial\tau}+\frac{\partial G_l}{\partial\tau}\frac{\partial p_{Z_l\boldsymbol{\Theta}}(z_l,\boldsymbol{\theta},\tau)}{\partial z_l}=0 \tag{12.2.4}$$

$\partial G_l/\partial\tau$ 的计算与具体的结构反应类型有关。以第 9 章所述框架结构为例，若考虑某截面处的弯矩反应，在线性阶段，可导出

$$\boldsymbol{M}(x)=\boldsymbol{E}\boldsymbol{B}(x)\boldsymbol{T}_{\mathrm{e}}\boldsymbol{K}^{-1}\boldsymbol{P}\tau \tag{12.2.5}$$

式中，$\boldsymbol{E}$ 为单元弹性矩阵；$\boldsymbol{B}(x)$ 为几何矩阵；$\boldsymbol{T}_{\mathrm{e}}$ 为单元定位矩阵；$\boldsymbol{K}$ 为结构整体刚度矩阵；$\boldsymbol{P}$ 为比例荷载向量。

由此给出

$$\frac{\partial G_l}{\partial\tau}=\frac{\mathrm{d}M}{\mathrm{d}\tau}=\boldsymbol{E}\boldsymbol{B}(x)\boldsymbol{T}_{\mathrm{e}}\boldsymbol{K}^{-1}\boldsymbol{P} \tag{12.2.6}$$

在非线性阶段，$\partial G_l/\partial\tau$ 可以按增量关系类似求得。

值得指出，式 (12.2.4) 也可以应用于随机损伤本构关系、计算应力关于应变的概率密度演化进程。以单轴受压式 (6.4.19) 为例，取应变量 ϵ 为广义时间，不难获得关于应力的概率密度演化方程

$$\frac{\partial p_{\sigma\boldsymbol{\Theta}}(\sigma,\boldsymbol{\theta},\epsilon)}{\partial\epsilon}+\dot{\sigma}(\boldsymbol{\theta},\epsilon)\frac{\partial p_{\sigma\boldsymbol{\Theta}}(\sigma,\boldsymbol{\theta},\epsilon)}{\partial\sigma}=0 \tag{12.2.7}$$

利用附录 B 所述的随机谐和函数法和下面所述的概率密度演化方程数值解法，不难获得应力关于应变的概率密度演化进程。图 12.2.2 即为分析实例。

在本构关系层面求取应力关于应变的概率密度演化进程的意义，在于为损伤本构理论的实验验证提供分析对比工具 (曾莎洁和李杰，2010)。

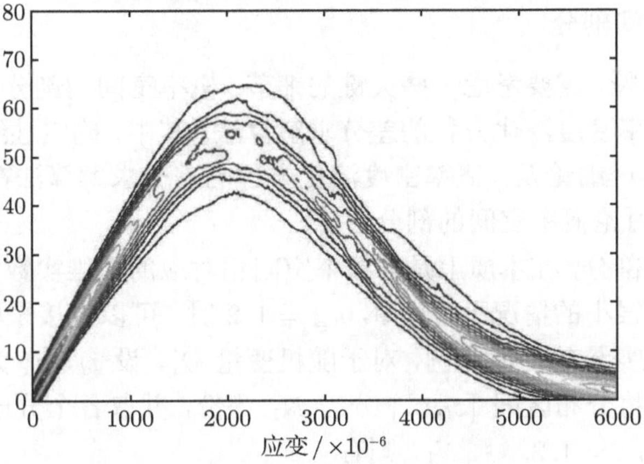

图 12.2.2 应力–应变关系的概率密度描述

12.2.2 概率密度演化方程的数值求解步骤

前已指出，形如式 (12.1.14) 或式 (12.1.16) 的概率密度演化方程，在给定初始条件下存在解析解，但这一般需要知道物理方程解的显式表达式。对于如式 (12.2.1) 所示的非线性系统，因为结构的复杂性和弹塑性损伤本构关系，很难给出 $\boldsymbol{G}(\cdot)$ 的显式表达式，所以需要寻求概率密度演化方程的数值求解途径。

由于方程 (12.2.3) 的解耦性质，可以仅考虑一维概率密度演化方程 (12.2.4) 的求解。根据概率密度演化分析各基本方程中信息传递的顺序，可以给出结构静力非线性随机反应求解的基本步骤 (Li & Chen，2009a)：

(1) 对随机参数向量空间 $\Omega_{\boldsymbol{\Theta}}$ 进行概率剖分，并在每一剖分区域取得离散代表点$\boldsymbol{\theta}_q$ ($q=1,2,\cdots,N_{\rm sel}$)，这里 $N_{\rm sel}$ 为所取概率空间的剖分子域总数，其赋得概率P_q 为剖分子域内的概率测度。

(2) 令 $\boldsymbol{\Theta}=\boldsymbol{\theta}_q$，按照确定性非线性分析的方法求取结构反应，计算 $\partial G_l(\boldsymbol{\theta}_q,\tau_m)/\partial\tau$，这里 $\tau_m=m\Delta\tau, m=0,1,2,\cdots$，$\Delta\tau$ 为广义时间步长。

(3) 将 $\partial G_l(\boldsymbol{\theta}_q,\tau_m)/\partial\tau$ 代入概率密度演化方程 (12.2.4)，采用差分方法进行数值求解，获得偏微分方程的数值解答 $p_{X\boldsymbol{\Theta}}(x_j,\boldsymbol{\theta}_q,\tau_k)$，其中 $x_j=x_0+j\Delta x, j=0,\pm1,\pm2,\cdots$，$\Delta x$ 为空间离散步长；$\tau_k=k\Delta\tau$，$k=0,1,2,\cdots$；$\Delta\tau$ 为偏微分方程求解中的时间步长。

(4) 利用 $p_{X\boldsymbol{\Theta}}(x_j,\boldsymbol{\theta}_q,\tau_k)$，对式 (12.1.15) 进行数值积分给出结构反应的概率密度解答，即

$$p_{\boldsymbol{Z}}(z_j,\tau)=\sum_{q=1}^{N_{\rm sel}}p_{\boldsymbol{Z\Theta}}(z_j,\boldsymbol{\theta}_q,\tau_k)P_q \tag{12.2.8}$$

12.2.3 概率空间剖分

针对上述步骤，需要考虑一些关键的细节：概率空间的剖分方法、确定性结构有限元算法、概率密度演化方程的差分求解算法。其中，确定性结构有限元算法已于本书前述内容详细论及，概率密度演化方程的差分求解算法在下一小节专门讨论。这里，先来讨论概率空间的剖分方法。

概率空间的剖分，在本质上是与概率空间相对应的多维实数空间的剖分。在随机参数个数 n_{Θ} 很小的情况下，例如，$n_{\Theta}=1,2$ 时，可以直接采取等间距剖分。

以单一随机变量的情况为例，对于随机变量 Θ_1，设 x_l、x_u 为随机变量分布的下限与上限，可将分布区间 $[x_l,x_u]$ 分为 N_1 等份，并取各个分段的中点为离散代表点，记为 $\Theta_{1,i}$，$i=1,2,\cdots,N_1$，则有

$$\theta_{1,i}=x_l+\left(i-\frac{1}{2}\right)\frac{x_u-x_l}{N_1}\qquad(i=1,2,\cdots)\tag{12.2.9}$$

而每一分段 (单元) 的概率测度可以根据 Θ_1 的概率分布由下式计算：

$$p_{\Theta_1}(\boldsymbol{\theta}_i)=\frac{1}{2}\big[p_{\Theta_1}(\boldsymbol{\theta}_i)+p_{\Theta_1}(\boldsymbol{\theta}_{i-1})\big]\big(x_i-x_{i-1}\big)\tag{12.2.10}$$

在多个随机变量的场合，仍然采用等分法将导致计算工作量的迅速增长，此时，需要采用特殊的概率空间剖分方法。较为实用的是数论方法 (华罗庚和王元，1978；Li & Chen，2009a)，详见本书附录 C。

12.2.4 有限差分法

对广义概率密度演化方程的求解，可以采用有限差分法、有限体积法等多种数值方法，其中，有限差分方法是较好的选择。研究表明，有限差分方法的计算性能极大地依赖于差分格式的选取 (Anderson，1995；陈建兵和李杰，2004)，不同的差分格式对计算精度具有很大的影响。并且，在概率密度演化分析中，要求差分给出的数值结果能确保概率密度的非负性；由于概率密度演化方程的系数有正负号变化，对差分方向应该给予足够的注意。

通常情况下，对于静力非线性问题，方程 (12.2.3) 的系数较为光滑，此时，可以选择单边差分格式进行概率密度演化方程的求解。这里以一维问题 (12.2.4) 为例说明。

为方便起见，将方程 (12.2.4) 简写为

$$\frac{\partial p}{\partial \tau}+h\frac{\partial p}{\partial z}=0\tag{12.2.11}$$

先考虑 $h>0$ 的情形，以 $p_{j,k}$ 表示 $p(z_j,\tau_k)$，其余符号类似，用一阶差分代替

式 (12.2.11) 中的一阶微分，即

$$\frac{\partial p}{\partial \tau} = \frac{p_{j,k} - p_{j,k-1}}{\Delta \bar{\tau}} + o(\Delta \bar{\tau}) \tag{12.2.12a}$$

$$\frac{\partial p}{\partial z} = \frac{p_{j,k-1} - p_{j-1,k-1}}{\Delta z} + o(\Delta z) \tag{12.2.12b}$$

将式 (12.2.12) 代入式 (12.2.11) 中，并略去高阶小量，可得

$$p_{j,k} = \left(1 - hr_{\text{L}}\right) p_{j,k-1} + hr_{\text{L}} p_{j-1,k-1} \tag{12.2.13}$$

式中，$r_{\text{L}} = \Delta \bar{\tau} / \Delta z$ 为差分网格比。

显然，利用差分，使求解微分方程的问题变成了在增量节点处的递推代数计算，问题的复杂性大大降低。

从式 (12.2.12) 可知，上述单边差分格式在时间和空间上均为一阶精度。

不难证明

$$\sum_j p_{j,k} = \sum_j p_{j,k-1} \tag{12.2.14}$$

此式事实上是概率守恒在数值算法上的体现。

若 h 为常量，则有

$$\sum_j p_{j,k} z_j = x(\tau = 0) + h\tau_k \tag{12.2.15}$$

它表明，计算所得 z 方向的均值点是以 h 为斜率的直线，如图 12.2.3(a) 中的斜线 I。

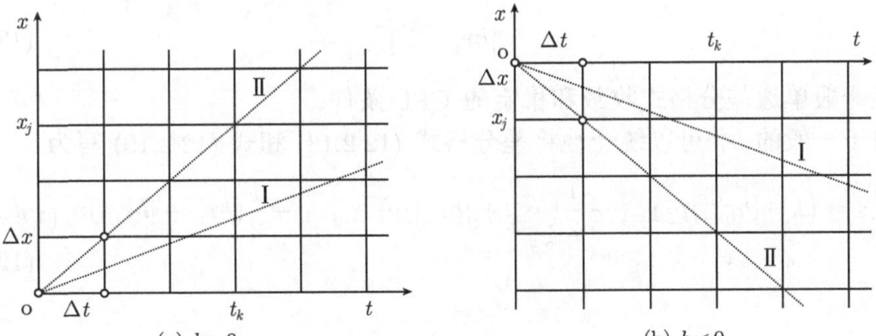

(a) $h>0$ (b) $h<0$

图 12.2.3 单边差分格式

为了更清楚了解上述差分格式的性态，以初始概率集中于 $x(t=0)=0$ 的情况为例说明。此时，离散化的初始条件为

$$p_{j,0} = \frac{1}{\Delta z} \delta_{j,0} \tag{12.2.16}$$

式中，$\delta_{j,0}$ 为 Kronecker 记号，亦即在 τ_0 层，除 $z_0=0$ 即原点的值非零，其余点均为零。根据式 (12.2.13)，在 τ_1 层，有两点 x_0、x_1 非零 (图 12.2.3(a))。依此类推可见，非零点是沿着斜线 II 为边界的点传播。显然，为确保 $p_{0,1}$、$p_{1,1}$ 非零，从式 (12.2.13) 可知，必然要求

$$hr_{\text{L}} \leqslant 1 \tag{12.2.17}$$

式 (12.2.17) 恰好是差分格式 (12.2.13) 满足收敛性与稳定性的 CFL 条件(傅德薰和马延文，2002)。这一条件使得斜线 I 的斜率比斜线 II 的斜率小。结合式 (12.2.15)，可知式 (12.2.17) 还说明均值点必在非零概率密度点的范围之内，这是显然的。

当 $h<0$ 时，差分方向应该改变，式 (12.2.12b) 变为

$$\frac{\partial p}{\partial z}=\frac{p_{j+1,k-1}-p_{j,k-1}}{\Delta z}+o(\Delta z) \tag{12.2.18}$$

相应地，式 (12.2.13) 成为

$$p_{j,k}=\left(1+hr_{\text{L}}\right)p_{j,k-1}-hr_{\text{L}}p_{j+1,k-1} \tag{12.2.19}$$

与式 (12.2.17) 类似，这里要求

$$-hr_{\text{L}} \leqslant 1 \tag{12.2.20}$$

如图 12.2.3(b) 所示。

综合式 (12.2.17) 可得

$$\left|hr_{\text{L}}\right| \leqslant 1 \tag{12.2.21}$$

这就是一般单边差分格式收敛和稳定的 CFL 条件。

对于一般的 h，可以统一地将差分格式 (12.2.13) 和式 (12.2.19) 写为

$$p_{j,k}=\left(1-|hr_{\text{L}}|\right)p_{j,k-1}+\frac{1}{2}\left(hr_{\text{L}}+|hr_{\text{L}}|\right)p_{j-1,k-1}-\frac{1}{2}\left(hr_{\text{L}}-|hr_{\text{L}}|\right)p_{j+1,k-1} \tag{12.2.22}$$

或者

$$p_{j,k}=\left(1-|hr_{\text{L}}|\right)p_{j,k-1}+|hr_{\text{L}}|\Big\{u(h)p_{j-1,k-1}+\big[1-u(h)\big]p_{j+1,k-1}\Big\} \tag{12.2.23}$$

其中，$u(\cdot)$ 为单位阶跃函数

$$u(z)=\begin{cases}1, & z\geqslant 0\\ 0, & z<0\end{cases} \tag{12.2.24}$$

值得指出，图 12.2.3 中的斜线事实上是微分方程 (12.2.11) 的特征线。在物理上，它是微分方程信息传播的方向，因此，差分格式的前进方向必须与其一致，否则将是不稳定的。这是构造一般的差分格式时需要特别注意的问题。

细心的读者可能已经注意到，在有限元分析与差分求解中都牵涉到广义时间 τ 的离散。在有限元中，$\Delta\tau$ 表现为加载步长，而在差分求解中，$\Delta\bar{\tau}$ 则表现为差分步长。一般没有必要使二者相同。事实上，二者不同步常常是有利的。这是因为通常情况下，有限元分析中的精度和稳定性要求对 $\Delta\tau$ 的限制较为宽松，而概率密度演化方程差分求解时，其精度和稳定性则往往要求 $\Delta\bar{\tau}$ 更小。在此情况下，最简单的办法是对有限元分析结果进行线性插值以构成差分求解中的时变系数 $\partial G_l(\boldsymbol{\theta_q},\tau_k)/\partial\tau$。

在差分求解时，需对初始条件进行离散化。考察式 (12.1.17) 可知，在 $\{\boldsymbol{\Theta}=\boldsymbol{\theta}\}$ 的条件下，$Z(\tau_0)$ 以概率 1 等于 z_0。若 z_0 不与差分网格 z 轴上的网格点重合，且 $z_0\in[z_s,z_{s+1}]$，其中

$$s=\mathrm{int}(z_0/z_s) \tag{12.2.25}$$

式中，$\mathrm{int}(\cdot)$ 为取整函数，表示取不大于括号中数值的整数，则式 (12.2.16) 可变为 $p_{j,0}=\dfrac{1}{\Delta z}\delta_{j,s}$。为了减小由此可能造成的误差，可适当调整网格比使得 $\dfrac{z_0}{z_s}$ 恰为整数。

12.2.5 注记

在实际问题分析中，根据需要，有限元分析可能采用位移加载机制，也可能采用荷载加载机制分析，这时广义时间参数分别为特征位移加载参数和比例荷载因子参数。

应该注意，在不同加载机制下所得的密度演化表现形式可能随所考察对象发生变化。若不加注意，可能导致概念上的混乱。以结构承载力–顶部位移曲线为例，当采用荷载加载机制时，广义时间参数为比例荷载因子参数，对于任意给定的荷载水平 F_{t}，结构的位移 (以及其他相应物理量) 是随机的，若用常规的 P-$\varDelta$ 曲线表现形式，以位移量为横坐标，则概率密度演化方法给出的结果 $p_{\varDelta}(\varDelta,F_{\mathrm{t}})$ 如图 12.2.4(a) 所示。而对于位移加载机制，广义时间参数为特征位移加载参数，对于任意给定的加载位移水平 $\varDelta_{\mathrm{t}}$，结构的荷载 (以及其他相应物理量) 是随机的，概率密度演化方法给出的结果 $p_{\mathrm{F}}(f,\varDelta_{\mathrm{t}})$ 是一族随着位移加载水平 $\varDelta_{\mathrm{t}}$ 的变化而变化的概率密度函数，如图 12.2.4(b) 所示。虽然图 12.2.4(a) 与图 12.2.4(b) 实质相同，但给人的印象已显混乱。

为了避免出现上述印象上的混乱，我们约定：在绘制概率密度演化等值线时，以广义时间参数为横坐标。此时，概率密度演化一律表现为与图 12.2.4(b) 类似的形式。

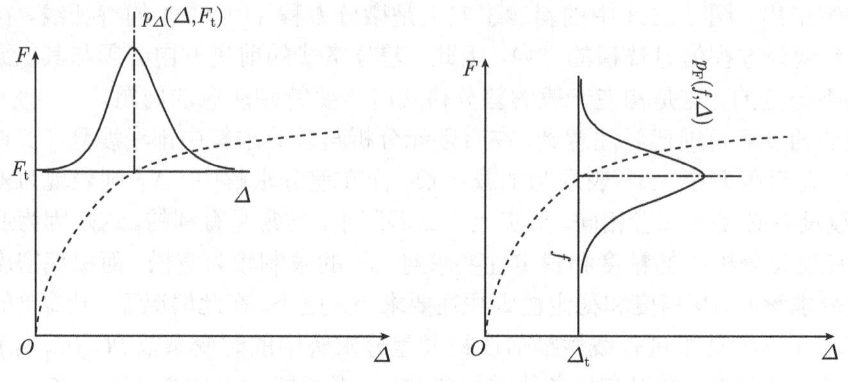

(a) 荷载加载机制 (b) 位移加载机制

图 12.2.4 加载机制与密度演化

12.3 混凝土结构动力非线性随机反应分析

12.3.1 动力方程与广义概率密度演化方程

根据结构动力学知识 (Clough & Penzien，2003)，对一般的多自由度线性动力系统，成立如下动力学方程：

$$\boldsymbol{M}(\Theta_m)\ddot{\boldsymbol{X}}+\boldsymbol{C}(\Theta_c)\dot{\boldsymbol{X}}+\boldsymbol{K}(\Theta_k)\boldsymbol{X}=\boldsymbol{F}(\Theta_F,t) \tag{12.3.1}$$

式中，$\boldsymbol{M}$、$\boldsymbol{C}$、$\boldsymbol{K}$ 分别为质量矩阵、阻尼矩阵和刚度矩阵；$\ddot{\boldsymbol{X}}$、$\dot{\boldsymbol{X}}$、$\boldsymbol{X}$ 分别为 n 阶加速度、速度和位移向量；$\boldsymbol{F}$ 为激励向量；Θ_m、Θ_c、Θ_k、Θ_F 分别为影响质量、阻尼、刚度和动力激励的物理参数，可以引入 $\boldsymbol{\Theta}=(\Theta_m,\Theta_c,\Theta_k,\Theta_F)$ 统一表达各变量。

当结构材料出现损伤，结构反应进入非线性发展阶段，其动力学方程转变为

$$\boldsymbol{M}(\Theta_m)\ddot{\boldsymbol{X}}+\boldsymbol{C}(\Theta_c)\dot{\boldsymbol{X}}+\boldsymbol{f}(\Theta_d,\boldsymbol{X})=\boldsymbol{F}(\Theta_F,t) \tag{12.3.2}$$

式中，$\boldsymbol{f}$ 为非线性恢复力向量；Θ_d 为与材料损伤相关的物理变量，同样可以引入 $\boldsymbol{\Theta}=(\Theta_m,\Theta_c,\Theta_d,\Theta_F)$ 统一表达各物理变量。

在给定初始条件下，求解动力学方程 (12.3.1) 或 (12.3.2) 可以获得适定解

$$x_l(t)=g_l(\boldsymbol{\Theta},t),\qquad \dot{x}_l(t)=h_l(\boldsymbol{\Theta},t)\qquad (l=1,2,\cdots,n) \tag{12.3.3}$$

当 $\boldsymbol{\Theta}=(\Theta_m,\Theta_c,\Theta_d,\Theta_F)$ 中的参数为随机参数时，需要用概率密度的演化过程描述结构的反应。根据概率守恒原理，对上述线性与非线性系统，若以 $\boldsymbol{z}$ 表示一

般的与 x 相关的物理量 (如内力、变形、应力、应变等)，则可以统一导出如下广义概率密度演化方程 (李杰和陈建兵，2003a，2003b；Li & Chen，2008，2009a)：

$$\frac{\partial p_{\boldsymbol{Z}\boldsymbol{\Theta}}(\boldsymbol{z},\boldsymbol{\theta},t)}{\partial t}+\sum_{l=1}^{n}\dot{Z}_l(\boldsymbol{\theta},t)\frac{\partial p_{\boldsymbol{Z}\boldsymbol{\Theta}}(\boldsymbol{z},\boldsymbol{\theta},t)}{\partial z_l}=0 \tag{12.3.4}$$

显然，在动力情况下，式 (12.1.14) 中的广义时间 τ 退化为一般的时间 t，$\boldsymbol{Z}$ 仍然对应所关注的物理量 (如位移、内力、应变、应力等)。一般地，有

$$\boldsymbol{Z}=\boldsymbol{H}(x,\boldsymbol{\Theta},t) \tag{12.3.5}$$

$H(\cdot)$ 的具体形式由所关注的物理量决定。

$\boldsymbol{Z}(t)$ 的概率密度函数为

$$p_{\boldsymbol{Z}}(\boldsymbol{z},t)=\int_{\Omega_{\boldsymbol{\Theta}}}p_{\boldsymbol{Z}\boldsymbol{\Theta}}(\boldsymbol{z},\boldsymbol{\theta},t)\,\mathrm{d}\boldsymbol{\theta} \tag{12.3.6}$$

广义概率密度演化方程 (12.3.4) 描述了随机性在一般动力系统中的传播规律。对于一维情形，式 (12.3.4) 退化为

$$\frac{\partial p_{Z_l\boldsymbol{\Theta}}(z_l,\boldsymbol{\theta},t)}{\partial t}+\dot{Z}_l(\boldsymbol{\theta},t)\frac{\partial p_{Z_l\boldsymbol{\Theta}}(z_l,\boldsymbol{\theta},t)}{\partial z_l}=0 \tag{12.3.7}$$

为求解广义概率密度演化方程，需确立初始条件。对于一维情形，若随机参数与初始条件无关，则有

$$p_{z\Theta}(z,\boldsymbol{\theta},\tau)|_{\tau=0}=\delta(z-z_0)p_{\boldsymbol{\Theta}}(\boldsymbol{\theta}) \tag{12.3.8}$$

广义概率密度演化方程的求解，在简单情况下，可以利用 12.1.4 小节所述的解析解。而在一般情况下，则要利用类似 12.2.2 小节的数值算法，基本的求解步骤可以概括为以下几步 (Li & Chen，2009a)：

(1) 对随机参数向量空间 $\Omega_{\boldsymbol{\Theta}}$ 进行概率剖分，并在每一剖分区域取得离散代表点$\boldsymbol{\theta}_q$ $(q=1,2,\cdots,N_{\mathrm{sel}})$，这里 N_{sel} 为所取概率空间的剖分单元总数，其赋得概率为 P_q。

(2) 令 $\boldsymbol{\Theta}=\boldsymbol{\theta}_q$，按照确定性动力非线性分析的方法求取结构反应，计算 $\dot{Z}_l(\boldsymbol{\theta}_q,t_m)$，这里 $t_m=m\Delta t,m=0,1,2,\cdots$，$\Delta t$ 为广义时间步长。

(3) 将 $\dot{Z}_l(\boldsymbol{\theta}_q,t_m)$ 代入概率密度演化方程 (12.3.7)，采用差分方法进行数值求解，获得偏微分方程的数值解答 $p_{Z_l\boldsymbol{\Theta}}(z_j,\boldsymbol{\theta}_q,t_k)$。其中 $z_j=z_0+j\Delta z,j=0,\pm1,\pm2,\cdots$，$\Delta z$ 为空间离散步长；$t_k=k\Delta\bar{t}$，$k=0,1,2,\cdots$，$\Delta\bar{t}$ 为偏微分方程差分求解中的时间步长。

(4) 利用 $p_{\boldsymbol{Z\Theta}}(z_j,\boldsymbol{\theta}_q,t_k)$，对式 (12.3.6) 进行数值积分给出结构反应的概率密度解答，即

$$p_{\boldsymbol{Z}}(z_j,t_k)=\sum_{q=1}^{N_{\mathrm{sel}}}p_{\boldsymbol{Z\Theta}}(z_j,\boldsymbol{\theta}_q,t_k)P_q \tag{12.3.9}$$

显然，由于是动力问题，这里的算法有其自身特殊性。主要表现在：确定性结构动力学方程的求解、因动力问题引发的差分求解算法特殊性。以下分别论述。

12.3.2　结构动力分析

20 世纪 50 年代以来，已针对结构动力学分析问题提出了多种时程数值积分方法。评价这些算法优劣的基本标准是算法的收敛性、稳定性和精度。一般说来，对于通过有限单元方法形成的多自由度结构体系，由于形函数的引入，增加了系统刚性，从而限制了对于高阶模态的分辨率，时程分析中的高阶频率分量往往是失真的。因此，在数值积分中需要尽可能通过算法阻尼抑制上述失真效应，与此同时，又要求尽可能减小算法阻尼对低频分量的耗散。为了实现这种相互冲突的目的，相继提出了多种具有良好精度和性态的数值积分方法，其中较为有效的是精细时程积分方法 (钟万勰，1994)、广义 α 方法 (Chung & Hulbert，1993) 及单步全量迭代法 (Chung & Lee，1994)。由于多数动力学书籍中对结构动力分析方法都有专门论述 (如刘章军和陈建兵，2012)，这里，仅介绍浅显易懂的 Newmark 积分法，并以线性系统为例。

考虑增量形式的动力学方程

$$\boldsymbol{M}\Delta\ddot{\boldsymbol{X}}+\boldsymbol{C}\Delta\dot{\boldsymbol{X}}+\boldsymbol{K}\Delta\boldsymbol{X}=\Delta\boldsymbol{F}(t) \tag{12.3.10}$$

对于速度与位移增量，Newmark 假定 (Newmark，1959)

$$\Delta\dot{\boldsymbol{X}}=\left[(1-\gamma)\ddot{\boldsymbol{X}}_k+\gamma\ddot{\boldsymbol{X}}_{k+1}\right]\Delta t \tag{12.3.11a}$$

$$\Delta\boldsymbol{X}=\dot{\boldsymbol{X}}_k\Delta t+\left[\left(\frac{1}{2}-\beta\right)\ddot{\boldsymbol{X}}_k+\beta\ddot{\boldsymbol{X}}_{k+1}\right]\Delta t^2 \tag{12.3.11b}$$

事实上，式 (12.3.11) 是对状态变量进行泰勒级数展开的某种简化，用 $\ddot{\boldsymbol{X}}_k$ 和 $\ddot{\boldsymbol{X}}_{k+1}$ 构成 $[t_k,t_{k+1}]$ 区间内在一定意义上的平均值，因此，它是微分中值定理的近似表达。

将式 (12.3.11) 代入式 (12.3.10)，有

$$\begin{aligned}&\boldsymbol{M}\Delta\ddot{\boldsymbol{X}}+\boldsymbol{C}\left[(1-\gamma)\ddot{\boldsymbol{X}}_k+\gamma\ddot{\boldsymbol{X}}_{k+1}\right]\Delta t\\&\quad+\boldsymbol{K}\left\{\dot{\boldsymbol{X}}_k\Delta t+\left[\left(\frac{1}{2}-\beta\right)\ddot{\boldsymbol{X}}_k+\beta\ddot{\boldsymbol{X}}_{k+1}\right]\Delta t^2\right\}=\Delta\boldsymbol{F}(t)\end{aligned} \tag{12.3.12}$$

注意到 $\ddot{X}_{k+1}=\ddot{X}_k+\Delta\ddot{X}$，经整理，可得

$$(\boldsymbol{M}+\gamma\Delta t\boldsymbol{C}+\beta\Delta t^2\boldsymbol{K})\Delta\ddot{\boldsymbol{X}}=\Delta\boldsymbol{F}(t)-\Delta t\boldsymbol{K}\dot{\boldsymbol{X}}_k-\Delta t\boldsymbol{C}\ddot{\boldsymbol{X}}_k-\frac{1}{2}\Delta t^2\boldsymbol{K}\ddot{\boldsymbol{X}}_k \tag{12.3.13}$$

根据不同的求解未知量，可以构成加速度求解格式和位移求解格式。

1) *加速度求解格式*

由式 (12.3.13) 可求得

$$\Delta\ddot{\boldsymbol{X}}=\bar{\boldsymbol{M}}^{-1}\Delta\bar{\boldsymbol{F}}_{\mathrm{a}}(t) \tag{12.3.14}$$

其中的等效质量矩阵 $\bar{\boldsymbol{M}}$ 和等效激励增量 $\Delta\bar{\boldsymbol{F}}_{\mathrm{a}}(t)$ 分别表示为

$$\bar{\boldsymbol{M}}=\boldsymbol{M}+\gamma\Delta t\boldsymbol{C}+\beta\Delta t^2\boldsymbol{K} \tag{12.3.15a}$$

$$\Delta\bar{\boldsymbol{F}}_{\mathrm{a}}(t)=\Delta\boldsymbol{F}(t)-\Delta t\boldsymbol{K}\dot{\boldsymbol{X}}_k-\Delta t\boldsymbol{C}\ddot{\boldsymbol{X}}_k-\frac{1}{2}\Delta t^2\boldsymbol{K}\ddot{\boldsymbol{X}}_k \tag{12.3.15b}$$

与此同时，再次注意到 $\ddot{\boldsymbol{X}}_{k+1}=\ddot{\boldsymbol{X}}_k+\Delta\ddot{\boldsymbol{X}}$，式 (12.3.11) 可以改写为

$$\Delta\dot{\boldsymbol{X}}=\ddot{\boldsymbol{X}}_k+\gamma\Delta t\Delta\ddot{\boldsymbol{X}} \tag{12.3.16a}$$

$$\Delta\boldsymbol{X}=\Delta t\dot{\boldsymbol{X}}_k+\frac{1}{2}\Delta t^2\ddot{\boldsymbol{X}}_k+\beta\Delta t^2\Delta\ddot{\boldsymbol{X}} \tag{12.3.16b}$$

式 (12.3.14) 和式 (12.3.16) 即构成一组完整的加速度增量、速度增量和位移增量的求解公式。

2) *位移求解格式*

由式 (12.3.16b) 可知

$$\Delta\ddot{\boldsymbol{X}}=\frac{1}{\beta\Delta t^2}\left(\Delta\boldsymbol{X}-\Delta t\dot{\boldsymbol{X}}_k-\frac{1}{2}\Delta t^2\ddot{\boldsymbol{X}}_k\right) \tag{12.3.17}$$

将其代入式 (12.3.13)，有

$$\Delta\boldsymbol{X}=\bar{\boldsymbol{K}}^{-1}\Delta\bar{\boldsymbol{F}}_{\mathrm{d}}(t) \tag{12.3.18}$$

其中等效刚度矩阵 $\bar{\boldsymbol{K}}$ 和等效荷载增量 $\Delta\bar{\boldsymbol{F}}_{\mathrm{d}}(t)$ 分别表示为

$$\bar{\boldsymbol{K}}=\frac{1}{\beta\Delta t^2}\boldsymbol{M}+\frac{\gamma}{\beta\Delta t}\boldsymbol{C}+\boldsymbol{K} \tag{12.3.19a}$$

$$\Delta\bar{\boldsymbol{F}}_{\mathrm{d}}(t)=\Delta\boldsymbol{F}(t)+\left(\frac{1}{\beta\Delta t}\boldsymbol{M}+\frac{\gamma}{\beta}\boldsymbol{C}\right)\dot{\boldsymbol{X}}_k+\left(\frac{1}{2\beta}\boldsymbol{M}+\frac{\gamma-2\beta}{2\beta}\Delta t\boldsymbol{C}\right)\ddot{\boldsymbol{X}}_k \tag{12.3.19b}$$

式 (12.3.18)、式 (12.3.16a) 和式 (12.3.17) 亦构成一组完整的位移增量、速度增量和加速度增量的求解公式。

研究表明，Newmark 方法的收敛和稳定性条件为

$$\beta \geqslant \frac{1}{4}\left(\frac{1}{2}+\gamma\right)^2, \qquad \gamma \geqslant \frac{1}{2} \qquad \frac{1}{2}+\gamma+\beta > 0 \tag{12.3.20}$$

若取振幅衰减系数 ρ，令

$$\beta = \frac{1}{4}(1+\rho)^2, \qquad \gamma = \frac{1}{2}+\rho \tag{12.3.21}$$

可见当 $\rho > 0$ 时，Newmark 方法是无条件稳定的。

在非线性分析中，式 (12.3.10) 中的刚度矩阵应为切线刚度矩阵，与第 11 章中的讨论类似，存在不同类型的迭代法，兹不赘述。

12.3.3　差分格式的选取

在结构动力反应概率密度演化分析中，广义概率密度演化方程的系数 $\dot{X}(\boldsymbol{\theta},t)$ 一般是随着时间迅速变化的，此时，12.2.4 节中讨论的单边差分格式精度过低，难以得到可靠的解答。一般而言，在动力分析中，应采用具有二阶精度的差分格式。根据计算经验，Lax-Wendroff 格式及其修正格式可以达到较为满意的效果 (Li & Chen，2009a)。

1) Lax-Wendroff 格式

一维形式的广义概率密度演化方程事实上是形如下式的偏微分方程：

$$\frac{\partial p}{\partial t}+h\frac{\partial p}{\partial z}=0 \tag{12.3.22}$$

在差分算法中，为了构造二阶精度的格式，可以将 $p_{j,k}$ 关于 t 进行二阶泰勒展开，即

$$p_{j,k}=p_{j,k-1}+\Delta t\left.\frac{\partial p}{\partial t}\right|_{j,k-1}+\frac{1}{2}\Delta t^2\left.\frac{\partial^2 p}{\partial t^2}\right|_{j,k-1}+o(\Delta t^2) \tag{12.3.23}$$

注意到式 (12.3.22)、式 (12.3.23) 中的第三项中的二阶偏导数

$$\frac{\partial^2 p}{\partial t^2}=\frac{\partial}{\partial t}\left(\frac{\partial p}{\partial t}\right)=-\frac{\partial}{\partial t}\left(h\frac{\partial p}{\partial x}\right)=-\frac{\partial}{\partial x}\left(h\frac{\partial p}{\partial t}\right)=h^2\frac{\partial^2 p}{\partial x^2} \tag{12.3.24}$$

将其代入式 (12.3.23) 中，有

$$p_{j,k}=p_{j,k-1}-h\Delta t\left.\frac{\partial p}{\partial x}\right|_{j,k-1}+\frac{(h\Delta t)^2}{2}\left.\frac{\partial^2 p}{\partial x^2}\right|_{j,k-1}+o(\Delta t^2) \tag{12.3.25}$$

对式 (12.3.25) 中的第二和第三项引入差分格式

$$\left.\frac{\partial p}{\partial x}\right|_{j,k-1}=\frac{1}{2\Delta x}\left(p_{j+1,k-1}-p_{j-1,k-1}\right)+o(\Delta x) \tag{12.3.26a}$$

$$\left.\frac{\partial^2 p}{\partial x^2}\right|_{j,k-1}=\frac{1}{\Delta x^2}\left(p_{j+1,k-1}+p_{j-1,k-1}-2p_{j,k-1}\right)+o(\Delta x) \tag{12.3.26b}$$

将式 (12.3.26) 代入式 (12.3.25) 即得 Lax-Wendroff 差分格式

$$p_{j,k}=\frac{1}{2}\left(h^2r_{\text{L}}^2-hr_{\text{L}}\right)p_{j+1,k-1}+\left(1-h^2r_{\text{L}}^2\right)p_{j,k-1}+\frac{1}{2}\left(h^2r_{\text{L}}^2+hr_{\text{L}}\right)p_{j-1,k-1} \tag{12.3.27}$$

从上述推导过程可知，Lax-Wendroff 格式是具有二阶精度的格式。与单边差分格式(12.2.22) 相比较，可知式 (12.3.27) 具有自动选择差分方向的功能。

图 12.3.1 示出了 Lax-Wendroff 格式中非零概率点的传播方向，其中斜线 I_1、II_1 为 $h>0$ 的情况，I_2、II_2 为 $h<0$ 的情况，无论对于何种情况，显然都要求斜线 I 在斜线 II 的角度之内，亦即

$$\left|hr_{\text{L}}\right|\leqslant 1 \tag{12.3.28}$$

这恰好就是 Lax-Wendroff 格式稳定和收敛的 CFL 条件。

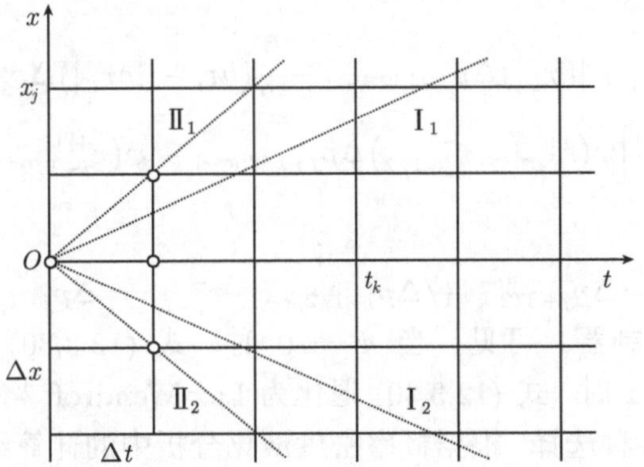

图 12.3.1　Lax-Wendroff 格式的传播

2) TVD 格式

计算经验表明，采用 Lax-Wendroff 格式计算给出的结构随机动力响应二阶统计量具有良好的精度。然而，遗憾的是，它不能确保结构随机动力响应概率密度函数的非负性，特别是在概率密度函数曲线的不连续点和不可导点处，将产生明显的振荡，这是由 Lax-Wendroff 格式的色散效应造成的。

处理色散效应的有效方法之一是施加某种性质的算法阻尼，以耗散效应来消除色散效应。若能在耗散效应与色散效应之间取得某种平衡，就可以给出较为满意的数值解答。在这一驱动下，计算流体力学中发展了一大类具有总变差不增 (total viariation diminishing) 特征的计算格式，通常简称为 TVD 格式(Anderson，1995)。这里介绍通过对 Lax-Wendroff 格式施加通量限制器(flux limiter) 所构成的一种较为简单的格式。

首先将 Lax-Wendroff 格式改写为如下形式：

$$
\begin{aligned}
p_{j,k} = p_{j,k-1} &- \frac{1}{2}\left(hr_{\mathrm{L}} + |hr_{\mathrm{L}}|\right)\Delta p_{j-1/2,k-1} - \frac{1}{2}\left(hr_{\mathrm{L}} - |hr_{\mathrm{L}}|\right)\Delta p_{j+1/2,k-1} \\
&- \frac{1}{2}\left(1 - |hr_{\mathrm{L}}|\right)|hr_{\mathrm{L}}|\left(\Delta p_{j+1/2,k-1} - \Delta p_{j-1/2,k-1}\right)
\end{aligned}
\tag{12.3.29}
$$

式中，$\Delta p_{j-1/2,k-1} = p_{j,k-1} - p_{j-1,k-1}$ 以及 $\Delta p_{j+1/2,k-1} = p_{j+1,k-1} - p_{j,k-1}$ 为数值通量。

比较式 (12.3.29) 与式 (12.2.22) 可知，Lax-Wendroff 格式是在单边差分格式基础上进行了最后一项的修正。从二者的实际计算性态来看，单边差分格式具有较大的耗散，但是可以确保概率密度的非负性，基本上没有色散效应；而 Lax-Wendroff 格式所施加的修正项虽然减小了耗散，但同时也引入了过大的色散效应。在这种情况下，人们想到或许二者的某种折中可给出较好的结果。因此，进一步引入关于修正项的修正系数，式 (12.3.29) 变为

$$
\begin{aligned}
p_{j,k} = p_{j,k-1} &- \frac{1}{2}\left(hr_{\mathrm{L}} + |hr_{\mathrm{L}}|\right)\Delta p_{j-1/2,k-1} - \frac{1}{2}\left(hr_{\mathrm{L}} - |hr_{\mathrm{L}}|\right)\Delta p_{j+1/2,k-1} \\
&- \frac{1}{2}\left(1 - |hr_{\mathrm{L}}|\right)|hr_{\mathrm{L}}|\left[\psi\left(r^{+}_{j+1/2}, r^{-}_{j+1/2}\right)\Delta p_{j+1/2,k-1} - \psi\left(r^{+}_{j-1/2}, r^{-}_{j-1/2}\right)\Delta p_{j-1/2,k-1}\right]
\end{aligned}
\tag{12.3.30}
$$

式中，差分比 $r^{+}_{j+1/2} = \Delta p_{j+3/2,k-1}/\Delta p_{j+1/2,k-1}$，$r^{-}_{j+1/2} = \Delta p_{j-1/2,k-1}/\Delta p_{j+1/2,k-1}$，$\psi(r^{+}, r^{-})$ 为通量限制器。可见，当 $\psi = 0$ 时，式 (12.3.30) 退化为单边差分格式(12.2.22)；当 $\psi = 1$ 时，式 (12.3.30) 退化为 Lax-Wendroff 格式。

通量限制器有多种选择，根据概率密度演化分析中的计算经验，具有较小耗散的 Roe-Sweby 通量限制器计算性能较为理想，这时，取

$$
\psi_{\mathrm{sb}}(r^{-}) = \max\left[0, \min\left(2r^{-}, 1\right), \min\left(r^{-}, 2\right)\right]
\tag{12.3.31}
$$

在动力分析中，通量限制器需要进一步考虑差分方向的自适应功能，故取

$$
\psi(r^{+}, r^{-}) = u(-h)\psi_{\mathrm{sb}}(r^{+}) + u(h)\psi_{\mathrm{sb}}(r^{-})
\tag{12.3.32}
$$

式中，$u(\cdot)$ 为单位跃阶函数。

在实际计算中，h 是一个时程，应以 $h(t_k)$ 取代之。当动力时程数值积分中的时间步长大于差分格式中的时间步长时，$h(t_k)$ 可以取前者插值的结果，并且要确保 CFL 条件的满足。在分析中，可以先估算 $\left|h(t_k)\right|_{\max}$，然后根据 CFL 条件确定网格比 r_{L}，并在此后每步计算中进行检验。为方便起见，可令网格比 $r_{\mathrm{L}}=r_0/\left|h(t_k)\right|_{\max}$，其中 $r_0\in(0,1]$ 是为了满足 CFL 条件的调整因子。

上述修正的 Lax-Wendroff 格式满足总变差不增的要求，因此是一类 TVD 格式。计算经验表明，它可以有效地减少色散，能够保证所得概率密度函数数值解答的非负性，且在极值点之外仍然具有二阶精度。然而，计算经验也表明，由于增加了耗散，在采用相同差分时间步长的条件下，TVD 格式计算的结构随机响应二阶矩精度比 Lax-Wendroff 格式有所降低。因此，为保证分析结果的精度与有效性，在实际应用中可以先采用 Lax-Wendroff 格式进行分析，以所得二阶矩结果作为 TVD 格式分析结果的校验，当 TVD 格式分析的结果接近 Lax-Wendroff 格式分析结果时，TVD 分析的概率密度函数结果将是可信的。

对于形如式 (12.3.22) 的一阶守恒型偏微分方程，在计算流体力学中尚有许多高分辨率的差分格式，如 NND 格式、ENO 格式等。从实际使用的效果来看，在概率密度演化分析中采用高分辨率格式并不理想。如何进一步提高概率密度演化分析的数值计算精度，仍然是值得深入研究的问题。

12.3.4 地震反应分析实例

考虑一个 8 层层间剪切型混凝土框架结构在地震动作用下的反应。图 12.3.2 为典型地震动输入。为简明计，这里仅考虑结构刚度参数的随机性。

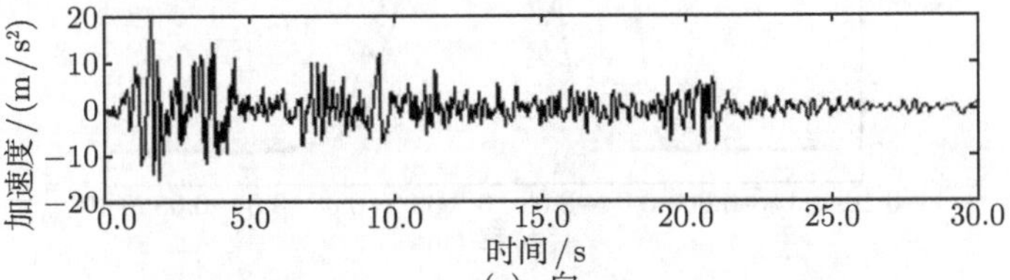

(a) x向

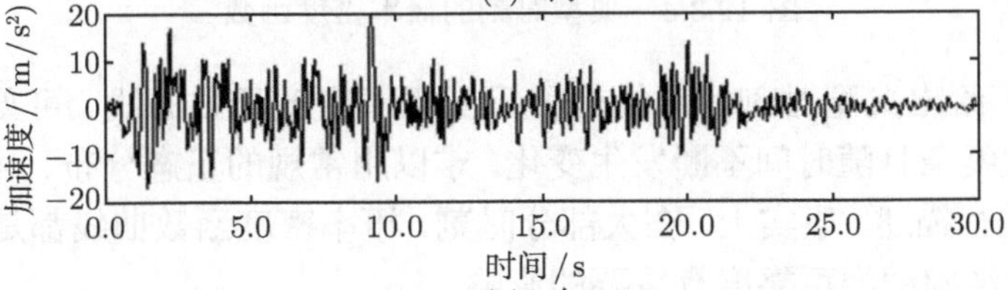

(b) y向

图 12.3.2 输入地震动

图 12.3.3~图 12.3.5 给出了该结构在地震动作用下的顶层位移反应。从图 12.3.3 可见，与随机模拟结果比较，概率密度演化分析方法具有很高的精度，而计算效率

可以达到随机模拟方法的几十到数百倍。

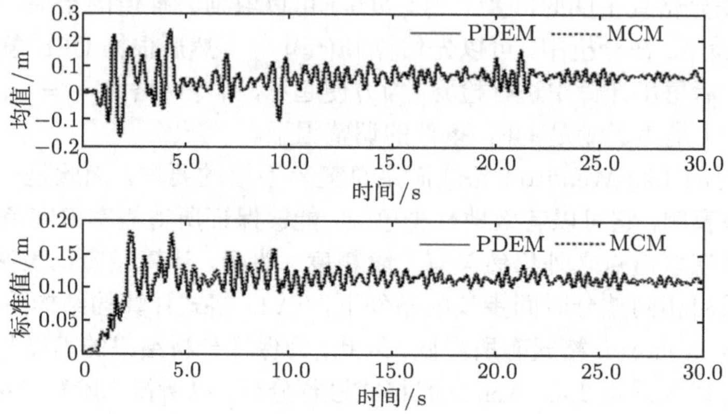

图 12.3.3 均值与标准差

PDEM 为概率密度演化方法；MCM 为蒙特卡罗模拟方法

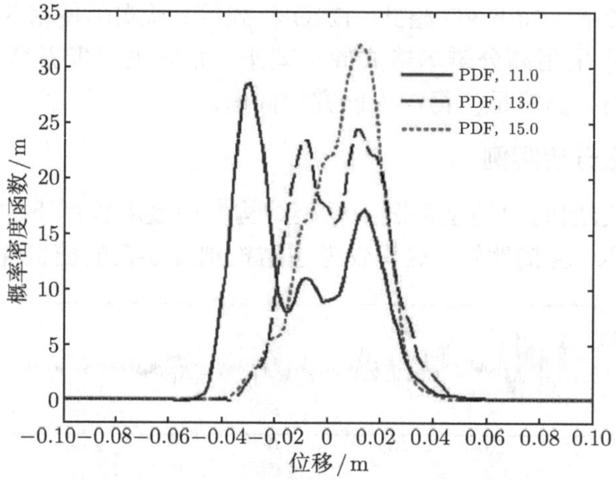

图 12.3.4 典型时刻的概率密度函数

图 12.3.4 给出典型时刻的结构位移反应概率密度函数曲线。可见，瞬时概率密度函数形状复杂且随时间不断发生变化，难以用常规的正态分布、对数正态分布等规则分布进行描述。事实上，在大部分时刻，概率密度函数曲线都是双峰或多峰的。这一点对结构动力可靠度有重要的影响。

图 12.3.5 描述了结构位移反应概率密度函数曲线随时间的变化。可见，在结构随机动力反应过程中，概率流的流动是非常复杂的。一般情况下，它是非平稳流，存在大量的漩涡。显然，人类对非线性随机系统响应概率密度的发展、变化规律的认识尚处在刚刚开始觉醒的阶段。

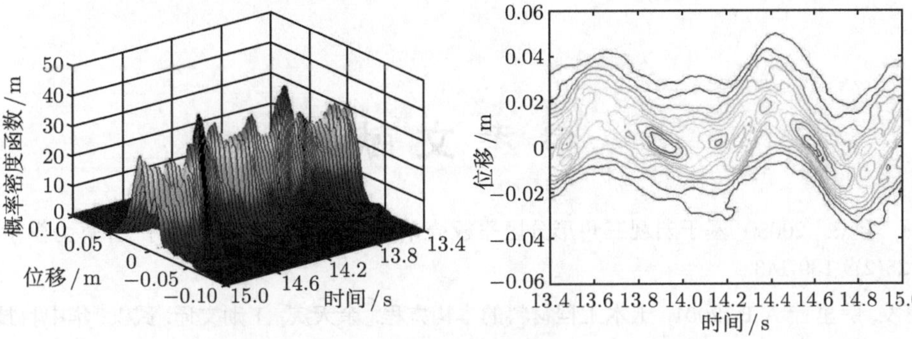

图 12.3.5 概率密度曲面及其等概率密度线

参 考 文 献

曹杨, 李杰. 2008. 基于宏观三角形分区平板壳单元的非线性有限元分析. 计算力学学报, 25(2): 139-143.

陈惠发, 萨里普 A F. 2001. 土木工程材料的本构方程. 余天庆, 王勋文译. 武汉: 华中科技大学出版社.

陈建兵, 李杰. 2004. 随机结构静力反应概率密度演化方程的差分方法. 力学季刊, 25(1): 21-28.

陈建兵, 李杰. 2006a. 结构随机响应概率密度演化分析的数论选点法. 力学学报, 38(1): 134-140.

陈建兵, 李杰. 2006b. 随机结构反应概率密度演化分析的切球选点法. 振动工程学报, 19(1): 1-8.

陈建兵, 李杰. 2008. 结构随机动力非线性反应的整体灵敏度分析. 计算力学学报, 25(2): 169-176.

陈建兵, 李杰. 2011. 随机过程的随机谐和函数表达. 力学学报, 43(3): 505-513.

陈明祥. 2007. 弹塑性力学. 北京: 科学出版社.

陈滔, 黄宗明. 2004. 基于有限单元柔度法的钢筋混凝土空间框架非弹性地震反应分析. 建筑结构学报, 25(2): 79-84.

陈万吉. 1992. 精化杂交法及精化平面四边形单元. 大连理工大学学报, 32(5): 510-519.

陈万吉, 李勇东. 1993. 带旋转自由度的精化非协调平面四边形等参元. 计算结构力学及其应用, 10(1): 22-29.

陈晓明, 龙驭球, 须寅. 2003. 面积坐标法构造含转角自由度的四节点膜元. 工程力学, 20(6):6-11.

邓守春, 刘金兴, 张晶, 等. 2008. 两种弹性损伤模型的基本方程与色散关系讨论. 固体力学学报, 29(1): 29-35.

丁光莹, 李杰. 2003. 混凝土框架结构非线性静力分析的随机模拟. 同济大学学报, 31(4): 389-394.

丁遂栋. 1997. 断裂力学. 北京: 机械工业出版社.

董毓利. 1997. 混凝土非线性力学基础. 北京: 中国建筑工业出版社.

董毓利, 谢和平, 赵鹏. 1997. 不同应变率下混凝土受压全过程的实验研究及其本构模型. 水利学报, 7:72-77.

方开泰, 王元. 1996. 数论方法在统计中的应用. 北京: 科学出版社.

冯西桥, 余寿文. 2002. 准脆性材料细观损伤力学. 北京: 高等教育出版社.

冯元桢. 1992. 连续介质力学导论. 北京: 科学出版社.

冯仲齐, 梅占馨. 1998. 框架–剪力墙结构分析的高精度平面单元. 应用力学学报, 15(2): 105-112.

傅德薰, 马延文. 2002. 计算流体力学. 北京: 高等教育出版社.

高世桥, 刘海鹏. 2010. 毛细力学. 北京: 科学出版社.

龚晓南, 叶黔元, 徐日庆. 1995. 工程材料本构方程. 北京: 中国建筑工业出版社.

过镇海, 时旭东. 2003. 钢筋混凝土原理和分析. 北京: 清华大学出版社.

胡健伟, 汤怀铭. 2001. 微分方程数值方法. 北京: 科学出版社.

胡时胜, 王道荣. 2002. 冲击荷载作用下混凝土材料的动力本构关系. 爆炸与冲击, 22(3): 242-246.

华罗庚. 1957. 数论导引. 北京: 科学出版社.

华罗庚, 王元. 1978. 数论在近似分析中的应用. 北京: 科学出版社.

黄克智, 薛明德, 陆明万. 2003. 张量分析. 北京: 清华大学出版社.

黄桥平. 2001. 混凝土动力损伤机理与随机动力损伤本构模型研究. 上海: 同济大学博士学位论文.

黄桥平, 李杰, 任晓丹. 2010. 混凝土动力随机损伤本构关系研究. 铁道科学与工程学报 (增刊), 8: 1-5.

黄象鼎, 曾钟钢, 马亚南. 2004. 非线性数值分析的理论与方法. 武汉: 武汉大学出版社.

黄宗明, 陈滔. 2003. 基于有限单元柔度法和刚度法的非线性梁柱单元比较研究. 工程力学, 20(5): 24-31.

江见鲸. 1994. 钢筋混凝土结构非线性有限元分析. 西安: 陕西科学技术出版社.

江见鲸, 李杰, 金伟良. 2007. 高等混凝土结构理论. 北京: 中国建筑工业出版社.

蒋欢军, 吕西林. 1998. 用一种墙体单元分析剪力墙结构. 地震工程与工程振动, 18(3): 40-48.

柯尔莫哥洛夫. 1953. 概率论基本概念. 丁寿田译. 上海: 商务印书馆.

李国强, 沈祖炎. 1999. 钢结构框架体系弹性及弹塑性分析与计算理论. 上海: 上海科学技术出版社.

李灏. 1992. 损伤力学基础. 济南: 山东科学技术出版社.

李杰. 1996. 随机结构系统 —— 分析与建模. 北京: 科学出版社.

李杰. 2002. 混凝土随机损伤本构关系研究新进展. 东南大学学报, 32(5):750-755.

李杰. 2004. 混凝土随机损伤力学的初步研究. 同济大学学报, 32(10): 1270-1277.

李杰. 2005. 物理随机系统研究的若干基本观点. 同济大学科学研究报告.

李杰. 2006. 随机动力系统的物理逼近. 中国科技论文在线, 1(9): 95-104.

李杰. 2008. 混凝土随机损伤力学：背景、意义与研究进展//李宏男, 伊廷华. 结构防灾、检测与控制. 北京: 中国建筑工业出版社: 69-86.

李杰, 陈建兵. 2003a. 随机结构反应的概率密度演化分析. 同济大学学报, 31(12): 1387-1391.

李杰, 陈建兵. 2003b. 随机结构非线性动力响应的概率密度演化方法. 力学学报. 35(6): 716-722.

李杰, 陈建兵. 2006. 随机动力系统中的广义密度演化方程. 自然科学进展, 16(6):712-719.

李杰, 陈建兵. 2010. 随机动力系统中的概率密度演化方程及其研究进展. 力学进展, 40(2): 170-188.

李杰, 丁光莹. 2003. 随机结构非线性地震反应仿真分析. 土木工程学报, 36(2): 55-61.

李杰, 李国强. 1992. 地震工程学导论. 北京: 地震出版社.

李杰, 卢朝辉, 张其云. 2003. 混凝土随机损伤本构关系 —— 单轴受压分析. 同济大学学报, 31(5): 505-509.

李杰, 任晓丹. 2010a. 混凝土静力与动力损伤本构模型研究进展述评. 力学进展, 40(3):284-297.

李杰, 任晓丹. 2010b. 基于摄动方法的多尺度损伤表示理论. 中国科学 (物理学力学天文学), 40(3): 344-352

李杰, 任晓丹, 黄桥平. 2011. 混凝土黏塑性动力损伤本构关系. 力学学报, 43(1): 193-201.

李杰, 任晓丹, 杨卫忠. 2007. 混凝土二维本构关系试验研究. 土木工程学报, 40(4): 6-14.

李杰, 吴建营. 2005. 混凝土弹塑性损伤本构模型研究 I: 基本公式. 土木工程学报, 38(9): 14-20.

李杰, 杨卫忠. 2009. 混凝土弹塑性随机损伤本构关系研究. 土木工程学报, 42(2):31-38.

李杰, 张其云. 2000. 混凝土随机损伤本构关系研究进展. 结构工程师, 54(增刊): 54-61.

李杰, 张其云. 2001. 混凝土随机损伤本构关系. 同济大学学报, 29(10): 1135-1141.

李奎明. 2007. 钢筋混凝土短肢剪力墙结构试验研究与非线性随机演化分析. 上海: 同济大学博士学位论文.

李奎明, 李杰. 2009. 双连梁短肢剪力墙结构非线性随机演化分析. 同济大学学报 (自然科学版), 37(4): 432-439.

李奎明, 孙春毅, 李杰. 2006. 高性能混凝土双连梁短肢剪力墙试验研究. 地震工程与工程振动, 26(3): 121-123.

李伟政, 过镇海. 1991. 二轴拉压应力状态下混凝土的强度和变形试验研究. 水利学报, 8: 51-56。

李勇东, 陈万吉. 1997. 精化不协调八节点元. 计算力学学报, 14(3): 276-285.

梁诗雪, 孙伟玲, 李杰. 2012. 随机场的随机谐和函数表达. 同济大学学报 (自然科学版), 40(7): 965-970.

刘光庭, 王宗敏. 1996. 用随机骨料模型数值模拟混凝土材料的断裂. 清华大学学报 (自然科学版), 36(1): 84-89.

刘红, 唐立民, 吕和祥. 1990. 带旋转自由度的拟协调平面元. 计算结构力学及其应用, 7(4): 23-31.

刘儒勋, 舒其望. 2003. 计算流体力学的若干新方法. 北京: 科学出版社.

刘章军, 陈建兵. 2012. 结构动力学. 北京: 中国水利水电出版社.

龙志飞, 须寅, 龙驭球. 1992. 具有旋转自由度的广义协调矩形膜元. 工程力学, 9(2): 68-75.

吕培印. 2002. 混凝土单轴、双轴动态强度和变形试验研究. 大连: 大连理工大学博士学位论文.

吕西林, 金国芳, 吴晓涵. 1997. 钢筋混凝土结构非线性有限元理论与应用. 上海: 同济大学出版社.

任晓丹. 2010. 基于多尺度分析的混凝土随机损伤本构理论研究. 上海: 同济大学博士学位论文.

单墫. 1997. 十三个球的问题. 科学, 49(5): 57-59.

宋玉普. 2002. 多种混凝土材料的本构关系和破坏准则. 北京: 中国水利水电出版社.

孙飞飞. 1999. 高层钢筋混凝土空间框架结构地震反应的仿真分析. 上海: 同济大学博士学位论文.

孙伟玲, 陈建兵, 李杰. 2011. 随机过程的第二类随机谐和函数表达. 同济大学学报, 39(10): 1413-1419.

唐春安, 朱万成. 2003. 混凝土损伤与断裂 —— 数值试验. 北京: 中国科学出版社.

汪梦甫. 1999. 钢筋混凝土高层结构抗震分析与设计. 长沙: 湖南大学出版社.

王海龙, 李庆斌. 2006. 饱和混凝土静动力抗压强度变化的细观力学机理. 水利学报, 37(8): 958-968.

王仁, 熊祝华, 黄文斌. 1982. 塑性力学基础. 北京: 科学出版社.

王勖成. 2003. 有限单元法. 北京: 清华大学出版社.

王梓坤. 1996. 概率论基础及其应用. 北京: 北京师范大学出版社.

王自强. 2000. 理性力学基础. 北京: 科学出版社.

邬翔. 2008. 混凝土随机损伤数值仿真研究. 上海: 同济大学博士学位论文.

邬翔, 李杰. 2009. 基于细观物理机制的混凝土损伤数值仿真. 建筑材料学报, 12(3): 259-265.

吴建营. 2004. 基于损伤能释放率的混凝土弹塑性损伤本构模型及其在结构非线性分析中的应用. 上海: 同济大学博士学位论文.

吴建营, 李杰. 2004. 混凝土的连续损伤模型和弥散裂缝模型. 同济大学学报, 32(11): 1428-1432.

吴建营, 李杰. 2005a. 混凝土弹塑性损伤本构模型研究 II: 数值计算和试验验证. 土木工程学报, 38(9): 21-27.

吴建营, 李杰. 2005b. 混凝土弹塑性损伤本构关系统一模型. 建筑科学与工程学报, 22(4): 15-21.

吴建营, 李杰. 2006. 反映阻尼影响的混凝土弹塑性损伤本构模型. 工程力学, 23(11): 116-121.

吴建营, 李杰. 2006. 考虑应变率效应的混凝土动力弹塑性损伤本构关系. 同济大学学报, 34(11): 1427-1430.

吴建营, 李杰. 2009. 混凝土各向异性损伤模型的数学和热力学表述. 工程力学, 26(增 II): 133-147.

肖诗云, 林皋, 王哲, 等. 2001. 应变率对混凝土抗拉特性影响. 大连理工大学学报, 41(6): 721-725.

肖诗云, 林皋, 逯静洲, 等. 2002. 应变率对混凝土抗压特性的影响. 哈尔滨建筑大学学报, 35(5): 35-39.

谢和平. 1996. 分形: 岩石力学导论. 北京: 科学出版社.

徐芝纶. 1979. 弹性力学. 北京: 人民教育出版社.

闫东明, 林皋. 2006a. 不同初始静态荷载下混凝土动态抗压特性试验研究. 水利学报, 3: 360-364.

闫东明, 林皋. 2006b. 双向应力状态下混凝土动态压缩试验研究. 工程力学, 23(9): 8104-108.

杨光松. 1995. 损伤力学与复合材料损伤. 北京: 国防工业出版社.

杨桂通. 1980. 弹塑性力学. 北京: 人民教育出版社.

杨卫忠. 2007. 混凝土弹塑性随机损伤本构关系理论与试验研究. 上海: 同济大学博士学位论文.

杨卫忠, 李杰. 2009. 一种受剪损伤单元模型及其应用. 同济大学学报, 37(12): 1565-1570.

曾莎洁. 2012. 混凝土随机损伤本构模型与试验研究. 上海: 同济大学博士学位论文.

曾莎洁, 李杰. 2010. 混凝土单轴受压本构关系的概率密度描述. 同济大学学报, 38(6): 7798-7804.

张涵信, 沈孟育. 2003. 计算流体力学. 北京: 国防工业出版社.

张其云. 2001. 混凝土随机损伤本构关系研究. 上海: 同济大学博士学位论文.

张尧庭, 方开泰. 1982. 多元统计分析概论, 北京: 科学出版社.

张誉. 2000. 混凝土结构基本原理. 北京: 中国建筑工业出版社.

钟开莱. 概率论教程. 刘文, 吴让泉译. 上海: 上海科学技术出版社.

钟万勰. 1994. 结构动力方程的精细时程积分法. 大连理工大学学报, 34(2): 131-136.

周俊明. 2010. 钢筋混凝土大开间短肢剪力墙结构抗震性能及动力可靠度研究. 上海: 同济大学博士学位论文.

周维垣. 2005. 岩石力学数值计算方法. 北京: 中国电力出版社.

朱伯龙, 董振祥. 1985. 钢筋混凝土非线性分析. 上海: 同济大学出版社.

朱克勤, 许春晓. 2009. 黏性流体力学. 北京: 高等教育出版社.

朱万成. 2000. 混凝土断裂的细观数值模型及其应用. 沈阳: 东北大学博士学位论文.

朱自强. 1998. 应用计算流体力学. 北京: 北京航空航天大学出版社.

宗传明. 2000. 开普勒猜想: 历史与现状. 科学, 52(5): 22-24.

Abramowitz M, Stegun I A. 1965. Handbook of Mathematical Functions. New York: Dover Publications.

Abrams D A. 1917. Effect of the rate of application of load on the compressive strength of concrete. ASTM Journal, 17: 364-377.

Abu Al-Rub R K, Voyiadjis G Z. 2006. A finite strain plastic-damage model for high velocity impact using combined viscosity and gradient localization limiters: Part I Theoretical formulation. International Journal of Damage Mechanics, 15(4): 293-334.

Abu-Lebdeh T M, Voyiadjis G Z. 1993. Plasticity-damage model for concrete under cyclic multiaxial loading. Journal of Engineering Mechanics, 119(7): 1465-1484.

Addessi D, Marfia S, Sacco E. 2002. A plastic nonlocal damage model. Computer Methods in Applied Mechanics and Engineering, 191: 1291-1310.

Akintilo I A. 1992. Joint modeling of coupled shear walls using finite element displacement functions. Engineering Structures, 14: 255-262.

Allman D J. 1984. A compatible triangular element including vertex rotations for plane elasticity analysis. Computers and Structures, 19: 1-8.

Ananiev S, Ozbolt J. 2004. Plastic-damage model for concrete in principal directions// Li V, Leung C K Y, William K J, et al. Fracture Mechanics of Concrete Structures (Proceedings of FraMCoS-5). April 12-16, 2004, Vail, Colorado, Ia-FraMCoS, Vol. 1: 271-278.

Anders M, Hori M. 1999. Stochastic finite element method for elasto-plastic body. International Journal for Numerical Methods in Engineering, 46: 1897-1916.

Anders M, Hori M. 2001. Three-dimensional stochastic finite element method for elasto-plastic bodies. International Journal for Numerical Methods in Engineering, 51: 449-478.

Anderson J D. 1995. Computational Fluid Dynamics. New York: McGraw-Hill Education.

Armero F. 1999. Large-scale modeling of localized dissipative mechanisms in a local continuum: applications to the numerical simulation of strain localization in rate- dependent inelastic solids. Mechanics of Cohesive Frictional Materials, 4: 101-131.

Arnol'd V I. 1999. Mathematical Methods of Classical Mechanics. 2nd Edition. Berlin: Springer.

Atchley B L, Furr H L. 1967. Strength and energy absorption capabilities of plain concrete under dynamic and static loadings. ACI Journal, 64: 745-756.

Augusti G, Mariano P M. 1999. Stochastic evolution of microcracks in continua. Computer Methods in Applied Mechanics and Engineering, 168: 155-171 .

Balah M, Hamdan N, Ghamedy A. 2002. Finite element formulation of a third order laminated finite rotation shell element. Computers and Structures, 80: 1979-1990.

Ban S, Muguruma H. 1960. Behaviour of plain concrete under dynamic loading with straining rate comparable to earthquake loading//Proceedings of 2nd World Conference on Earthquake Engineering Science Council of Japan: 1979-1993.

Barenblatt G I. 1962. The mathematical theory of equilibrium cracks in brittle fracture. Advances in Applied Mechanics, 7(1): 55-129.

Batchelor G K. 1967. An Introduction to Fluid Dynamics. London: Cambridge University Press.

Bathe K J. 1995. Finite Element Procedures. 2nd Edition. Singapore: Prentice Hall.

Bathe K J, Dvorkin E. 1986. A formulation of general shell elements-the use of mixed interpolation of tensorial components. International Journal for Numerical Methods in Engineering, 22: 697-722.

Bathe K J, Iosilevich A, Chapelle D. 2000. An evaluation of the MITC shell elements. Computers and Structures, 75 (1): 1-30.

Bažant Z P. 1994. Nonlocal damage theory based on micromechanics of crack interactions. Journal of Engineering Mechanics, 120(3):593-617.

Bažant Z P, Belytschko T. 1985. Wave propgation in strain-softening bar: Exact solution. Journal of Engineering Mechanics, 111(3): 381-389.

Bažant Z P, Jirásek M. 2002. Nonlocal integral formulations of plasticity and damage: survey of progress. Journal of Engineering Mechanics, 128(11):1219-1149.

Bažant Z P, Lin F B. 1988. Nonlocal smeared cracking model for concrete fracture. Journal of Engineering Mechanics, 114: 2493-2510.

Bažant Z P, Oh B H. 1983. Crack band theory for fracture of concrete. Materials and Structures (RILEM, Paris), 16: 155-177.

Bažant Z P, Ožbolt J. 1990. Nonlocal microplane model for fracture, damage, and size effect in structures. Journal of Engineering Mechanics, 116(11): 2484-2501.

Bažant Z P, Pijaudier-Cabot G. 1988. Nonlocal continuum damage localization, instability and convergence. Journal of Applied Mechanics, 55 (2): 287-293.

Bažant Z P, Planas J. 1998. Fracture and Size Effect in Concrete and Other Quasibrittle Materials. Boca Raton and London: CRC Press.

Bažant Z P, Tabbara M R. 1990. Random particle models for fracture of aggregate or fiber composites. Journal of Engineering Mechanics, 116(8): 1686-1705.

Bažant Z P, Xiang Y, Prat P C. 1996a. Microplane model for concrete: I. Stress-strain boundaries and finite strain. Journal of Engineering Mechanics, 122(3): 245-251.

Bažant Z P, Xiang Y, Adley M D, et al. 1996b. Microplane model for concrete: Ⅱ. Data delocalization and verification. Journal of Engineering Mechanics, 122(3): 255-262.

Belytschko T, Liu W K, Moran B. 2000. Nonlinear Finite Elements for Continua and Structures. New York: Jowhn Wiley & Sons Ltd.

Bentur A, Mindess S, Banthia N. 1986. The behaviour of concrete under impact loading: Experimental procedures and method of analysis. Materials and Construction, 19(113): 371-378.

Bergan P G, Felippa C A. 1985. A triangular element with rotational degrees of freedom. Computer Methods in Applied Mechanics and Engineering, 50: 25-69.

Betten J. 1986. Applications of tensor functions to the formulation of constitutive equations involving damage and initial anisotropy. Engineering Fracture Mechanics, 25(5/6): 573-584.

Bhattacharya B, Ellingwood B. 1998. Continuum damage mechanics-based model of stochastic damage growth. Journal of Engineering Mechanics, 124(9): 1000-1009.

Bigoni D. 2012. Nonlinear Solid Mechanics: Bifurcation Theory and Material Instability. London: Cambridge University Press.

Bilal M A, Richard H M. 1996. Numerical Methods for Engineers. Singapore: Prentice Hall.

Birkimer D L, Lindemann R. 1971. Dynamic tensile strength of concrete materials. American Concrete Institue, 68: 47-49.

Bischoff P H, Perry S H. 1986. Compressive strain rate effects of concrete//Cement-Based Composites: Strain Rate Effects on Fracture, 64: 151-165.

Bischoff P H, Perry S H. 1991. Compression behaviour of concrete at high strain rates. Journal of Engineering Mechanics, 121(6): 685-693.

Bischoff P H, Perry S H. 1995. Impact behavior of plain concrete loading in uniaxial compression. Material and Structures, 144(24): 425-450.

Brara A, Klepaczko J R. 2006. Experimental characterization of concrete in dynamic tension. Mechanics of Materials, 38: 253-267.

Bresler B, Bertero V V. 1975. Influence of high strain rate and cyclic loading of unconfined and confined concrete in compression//Proceedings of 2nd Canadian Conference on Earthquake Engineering, Hamilton, Ontario: 1-13.

Breysse D. 1990. Probabilistic formulation of damage-evolution law of cementious composites. Journal of Engineering Mechanics, 116(7): 1489-1511.

Budiansky B, O'Connell R J. 1976. Elastic moduli of a cracked solid. International Journal of Solids Structures, 12: 81-97.

Bui H D, Ehrlacher A. 1981. Propagation of damage in elastic and plastic solids. Advances in Fracture Research, 2: 533-551.

Burlion N, Gatuingt F, Pijaudier-Cabot G, et al. 2000. Compaction and tensile damage in concrete: constitutive modelling and application to dynamics. Computer Methods in Applied Mechanics and Engineering, 183: 291-308.

Cadoni E, Labibes K, Albertini C, et al. 2001. Strain-rate effect on the tensile behaviour of concrete at different relative humidity levels. Material and Structures, 34: 21-26.

Cannillo V, Carter W C. 2005. A stochastic model of damage accumulation in complex microstructures. Journal of Materials Science, 40: 3993-4004.

Carmeliet J, Hens H. 1994. Probabilistic nonlocal damage model for continua with random field properties. Journal of Engineering Mechanics, 120(10): 2013-2027.

Carol I, Bažant Z P. 1997. Damage and plasticity in microplane theory. International Journal of Solids and Structures, 34(29): 3807-3835.

Carol I, Rizzi E, Willam K. 1994. A unified theory of elastic degradeation and damage based on a loading surface. International Journal of Solids Structures, 31(20): 2835-2865.

Carol I, Rizzi E, Willam K. 2001. On the formulation of anisotropic elastic degradation. Ⅰ: Theory based on a pseudo-logarithmic damage tensor rate; Ⅱ: Generalized pseudo-Rankine model for tensile damage. International Journal of Solids and Structures, 38(4): 491-546.

Carol I, Willam K. 1996. Spurious energies dissipation/generation in stiffness recovery models for elastic degradation and damage. International Journal of Solids and Structures, 33(20-22): 2939-2957.

Cervera M, Oliver J, Manzoli O. 1996. A rate-dependent isotropic damage model for the seismic analysis of concrete dams. Earthquake Engineering and Structure Dynamics, 25: 987-1010.

Chaboche J L. 1992. Damage induced anisotropy: On the difficulties associated with the active/passive unilateral condition. International Journal of Damage Mechanics, 1(2): 148-171.

Chaboche J L, Lesne P M, Maire J F. 1995. Continuum damage mechanics, anisotropy and damage deactivation for brittle materials like concrete and ceramic composites. International Journal of Damage Mechanics, 4: 5-22.

Chen J B, Ghanem R, Li J. 2009. Partition of the probability space in probability density evolution analysis of non-linear stochastic structures. Probabilistic Engineering Mechanics, 24(1): 27-42.

Chen J B, Li J. 2005. Dynamic response and reliability analysis of non-linear stochastic structures. Probabilistic Engineering Mechanics, 20(1): 33-44.

Chen J B, Li J. 2007. Joint probability density function of the stochastic responses of nonlinear structures. Earthquake Engineering and Engineering Vibration, 6(1): 35-48,

Chen J B, Li J. 2010. Stochastic seismic response analysis of structures exhibiting high nonlinearity. Computers and Structures, 88(7-8): 395-412.

Chen J B, Sun W L, Li J. 2013. Stochastic harmonic function representation of stochastic processes. Journal of Applied Mechanics, 80(1): 011001-1-11.

Chen W F. 1981. Plasticity in Reinforced Concrete. New York: McGraw-Hill Book Company, Inc.

Choi C K, Chung K Y, Lee N H. 1996. Three dimensional nonconforming 8-node solid element with rotational degrees of freedom. Structural Engineering and Mechanics, 4(5): 569-586.

Chorin A. et al. 1978. Product formulas and numerical algorithms. Communications on Pure and Applied Mathematics, 31: 205-256.

Christensen R M, Lo K H. 1979. Solutions for effective shear properties in three phase sphere and sylinder models. Journal of Mechanical Physic Solids, 27(4): 315-330.

Chung J, Hulbert G M. 1993. A time integration algorithm for structural dynamics with improved numerical dissipation: The generalized-α method. Journal of Applied Mechanics, 60: 371-375.

Chung J, Lee J M. 1994. A new family of explicit time integration methods for linear and non-linear structural dynamics. International Journal for Numerical Methods in Engineering, 37: 3961-3974.

Clough R W, Johnston S. 1966. Effect of stiffness degradation on earthquake ductility requirements. Transactions of Japan Earthquake Engineering Symposium, 195-198.

Clough R W, Penzien J. 2003. Dynamics of Structures. 3rd Edition. Berkeley: Computers and Structures, Inc.

Coleman B D, Gurtin M. 1967. Thermodynamics with internal state variables. Journal of Chemistry and Physics, 47: 597-613.

Comi C, Berthaud Y, Billardon R. 1995. On localization in ductile-brittle materials under compressive loadings. Europe Journal of Mechanics A/Solids, 14: 19-43.

Comi C, Perego U. 2001. Fracture energy based bi-dissipative damage model for concrete. International Journal of Solids and Structures, 38: 6427-6451.

Conway J H, Sloane N J A. 1999. Sphere Packings, Lattices and Groups. Berlin: Springer-Verlag.

Cope R J, Rao P V, Clark L S, et al. 1980. Modeling of reinforced concrete behavior for finite element analysis of bridge slabs//Taylor C, Hinton E, Owen D R J, et al. Numerical Methods for Nonlinear Problems. Swansea: Pineridge Press: 457-470.

Cordebois J P, Sidoroff F. 1982. Endommagement anisotropice en élasticité et plasticité. Journal of Mechanics Theory and Application, No. special: 45-59.

Cormery F, Welemane H. 2002. A critical review of some damage models with unilateral effect. Mechanics Research Communications, 29: 391-395.

Courant R, Hilbert D. 1962. Methods of Mathematical Physics, Vol Ⅱ: Partial Differential Equations. New York: Wiley-VCH Verlag Gmbh and Co. KGaA.

Cowan B. 2005. Topics in Statistical Mechanics. London: Imperial College Press.

Cowell W L. 1966. Dynamic properties of plain Portland cement concrete. Technical Report No. R447, US Naval Civil Engineering Laboratory, Port Hueneme, CA.

Crisfield M A. 1980. Incremental/iterative solution procedures for nonlinear structural analysis// Taylor C, Hinton E, Owen D R J, et al. Numerical Methods for Nonlinear Problems. Swansea: Pineridge Press.

Crisfield M A. 1986. Snap-through and snap-back response in concrete structures and the dangers of under-integration. International Journal for Numerical Methods in Engineering, 22:751-767.

Crisfield M A. 1996. Nonlinear Finite Element Analysis of Solids and Structures. New York: John Wiley.

D'Ambrisi A, Filippou F C. 1999. Modeling of cyclic shear behavior in RC members. Journal of Structural Engineering, 125(10): 1143-1150.

Daniels H E. 1945. The statistic theory of the strength of bundles of threads. I. Proceedings of Royal Society London, 183: 405-435.

Darwin D, Pecknold D A W. 1976. Analysis of RC shear panels under cyclic loading. Journal of the Structural Division, 102(ST2): 355-369.

Davies E D H, Hunter S C. 1963. The dynamic compression testing of solids by the method of the split Hopkinson bar. Journal of the Mechanics and Physics of Solids. Solids, 11: 155-179.

Di Luzio G, Bažant Z P. 2005. Spectral analysis of localization in nonlocal and over nonlocal materials with softening plasticity or damage. International Journal of Solids and Structures, 42: 6071-6100.

Dilger W H, Koch R, Kowalczyk R. 1984. Ductility of plain and confined concrete under different strain rates. ACI Journal, 81(1): 73-81.

Dougill J W. 1976. On stable progressively fracturing solids. Journal of Applied Mathematics and Physics, 27: 432-437.

Dube J F, Pijaudier-Cabot G, La Borderie C. 1996. Rate dependent damage for concrete in dynamics. Journal of Engineering Mechanics, 10: 939-947.

Dugdale D S. 1960. Yielding of steel sheets containing slits. Journal of the Mechanics and Physics of Solids, 8(2): 100-104.

Dvorkin E N, Bathe K J. 1984. A continuum mechanics based four-node shell element for general nonlinear analysis. Engineering Computations, 1(1): 77-88.

Edelen D G B. 1969. Proto-elastic bodies with large deformation. Archive of Rational Mechanics and Anaysis, 34: 283-300.

Edelen D G B, Green A E, Laws N. 1971. Nonlocal continuum mechanics. Archive of Rational Mechanics and Anaysis, 43: 36-44.

Eibl J, Schmidt-Hurtienne B. 1999. Strain-rate-sensitive constitutive law for concrete. Journal of Engineering Mechanics, 125(12): 1411-1420.

Eringen A C. 1972. Linear theory of nonlocal elasticity and dispersion of plane waves. International Journal of Engineering Science, 10: 425-435.

Evans R H. 1942. Effect of rate of loading on the mechanical properties of some materials. Journal of Institute of Civil Engineering, 18: 296-306.

Evans R H, Marathe M S. 1968. Microcracking and stress-strain curves for concrete in tension. Materials and Structures, Research and Testing (RILEM, Paris), 1(1): 61-64.

Falsone G, Impollonia N. 2002. A new approach for the stochastic analysis of finite element modeled structures with uncertain parameters. Computer Methods in Applied Mechanics and Engineering, 191: 5067-5085.

Faria R, Oliver J. 1993. A rate dependent plastic-damage constitutive model for large scale computations in concrete structures. Monography CIMNE, No. 17.

Faria R, Oliver J, Cervera M. 1998. A strain-based plastic viscous-damage model for massive concrete structures. International Journal of Solids Structures, 35(14): 1533-1558.

Faria R, Oliver J, Cervera M. 2000. On isotropic scalar damage models for the numerical analysis of concrete structures. CIMNE Monograph, No.198.

Faria R, Oliver J, Cervera M. 2004. Modeling material failure in concrete structures under cyclic actions. Journal of Structural Engineering, 130(2): 1997-2005.

Feng X Q, Yu S W. 1995. Micromechanical modeling of tensile response of elastic-brittle materials. International Journal of Solids Structures, 32(22): 3359-3372.

Feng X Q, Yu S W. 2000. Estimate of effective elastic moduli with microcrack interaction effects. Theoretical and Applied Fracture Mechanics, 34: 225-233.

Fichant S, La Borderie C, Pijaudier-Cabot G. 1999. Isotropic and anisotropic descriptions of damage in concrete structures. Mechanics of Cohesive-Frictional Materials, 4: 339-359.

Filippou F C, Issa A. 1998. Nonlinear analysis of reinforced concrete frames under cyclic load reversals. EERC Report 88-12, Earthquake Engineering Research Center, Berkeley.

Fleck N A, Muller G M, Ashby M F, et al. 1994. Strain gradient plasticity: Theory and experiment. Acta Metallurgica et Materialia, 42(2): 475-487.

Fonseka G U, Krajcinovic D. 1981. The continuous damage theory of brittle materials. Journal of Applied Mechanics, 48: 809-824.

Forest S. 2009. Micromorphic approach for gradient elasticity, viscoplasticity, and damage. Journal of Engineering Mechanics, 135: 117-131.

Freund L B. 1998. Dynamic Fracture Mechanics. London: Cambridge University Press.

Fung Y C. 1993. First Course in Continuum Mechanics. 3rd Edition. Singapore: Prentice Hall.

Fung Y C, Tong P. 2001. Classical and Computational Solid Mechanics. Singapore: World Scientific Publishing Company.

Georgin J F, Reynouard J M. 2003. Modeling of structures subjected to impact: Concrete behaviour under highstrain rate. Cement and Concrete Composites, 25:131-143.

Ghanem R, Spanos P D. 1991. Stochastic Finite Element: A Spectral Approach. Berlin: Springer-Verlag.

Giberson M. F. 1967. The response of nonlinear multi-story structures subjected to earthquake excitations. Earthquake Engineering Research Laboratory, Pasadena.

Giberson M F. 1969. Two nonlinear beams with definition of ductility. Journal of the Structural Division, 95: 137-157.

Goldsmith W, Polivka M, Yang T. 1966. Dynamic behaviour of concrete. Experimental Mechanics, 6: 65-79.

Gopalaratnam V S, Shah S P. 1985. Softening response of plain concrete in direct tension. ACI Journal, 82(3): 310-323.

Gran J K, Florence A L, Colton J D. 1989. Dynamic triaxial tests of high-strength concrete. Journal of Engineering Mechanics, 155(5): 891-904.

Grote D L, Park S W, Zhou M. 2001. Dynamic behaviour of concrete at high strain-rates and pressures: I.Experimental characterization. International Journal of Impact Engineering, 25: 869-886.

Gross D, Seeling T. 2006. Fracture Mechanics with an Introduction to Micromechanis. Berlin: Springer.

Hand F D, Pecknold D A, Schnobrich W C. 1973. Nonlinear analysis of reinforced concrete plates and shells. Journal of the Structural Division, 99(ST7): 1491-1505.

Hatzigeorgioiu G, Beskos D, Theodorakopoulos D. 2001. A simple concrete damage model for dynamic FEM applications. International Journal of Computational Engineering Science, 2(2): 267-286.

Hibbit, Karlsson, Sorensen, et al. 2007. ABAQUS/Standard user's manual (version 6.7-1), Providence, RI.

Hill R. 1962. Acceleration waves in solids. Journal of the Mechanics and Physics of Solids, 10: 1-16.

Hillerborg A, Modéer M, Petersson P E. 1976. Analysis of crack formation and crack growth in concrete by means of fracture mechanics and finite elements. Cement Concrete Research, 6: 773-781.

Hordijk D A. 1992. Tensile and tensile fatigue behaviour of concrete: Experiments, modeling and analyses. Delft: Delft University of Technology.

Houlsby G T, Puzrin A M. 2000. A thermomechanical framework for constitutive models for rate-independent dissipative materials. International Journal of Plasticity, 16(9): 1017-1047.

Hsie S S, Ting E C, Chen W F. 1982. A plasticity-fracture model for concrete. International Journal of Solids and Structures, 18(3): 181-197.

Hua L K, Wang Y. 1960. Remarks concerning numerical integration. Science Record New Series., 4(1): 8-11.

Huang Q P, Li J. 2009. Dynamic stochastic damage model for concrete//International Symposium on Innovation Sustainability of Structures in Civil Engineering, 1: 89-94.

Hughes T J R. 1988. The Finite Element Method. Englewood Cliffs: Prentice-Hall Inc.

Hughes T J R, Brezzi F. 1989. On drilling degrees of freedom. Computer Methods in Applied Mechanics and Engineering, 72: 105-121.

Hughes B P, Gregory R. 1972. Concrete subjected to high rates of loading in compression. Magazine of Concrete Research, 24(78): 25-36.

Hughes B P, Watson A J. 1978. Compressive strength and ultimate strain of concrete under impact loading. Ibid, 30(105): 189-199.

Hult J. 1972. Creep in Structures// Symposium on Creep in Structures (2nd, 1970, Gothenburg, Sweden, International Union of Theoretical and Applied Mechanics). Berlin: Springer-Verlag.

Hult J. 1974. Creep in Continuum and Structures. Topics in Applied Continuum Mechanics. Vienna: Springer-Verlag.

Hurlbut B. 1985. Experimental and computational investigation of strain-softening in concrete [MSc thesis]. Boulder: University of Colorado.

Hwang H M, Jaw J W. 1990. Probability damage analysis of structure. Journal of Structural Engineering, 166(7): 1992-2007.

Idem. 1955. Properties of concrete at high rates of loading in symposium on impact testing. ASTM STP, 176: 156-169.

Idem. 1962. The mechanical properties and their fundamental equations of concrete subjected to compression in high rates of loading. Ibid, 78: 1-6.

Iwan W D. 1967. On a class of models for the yielding behavior of continuous and composite systems. Journal of Applied Mechanics, 34: 612-617.

Jamet P, Millaro A, Nartas G. 1984. Triaxial behaviour of a micro-concrete complete stress-strain curves for confining pressures ranging from 0 to 100 MPa//RILEM-CEB Symposium on Concrete under Multiaxial Conditions, INSA Toulouse, 1: 133-140.

Janson J, Hult J. 1977. Fracture mechanics and damage mechanics, a combined approach. Journal de Mecanique Appliquee, 1 (1): 69-84.

Jason L, Huerta A, Pijaudier-Cabot G. et al. 2006. An elastic plastic damage formulation for concrete: Application to elementary tests and comparison with an isotropic damage model. Computer Methods in Applied Mechanics and Engineering, 195: 7077-7092.

Jensen H, Iwan W D. 1992. Response of systems with uncertain parameters to stochastic excitation. Journal of Engineering Mechanics, 118(5): 1012-1025.

Jones P G, Richart F E. 1936. The effect of testing speed on strength and elastic properties of concrete. ASTM Journal, 17: 380-392.

Jirásek M. 1998. Nonlocal models for damage and fracture: Comparison of approaches. International Journal of Solids and Structures. 35: 4133-4145.

Jirásek M. 2004. Non-local damage mechanics with application to concrete. Revue Francaise de Génie Civil, 8: 683-707.

Jirásek M, Zimmermann T. 2001. Embedded crack model. Part Ⅱ: combination with smeared cracks. International Journal for Numerical Methods in Engineering, 50(6): 1291-1305.

Ju J W. 1989. On energy-based coupled elastoplastic damage theories: Constitutive modeling and computational aspects. International Journal of Solids Structures, 25(7): 803-833.

Ju J W. 1997. Rate dependent damage model for concrete in dynamics. Journal of Engineering Mechanics, 122(10): 1326-1328.

Kachanov L M. 1958. On creep rupture time. Izv Akad Nauk, SSSR, 8: 26-31.

Kachanov L M. 1982. 塑性理论基础. 周承倜译. 北京: 人民教育出版社.

Kachanov M. 1985. A simple technique of stress analysis in elastic solids with many cracks. Interntional Journal of Fracture, 28: R11-R19.

Kandarpa S, Kirkner D J, Spencer Jr B F. 1996. Stochastic damage model for brittle materiel subjected to monotonic loading. Journal of Engineering Mechanics, 126(8): 788-795.

Kang D S, Pian T H H. 1988. A 20-DOF hybrid stress general shell element. Computers and Structures, 30(4): 789-794.

Kaplan S A. 1980. Factors affecting the relationship between rate of loading and measured compressive strength of concrete. Ibid, 32(111): 79-88.

Karhunen K. 1947. Über lineare Methoden in der Wahrscheinlichkeitsrechnung. Annales Academiae Scientiarum Fennicae Mathematica. 37: 1-79.

Karsan I K, Jirsa J O. 1969. Behaviour of concrete under compressive loadings. Journal of the Structural Division, 95(12): 2543-2563.

Katsuta T. 1943. On the elastic and plastic properties of concrete in compression tests with high deformation-velocity, Part 1. Transactions of the Institution Japanese Architecture, (29): 268-274.

Kipp M E, Grady, D E, Chen, E P. 1980. Strain-rate dependent fracture initiation. International Journal of Fracture, 16(5): 471-478.

Kleiber M, Hien T D. 1992. The Stochastic Finite Element Method. Chishcester: John Wiley and Sons.

Kolsky H. 1949. An investigation of the mechanical properties of materials at very high rates of loading. Proceedings of the Physical Society, 62(11): 676-700.

Konig G, Dargel H J. 1982. A constitutive law for reinforced concrete under higher rate loading than in static test. Mechanical Behaviour of Materials, 2: 479-486.

Kotsovos M D. 1983. Effect of testing technique on the post-ultimate behaviour of concrete in compression. Material and Structures, 16(91): 3-12.

Kozin F. 1961. On the probability densities of the output of some random systems. Journal of Applied Mechanics, 28(2): 161-164.

Krajcinovic D. 1998. Selection of damage parameter: Art or science? Mechanics of Materials, 28: 165-179.

Krajcinovic D. 2000. Damage mechanics: Accomplishments, trends and needs. International Journal of Solids and Structures, 37: 267-277.

Krajcinovic D. 2004. Damage Mechanics. New York: Elsevier.

Krajcinovic D, Fanella D. 1986. A micromechanical damage model for concrete. Engineering Fracture Mechanics, 25: 585-596

Krajcinovic D, Silva M A G. 1982. Statistical aspects of the continuous damage theory. International Journal of Solids and Structures, 7(18): 551-562.

Krajcinovic D, Stojimirovic A. 1990. Deformation processes in semi-brittle polycrystalline ceramics. International Journal of Fracture, 42: 73-86.

Kupfer H, Hilsdorf H K, Rusch H. 1969. Behavior of concrete under biaxial stresses. ACI Journal, 66(8): 656-666.

Ladevèze P. 1983. Sur une théorie de l'endommagement anisotrope. Technical Report 34, Laboratoire de Mécanique et Technologie, Ecole Normale Superieure, 61, av. du Pdt. Wilson, 94235 Cachan Cedex, France.

Lai S, Will G. 1986. R/C space frames with column axial force and biaxial bending moment interactions. Journal of Structural Engineering, 112(7): 1553-1572.

Lai S, Will G, Otani S. 1984. Model for inelastic biaxial bending of concrete members. Journal of Structural Engineering, ASCE, 110(ST1): 2563-2584.

Lasota A, Mackey M C. 1994. Chaos, Fractals, and Noise: Stochastic Aspects of Dynamics. 2nd Edition. New York: Springer-Verlag.

Lee S K, Song Y C, Han S H. 2004. Biaxial behavior of plain concrete of nuclear containment building. Nuclear Engineering and Design, 227: 143-153.

Lee J, Fenves G L. 1998a. Plastic-damage model for cyclic loading of concrete structures. Journal of Engineering Mechanics, 124: 892-900.

Lee J, Fenves G L. 1998b. A plastic-damage concrete model for earthquake analysis of dams. Earthquake Engineering and Structural Dynamics, 27: 937-956.

Lee J, Fenves G L. 2002. A return-mapping algorithm for plastic-damage models: 3-D and plane stress formulation. International Journal for Numerical Methods in Engineering, 50: 487-506.

Lemaitre J. 1971. Evaluation of dissipation and damage in metals//Proceeding of International Conference on Mechanical Behavior of Materials. Japan, Kyoto.

Lemaitre J. 1981. Euromech Colloquium 147 on Damage Mechanics. Paris: Cachan.

Lemaitre J. 1985. A continuum damage mechanics model for ductile fracture. Journal of Engineering Materials Technology, 107: 83-89.

Lemaitre J. 1996. A Course on Damage Mechanics. Berlin: Springer-Verlag.

Lemaitre J, Chaboche J L. 1974. A nonlinear model of creep-fatigue damage cumulation and interaction//Proceeding of IUTAM Symposium of Mechanics of Visco-elasticity Media and Bodies. Gotenbourg: Springer-Verlag.

Li J, Chen J B. 2004. Probability density evolution method for dynamic response analysis of structures with uncertain parameters. Computational Mechanics, 34: 400-409.

Li J, Chen J B. 2005. Dynamic response and reliability analysis of structures with uncertain parameters. International Journal for Numerical Methods in Engineering, 62: 289-315.

Li J, Chen J B. 2006. The probability density evolution method for dynamic response analysis of non-linear stochastic structures. International Journal for Numerical Methods in Engineering, 65: 882-903.

Li J, Chen J B. 2007. The number theoretical method in response analysis of nonlinear stochastic structures. Computational Mechanics, 39(6): 693-708.

Li J, Chen J B. 2008. The principle of preservation of probability and the generalized density evolution equation. Structural Safety, 30(1): 65-77.

Li J, Chen J B. 2009a. Stochastic Dynamics of Structures. Singapore: John Wiley and Sons.

Li J, Chen J B. 2009b. Probability density evolution equations: A historical investigation. Journal of Earthquake and Tsunami, 3(3): 209-226.

Li J, Huang Q P, Ren X D. 2013. Dynamic inifiation and propagation of multiple cracks in brittle maferials. Materials, 6: 3241-3253.

Li J, Lu Z H, Zhang Q Y. 2003. Research on the stochastic damage constitutive model of concrete//Advances in Concrete and Structures. Proceedings of the International Conference ICACS: 44-52.

Li J, Ren X D. 2009. Stochastic damage model for concrete based on energy equivalent strain. International Journal of Solids and Structures, 46(11-12): 2407-2419

Li J, Ren X D. 2011. Multi-scale based stochastic damage evolution. Engineering Failure Analysis, 18: 726-734.

Li J, Wu J Y. 2006. Energy-based CDM model for nonlinear analysis of confined concrete structures. American Concrete Institute, SP-238: 209-221.

Li Q, Ansari F. 1999. Mechanics of damage and constitutive relationships for high-strength concrete in triaxial compression. Journal of Engineering Mechanics, 125(1): 1-10.

Li Z, Kulkarni S M, Shah S P. 1993. New test method for obtaining softening response of unnotched concrete specimen under uniaxial tension. Experimental Mechanics, 33(3): 181-188.

Limkatanyu S, Spacone E. 2002. Reinforced concrete frame element with bound interfaces. Ⅰ: displacement-based, force-based and mixed formulations; Ⅱ: state determination and numerical validation. Journal of Structural Engineering, 128(3): 346-364.

Lin C S, Scordelis A C. 1975. Nonlinear analysis of reinforced concrete shells of general form. Journal of the Structural Division, 101: 523-238.

Liu W K, Belytschko T, Mani A. 1986. Probability finite elements for nonlinear structural dynamics. Computer Methods in Applied Mechanics and Engineering, 56: 61-81.

Loève M. 1948. Fonctions alèatoires du second ordre// Lèvy P. Suppl to Processus Stochastique et Mouvement Brownien. Paris: Gauthier-Villars.

Loève M. 1977. Probability Theory. Berlin: Springer-Verlag.

Lorefice R, Etse G, Carol I. 2008. Viscoplastic approach for rate-dependent failure analysis of concrete joints and interfaces. International Journal of Solids and Structures, 45(9): 2686-2705.

Lubarda V A, Krajcinovic D. 1993. Damage tensors and the crack density distribution. International Journal of Solids and Structures, 30: 2859-2877.

Lubarda V A, Krajcinovia D, Mastilovic S. 1994. Damage model for brittle elastic solids with unequal tensile and compressive strengths. Engineering Fracture mechanics, 49: 681-697.

Lubliner J. 1972. On the thermodynamic foundations of nonlinear solid mechanics. International Journal of Non-linear Mechanics, 7: 237-254.

Lubliner J. 2008. Plasticity Theory. New York: Dover Publications.

Lubliner J, Oliver J, Oller S, et al. 1989. A plastic-damage model for concrete. International Journal of Solids and Structures, 25(3): 299-326.

Lundeen R L. 1963. Dynamic and static tests of plain concrete specimens: Report I. Miscellaneous Paper No.6-609, US Army Engineers Waterways Experiment Station.

MacNeal R H, Harder R L. 1989. A refined four-node membrane element with rotational degrees of freedom. Computers and Structures, 28: 75-84

Mahin S A, Bertero V V. 1972. Rate of loading effects on uncracked and repaired reinforced concrete members. Report No. UCB/EERC 72-9.

Main G I, Meredith P G. 1991. Stress corrosion constitutive laws as a possible mechanism of intermediate-term and short-term seismic quiescence. Geophysical Journal Internal, 107(2): 363-372.

Mainstone R J. 1975. Properties of materials at high rates of straining or loading. Materials and Structures, 8(44): 102-116.

Malvar L J, Ross C A. 1998. Review of strain rate effects for concrete in tension. ACI Materials Journal, 95(6): 735-739.

Malvern L E. 1951. The propagation of longitudinal waves of plastic deformation in a bar of material exhibiting a strain-rate effect. Journal of Applied Mechanics, 18: 203-208.

Mazars J. 1984. Application de la mecanique de l'endommangement au comportement non lineaire et a la rupture du beton de structure. These de Doctorate d'Etat , L.M.T., France: Universite Paris.

Mazars J. 1986. A description of micro- and macro-scale damage of concrete structures. Engineering Fracture Mechanics, 25: 729-737.

Mazars J, Pijaudier-Cabot G. 1989. Continuum damage theory: Application to concrete. Journal of Engineering Mechanics, 115(2): 345-365.

Mazars J, Pijaudier-Cabot G. 1996. From damage to fracture mechanics and conversely: A combined approach. International Journal of Solids and Structures, 33(20-22): 3327-3342

McHenry D, Shideler J J. 1956. Review of data on effect of speed in mechanical testing of concrete. American Society for of Non-metallic Materials: 72-82.

Mehta P K, Monteiro P J M. 1986. Concrete Microstructures, Properties and Materials. New Jersey: Prentice-Hall.

Meyers M A. 2006. 材料的动力学行为. 张庆明, 等译. 北京: 国防工业出版社.

Mihashi H, Wittmann F H. 1980. Stochastic approach to study the influence of rate of loading on strength of concrete. Heron (The Netherlands), 25(3): 5-55.

Mills L L, Zimmerman R M. 1970. Compressive strength of plain concrete under multiaxial loading conditions. Journal of ACI, 67(10): 802-807.

Mo Y L, Zhong J X, Hsu T T C. 2008. Seismic simulation of RC wall-type structures. Engineering Structures, 30: 3167-3175.

Moës N, Belytschko T. 2002. Extended finite element method for cohesive crack growth. Engineering Fracture Mechanics, 69: 813-833.

Moës N, Dolbow J, Belytschko T. 1999. A finite element method for crack growth without remeshing. International Journal for Numerical Methods in Engineering, 46: 131-150.

Mohamed A R, Hansen W. 1999. Micromechanical modeling of concrete response under static loading—Part Ⅱ: model predictions for shear and compressive loading. ACI Materials Journal, 96(3): 354-358.

Mori T, Tanaka K. 1973. Average stress in matrix and average elastic energy of materials with misfitting inclusions. Acta Metallurgica, 21: 571-583.

Nemat-Nasser S, Hori M. 1999. Micromechanics: Overall Properties of Heterogeneous Materials. 2nd Edition. Singapore: Elsevier Science B.V.

Neuenhofer A, Filippou F C. 1997. Evaluation of nonlinear frame finite-element models. Journal of Structural Engineering, 123(7): 958-966.

Neuenhofer A, Filippou F C. 1998. A geometrically nonlinear flexibility-based frame finite element. Journal of Structural Engineering, 124(6): 704-711.

Newmark N. 1959. A method of computation for structural dynamics. Journal of the Engineering Mechanics Division, 85: 67-94.

Ngo D, Scordelis A C. 1967. Finite element analysis of reinforced concrete beams. ACI Journal, 64(14): 152-163.

Nillson A H. 1968. Nonlinear analysis of reinforcd concrete by the finite element method. ACI Journal, 64(3): 234-246.

Noll W. 1972. A new mathematical theory of simple materials. Archive of Rational Mechanics and Analysis, 48: 1-50.

Norris A N. 1985. A differential scheme for the effective moduli of composites. Mechanics of Materials, 4: 1-16.

Oliver J. 1989. A consistent characteristic length for smeared cracking models. International Journal for Numerical Methods in Engineering, 28: 461-474.

Oliver J. 1996. Modeling strong discontinuities in solid mechanics via strain softening constitutive equations. Part Ⅰ: fundaments & Part Ⅱ: numerical simulation. International Journal for Numerical Methods in Engineering, 39: 3575-3623.

Oliver J, Cervera M, Oller S, et al. 1990. Isotropic damage models and smeared crack analysis of concrete//Proceedings of 2nd International conference of Computer. Aided Analysis Design Conc. Structures, Zell am See: 945-957.

Ortiz M A. 1985. A constitutive theory for inelastic behavior of concrete. Mechanics of Material, 4: 67-93.

Oritz M, Martin J B. 1989. Symmetry-preserving return-mapping algorithm and incrementally external paths: A unification of concepts. International Journal for Numerical Methods in Engineering, 28, 1839-1853.

Ortiz M, Simó J C. 1986. Analysis of a new class of integration algorithms for elastoplastic constitutive relations. International Journal for Numerical Methods in Engineering, 23: 353-366.

Ottosen N S. 1977. A failure criterion for concrete. Journal of Engineering Mechanics Division, 103: 527-534.

Papa E, Taliercio A. 1996. Anisotropic damage model for the multiaxial static and fatigue behavior of plain concrete. Engineering Fracture Mechanics, 55: 163-179.

Park R, Paulay T. 1975. Reinforced Concrete Structures. New York: McGraw-Hill Education.

Pedersen R R, Simone A, Sluys L J. 2008. An analysis of dynamic fracture in concrete with a continuum visco-elastic visco-plastic damage model. Engineering Fracture Mechanics, 75: 3782-3805.

Peerlings R H J, de Borst R, Brekelmans W A M, et al. 1996. Gradient enhanced damage for quasi-brittle materials. International Journal for Numerical Methods in Engineering, 39: 3391-3403.

Peerlings R H J, de Borst R, Brekelmans W A M, et al. 1998. Gradient-enhanced damage modelling of concrete fracture. Mechanics of Cohesive-Frictional Materials, 3: 323-342.

Peerlings R H J, Geers M G D, de Borst R, et al. 2001. A critical comparison of nonlocal and gradient-enhanced softening continua. International Journal of Solids and Structures, 38: 7723-7746.

Peirce F T. 1926. Tensile tests for cotton yarns—the weakest link. Journal of Textile Industry, 17: T355-T370.

Penzien J. 1962. Dynamic response of elasto-plastic frames. Journal of Structural Division, 88(ST7): 1322-1340.

Perzyna P. 1971. Fundamental problems in visco-plasticity. Advances in Applied Mechanics, 11: 313-351.

Pichugin A V. 2008. Approximation of the Rayleigh wave speed. Preprint Submitted to Elsevier Science, 10: 1-5.

Poh L H, Swaddiwudhipong S. 2009. Gradient-enhanced softening material models. International Journal of Plasticity, 25: 2094-2121.

Powell M J D. 1964. An efficient method for finding the minimum of a function of several variables without calculating derivatives. Computer Journal, 7: 155-162.

Powell M J D. 1978. A Fast Algorithm for Nonlinearly Constrained Optimization Calculations. Berlin: Springer-Verlag 630: 144-175.

Prisco M, Mazars J. 1996. "Crush-crack": A non-local damage model for concrete. Mechanics of Cohesive-frictional Materials, 1: 321-347.

Rabier P J. 1989. Some remarks on damage theory. International Journal of Engineering Science, 27(1): 29-54.

Rabotnov Y N. 1968. Creep rupture.//Applied Mechanics. Proceeding of ICAM-12, 26-31: 342-349.

Ragueneau F, Gatuingt F. 2003. Inelastic behavior modeling of concrete in low and high strain rate dynamics. Computers and Structures, 81: 1287-1299.

Reinhardt H W, Rossi R, van Mier J M G. 1990. Joint investigation of concrete at high rates of loading. Materials and Structures, 23(3): 213-216.

Ren X D, Chen J S, Li J. 2011. Micro-cracks informed damage models for brittle solids. International Journal of Solids and Structures, 48(10): 1560-1671.

Ren X D, Li J. 2011. Hysteretic deteriorating model for quasi-brittle materials based on micromechanical damage approach. International Journal of Non-Linear Mechanics, 46(1): 321-329.

Ren X D, Yang W Z, Zhou Y, et al. 2008. Behavior of high-performance concrete under uniaxial and biaxial Loading. Journal of American Concrete Institute, 105(6): 548-557

Resende L. 1987. A damage mechanics constitutive theory for the inelastic behavior of concrete. Computer Methods in Applied Mechanics and Engineering, 60(1): 57-93.

Reynolds O. 1886. On the theory of lubrication and its application to Mr. Beauchamp tower's experiments, including an experimental determination of the viscosity of olive Oil. Philosophical Transactions of the Royal Society of London, 177: 157-234.

Rhiu J J, Lee S W. 1987. A new efficient mixed formulation for thin shell finite element models. International Journal for Numerical Methods in Engineering, 24(3): 581-604.

Richart F E, Brandtzaeg A, Brown R L. 1982. A study of failure of concrete under combined compressive stress. University of Illinois, Engineering Experimental Station, Urbana, Bulletin No. 185.

Riks E. 1979. An incremental approach to the solution of snapping and buckling problems. International Journal of Solids and Structures, 15: 529-551.

Robinson J. 1980. Four-node quadrilateral stress membrane element with rotational stiffness. International Journal for Numerical Methods in Engineering, 15: 1567-1569.

Rossi P. 1991. A physical phenomenon which can explain the mechanical behaviour of concrete under high strain rates. Materials and Structures, 24: 422-424.

Ross C A, Jerome D M, Tedesco J W, et al. 1996. Moisture and strain rate effects on concrete strength. ACI Materials Journal, 93(33): 293-300.

Ross C A, Tedesco J W, Kuennen M L. 1995. Effects of strain rate on concrete strength. ACI Materials Journal, 92(1): 37-47.

Rossi P, Toutlemonde F. 1996. Effect of loading rate on the tensile behavior of concrete: Description of physical mechanisms. Materials and Structures, 19: 116-118.

Rossi P, van Mier J G N, Boulay C, et al. 1992. The dynamic behavior of concrete: influence of free water. Materials and Structures, 25: 509-514.

Rostasy F S, Scheuermann J, Sperenger K H. 1984. Mechanical behaviour of some construction materials subjected to rapid loading and low temperature. Betanwerk, 50(6): 393-401.

Rots J G. 1988. Computational modeling of conrete fracture [Ph.D. Thesis]. Delft: Delft University of Technology.

Rots J G, Nauta P, Kusters G M A, et al. 1985. Smeared crack approach and fracture localization in concrete. Heron, 30: 1-47.

Rudnicki J W, Rice J R. 1975. Conditions for the localization of deformations in pressure-sensitive dilatant materials. Journal of the Mechanics and Physics of Solids, 23: 371-394.

Schickert G, Winkler H. 1977. Results of test concerning to multiaxial compressive stress. Deutscher Ausschuss fur Srahlbeton, Heft 277, Berlin, German.

Schlangen E, Garboczi E J. 1997. Facture simulations of concrete using lattice models: Computational aspects. Engineering Fracture Mechanics, 57(2): 319-332.

Schuëller G I. 1997. A state-of-the-art report on computational stochastic mechanics. Probabilistic Engineering Mechanics, 12(4): 198-321.

Sfer D, Carol I, Gettu R, et al. 2002. Study of the behavior of concrete under triaxial compression. Journal of Engineering Mechanics, 128(2): 156-163.

Shinozuka M. 1972. Monte-Carlo solution of structural dynamics. Computers and Structures, 2: 855-874.

Shinozuka M. 1972. Probabilistic modeling of the concrete structures. Journal of the Engineering Mechanics Division, 98(6): 1433-1451.

Shinozuka M, Jan C M. 1972. Digital simulation of random process and its applications. Journal of Sound and Vibration, 25(1): 111-128.

Sidoroff F. 1979. Description of anisotropic damage application to elasticity//Boehler J P. Mechanical Behavior of Anisotropic Solids. Dordrechi: Martinus Nijhoff.

Sih G C, Embley G T, Ravera R S. 1972. Impact response of a finite crack in plane extension. International Journal of Solids and Structures, 8: 977-993.

Simó J C. 1992. Algorithm for static and dynamics multiplicative plasticity that preserve the classical return mapping schemes of the infinitesimal theory. Computer Methods in Applied Mechanics and Engineering, 99:61-112.

Simó J C, Hughes T J R. 1998. Computational Inelasticity. New York: Springer-Verlag.

Simó J C, Ju J W. 1987a. Strain- and stress-based continuum damage models, Ⅰ: Formulation. International Journal of Solids and Structures, 23(7): 821-840.

Simó J C, Ju J W. 1987b. Strain- and stress-based continuum damage models, Ⅱ: Computational aspects. International Journal of Solids and Structures, 23(7): 841-859.

Simó J C, Oliver J, Armero F. 1993. An analysis of strong discontinuities induced by strain-softening in rate-independent inelastic solids. Computational Mechanics, 12: 277-296.

Simó J C, Taylor R L. 1986. A return maping algorithm for plane stresss elastoplasticity. International Journal for Numerical Methods in Engineering, 22: 649-670.

Slate F O, Olsefski S. 1963. X-Rays for study of internal structure and microcracking of concrete. Journal of ACI, 60(5): 575-588.

Soleimani D, Popov E P, Bertero V V. 1979. Nonlinear beam model for R/C frame analysis//7th ASCE conference on Electronic Computation, St. Louis.

Soong T T. 1973. Random Differential Equations in Science and Engineering. New York: Academic Press.

Spacone E, Ciampi V, Filippou F C. 1996. Mixed formulation of nonlinear beam finite element. Computers and Structures, 58(1): 71-83.

Spacone E, Filippou F C, Taucer F. 1996a. Fiber beam-column model for nonlinear analysis of R/C frames: I. formulation. Earthquake Engineering and Structural Dynamics, 25(7): 711-725.

Spacone E, Filippou F C, Taucer F E. 1996b. Fiber beam-column model for nonlinear analysis of R/C frames: II. applications. Earthquake Engineering and Structural Dynamics, 25(7): 727-742.

Sparks P R, Menzies J B. 1973. The effect of rate of loading upon the static and fatigue strengths of plain concrete in compression. Magazine of Concrete Research, 25(83): 73-80.

Stefan J. 1874. Versuche über die scheinbare Adhäsion. Sitz Kais Akad Wiss Math Nat Wien, 69(2): 713-735.

Stevens N J, Uzumeri S M, Collins M P, et al. 1991. Constitutive model for reinforced concrete finite element analysis. ACI Structural Journal, 88(1): 49-59.

Stolken J S, Evans A G. 1997. A microbend test method for measuring the plasticity length scale. Harvard University Report. Mech. 320, Division of Engineering and Applied Sciences, Harvard University, Cambridge.

Stromberg L, Ristinmaa M. 1996. FE-formulation of a nonlocal plasticity theory. Computer Methods in Applied Mechanics and Engineering, 136: 127-144.

Suaris W, Shah S P. 1984. A rate sensitive damage theory for brittle solids. Journal of Engineering Mechanics, 10:985-997.

Suidan M, Schnobrich W C. 1973. Finite element analysis of reinforced concrete. Journal of Structure Engineering, 99(10): 2109-2122.

Syski R. 1967. Stochastic differential equations//Saaty T L. Modern Nonlinear Equations. New York: McGraw-Hill.

Sze K Y, Chen W J, Cheung Y K. 1992. An efficient quardrilateral plane element with drilling degrees of freedom using orthogonal stress modes. Computers and Structures, 42(5): 695-705.

Takeda J, Tachikawa H. 1972. Deformation and fracture of concrete subjected to dynamic load. Mechanical Behaviour of Materials, 4: 267-277.

Takeda J, Tachikawa H, Fujimoto K. 1974. Mechanical behaviour of concrete under higher rate loading than in static test. Mechanical Behahiour of Materials, 2: 479-486.

Tang T, Malvern L E, Jenkins D A. 1992. Rate effects in uni-axial dynamic compression of concrete. Journal of Engineering Mechanics, 118(1): 108-124.

Tedesco J W, Powell J C, Ross C A. 1997. A strain-rate-dependent concrete material model for ADINA. Computers and Structures, 64: 1053-1067.

Thomas T Y. 1961. Plastic Flow and Fracture of Solids. New York: Academic Press.

Timoshenko S P, Goodier J N. 1970. Theory of Elasticity. 3rd Edition. New York: McGraw-Hill.

Tregger N, Corr D, Graham-Brady L, et al. 2006. Modeling the effect of mesoscale randomness on concrete fracture. Probabilistic Engineering Mechanics, 21: 217-225.

Vallinppan S, Yazdchi M, Khalili N. 1999. Seismic analysis of arch dams: a continuum damage mechanics approach. International Journal for Numerical Methods in Engineering, 45(11): 1695-1721.

Vanmarke E. 1983. Random Fields: Analysis and Synthesis. Cambridge: MIT Press.

van Mier J G M. 1984. Strain softening of concrete under multiaxial loading conditions [Doctoral dissertation]. Eindhoven: Eindhoven University of Techanology.

van Mier J G M. 1985. Influence of damage orientation distribution on the multiaxial stress strain behaviour of concrete. Cement and Concrete Research, 15: 849-862.

van Mier J G M. 1986. Multiaxial strain-softening of concrete Part Ⅰ: Fracture. Materials and Structures, 19(3): 179-190.

Vecchio F J. 1999. Towards cyclic load modeling of reinforced concrete. ACI Structural Journal, 96(2): 132-202.

Vecchio F J. 2000. Distributed stress field model for reinforced concrete: Formulation. Journal of Structural of Engineering, 126(9): 1070-1077.

Vecchio F J, Collins M P. 1986. The modified compression-field theory for reinforced concrete elements subjected to shear. ACI Structural Journal, 83(2): 219-231.

Vermeer P A, Brinkgreve R B J. 1994. A new effective non-local strain measure for softening plasticity//Chambon R. Localization and Bifurcation Theory for Soils and Rocks, Balkema: 89-100.

Volcano A, Bertero V V, Colotti V. 1988. Analytical modeling of R/C structure wall// Proceedings of 9th WCEE. VI: 41-46.

Voyiadjis G Z, Abu Al-Rub R K. 2006. A finite strain plastic-damage model for high velocity impact using combined viscosity and gradient localization limiters, Part Ⅱ: Numerical aspects and simulations. International Journal of Damage Mechanics, 15(4):335-372.

Washizu K. 1982. Variational Methods in Elasticity and Plasticity. 3rd Edition. Oxford: Pergamon Press.

Watstein D. 1953. Effect of straining rate on the compressive strength and elastic properties of concrete. ACI Journal, 49: 729-744.

Weerheijm J, van Doormaal J C A M. 2007. Tensile failure of concrete at high loading rates: New test data on strength and fracture energy from instrumented spalling tests. International Journal of Impact Engineering, 34(3): 609-626.

Wells G N, Sluys L J. 2001. A new method for modelling cohesive cracks using finite elements. International Journal for Numerical Methods in Engineering, 50: 2667-2682.

Weshce K, Krause K. 1972. The effect of loading rate on compressive strength and modulus of elasticity of concrete. Materialprufurng, 14(7): 212-218.

Winnicke C, Pearce J, Bicanic N. 2001. Viscoplastic Hoffman consistency model for concrete. Computers and Structures, 79: 7-19.

Woo C W, Li D L. 1992. A general stochastic dynamics model of continuum damage mechanics. International Journal of Solids and Structures, 29 (23): 2921-2932.

Wu J Y. 2011. Unified analysis of enriched finite elements for modeling cohesive cracks. Computer Methods in Applied Mechanics and Engineering, 200(45-46): 3031-3050.

Wu J Y, Li J. 2004. A new energy-based elastoplastic damage model for concrete// Proceedings of XXI International Conference of Theoretical and Applied Mechanics (ICTAM), Warsaw, Poland.

Wu J Y, Li J. 2007. Unified plastic-damage model for concrete and its applications to dynamic nonlinear analysis of structures. Structural Engineering and Mechanics, 23(5): 519-540.

Wu J Y, Li J. 2008. On the mathematical and thermo dynamical descriptions of strain equivalence based anisotropic damage model. Mechanics of Materials, 40(4-5): 377-400.

Wu J Y, Li J, Faria R. 2006. An energy release rate-based plastic-damage model for concrete. International Journal of Solids and Structures, 43(3-4): 583-612.

Wu J Y, Xu S L. 2013. Reconsideration on the elastic damage/degradation theory for the modeling of microcrack closure-reopening (MCR) effects. International Journal of Solids and Structures, 50(5): 795-805.

Xu J, Chen J B, Li J. 2012. Probability density evolution analysis of engineering structures via cubature points. Computational Mechanics, 50(1): 135-156.

Yamaguchi H, Fujimoto K, Nomura S. 1989. Strain rate effect on stress-strain relationships of concrete//Proceedings of 4th Symposium on the Interaction of Non-Nuclear Munitions with Structures: 290-295.

Yan D M, Lin G. 2006. Dynamic properties of concrete in direct tension. Cement and Concrete Research, 36: 1371-1378.

Yazdani S, Schreyer H L. 1990. Combined plasticity and damage mechanics model for plain concrete. Journal of Structural Engineering, 116(7): 1435-1450.

Yon J H, Hawkins N M, Kobayashi A. 1992. Strain rate sensitivity concrete mechanical properties. ACI Materials Journal, 89(2): 146-153.

Yu S W, Feng X Q. 1995. A micromechanics-based model for microcrack-weakened brittle solids. Mechanics of Materials, 20: 59-76.

Zhao L, Chen Q. 2000. A stochastic variational formulation for nonlinear dynamic analysis of structure. Computer Methods in Applied Mechanics and Engineering, 190:597-608.

Zheng D, Li Q B. 2004. An explanation for rate effect of concrete strength based on fracture toughness including free water viscosity. Engineering Fracture Mechanics, 71: 2319-2327.

Zheng Q S. 1994. Theory of representation for tensor functions. ASME Applied Mechanics Review, 47: 545-587.

Zheng S, Haussler-Combe U, Eibl J. 1999. New approach to strain rate sensitivity of concrete in compression. Journal of Engineering Mechanics, 10: 1403-1410.

Zhong J X. 2005. Model-based simulation of reinforced concrete plane stress structures [Ph.D. dissertation]. Houston (TX): University of Houston.

Zhu R R H, Hsu T T C, Lee J Y. 2001. Rational shear module for smeared-crack analysis of reinforced concrete. ACI Structural Journal, 98(4): 443-450.

Zienkiewicz O C, Taylor R. 2008. The Finite Element Method. 6th Edition. Oxford: Elsevier Butterworth-Heinemann.

附录A 张 量 初 步

张量的历史最早可以追溯到高斯在微分几何方面的开创性工作。早期的研究中主要将张量看作表征线性关系的几何结构，进而在微分几何的理论构架中广泛使用张量表示。后来，爱因斯坦基于张量表达建立了广义相对论，张量这一类数学工具才在物理学的研究中得到广泛的重视。连续介质力学由于所研究物理量的几何特性，在理论构架中也广泛采用了张量表示。本附录从连续介质力学特别是损伤力学的需求出发，简要介绍张量的表示方法和性质，作为本书读者学习和研究的基础。

A.1 笛卡儿张量

张量的引入使得物理量在不同的坐标系之间的变换变得容易。原则上讲，张量适用于任意形式 (正交或斜交、直线或曲线) 的坐标系。鉴于本书涉及的理论均建立在正交直线坐标系 (笛卡儿坐标系) 内，所以本附录将讨论的范围限定在这一类坐标系内，所涉及的张量即笛卡儿张量。斜交以及曲线坐标系中张量的讨论请参阅其他参考书。另外，斜交坐标系的张量表示常涉及所谓协变量(covariance) 和逆变量(contravariance)，前者采用下标形式表示，而后者采用上标形式表示。由于在笛卡儿坐标系内协变量与逆变量具有一致性，后面的讨论中将不再对二者进行区分，而统一采用下标的形式表示。

考虑三维空间中的矢量 $\boldsymbol{u}$，在基矢量 $(\boldsymbol{e}_1, \boldsymbol{e}_2, \boldsymbol{e}_3)$ 定义的笛卡儿坐标系内，$\boldsymbol{u}$ 可表示为如下形式:

$$\boldsymbol{u} = \sum_{i=1}^{3} u_i \boldsymbol{e}_i \tag{A.1.1}$$

式中，$\boldsymbol{e}_i$ 为坐标系的第 i 个基矢量；u_i 为矢量 $\boldsymbol{u}$ 在第 i 个坐标轴上的投影。

引入**爱因斯坦求和约定**：在同一项内 (单项式、乘积式、求导式等) 重复一次且仅重复一次的相同指标，表示在指标的取值范围内求和。式 (A.1.1) 可简化表示为

$$\boldsymbol{u} = u_i \boldsymbol{e}_i \tag{A.1.2}$$

考虑另外一组基矢量 $(\boldsymbol{e}_1^*, \boldsymbol{e}_2^*, \boldsymbol{e}_3^*)$ 定义的笛卡儿坐标系，矢量 $\boldsymbol{u}$ 可以表示为

$$\boldsymbol{u} = u_i^* \boldsymbol{e}_i^* \tag{A.1.3}$$

同一矢量在不同坐标系内的投影表示见图 A.1.1。考虑图示的方便，图中给出的是平面坐标系，但此处的论述是基于三维坐标系展开的，坐标系的维度并不影响后续的讨论和结论。可以看出，矢量 $\boldsymbol{u}$ 本身是与坐标系无关的，但是如果采用坐标表示矢量，那么不同的坐标系下矢量的分量是不同的。显然，可以建立不同的坐标系所对应的分量之间的转换规律。

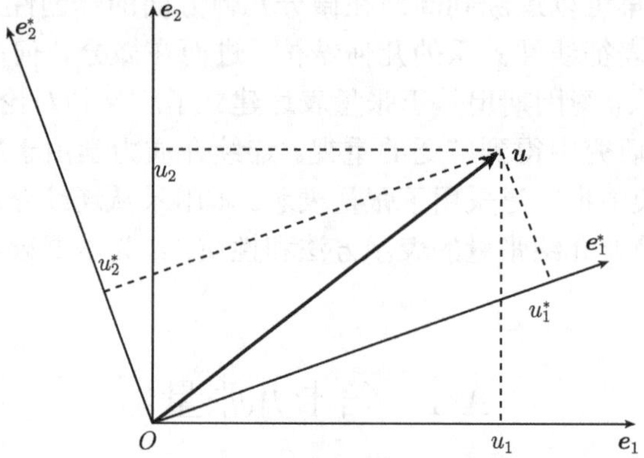

图 A.1.1　矢量及其坐标投影

事实上，根据式 (A.1.2) 及式 (A.1.3)，可得如下恒等式：

$$u_i\boldsymbol{e}_i = u_i^*\boldsymbol{e}_i^* \tag{A.1.4}$$

将式 (A.1.4) 两边同时点乘 $\boldsymbol{e}_j^*$，可得

$$u_i\boldsymbol{e}_i\cdot\boldsymbol{e}_j^* = u_i^*\boldsymbol{e}_i^*\cdot\boldsymbol{e}_j^* \tag{A.1.5}$$

对于笛卡儿坐标系，有

$$\boldsymbol{e}_i^*\cdot\boldsymbol{e}_j^* = \delta_{ij} \tag{A.1.6}$$

式中，Kronecker 记号定义为

$$\delta_{ij} = \begin{cases} 0, & i\neq j \\ 1, & i=j \end{cases} \tag{A.1.7}$$

将式 (A.1.6) 代入式 (A.1.5)，可得

$$u_j^* = u_i\boldsymbol{e}_i\cdot\boldsymbol{e}_j^* = u_i\beta_{ij} \tag{A.1.8}$$

式中，$\beta_{ij}=\boldsymbol{e}_i\cdot\boldsymbol{e}_j^*$，为坐标转换 (系数) 张量。容易证明，坐标转换张量具有正交性，即

$$\beta_{ik}\beta_{jk} = \beta_{ki}\beta_{kj} = \delta_{ij} \tag{A.1.9}$$

上述讨论实际上包含了一般张量的典型性质，即张量本身具有坐标不变性，不同坐标系下的分量虽然不同，但是可以利用坐标转换张量进行线性换算得到。

将矢量看作一阶 (笛卡儿) 张量，二阶张量 $\boldsymbol{T}$ 的坐标分量可采用两个下标表示，并且满足下述坐标转换方程：

$$T_{ij}^* = \beta_{ik}\beta_{jl}T_{kl} \tag{A.1.10}$$

二阶张量是连续介质力学中最常用的张量，如应力 σ_{ij} 和应变 ϵ_{ij}，均为二阶张量。更一般地，n 阶张量 $\boldsymbol{R}$ 的坐标分量可采用 n 个下标表示，并且满足下述坐标转换方程：

$$R_{i_1\cdots i_n}^* = \beta_{i_1 j_1}\cdots\beta_{i_n j_n}R_{j_1\cdots j_n} \tag{A.1.11}$$

A.2 张量的运算和性质

A.1 节的讨论中，已经给出了张量的两类表示方法：抽象表示方法与指标表示方法。前者采用粗体字母直接表示张量，而后者采用张量在坐标系下的分量表示，分量为带有与坐标轴对应的指标的细体字母。从数学的角度考察，两种表示方法是等价的。然而，从实用角度考察，二者又有很大的不同。抽象表示更加简洁，而指标表示能够更加清晰地跟踪张量的运算和坐标变换的过程。在本书前面的章节中，采用了以张量抽象表示方法为主的表达方式，同时在某些时候也借助于指标形式的优点简化相关的运算和表达式。本小节中介绍的张量运算，则采用以指标形式定义抽象算符的基本思路。

首先采用指标缩并的形式定义张量的点积。对于两个张量 $\boldsymbol{\alpha}$、$\boldsymbol{\beta}$ 单点积，可以定义为

$$\boldsymbol{\alpha}\cdot\boldsymbol{\beta} = \alpha_{i_1 i_2\cdots i_{n-1} i_n}\beta_{j_1 j_2\cdots j_{m-1} j_m}\delta_{i_n j_1} = \alpha_{i_1 i_2\cdots i_{n-1} k}\beta_{k\, j_2\cdots j_{m-1} j_m} \tag{A.2.1}$$

单点积表示第一个张量的最后一个指标与第二个张量的第一个指标缩并。对于两个矢量 (一阶张量) 的单点积为

$$\boldsymbol{u}\cdot\boldsymbol{v} = u_i v_i \tag{A.2.2}$$

这一结果与向量的内积具有一致性，所以张量的单点积也称作张量的内积。

对于高阶张量，经常用到双点积运算。一般存在两类双点积运算

$$\begin{cases}\boldsymbol{\alpha}:\boldsymbol{\beta} = \alpha_{i_1 i_2\cdots i_{n-1} i_n}\beta_{j_1 j_2\cdots j_{m-1} j_m}\delta_{i_{n-1} j_1}\delta_{i_n j_2} = \alpha_{i_1 i_2\cdots k_1 k_2}\beta_{k_1 k_2\cdots j_{m-1} j_m}\\ \boldsymbol{\alpha}..\boldsymbol{\beta} = \alpha_{i_1 i_2\cdots i_{n-1} i_n}\beta_{j_1 j_2\cdots j_{m-1} j_m}\delta_{i_n j_1}\delta_{i_{n-1} j_2} = \alpha_{i_1 i_2\cdots k_1 k_2}\beta_{k_2 k_1\cdots j_{m-1} j_m}\end{cases} \tag{A.2.3}$$

可以看出，对于双点积，指标缩并的顺序需要特别注意。同理，也可以定义高阶张量的各类高阶点积。张量的高阶点积也可以看作是向量内积的推广。

下面定义张量的并乘(张量积)。n 阶张量 $\boldsymbol{P}_{(n)}$ 与 m 阶张量 $\boldsymbol{Q}_{(m)}$ 并乘可得 $m+n$ 阶张量 $\boldsymbol{R}_{(n+m)}$，表示为

$$\boldsymbol{R}_{(n+m)} = \boldsymbol{P}_{(n)} \otimes \boldsymbol{Q}_{(m)} \tag{A.2.4}$$

其中，$\otimes$ 定义为并乘符号。

上述表达式的指标表示可写为

$$R_{i_1\cdots i_n j_1\cdots j_m} = P_{i_1\cdots i_n} Q_{j_1\cdots j_m} \tag{A.2.5}$$

容易看出，式 (A.1.2) 实质上定义了一阶张量 (矢量) 的抽象形式与分量 (指标) 形式的关系。对于更高阶的张量，其抽象形式与分量 (指标) 形式的关系须借助于上面引入的并乘符号。对于二阶张量 $\boldsymbol{T}$，在基矢量 $(\boldsymbol{e}_1, \boldsymbol{e}_2, \boldsymbol{e}_3)$ 定义的坐标系下，有

$$\boldsymbol{T} = T_{ij} \boldsymbol{e}_i \otimes \boldsymbol{e}_j \tag{A.2.6}$$

式中，$\boldsymbol{e}_i \otimes \boldsymbol{e}_j = \boldsymbol{e}_{ij}$ 为二阶基张量。

而在基矢量 $(\boldsymbol{e}_1^*, \boldsymbol{e}_2^*, \boldsymbol{e}_3^*)$ 定义的坐标系下，有

$$\boldsymbol{T} = T_{ij}^* \boldsymbol{e}_i^* \otimes \boldsymbol{e}_j^* \tag{A.2.7}$$

基于坐标转换张量 β_{ij} 及其正交性，不难证明

$$\boldsymbol{T} = T_{ij} \boldsymbol{e}_i \otimes \boldsymbol{e}_j = T_{ij}^* \boldsymbol{e}_i^* \otimes \boldsymbol{e}_j^* \tag{A.2.8}$$

即得二阶张量的坐标不变性。

对于 n 阶张量 $\boldsymbol{R}$，不难定义如下关系：

$$\boldsymbol{R} = R_{i_1\cdots i_n} \boldsymbol{e}_{i_1} \otimes \cdots \otimes \boldsymbol{e}_{i_n} \tag{A.2.9}$$

对于固体力学中最常用的二阶实对称张量，不失一般性，可令 $\boldsymbol{S} = S_{ij} \boldsymbol{e}_i \otimes \boldsymbol{e}_j$ 为二阶实对称张量，满足 $S_{ij} = S_{ji}$。二阶张量的特征方程可以表示为

$$\boldsymbol{S} \cdot \boldsymbol{n} = \lambda \boldsymbol{n} \tag{A.2.10}$$

式中，λ 和 $\boldsymbol{n}$ 分别为张量 $\boldsymbol{S}$ 的特征值和特征向量。

式 (A.2.10) 也可以表示成指标形式，有

$$S_{ij} n_j = \lambda n_i \tag{A.2.11}$$

整理式 (A.2.10) 和式 (A.2.11)，可得

$$\begin{cases}(\boldsymbol{S}-\lambda\boldsymbol{I})\cdot\boldsymbol{n}=0\\(S_{ij}-\lambda\delta_{ij})n_j=0\end{cases}\tag{A.2.12}$$

上述方程存在非零解的充要条件是系数矩阵行列式为零，有

$$\det(\boldsymbol{S}-\lambda\boldsymbol{I})=0\ \text{ 或 }\ \det(S_{ij}-\lambda\delta_{ij})=0\tag{A.2.13}$$

整理可得如下特征方程:

$$\lambda^3-I_1\lambda^2+I_2\lambda-I_3=0\tag{A.2.14}$$

其中方程的三个系数

$$\begin{cases}I_1=S_{kk}\\I_2=\dfrac{1}{2}(S_{ii}S_{jj}-S_{ij}S_{ij})\\I_3=\det(S_{ij})\end{cases}\tag{A.2.15}$$

由式 (A.2.14) 可解出二阶张量所对应的所有特征值，代入式 (A.2.12) 求得线性方程组的非零解即为对应的特征向量。可以证明：**实对称张量的特征值均为实数，特征向量相互正交。**

在应用中，常将二阶实对称张量分解为球张量 $\boldsymbol{P}$ 和偏张量 $\boldsymbol{D}$ 两部分，即

$$\boldsymbol{S}=\boldsymbol{P}+\boldsymbol{D}\ \text{ 或 }\ S_{ij}=P_{ij}+D_{ij}\tag{A.2.16}$$

式中

$$\begin{cases}P_{ij}=\dfrac{1}{3}S_{kk}\delta_{ij}\\D_{ij}=S_{ij}-P_{ij}=S_{ij}-\dfrac{1}{3}S_{kk}\delta_{ij}\end{cases}\tag{A.2.17}$$

偏张量满足 $D_{kk}=0$，其特征方程可以表示为

$$\eta^3-J_1\eta^2-J_2\eta-J_3=0\tag{A.2.18}$$

其中

$$\begin{cases}J_1=0\\J_2=\dfrac{1}{2}D_{ij}D_{ij}\\J_3=\det(D_{ij})\end{cases}\tag{A.2.19}$$

上述讨论中给出的 I_1、I_2、I_3、J_2 以及 J_3 统称为张量 $\boldsymbol{S}$ 的不变量。之所以称之为不变量，是因为这些量虽然是由张量在坐标系内的分量求出，但是本身的取值不随着坐标系的转换而变化。实际上，张量不变量包含了张量内在的本质属性。

基于内积定义二阶张量的整数幂函数

$$\boldsymbol{S}^n = \underbrace{\boldsymbol{S}\cdots\boldsymbol{S}}_{n\text{个}} \tag{A.2.20}$$

考虑特征多项式 (A.2.14)，有

$$\boldsymbol{S}^3 - I_1\boldsymbol{S}^2 - I_2\boldsymbol{S} - I_3 = 0 \tag{A.2.21}$$

即：**张量的特征多项式也是其零化多项式**。这一定理称为哈密顿–凯莱定理。根据此定理，可以将张量 $\boldsymbol{S}$ 的高次幂 $\boldsymbol{S}^n(n \geqslant 3)$ 表示为其低次幂 $(\boldsymbol{S}^2, \boldsymbol{S}, \boldsymbol{I})$ 和不变量 (I_1, I_2, I_3)。

A.3　张量分析初步

本小节简要介绍张量分析运算中所涉及的基本内容。首先，引入哈密尔顿算符如下：

$$\nabla = \frac{\partial}{\partial x_j}\boldsymbol{e}_j \tag{A.3.1}$$

哈密顿算符作用于张量时，前部分偏导数作用到张量的分量上，后部分的基向量作用到张量的基上。

采用哈密顿算符及并乘符号可定义张量场的梯度

$$\begin{cases}\nabla\otimes\boldsymbol{R} = R_{i_1 i_2\cdots i_n,j}\boldsymbol{e}_j\otimes\boldsymbol{e}_{i_1}\otimes\boldsymbol{e}_{i_2}\otimes\cdots\otimes\boldsymbol{e}_{i_n}\\ \boldsymbol{R}\otimes\nabla = R_{i_1 i_2\cdots i_n,j}\boldsymbol{e}_{i_1}\otimes\boldsymbol{e}_{i_2}\otimes\cdots\otimes\boldsymbol{e}_{i_n}\otimes\boldsymbol{e}_j\end{cases} \tag{A.3.2}$$

这里采用逗号的方式表示分量对坐标的偏导数，即 $R_{i_1 i_2\cdots i_n,j} = \partial R_{i_1 i_2\cdots i_n}/\partial x_j$。仔细考察可以发现，算符作用的次序不同，所得结果也不同。上述两种作用方式分别称为张量的左梯度和右梯度。不论是左梯度还是右梯度，n 阶张量场的梯度均为 $n+1$ 阶张量场。本书正文部分的推导一般使用张量的左梯度。

类似地，可以采用哈密顿算符和点乘符号定义张量场的散度

$$\begin{cases}\nabla\cdot\boldsymbol{R} &= R_{i_1 i_2\cdots i_n,j}\boldsymbol{e}_j\cdot\boldsymbol{e}_{i_1}\otimes\boldsymbol{e}_{i_2}\otimes\cdots\otimes\boldsymbol{e}_{i_n}\\ &= R_{j i_2\cdots i_n,j}\boldsymbol{e}_{i_2}\otimes\cdots\otimes\boldsymbol{e}_{i_n}\\ \boldsymbol{R}\cdot\nabla &= R_{i_1 i_2\cdots i_n,j}\boldsymbol{e}_{i_1}\otimes\boldsymbol{e}_{i_2}\otimes\cdots\otimes\boldsymbol{e}_{i_n}\cdot\boldsymbol{e}_j\\ &= R_{i_1 i_2\cdots j,j}\boldsymbol{e}_{i_1}\otimes\boldsymbol{e}_{i_2}\otimes\cdots\otimes\boldsymbol{e}_{i_{n-1}}\end{cases} \tag{A.3.3}$$

可以看出，由于缩并的作用，n 阶张量场的散度均为 $n-1$ 阶张量场。算符作用的顺序不同，所得结果一般也不同，式 (A.3.3) 中两种作用方式也分别称为左散

度和右散度。不难证明，对于固体力学中最常用的二阶对称张量，其左散度与右散度相同。

在固体力学的分析中，经常需要建立体积分与面积分的关系，这就需要用到高斯公式。向量场的高斯公式在多元微积分课程中均有详细的讲解，将向量场的高斯公式推广，可得张量场的高斯公式。由前述左、右散度与左、右梯度的定义，可以得到下述四类高斯公式：

$$\begin{cases}\displaystyle\int_\Omega \nabla\cdot\boldsymbol{T}\mathrm{d}\Omega=\oint_{\partial\Omega}\boldsymbol{n}\cdot\boldsymbol{T}\mathrm{d}S\\ \displaystyle\int_\Omega T_{i_1i_2\cdots i_n,i_1}\mathrm{d}\Omega=\oint_{\partial\Omega}n_{i_1}T_{i_1i_2\cdots i_n}\mathrm{d}S\end{cases}\tag{A.3.4}$$

$$\begin{cases}\displaystyle\int_\Omega \boldsymbol{T}\cdot\nabla\mathrm{d}\Omega=\oint_{\partial\Omega}\boldsymbol{T}\cdot\boldsymbol{n}\mathrm{d}S\\ \displaystyle\int_\Omega T_{i_1i_2\cdots i_n,i_n}\mathrm{d}\Omega=\oint_{\partial\Omega}T_{i_1i_2\cdots i_n}n_{i_n}\mathrm{d}S\end{cases}\tag{A.3.5}$$

$$\begin{cases}\displaystyle\int_\Omega \nabla\otimes\boldsymbol{T}\mathrm{d}\Omega=\oint_{\partial\Omega}\boldsymbol{n}\otimes\boldsymbol{T}\mathrm{d}S\\ \displaystyle\int_\Omega T_{i_1i_2\cdots i_n,j}\mathrm{d}\Omega=\oint_{\partial\Omega}n_jT_{i_1i_2\cdots i_n}\mathrm{d}S\end{cases}\tag{A.3.6}$$

$$\begin{cases}\displaystyle\int_\Omega \boldsymbol{T}\otimes\nabla\mathrm{d}\Omega=\oint_{\partial\Omega}\boldsymbol{T}\otimes\boldsymbol{n}\mathrm{d}S\\ \displaystyle\int_\Omega T_{i_1i_2\cdots i_n,j}\mathrm{d}\Omega=\oint_{\partial\Omega}T_{i_1i_2\cdots i_n}n_j\mathrm{d}S\end{cases}\tag{A.3.7}$$

基于高斯公式，可以得到一系列有用的关系式。其中应用最广泛的，就是所谓分部积分公式，这一类公式在固体力学积分形式的控制方程推导中最常用到。这里以左散度公式为例介绍分部积分公式。定义乘积 (双线性) 算符 $\langle\cdot,\cdot\rangle$ 表示两个张量的任意形式的乘积 (各类点乘或并乘)，对两个张量的乘积左点乘拉普拉斯算符，可得

$$\nabla\cdot\langle\boldsymbol{P},\boldsymbol{Q}\rangle=\langle\nabla\cdot\boldsymbol{P},\boldsymbol{Q}\rangle+\langle\boldsymbol{P},\nabla\cdot\boldsymbol{Q}\rangle\tag{A.3.8}$$

式 (A.3.8) 等号两侧作用体积分，使用散度定理并整理，可得如下分部积分公式：

$$\int_\Omega\langle\nabla\cdot\boldsymbol{P},\boldsymbol{Q}\rangle\mathrm{d}\Omega=\oint_{\partial\Omega}\boldsymbol{n}\cdot\langle\boldsymbol{P},\boldsymbol{Q}\rangle\mathrm{d}S-\int_\Omega\langle\boldsymbol{P},\nabla\cdot\boldsymbol{Q}\rangle\mathrm{d}\Omega\tag{A.3.9}$$

同理，可以建立各类分部积分公式。

A.4 张量的矩阵表示

由前几节的介绍可以发现，张量表达能够大大简化固体力学理论的公式表达，进而将公式的物理实质凸显出来。同时，基于张量建立的公式可以方便地进行坐标转换。所以张量作为一种有力的理论工具，在固体力学的研究中得到了广泛的应用。在建立了相关理论之后，一般需要进行计算机编程和数值实现。令人遗憾的是，张量并不是一种有效的数据结构，基于张量组织有关数据容易造成计算机存储的大量浪费。所以，在计算机编程中往往倾向于采用矩阵和向量的方式组织相关数据，同时充分利用张量的对称性等性质节省存储空间。本节将简要介绍将固体力学中某些常用的张量转化为矩阵和向量表示的方法。

将张量转化为矩阵或者向量，其基本思路就是利用指标的对称性降低张量的阶数。利用指标的对称性降低张量的阶数的方法有多种，其中最常用的就是 Voigt 表示方法。下面以二阶对称张量为例介绍两类 Voigt 表示方法。

A.4.1　动力学 Voigt 表示

对于应力张量 $\boldsymbol{\sigma}$ 等动力学量，其向量形式可以表示为

① 二维

$$\boldsymbol{\sigma}=\begin{bmatrix}\sigma_{11} & \sigma_{12}\\ \sigma_{21} & \sigma_{22}\end{bmatrix}\rightarrow\{\sigma\}=\begin{Bmatrix}\sigma_{11}\\ \sigma_{22}\\ \sigma_{12}\end{Bmatrix}:=\begin{Bmatrix}\sigma_{1}\\ \sigma_{2}\\ \sigma_{3}\end{Bmatrix}\tag{A.4.1}$$

② 三维

$$\boldsymbol{\sigma}=\begin{bmatrix}\sigma_{11} & \sigma_{12} & \sigma_{13}\\ \sigma_{21} & \sigma_{22} & \sigma_{23}\\ \sigma_{31} & \sigma_{32} & \sigma_{33}\end{bmatrix}\rightarrow\{\sigma\}=\begin{Bmatrix}\sigma_{11}\\ \sigma_{22}\\ \sigma_{33}\\ \sigma_{12}\\ \sigma_{13}\\ \sigma_{23}\end{Bmatrix}:=\begin{Bmatrix}\sigma_{1}\\ \sigma_{2}\\ \sigma_{3}\\ \sigma_{4}\\ \sigma_{5}\\ \sigma_{6}\end{Bmatrix}\tag{A.4.2}$$

式中，符号“:=”表示“定义为”。

A.4.2　运动学 Voigt 表示

对于应力张量 $\boldsymbol{\epsilon}$ 等动力学量，其向量形式可以表示为

① 二维

$$\boldsymbol{\epsilon}=\begin{bmatrix}\epsilon_{11} & \epsilon_{12}\\ \epsilon_{21} & \epsilon_{22}\end{bmatrix}\rightarrow\{\epsilon\}=\begin{Bmatrix}\epsilon_{11}\\ \epsilon_{22}\\ 2\epsilon_{12}\end{Bmatrix}:=\begin{Bmatrix}\epsilon_{1}\\ \epsilon_{2}\\ \epsilon_{3}\end{Bmatrix}\tag{A.4.3}$$

② 三维

$$\boldsymbol{\epsilon}=\begin{bmatrix}\epsilon_{11} & \epsilon_{12} & \epsilon_{13}\\ \epsilon_{21} & \epsilon_{22} & \epsilon_{23}\\ \epsilon_{31} & \epsilon_{32} & \epsilon_{33}\end{bmatrix}\rightarrow\{\epsilon\}=\begin{Bmatrix}\epsilon_{11}\\ \epsilon_{22}\\ \epsilon_{33}\\ 2\epsilon_{12}\\ 2\epsilon_{13}\\ 2\epsilon_{23}\end{Bmatrix}:=\begin{Bmatrix}\epsilon_{1}\\ \epsilon_{2}\\ \epsilon_{3}\\ \epsilon_{4}\\ \epsilon_{5}\\ \epsilon_{6}\end{Bmatrix} \tag{A.4.4}$$

可以看出，不论是动力学 Voigt 表示还是运动学 Voigt 表示，其指标的对应关系是一致的，都可以用表 A.4.1 和表 A.4.2 表示。同时，这里给出的对应关系也并不是唯一的对应关系，不同教材或软件中给出的顺序可能略有差别。

表 A.4.1 二维 Voigt 标记

s_α	α	1	2	3
s_{ij}	i	1	2	1
	j	1	2	2

表 A.4.2 三维 Voigt 标记

s_α	α	1	2	3	4	5	6
s_{ij}	i	1	2	3	1	1	2
	j	1	2	3	2	3	3

动力学 Voigt 表示与运动学 Voigt 表示的差别在于后者给非对角线元素乘以了系数 2。对于应变张量，这个系数 2 可以理解为力学剪应变与工程剪应变之间的换算系数。然而究其实质，这个系数可认为源于并乘结果的等价性，即认为变换前两个下标的双点积与变换后一个下标的单点积所得结果是一致的。以应变能表达式为例，有

$$2W=\sigma_{ij}\epsilon_{ij}=\boldsymbol{\sigma}:\boldsymbol{\epsilon}=\{\sigma\}^{\mathrm{T}}\{\epsilon\} \tag{A.4.5}$$

当然，对于相同张量之间的并乘，譬如 $\boldsymbol{\sigma}:\boldsymbol{\sigma}$，就很难再基于其本身的物理意义决定是采用动力学 Voigt 表示还是运动学 Voigt 表示。此时，本书建议第一个张量采用动力学 Voigt 表示，而第二个张量采用运动学 Voigt 表示。

在固体力学的分析中，应力与应变的关系常常采用四阶刚度张量 $\mathbb{E}$ 或者柔度张量 $\mathbb{C}$ 表示。应力、应变关系记为

$$\boldsymbol{\sigma}=\mathbb{E}:\boldsymbol{\epsilon},\quad \boldsymbol{\epsilon}=\mathbb{C}:\boldsymbol{\sigma} \tag{A.4.6}$$

采用 Voigt 规则，对于四阶张量的前两个指标与后两个指标分别进行降阶，即可得到刚度矩阵或者柔度矩阵。上述张量形式的应力、应变关系可以改写为如下矩阵形式：

$$\{\sigma\}=[E]\{\epsilon\},\quad \{\epsilon\}=[C]\{\sigma\} \tag{A.4.7}$$

三维应力状态下，弹性刚度张量须采用动力学 Voigt 表示，其 Voigt 矩阵形式为

$$
[E]=\begin{bmatrix}
E_{11} & E_{12} & E_{13} & E_{14} & E_{15} & E_{16}\\
E_{21} & E_{22} & E_{23} & E_{24} & E_{25} & E_{26}\\
E_{31} & E_{32} & E_{33} & E_{34} & E_{35} & E_{36}\\
E_{41} & E_{42} & E_{43} & E_{44} & E_{45} & E_{46}\\
E_{51} & E_{52} & E_{53} & E_{54} & E_{55} & E_{56}\\
E_{61} & E_{62} & E_{63} & E_{64} & E_{65} & E_{66}
\end{bmatrix}
=\begin{bmatrix}
E_{1111} & E_{1122} & E_{1133} & E_{1112} & E_{1113} & E_{1123}\\
E_{2211} & E_{2222} & E_{2233} & E_{2212} & E_{2213} & E_{2223}\\
E_{3311} & E_{3322} & E_{3333} & E_{3312} & E_{3313} & E_{3323}\\
E_{1211} & E_{1222} & E_{1213} & E_{1212} & E_{1213} & E_{1223}\\
E_{1311} & E_{1322} & E_{1333} & E_{1312} & E_{1313} & E_{1323}\\
E_{2311} & E_{2322} & E_{2333} & E_{2312} & E_{2313} & E_{2323}
\end{bmatrix} \tag{A.4.8}
$$

柔度张量须采用运动学 Voigt 表示，其 Voigt 矩阵形式为

$$
[C]=\begin{bmatrix}
C_{11} & C_{12} & C_{13} & C_{14} & C_{15} & C_{16}\\
C_{21} & C_{22} & C_{23} & C_{24} & C_{25} & C_{26}\\
C_{31} & C_{32} & C_{33} & C_{34} & C_{35} & C_{36}\\
C_{41} & C_{42} & C_{43} & C_{44} & C_{45} & C_{46}\\
C_{51} & C_{52} & C_{53} & C_{54} & C_{55} & C_{56}\\
C_{61} & C_{62} & C_{63} & C_{64} & C_{65} & C_{66}
\end{bmatrix}
=\begin{bmatrix}
C_{1111} & C_{1122} & C_{1133} & 2C_{1112} & 2C_{1113} & 2C_{1123}\\
C_{2211} & C_{2222} & C_{2233} & 2C_{2212} & 2C_{2213} & 2C_{2223}\\
C_{3311} & C_{3322} & C_{3333} & 2C_{3312} & 2C_{3313} & 2C_{3323}\\
2C_{1211} & 2C_{1222} & 2C_{1213} & 4C_{1212} & 4C_{1213} & 4C_{1223}\\
2C_{1311} & 2C_{1322} & 2C_{1333} & 4C_{1312} & 4C_{1313} & 4C_{1323}\\
2C_{2311} & 2C_{2322} & 2C_{2333} & 4C_{2312} & 4C_{2313} & 4C_{2323}
\end{bmatrix} \tag{A.4.9}
$$

平面应力状态下的弹性刚度矩阵，只需要划去包含指标 3 的项，这里不再赘述。

柔度矩阵对应项的系数 (2 和 4) 可以由下式解得

$$
2W=\boldsymbol{\sigma}:\boldsymbol{C}:\boldsymbol{\sigma}=\sigma_{ij}C_{ijkl}\sigma_{ij}=\{\sigma\}^{\mathrm{T}}[S]\{\sigma\} \tag{A.4.10}
$$

如果刚度张量和柔度张量具有主对称性，那么上述形成的 Voigt 矩阵是对称矩阵。这时，还可以进一步利用对称性将矩阵简化为向量。但是，此时得到的刚度向量则需要定义特殊的计算法则以便与应力、应变向量兼容计算。一般刚度矩阵向量化的内容不再赘述。

附录B　混凝土细观断裂应变随机场数值模拟

在混凝土随机损伤本构关系中，基本的随机源是细观断裂应变。一般说来，它的分布表现为随机场的形式。通过取数学期望，可以将随机损伤变量转化为确定性变量，从而可以获得均值参数意义上的混凝土应力–应变关系。进而，如果希望获得随机样本意义上的应力–应变关系或集合意义上的概率密度关系，就要涉及随机场细观断裂应变随机场的数值模拟。一般说来，可以通过 Karhunen-Loève 分解和随机谐和函数方法进行这种模拟。以下分述之。

B.1　Karhunen-Loève 分解方法

随机场是随机过程概念在空间 (场域) 的自然推广。因此，随机过程分析中的 Karhunen-Loève 分解方法也可以用于混凝土细观断裂应变随机场 $\Delta(x)$ 的分解。根据这一分解，随机场可以视为一些确定性的场函数按特定方式进行随机组合的结果。

事实上，一维均匀随机场$\Delta(x)$ 可以表述为

$$\Delta(x) = \Delta_0(x) + \Delta_\sigma(x) \tag{B.1.1}$$

式中，$\Delta_0(x)$ 是随机场均值；$\Delta_\sigma(x)$ 是与 $\Delta(x)$ 相应的零均值随机场。

设 $\Delta_\sigma(x)$ 的相关函数为 $R(x_1, x_2)$，则若方程

$$\int_\Omega R(x_1, x_2) f_i(x_1)\, \mathrm{d}x_1 = \lambda_i f_i(x_2) \tag{B.1.2}$$

有非零解，则称解答 λ_i $(i = 1, 2, \cdots)$ 为相关函数 $R(x_1, x_2)$ 的特征值，而相应的 $f_i(x)$ 称为 $R(x_1, x_2)$ 的特征函数。式 (B.1.2) 中，积分域 Ω 代表空间变量 x 的范围。由于均匀随机场的相关函数具有对称性，其特征函数满足如下正交性质：

$$\int_\Omega f_i(x) f_j(x)\, \mathrm{d}x = \delta_{ij} \tag{B.1.3}$$

式中，δ_{ij} 为 Kronecker-delta 符号。

特征函数的正交性使得它具备了构成一组正交基函数的条件。基于这一背景，有如下 Karhunen-Loève 分解(Karhunen，1947；Loève，1948；李杰，1996)

$$\Delta(x) = \Delta_0 + \sum_{i=1}^{\infty} \xi_i \sqrt{\lambda_i} f_i(x) \tag{B.1.4}$$

式中，ξ_i 是互不关联的随机变量。

Karhunen-Loéve 分解表明，细观断裂应变的随机场可以通过一系列确定性的场 (空间) 函数及独立随机变量的组合来描述。在实际应用中，往往用有限项近似就可以达到要求的精度，即

$$\Delta(x)=\Delta_0+\sum_{i=1}^{N}\xi_i\sqrt{\lambda_i}f_i(x) \tag{B.1.5}$$

式中，N 为展开项数。

能够进行 Karhunen-Loéve 分解的条件是积分方程式 (B.1.2) 有解。这一般需要通过数值方法求解。特别地，当相关函数形为如下的指数函数：

$$R(x_1,x_2)=\exp\Big(-c|x_1-x_2|\Big) \tag{B.1.6}$$

且积分域 Ω定义在 $[-a,a]$ 区间时，积分方程 (B.1.2) 有解析解(Ghanem & Spanos，1991)

$$\lambda_i=\begin{cases}\dfrac{2c}{\omega_i^2+c^2}, & i\text{ 为奇数}\\ \dfrac{2c}{\bar{\omega}_i^2+c^2}, & i\text{ 为偶数}\end{cases} \tag{B.1.7}$$

式中，c 为相关长度；ω_i 和 $\bar{\omega}_i$ 可通过下列超越方程求解得到：

$$\begin{cases}c-\omega\tan(\omega a)=0\\ c+\omega\tan(\bar{\omega}a)=0\end{cases} \tag{B.1.8}$$

与式 (B.1.7) 相应的特征函数为

$$f_i(x)=\begin{cases}\dfrac{\cos(\omega_i x)}{\sqrt{a+\dfrac{\sin(2a\omega_i)}{2\omega_i}}}, & i\text{ 为奇数}\\ \dfrac{\sin(\overline{\omega}_i x)}{\sqrt{a-\dfrac{\sin(2a\overline{\omega}_i)}{2\overline{\omega}_i}}}, & i\text{ 为偶数}\end{cases} \tag{B.1.9}$$

式中，a 为随机场的半长度。

如此，可以按式 (B.1.4) 对细观断裂应变一维均匀随机场进行 Karhunen-Loève 分解，并根据随机变量的取样方法获得随机场的样本，然后按照本书第 8 章所述数值方法获得样本意义上的应力–应变关系。

B.2 随机谐和函数方法

采用 Karhunen-Loève 分解，随机场的展开项数往往高达数百，给获得集合意义上的应力–应变关系，即应力–应变关系的概率密度描述带来了不便。引用随机场的随机谐和函数描述 (陈建兵和李杰，2011)，可以解决这一问题。

不失一般性，考察随机谐和函数之和：

$$\sum_{i=1}^{N} A(k_i)\cos(k_i x + \phi_i) = B_N(x) \tag{B.2.1}$$

式中，$A(k_i)$、k_i 和 ϕ_i 分别为第 i 个谐和分量的幅值、波数和相角。

显然，当 k_i 和 ϕ_i 均为随机变量时，$B_N(x)$ 将是一个一维随机场。易知，若 ϕ_i 服从 $(0, 2\pi]$ 的独立均匀分布，则 $B_N(x)$ 的自相关函数

$$R_{B_N}(x_2 - x_1) = R_{B_N}(r) = \sum_{i=1}^{N} E\left[\frac{A^2(k_i)}{2}\cos(k_i r)\right] \tag{B.2.2}$$

式中，$E(\cdot)$ 表示取数学期望。而 $R_{B_N}(r)$ 的 Fourier 变换则给出波数谱密度函数

$$S_{B_N}(k) = \int_{-\infty}^{+\infty} R_{B_N}(r)\exp\big(-ikr\big)\,\mathrm{d}r \tag{B.2.3}$$

另一方面，设均匀随机场$\Delta(x)$ 的相关函数为 $R_\Delta(r)$，它与波数谱密度函数$S_\Delta(k)$ 构成一个 Fourier 变换对，满足维纳–辛钦关系，且 $\Delta(x)$ 的单边波数谱为 $G_\Delta(k)$，即 $G_\Delta(k) = 2S_\Delta(k)$。进而，对于式 (B.2.1)，设 $k_i^{(p)}$(其中 $1 \leqslant i \leqslant N-1$) 为 $[0, k_u]$ 的内点，且满足 $0 < k_1^{(p)} < k_2^{(p)} < \cdots < k_{N-1}^{(p)} < k_u$ ($k_u < \infty$ 为上限截止波数)，记 $k_1^{(p)} = 0$ 和 $k_N^{(p)} = k_u$，则可以证明存在以下定理 (Chen et al.，2013):

定理 B.1 若随机谐和函数$B_N(x)$ (式 (B.2.1)) 中的波数、相角和幅值分别满足:

① k_i ($i = 1, 2, \cdots, N$) 为相互独立的随机变量，且服从 $(k_{i-1}^{(p)}, k_i^{(p)})$ 区间的均匀分布，即在各区间中的概率密度函数为

$$p_{k_i}(k) = \begin{cases} \dfrac{1}{k_i^{(p)} - k_{i-1}^{(p)}}, & k \in (k_{i-1}^{(p)}, k_i^{(p)}) \\ 0, & \text{其他} \end{cases} \tag{B.2.4}$$

② ϕ_i ($i = 1, 2, \cdots, N$) 为相互独立的随机变量，且服从 $(0, 2\pi]$ 的均匀分布；

③ 幅值

$$A(k_i) = \sqrt{\frac{G_\Delta(k_i)\delta k_i}{\pi}} = \sqrt{\frac{2S_\Delta(k_i)\delta k_i}{\pi}} \tag{B.2.5}$$

则 $B_N(t)$ 的波数谱密度函数为 $S_\Delta(k)$。这里，$\delta k_i = k_i^{(p)} - k_{i-1}^{(p)}$。

这一定理表明：采用具有随机波数和随机相位的谐和分量合成的随机场 $B_N(x)$（式 (B.2.1)），当各谐和分量波数服从相应波数区间的均匀分布、相位角服从 $(0, 2\pi]$ 的均匀分布且幅值为关于随机波数的特定函数 (B.2.5) 时，则无论项数 N 为多少，$B_N(x)$ 的波数谱密度函数均精确地等于均匀随机场 $\Delta(x)$ 波数谱密度函数 $S_\Delta(k)$。换句话说，式 (B.2.1) 中的随机场 $B_N(x)$ 在二阶数值特征意义上与 $\Delta(x)$ 等价（孙伟玲等，2011）。

因此，可以将细观断裂应变随机场 $\Delta(x)$ 用随机谐和函数表述为

$$\Delta(x) = \sum_{i=1}^{N} A(k_i)\cos(k_i x + \phi_i) \tag{B.2.6}$$

研究表明，为了在一维概率分布意义上逼近细观断裂应变随机场，N 取不多的有限项即可达到目的（通常，$N \leqslant 10$）。

将上述方法作二维扩展，二维随机场的随机谐和函数表示为（梁诗雪等，2012）

$$\begin{aligned}\Delta(x_1, x_2) =& \sqrt{2}\sum_{n_1=1}^{N_1}\sum_{n_2=1}^{N_2}\Big[A_{n_1 n_2}\cos\left(K_{1n_1}x_1 + K_{2n_2}x_2 + \Phi_{n_1 n_2}^{(1)}\right)\\ &+ \tilde{A}_{n_1 n_2}\cos\left(K_{1n_1}x_1 - K_{2n_2}x_2 + \Phi_{n_1 n_2}^{(2)}\right)\Big]\end{aligned} \tag{B.2.7}$$

式中，$A_{n_1 n_2}$、$\tilde{A}_{n_1 n_2}$、K_{1n_1}、K_{2n_2}、$\Phi_{n_1 n_2}^{(1)}$ 和 $\Phi_{n_1 n_2}^{(2)}$ 分别为随机场 $\Delta(x_1, x_2)$ 的第 n_1、n_2 个谐和分量的幅值、波数和相位角；$K_{1n_1}^p$ $(1 \leqslant n_1 \leqslant N-1)$ 为 $[0, K_{1u}]$ 的内点，且满足 $0 \leqslant K_{11}^p \leqslant K_{12}^p \leqslant \cdots K_{1N_1-1}^p \leqslant K_{1u}$，这里 $K_{10}^p = 0$ 以及 $K_{1N_1}^p = K_{1u}$；同理，$K_{2n_1}^p$ $(1 \leqslant n_2 \leqslant N-1)$ 为 $[0, K_{2u}]$ 的内点，且满足 $0 \leqslant K_{21}^p \leqslant K_{22}^p \leqslant \cdots K_{2N_2-1}^p \leqslant K_{2u}$，这里 $K_{20}^p = 0$ 以及 $K_{2N_2}^p = K_{2u}$。

波数 K_{1n_1}、K_{2n_2} 和相位角 $\Phi_{n_1 n_2}^{(1)}$、$\Phi_{n_1 n_2}^{(2)}$ 均为随机变量，且 K_{1n_1}、K_{2n_2}（这里 $n_1 = 1, 2, \cdots, N_1$；$n_2 = 1, 2, \cdots, N_2$）分别服从 $(K_{1n_1-1}^p, K_{1n_1}^p)$ 和 $(K_{2n_2-1}^p, K_{2n_2}^p)$ 区间内的均匀分布且相互独立；$\Phi_{n_1 n_2}^{(1)}$、$\Phi_{n_1 n_2}^{(2)}$（这里 $n_1 = 1, 2, \cdots, N_1$；$n_2 = 1, 2, \cdots, N_2$）服从 $(0, 2\pi]$ 的均匀分布且相互独立；

$$A_{n_1 n_2} = \sqrt{2S_\Delta(K_{1n_1}, K_{2n_2})\delta K_{1n_1}\delta K_{2n_2}} \tag{B.2.8a}$$

$$\tilde{A}_{n_1 n_2} = \sqrt{2S_\Delta(K_{1n_1}, -K_{2n_2})\delta K_{1n_1}\delta K_{2n_2}} \tag{B.2.8b}$$

式中，$S_\Delta(K_{1n_1}, K_{2n_2})$ 为二维随机场 $\Delta(x_1, x_2)$ 的波数谱密度函数，它与 $\Delta(x_1, x_2)$ 的自相关函数 $R_\Delta(\xi_1, \xi_2) = E\left[\Delta(x_1 + \xi_1, x_2 + \xi_2)\Delta(x_1, x_2)\right]$ 构成二维 Fourier 变换对。

附录C　多维随机变量空间的剖分与选点

在概率密度演化理论中，当具有多个随机变量时，为了计算所需的概率密度函数，涉及如下形式的概率积分：

$$p_X(x,t)=\int_{\Omega_e} p_{X\Theta}(x,\boldsymbol{\theta},t)\,\mathrm{d}\boldsymbol{\theta} \tag{C.0.1}$$

其中，$\boldsymbol{\theta}=(\theta_1,\theta_2,\cdots,\theta_s)$，$s$ 为随机变量的维数。通常，这一积分可以转化为如下 Riemann-Stieltjes 积分表达形式：

$$p_X(x,t)=\int_{\Omega_e} \bar{p}_{X\Theta}(x,\boldsymbol{\theta},t)\,\mathrm{d}P(\boldsymbol{\theta}) \tag{C.0.2}$$

当 $P(\boldsymbol{\theta})$ 可微时，$\mathrm{d}P(\boldsymbol{\theta})=p_\Theta(\boldsymbol{\theta})\,\mathrm{d}\boldsymbol{\theta}$，上述两式等价，但式 (C.0.2) 物理意义更为明确，并且具有更广泛的适用性。

记多维随机变量空间 Ω_Θ 中的离散代表点为 $\boldsymbol{\theta}_q(q=1,2,\cdots,N_{\text{sel}})$，$\boldsymbol{\theta}_q$ 处的概率密度为 $\bar{p}_{X\Theta}$，并记 $\Delta P(\boldsymbol{\theta}_q)$ 为 P_q，称为离散代表点$\boldsymbol{\theta}_q$ 的赋得概率。将式 (C.0.2) 离散化，可得

$$p_X(x,t)=\sum_{q=1}^{N_{\text{sel}}}\bar{p}_{X\Theta}(x,\boldsymbol{\theta}_q,t)\cdot P_q \tag{C.0.3}$$

可见，式 (C.0.1) 的求解关键是选取离散代表点并确定其相应的赋得概率。这一过程仅与基本变量的概率分布有关。本附录将介绍切球选点法(陈建兵和李杰，2006b) 和数论选点法(陈建兵和李杰，2006a)。

C.1　切球选点法

C.1.1　两个随机变量时的切圆选点方法

当 $s=2$ 时，上述问题是在平面区域内的选点问题，此时随机变量为 Θ_1、Θ_2，相应的实值变量为 θ_1、θ_2。不失一般性，对于标准化独立随机变量，可在如下圆域范围内选点：

$$\theta_1^2+\theta_2^2\leqslant\lambda^2 \tag{C.1.1}$$

式中，λ 为标准随机变量空间中的选点边界，例如，对于标准正态分布，可取 $\lambda=3.2\sim4.0$。

若从圆域 (C.1.1) 选出的点 $\boldsymbol{\theta}_q=(\theta_{1,q},\theta_{2,q})$ 是一系列相外切的等半径圆 c_q 的圆心，则在每一点“所辖”名义面积相等这一意义上可以认为这一组点的分布是最为均匀的。显然，其各向同性性质比格栅型选点更佳 (图 C.1.1)。

已经知道，在平面上与半径为 r 的圆相切的等半径圆最多有 6 个，其圆心恰成正六边形 (参见图 C.1.1(b))。类似地，当等半径圆呈辐射状向外扩展时，各相切圆呈层状分布，每层之圆心构成边长逐渐增大的正六边形，如图 C.1.2 所示，其中阴影为第二层相切圆，其圆心构成正六边形。

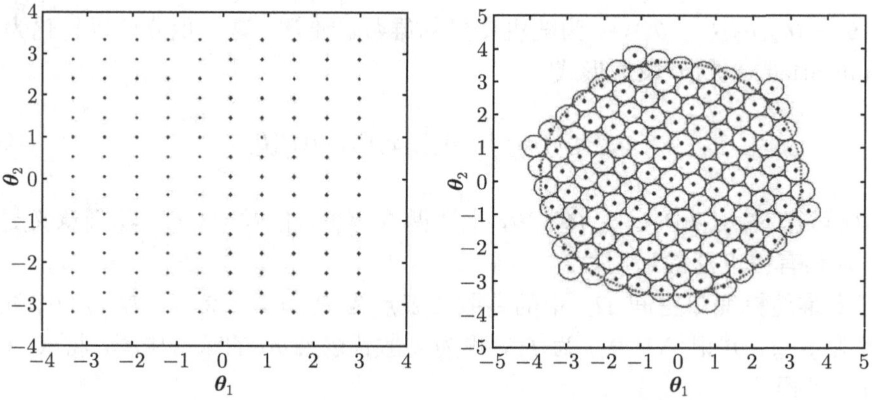

(a) 格栅型选点　　(b) 切圆选点(圆心为离散代表点)

图 C.1.1　隔栅型选点方案与切圆选点方案

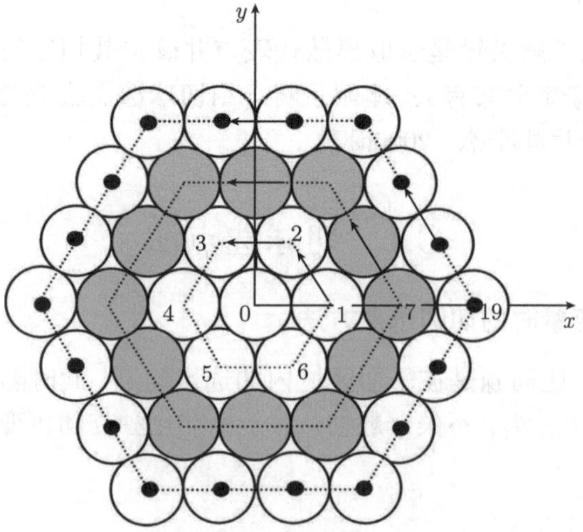

图 C.1.2　平面切圆编号示意图

为程序实现的方便起见，对于各圆圆心的编号采用如下规则：逐层向外编号，在每一层内，则采用逆时针顺序编号。在这一规则下，各圆圆心的编号示意如图 C.1.2 所示。圆心坐标以极坐标 r_i、φ_i 表示。设各圆半径为 r。以 l 表示层的编号，中心圆记为 $l=0$ 。根据上述规则，在第 $l(l=0,1,2,\cdots)$ 层内，有

$$i=\left(3l^2-3l+1\right)+l\cdot j+k;\quad j=0,1,2,\cdots,5;\quad k=0,1,\cdots,l-1 \tag{C.1.2}$$

$$r_i=\sqrt{\left(2l-k\right)^2+\left(\sqrt{3}k\right)^2}r;\quad j=0,1,2,\cdots,5;\quad k=0,1,\cdots,l-1 \tag{C.1.3}$$

$$\varphi_i=j\frac{\pi}{3}+\tan^{-1}\left(\frac{\sqrt{3}k}{2l-k}\right);\quad j=0,1,2,\cdots,5;\quad k=0,1,\cdots,l-1 \tag{C.1.4}$$

从式 (C.1.2) 不难获知，当层数为 l 时，按上述规则编号的总切圆数为

$$N=3\left(l+1\right)^2-3\left(l+1\right)+1=3l^2+3l+1 \tag{C.1.5}$$

注意到正六边形在两个坐标上的投影长度不同。如图 C.1.3 所示，若令正六边形边长为 a，则 $a_x=2a$，$a_y=\sqrt{3}a$，二者不等，这导致在正六边形内的点在两个投影方向反映的信息程度不同，例如，从图 C.1.2 可见，图中各圆圆心在 x 轴上的投影有 13 个点，而在 y 轴上的投影则仅为 7 个点。为此，对正六边形进行旋转，设顺时针旋转角度为 ψ，$\psi<\pi/6$，使得旋转后在两个方向的投影长度相等。此时，在 x 和 y 轴上的投影长度为

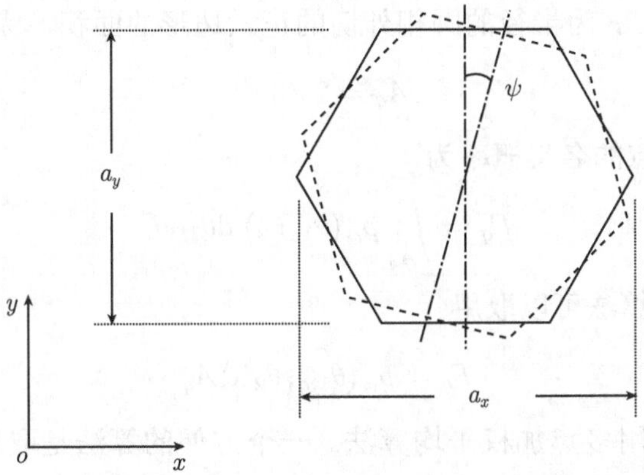

图 C.1.3 正六边形在坐标上的投影

$$a_x'=a\sin\left(\pi/6-\psi\right)+a\cos\psi+a\cos\left(\pi/3-\psi\right)=2a\cos\psi \tag{C.1.6}$$

$$a_y'=a\cos\left(\pi/6-\psi\right)+a\sin\psi+a\sin\left(\pi/6-\psi\right)=a\left(\sin\psi+\sqrt{3}\cos\psi\right) \tag{C.1.7}$$

令 $a_x'=a_y'$，可得

$$\psi=\frac{\pi}{12} \tag{C.1.8}$$

对空间中点的旋转只需修正式 (C.1.4) 即可，此时

$$\varphi_i = \left(j+\frac{1}{4}\right)\frac{\pi}{3}+\tan^{-1}\left(\frac{\sqrt{3}k}{2l-k}\right); \qquad j=0,1,2,\cdots,5;\ \ k=0,1,2,\cdots,l-1 \tag{C.1.9}$$

进而，根据上述极坐标，可以给出直角坐标表示

$$x_i = r_i\cos\varphi, \qquad y_i = r_i\sin\varphi \tag{C.1.10}$$

在实际中，进一步采用式 (C.1.1) 给出的约束条件。注意到采用上述编码给出的相切圆边不能完全覆盖圆域面积，这时，可将层数扩大。设在半径为 λ 的圆内嵌入 l_1 层小的切圆，则小圆半径为

$$r = \frac{\lambda}{2l_1+1} \tag{C.1.11}$$

在 l_1 层以外，再向外扩展 l_2 层，即总层数 $l=l_1+l_2$。在一般的情况，当 $l_1\leqslant 20$ 时，取 l_4 已经足够全部覆盖半径为 λ 的圆域面积。根据式 (C.1.5)，此时已经编号的总圆数 $N=3l^2+3l+1$，但其中有若干圆已经超出了圆域 (C.1.1) 的范围，可以用式 (C.1.1) 进行筛选，在式 (C.1.1) 所确定的圆域范围内的圆心则作为最终的选点，由此给出 $\theta_{1,q}$、$\theta_{2,q}$ $(q=1,2,\cdots,N_{\text{sel}})$。

从图 C.1.2 不难看到，代表点 $\theta_{1,q}$、$\theta_{2,q}$ $(q=1,2,\cdots,N_{\text{sel}})$ 所辖面积 A_q 应为与以代表点为圆心、r 为半径的圆相外切的正六边形的面积，易知

$$A_q = 2\sqrt{3}r^2 \tag{C.1.12}$$

因此，该代表点的名义概率为

$$P_q = \int_{A_q} p_\Theta(\theta_1,\theta_2)\,\mathrm{d}\theta_1\mathrm{d}\theta_2 \tag{C.1.13}$$

较为粗糙但简便的算法可以取用

$$P_q = p_\Theta(\theta_{1,q},\theta_{2,q})A_q \tag{C.1.14}$$

较精细的计算可采用多点加权平均算法。一个方便的算法是取用所选点作为局部坐标，有

$$P_q = \frac{A_q}{N_{\text{sel}}}\sum_{j=1}^{N_{\text{sel}}} p_\Theta(\theta_{1,q,j},\theta_{2,q,j}) \tag{C.1.15}$$

其中

$$\theta_{s,q,j} = \theta_{s,q}+\frac{r}{\lambda}\theta_{s,j}; \qquad s=1,2;\quad j=1,2,\cdots,N_{\text{sel}} \tag{C.1.16}$$

图 C.1.1(b) 即为采用上述方法获得的离散代表点。

C.1.2 三个随机变量时的切球选点方法

类似的思想可以推广到三维空间中去。此时，取三维空间中等半径的相切球球心作为代表点。研究表明 (Conway & Sloane，1999)，在三维空间中，与一个球体相切的等半径球最多有 12 个 (图 C.1.4)。

若将图 C.1.2 视为球心在 $z=0$ 平面内的相切球在 x-y 平面内的投影，则三维空间中的相切球构成的体关于 $z=0$ 是对称且呈层状分布的。图 C.1.4(b) 中编号为 0 的球是中心球体，编号为 1、2、3 等的球体在同一个面上。图 C.1.5 是两层相切球在 x-y 平面内的投影，其中虚线表示下层切球的投影，实线为上层切球的投影。从图中可见，上层切球可认为是下层阴影切球在 x-y 平面内进行平移得到的结果；同时，上层的一个球体与下层的三个球体相切，其球心构成一个正四面体 (图 C.1.6)，因此，z 向各层之间的距离为 Δz。从图 C.1.6 易知，当在 x-y 平面内未进行旋转时

$$\Delta\tilde{x}=0,\qquad \Delta\tilde{y}=\frac{2\sqrt{3}r}{3} \tag{C.1.17}$$

根据 C.1.1 节关于平面切圆问题的分析，顺时针旋转 ψ 之后，有

$$\Delta x=\frac{2\sqrt{3}r}{3}\sin\psi,\qquad \Delta y=\frac{2\sqrt{3}r}{3}\cos\psi \tag{C.1.18}$$

从图 C.1.6 不难求得边长为 $2r$ 的正四面体的高

$$\Delta z=\frac{2\sqrt{6}r}{3} \tag{C.1.19}$$

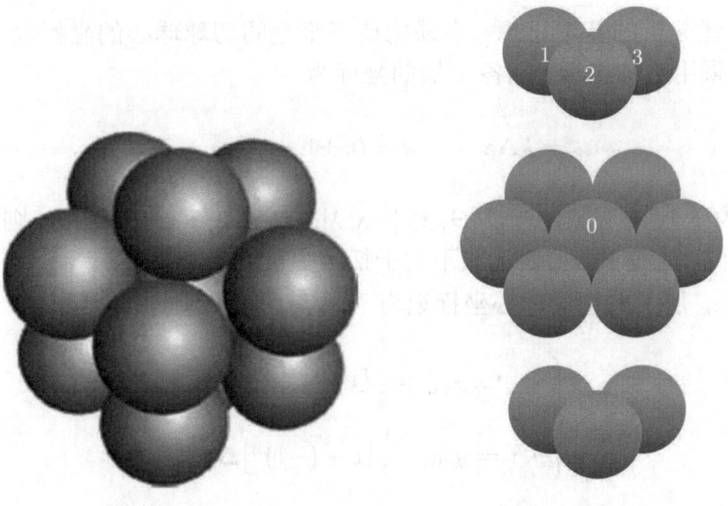

(a) (b)

图 C.1.4 球体与周边相切等半径球

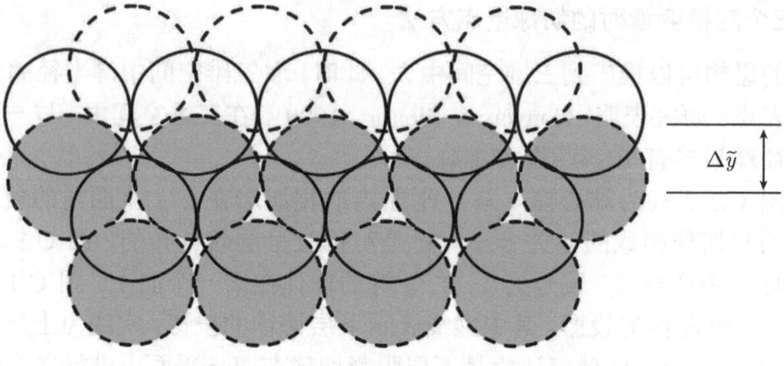

图 C.1.5　两层空间相切球的投影

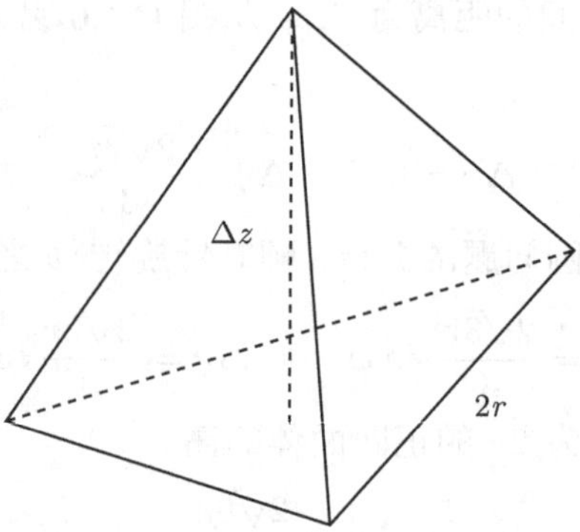

图 C.1.6　空间四个相切球球心位置

根据上述分析的基本思想，容易构造三维空间切球球心的坐标表示。为方便计，对 z 向采用对称坐标，则各 z 层的坐标为

$$z_k = k\Delta z, \qquad k = 0, \pm 1, \pm 2, \cdots, \pm N_z \tag{C.1.20}$$

式中，N_z 为 z 层的层数。若设 $\Theta_j \in [-\lambda, \lambda], j = 1, 2, 3$，$\lambda$ 为界限，则可取 $N_z = \mathrm{int}(\lambda/\Delta z) + 1$，这里 $\mathrm{int}(\cdot)$ 表示取不大于括号中数的最大整数。

将 $z = z_k$ 层上的切球球心坐标记为 $(x_{i,k}, y_{i,k}, z_k)$，则有

$$\begin{cases} x_{i,k} = x_{i,0} + \dfrac{1}{2}\left[1 - (-1)^k\right]\Delta x \\ y_{i,k} = y_{i,0} + \dfrac{1}{2}\left[1 - (-1)^k\right]\Delta y \end{cases} \tag{C.1.21}$$

式中，$k = 0, \pm 1, \pm 2, \cdots, \pm N_z$；$(x_{i,0}, y_{i,0})$ 表示 $z = 0$ 平面上的坐标，可根据式 (C.1.10) 计算。

三个标准化随机变量构成的三维空间中的联合概率密度函数往往是球对称或辐射状衰减的。在此情况下，可仅选择半径为 λ 的球体内的点，即满足条件

$$x_{i,k}^2 + y_{i,k}^2 + z_{i,k}^2 \leqslant \lambda^2 \tag{C.1.22}$$

的点，重新编号记为 $(x_q, y_q, z_q), q = 1, 2, \cdots, N_{\text{sel}}$。

与平面切圆问题类似，在空间切球问题中亦应对 z 轴进行旋转。将上述点 (x_q, y_q, z_q)，$q = 1, 2, \cdots, N_{\text{sel}}$ 绕 x 轴旋转角度 ψ_x，有

$$\begin{cases} \theta_{1,q} = x_q \\ \theta_{2,q} = y_q \cos\psi_x + z_q \sin\psi_x \\ \theta_{3,q} = z_q \cos\psi_x - y_z \sin\psi_x \end{cases} \tag{C.1.23}$$

实际计算表明，$\psi_x = \pi/12$ 时精度最高。

显然，采用前述构造方法，空间中每个球体周围均有 12 个球与之相切，因此，是最紧密的排列方式 (单墫, 1997; Conway & Sloane, 1999; 宗传明, 2000)。12 个切球的每个切点处存在一个切平面，这 12 个切平面围成的与中心球体相外切的十二面体的体积即为该代表点“所辖”的体积。该体积为

$$V_q = 4\sqrt{2}r^3 \tag{C.1.24}$$

易见，球体与该十二面体的体积比为 $\pi/\sqrt{18}$。

因此，该代表点的赋得概率为

$$P_q = \int_{V_q} p_\Theta(\theta_1, \theta_2, \theta_3)\, \mathrm{d}\theta_1 \mathrm{d}\theta_2 \mathrm{d}\theta_3 \tag{C.1.25}$$

一个简化的计算方法是

$$P_q = p_\Theta(\theta_{1,q}, \theta_{2,q}, \theta_{3,q}) V_q \tag{C.1.26}$$

与二维问题的计算 (C.1.15) 类似，亦可采用加权平均方法，以所选点作为局部坐标，可得

$$P_q = \frac{V_q}{N_{\text{sel}}} \sum_{j=1}^{N_{\text{sel}}} p_\Theta(\theta_{1,q,j}, \theta_{2,q,j}, \theta_{3,q,j}) \tag{C.1.27}$$

其中

$$\theta_{s,q,j} = \theta_{s,q} + \frac{r}{\lambda}\theta_{s,j}, \qquad s = 1, 2, 3;\ \ j = 1, 2, \cdots, N_{\text{sel}} \tag{C.1.28}$$

C.2 数论选点法

C.2.1 高维数值积分的数论方法

在某种意义上，式 (C.0.1) 的问题类似于高维数值积分的问题，但由于式 (C.0.1) 本质上是 Riemann-Stieltjes 积分问题，又具有与一般高维数值积分不同的特点 (Xu et al., 2012)，采用数论方法构造积分域中单位超立方体内的一致分布点集，可以给出高维数值积分的近似值并给出确定性的误差估计。在此类研究中，华罗庚和王元 (Hua & Wang, 1960; 华罗庚和王元, 1978) 基于分圆域思想构造的一致分布点集具有较为理想的效果。

设 $f(\boldsymbol{x}) = f(x_1, x_2, \cdots, x_s)$ 为一个周期函数，对每一个变量的周期均为 1 且有 Fourier 展开式

$$\begin{aligned} f(\boldsymbol{x}) &= \sum_{-\infty}^{\infty} C(\boldsymbol{m}) \exp\left[2\pi i(\boldsymbol{m}\cdot\boldsymbol{x})\right] \\ &= \sum_{m_1=-\infty}^{\infty} \cdots \sum_{m_s=-\infty}^{\infty} C(m_1, m_2, \cdots, m_s) \exp\left[2\pi i\Big(\sum_{j=1}^{s} m_j s_j\Big)\right] \end{aligned} \tag{C.2.1}$$

式中，$\left|C(\boldsymbol{m})\right| \leqslant C\|\boldsymbol{m}\|^{-\alpha}$，其中 $\alpha > 1$，$\|\boldsymbol{m}\| = \prod_{j=1}^{s} \bar{m}_j$，$\bar{m}_j = \max\left(1, |m_j|\right)$。满足上述条件的函数构成的函数类记为 $E_s^\alpha(C)$。值得指出，这里关于 $E_s^\alpha(C)$ 的假定是非常一般的。

对于二维问题，一致分布点集可通过 Fibonacci 数列构造。Fibonacci 数列具有递推关系

$$F_l = F_{l-1} + F_{l-2}, \quad F_0 = F_1 = 1 \quad l, = 3, 4, \cdots \tag{C.2.2}$$

华罗庚和王元证明：当 l 为整数且 $l \geqslant 3$ 时，有

$$\begin{aligned} \sup_{f\in E_2^\alpha(C)} \left|\int_0^1\int_0^1 f(x_1, x_2)\,\mathrm{d}x_1\mathrm{d}x_2 - \frac{1}{F_l}\sum_{k=1}^{F_l} f(x_{1,k}, x_{2,k})\right| \\ \leqslant C\cdot c(\alpha) F_l^{-\alpha}\log F_l \end{aligned} \tag{C.2.3}$$

这里，$c(\alpha)$ 为仅依赖 α 的正常数

$$x_{1,k} = \frac{k}{F_l}, \quad x_{2,k} = \frac{F_{l-1}}{F_l}k - \mathrm{int}\Big(\frac{F_{l-1}}{F_l}k\Big), \quad k = 1, 2, \cdots, F_l \tag{C.2.4}$$

其中，$\mathrm{int}(\cdot)$ 表示取得不大于括号中数的最大整数。

在高维情况下，可对上述结论进行推广。令

$$\omega_j = 2\cos\frac{2\pi j}{m}, \quad 0 \leqslant j \leqslant s-1 \tag{C.2.5}$$

式中，m 为一个整数，且 $m \geqslant 5$，$s = \varphi(m)/2$，则集合 $\{\omega_j, 0 \leqslant j \leqslant s-1\}$ 是 s 次分圆域 $R_s = Q\Big(2\cos\dfrac{2\pi}{m}\Big)$ 的基底。从 R_s 的一组独立单位出发，可得一个单位列 $\eta_1, \eta_2, \cdots, \eta_l, \cdots$ 满足

$$\eta_l^{(i)} \ll \eta_l^{1/(s-1)}, \quad 2 \leqslant i \leqslant s,\ \eta_l > l \tag{C.2.6}$$

其中，$\eta_l^{(i)}$ $(2 \leqslant i \leqslant s)$ 表示 $\eta_l^{(1)} = \eta_l$ 的共轭。再根据

$$n = [\eta_l], \quad h_1 = 1, \quad h_j = [n_l \omega_{j-1}], \quad (2 \leqslant j \leqslant s) \tag{C.2.7}$$

式中，$[\cdot]$ 表示经四舍五入得到的整数。于是可得整数矢量 $(n, h_1, h_2, \cdots, h_s)$，由此可给出如下点列：

$$x_{j,k} = \frac{h_j k}{n} - \mathrm{int}\Big(\frac{h_j k}{n}\Big), \quad k = 1, 2, \cdots, n;\ j = 1, 2, \cdots, s \tag{C.2.8}$$

并可证明

$$\begin{aligned} &\sup_{f \in E_s^{\alpha}(C)} \left| \int_0^1 \cdots \int_0^1 f(\boldsymbol{x})\,\mathrm{d}\boldsymbol{x} - \frac{1}{n}\sum_{k=1}^{n} f(x_{1,k}, x_{2,k}, \cdots, x_{s,k}) \right| \\ &\qquad = O\left(C \cdot n^{-\frac{\alpha}{2} - \frac{\alpha}{2(s-1)} + \epsilon}\right) \end{aligned} \tag{C.2.9}$$

这里，$\epsilon > 0$，与 O 有关的常数仅依赖于 ϵ 及 $Q\Big(2\cos\dfrac{2\pi}{m}\Big)$。

对 $s \leqslant 18$ 的情况，整数点列 (C.2.7) 已经编制成为格点点集表供选用 (华罗庚和王元, 1978; 方开泰和王元, 1996)。

C.2.2 多维随机变量空间的数论选点法

不难看出，采用数论方法构造的点列 (C.2.8) 都是单位超立方体$[-1,1]^s$ 内的分布点列，即

$$x_{j,k} \in [0, 1], \quad k = 1, 2, \cdots, n; j = 1, 2, \cdots, s \tag{C.2.10}$$

在概率密度演化方法的基本随机变量分布空间中，设标准化基本随机变量的界限为 λ，即 $\theta_j \in [-\lambda, \lambda]$，将点集 (C.2.8) 进行平移和尺度变换可得超立方体 $[-1,1]^s$ 内的均匀散布点列

$$\tilde{\theta}_{j,k} = 2(x_{j,k} - 0.5)\lambda, \quad k = 1, 2, \cdots, n;\ j = 1, 2, \cdots, s \tag{C.2.11}$$

利用式 (C.2.11)，根据式 (C.2.8) 可得到式 (C.0.1) 的数值积分

$$
\begin{aligned}
p_X(x,t) &= \int_{[-\lambda,\lambda]^s} p_{X\Theta}(x,\boldsymbol{\theta},t)\,\mathrm{d}\boldsymbol{\theta} = (2\lambda)^s \int_{[-1,1]^s} p_{X\Theta}\Big[x,(\boldsymbol{x}_\Theta - 0.5)\lambda, t\Big]\,\mathrm{d}\boldsymbol{x}_\Theta \\
&\approx \frac{(2\lambda)^s}{n}\sum_{k=1}^{n} p_{X\Theta}\Big[x, 2\big(x_{1,k}-0.5\big)\lambda,\cdots,2\big(x_{2,k}-0.5\big)\lambda, t\Big]
\end{aligned} \tag{C.2.12}
$$

式中，$\boldsymbol{x}_\Theta$ 表示将式 (C.0.1) 从 $\boldsymbol{\theta}$ 在 $[-\lambda,\lambda]^s$ 上的积分换为 $[-1,1]^s$ 上的积分后的积分变量。

比较式 (C.2.12) 与式 (C.0.3) 可见，由式 (C.2.11) 确定的点 $\tilde{\theta}_{j,k}$ 的代表体积 $V_k=(2\lambda)^s/n$，故其赋得概率为

$$
\tilde{P}_k = p_\Theta(\tilde{\theta}_{1,k},\cdots,\tilde{\theta}_{s,k})\cdot V_k \tag{C.2.13}
$$

基本随机变量空间中的联合概率密度函数通常是球对称或近似球对称的，例如，当所有基本随机变量均为正态分布时即是如此。在其他分布场合，联合概率密度函数往往也呈辐射状衰减，尽管可能并非是完全球对称的。因此，可以仅考虑超球体内的代表点，而并不需要全部超立方体内的分布点，这时，可首先对单位超立方体内的点进行筛选，满足

$$
\sum_{j=1}^{s}\Big[2\big(x_{j,k}-0.5\big)\Big]^2 \leqslant r_0,\quad k=1,2,\cdots,N_{\text{sel}} \tag{C.2.14}
$$

的点记为 $(\hat{x}_{1,q},\hat{x}_{2,q},\cdots,\hat{x}_{s,q})$，$q=1,2,\cdots,N_{\text{sel}}$。在此情况下，由式 (C.2.13) 可知，超球体 (C.2.14) 之外的代表点的赋得概率甚小，略去之后仍可使式 (C.2.12) 具有足够的精度。此时，选出的代表点为

$$
\theta_{j,q} = 2\big(\hat{x}_{j,q}-0.5\big)\lambda,\quad q=1,2,\cdots,N_{\text{sel}};\ j=1,2,\cdots,s \tag{C.2.15}
$$

其赋得概率为

$$
P_q = p_\Theta(\theta_{1,q},\theta_{2,q},\cdots,\theta_{s,q})\cdot V_q,\quad q=1,2,\cdots,N_{\text{sel}} \tag{C.2.16}
$$

式中，$V_q=(2\lambda)^s/n$。

显然，当 $r_0=s$ 时，式 (C.2.14) 的筛选作用完全消失，此时 $N_{\text{sel}}=n$。当 $r_0=1$ 时，式 (C.2.14) 中的超球体与超立方体相切。

令筛选比例

$$
\gamma_s = \frac{N_{\text{sel}}}{n} \tag{C.2.17}
$$

易于理解，当 $n\to\infty$ 时，若 $r_0=1$，则 γ_s 为超球体的体积与超立方体体积之比，即

$$\tilde{\gamma}_s = \lim_{n\to\infty} \gamma_s = \frac{V_\mathrm{b}}{V_\mathrm{c}} = \int_{y_1^2+y_2^2+\cdots+y_s^2\leqslant 1/4} 1\cdot \mathrm{d}y_1\mathrm{d}y_2\cdots\mathrm{d}y_s \tag{C.2.18}$$

式中，V_b 和 V_c 分别为超球体与超立方体的体积。

积分式 (C.2.18) 可以给出

$$\tilde{\gamma}_s = \frac{\pi^{s/2}}{2^s\Gamma(s/2+1)} \tag{C.2.19}$$

式中，$\Gamma(\cdot)$ 为 Gamma 函数。当 s 为偶数和奇数时，分别有

$$\tilde{\gamma}_{2m} = \frac{1}{m!}\left(\frac{\pi}{4}\right)^m, \quad \tilde{\gamma}_{2m+1} = \frac{1}{\prod\limits_{l=1}^{m}(2l+1)}\left(\frac{\pi}{2}\right)^m, \quad m = 0,1,2,\cdots \tag{C.2.20}$$

例如，在二维和三维时

$$\lim_{n\to\infty}\gamma_2 = \frac{\pi}{4} \approx 0.7854, \quad \lim_{n\to\infty}\gamma_3 = \frac{\pi}{6} \approx 0.5236 \tag{C.2.21}$$

当 $s=10$ 时，

$$\lim_{n\to \mathrm{infty}}\gamma_{10} \approx 1/400 \tag{C.2.22}$$

事实上，式 (C.2.19) 随着 s 的增长是一个迅速衰减的序列。对式 (C.2.19) 取对数，可得

$$\ln\tilde{\gamma}_s = s\left(\frac{1}{2}\ln\pi - \ln 2\right) - \ln\left[\Gamma(s/2+1)\right] \leqslant s\cdot\ln\frac{\sqrt{\pi}}{2} \tag{C.2.23}$$

这说明，$\tilde{\gamma}_s$ 随着 s 的增长以快于指数级的速度衰减。

当 s 为偶数时，可以给出衰减速率的更精细表达。此时，由式 (C.2.20) 的第一式有

$$\ln\tilde{\gamma}_{2m} = m\ln\frac{\pi}{4} - \ln(m!) \tag{C.2.24}$$

利用 Stirling 展开公式，式 (C.2.24) 可进一步给出

$$\begin{aligned}\ln\tilde{\gamma}_{2m} &\approx m\ln\frac{\pi}{4} - \left[\left(m+\frac{1}{2}\right)\ln(m) - m + \ln\sqrt{2\pi}\right]\\ &\approx m\left(1+\ln\frac{\pi}{4}\right) - \frac{1}{2}\ln(m) - \ln\sqrt{2\pi}\end{aligned} \tag{C.2.25}$$

若定义 $\ln\tilde{\gamma}_{2m}$ 的名义斜率为

$$D(\ln\tilde{\gamma}_{2m}) = \frac{\ln\tilde{\gamma}_{s+1} - \ln\tilde{\gamma}_{s-1}}{2} = \frac{\ln\pi}{2} - \ln(s+1) = \ln\sqrt{\frac{\sqrt{\pi}}{2(s+1)}}, \quad s = 1,2,\cdots \tag{C.2.26}$$

显然，$D(\ln \tilde{\gamma}_{2m}) < 0$，这说明 $\ln \tilde{\gamma}_{2m}$ 确实是加速衰减的。

图 C.2.1 给出了 $s \leqslant 18$ 时 $\tilde{\gamma}$ 随 s 的衰减情况。图中可见，当 $s = 18$ 时，$\tilde{\gamma}_s$ 降到 10^{-6} 以下。这使得在多维随机变量空间的选点中实际需要的分布点数目大大减少，从而可以将多个随机变量时的结构分析计算工作量降到与单一随机变量分析问题相当的水平。

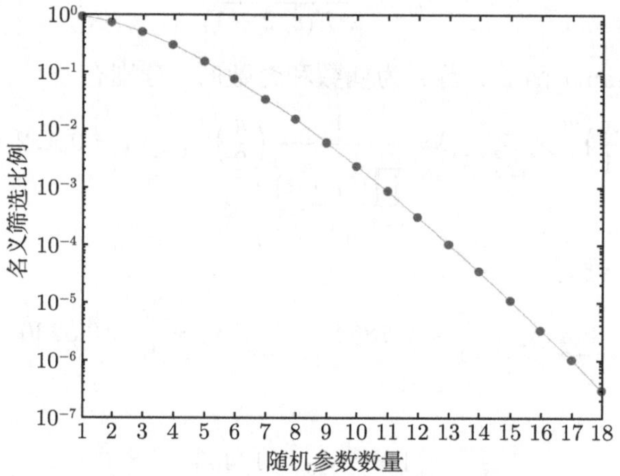

图 C.2.1 $\tilde{\gamma}$ 随 s 衰减

图 C.2.2 是 $s = 2$ 时的典型选点情况。与图 C.1.1 比较可见，数论选点方法给出的离散代表点比隔栅型选点具有更好的各向同性性质，而与切圆选点方法给出的选点较为类似。

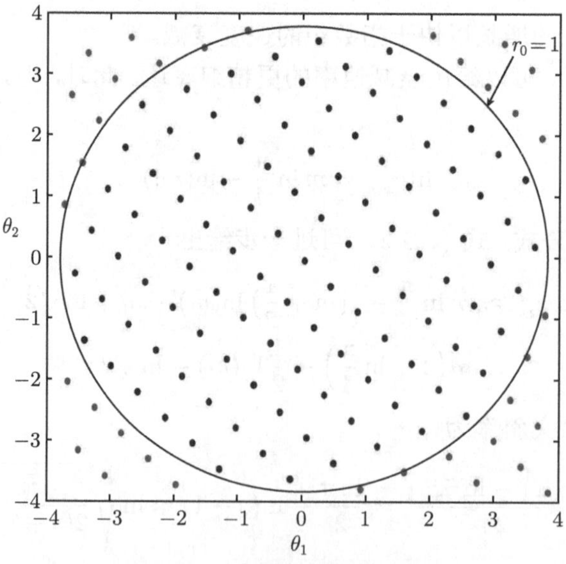

图 C.2.2 二维情况的典型选点

C.3 一般概率分布的处理

从前两节可见，在选点和计算赋得概率时并没有对概率分布有特别的要求。但是，当概率分布为多维标准正态分布时将是最为方便的。当基本变量的分布为一般概率分布时，离散代表点的选取可以不用任何变化，只需在计算赋得概率时加以注意即可。

C.3.1 基本随机变量的标准化

为了程序的标准化起见，在前面的选点规则中将标准化随机变量空间选为半径为 λ 的超球体或边长为 λ 的超立方体。当某一个随机变量的分布区域不是 $[-\lambda,\lambda]$ 时，可以首先对该随机变量进行标准化。例如，若第 j 个随机变量 $\tilde{\Theta}_j$ 的实际分布区域为 $[\lambda_{1j},\lambda_{2j}]$，则可采用线性变换构造新的随机变量

$$\Theta_j=\lambda\frac{2\tilde{\Theta}-\left(\lambda_{1j}+\lambda_{2j}\right)}{\lambda_{2j}-\lambda_{1j}}=a\tilde{\Theta}_j+b \tag{C.3.1}$$

式中

$$a=\frac{2\lambda}{\lambda_{2j}-\lambda_{1j}},\quad b=-\frac{\lambda_{1j}+\lambda_{2j}}{\lambda_{2j}-\lambda_{1j}}\lambda \tag{C.3.2}$$

显然，Θ_j 是在 $[-\lambda,\lambda]$ 内分布的随机变量。此时，若 $\tilde{\Theta}_j$ 的概率密度函数为 $p_{\tilde{\Theta}_j}(\tilde{\theta})$，则 Θ_j 的概率密度函数为

$$p_{\Theta_j}(\tilde{\theta}_j)=\frac{1}{|a|}p_{\tilde{\Theta}_j}\left(\frac{\theta_j-b}{a}\right) \tag{C.3.3}$$

也可以采用其他形式的变换获得类似的结果。例如，若基本变量服从对数正态分布，则可以构造一个正态分布的随机变量，通过正态分布随机变量的指数变换实现对数正态分布。但是，应该指出，在标准化随机变量空间中的均匀选点经过非线性变换之后将不再是均匀点集，这可能会显著影响计算的精度。因此，通常在构造标准化随机变量时不推荐采用随机变量的非线性变换。

C.3.2 超球体筛选的推广

超球体筛选的目的是为了将超球体之外赋得概率非常小的离散点删去，这在标准化多维正态分布的情形是合理的。当标准化基本随机变量的联合概率密度的等概率密度超曲面非超球面时，只要仍然是外凸的超曲面，则可以对外凸超曲面的包络超球面进行筛选。

在更一般的情况下，对于所选出的超立方体中的 n 个离散点，若归一化后的赋得概率按降序排列为 $\tilde{P}_j, j = 1, 2, \cdots, n$，且

$$\sum_{j=1}^{n} \tilde{P}_j = 1, \quad \tilde{P}_j \geqslant \tilde{P}_i, \, \forall j < i \tag{C.3.4}$$

则若

$$\sum_{j=1}^{N_{\mathrm{sel}}} \tilde{P}_j \geqslant 1 - \epsilon \tag{C.3.5}$$

根据给定的 ϵ(如可取 $0.01 \sim 0.001$)，即可确定式 (C.3.4) 中的 N_{sel}，从而可以将前 N_{sel} 个点作为最终选定的离散代表点。其赋得概率可以相应归一化为

$$P_q = \frac{1}{1-\epsilon} \tilde{P}_q, \quad q = 1, 2, \cdots, N_{\mathrm{sel}} \tag{C.3.6}$$

索　引

A

爱因斯坦求和约定 281

B

薄板弯曲 187

并乘 284, 286, 287, 289

波数谱密度函数 293, 294

泊肃叶流 127

C

材料弹性常数 31

插值形函数 172, 173, 179, 183, 186, 187, 193, 205

超球体筛选 307

尺寸效应 219

初边值问题 202~204, 212, 214, 215

串并联模型 107~109

Cauchy 弹性材料 33

Cauchy 应力 13, 43, 53, 62, 70，115, 116, 152, 163

CFL 条件 240, 247, 249

Clausius-Duhem 不等式 17, 45, 46, 69, 71, 111

D

单边差分格式 238~240, 246~248

单边效应 12, 15, 16

单标量损伤模型 50, 67, 83

单位超立方体 302~304

单元柔度方程 179

等参单元 193, 205

等温纯力学过程 46~48, 52, 62

等效比表面能 139, 140

笛卡儿张量 281, 282

断裂动力学 138

多尺度分析 107, 114, 255

Drucker 公设 40

E

二阶单位张量 58, 126

二阶收敛精度 146, 209

F

非局部本构关系 18, 218, 220, 222, 224, 226, 228

非局部损伤模型 223~227

非线性弹性 10, 18, 32, 33, 63, 66

非线性硬化 73

非相关流动法则 37

分布塑性模型 177

分层平板壳单元 196, 198, 200

分离式模型 196

赋得概率 237, 243, 295, 301, 304, 307, 308

负刚度 208, 210

Fredholm 积分方程 135

G

概率测度 231, 237, 238

概率空间剖分 238

概率密度演化 15~18, 95, 113, 119, 232~236, 238, 241~243, 246, 248~250, 295, 303

概率守恒原理 230~233, 242

杆端弹簧模型 171, 177

刚度退化 6, 9, 11, 12, 15, 16, 40, 42, 52, 66, 89, 176, 207, 210

刚域 175, 176

高斯公式 287

高斯积分 171, 174, 175, 189, 207, 209

割线刚度 34, 63, 64, 66, 112, 208

各向同性损伤 42, 43, 50, 54

各向异性损伤 43
广义概率密度演化方程 18, 232～234, 236, 238, 242, 243, 246
广义时间 232, 233, 236, 237, 241, 243
过应力 17, 122
Gamma 函数 305
Gibbs 自由能 47, 48
Green 弹性材料 33, 47, 48

H

哈密顿–凯莱定理 286
哈密顿算符 286
耗散效应 248
横波 134～136
弧长法 210, 211
回映算法 151, 153, 156
Heaviside 函数 59, 93, 95, 99, 110
Helmholtz 自由能 13, 47～52, 55, 60～62, 67～69, 75, 76, 110, 111
Hermite 多项式 172

J

基张量 284
积分型非局部材料模型 220
加/卸载准则 34, 36
剪力保持因子 63, 66
剪切形状系数 194
健壮性 150, 210
截面抗弯模量 165
截面柔度矩阵 179, 180
界面过渡区 90, 219
精化平板壳单元 189
局部迭代 150, 212
均匀随机场 106, 291～294
均值函数 95, 96, 98, 99
Jacobi 矩阵 163, 195, 206

K

扩展有限元 228
Karhunen-Loève 分解 132, 291～293
Kirchhoff 假定 185, 186
Kronecker 记号 23, 39, 58, 240, 282
Kuhn-Tucker 条件 54, 78

L

拉普拉斯算符 287
拉压软化 8, 9, 15, 16
累积塑性变形 73
裂缝带理论 80
裂缝端部应力场 87, 88
流动法则 34, 36, 37, 39, 49, 53～55, 67, 71, 78, 123, 146, 152, 155
率相关效应 18, 121～124
Laplace 变换 135
Lax-Wendro 格式 246～249
Legendre 变换 47

M

膜单元 182, 184, 188, 189, 190, 192, 195～198
莫尔圆 65
Macaulay 括号 122

N

内变量 34, 42, 43, 49, 50, 52, 53, 55, 71, 75, 111, 113, 123, 124, 143, 144, 153, 202, 207, 218, 223
内积 283, 284, 286
能量等效假设 43
能量等效应变 15, 18, 114～117, 131, 141
逆变量 281
黏聚裂缝模型 228, 229
黏滞阻尼 203
黏塑性模型 122
黏性动力损伤模型 121, 122, 124
黏性损伤模型 122
牛顿流体 126
Nataf 型随机场 14
Newmark 积分法 244
Newton-Raphson 方法 83, 155, 211
Noll 局部材料 218

O

over-nonlocal 模型 222

P

平衡方程 28, 29, 44, 126, 138, 181, 202~204, 206, 210, 211, 214, 215, 220
平面应力单元 18, 182, 184, 185, 188, 189, 196
坡度函数 59, 73
谱分解方法 157
Powell 直接搜索法 106, 107, 109

Q

期望算子 96
强度软化 11, 12, 15, 16, 40, 207, 210
壳单元 18, 182, 185, 186, 188, 189, 190, 192, 194~199, 200
切平面算法 149
切球选点法 295, 296, 298, 300
切线刚度 30, 74, 83, 157~159, 161, 171, 173, 174, 182, 184, 185, 188, 189, 192, 195~198, 200, 208~210, 246
切圆选点方法 295, 306
曲率 104, 164~166, 169, 171, 173, 176, 178~180, 182, 186, 187, 193, 194
屈服条件 34, 37, 148, 149, 153, 155, 156, 160
全局迭代 150
全量法 207

R

热力学第二定律 45~47, 51, 69, 75
热力学第一定律 44~47
容许虚位移 204
柔度矩阵 32, 179~181, 289, 290
弱形式 203, 204
Rayleigh 波 134~137
Reissner-Mindlin 板单元 192, 193
Runge-Kuta 法 153

S

散度算子 44, 126, 203
色散效应 247, 248
熵 45~47
声发射 103~105, 107
收敛性 84, 208, 240, 244
数论选点法 295, 302~304, 306
数值一致性切线刚度 157~159
双标量弹塑性损伤模型 13, 15, 122
双标量损伤模型 83
双点积 283, 284, 289
双分量模型 171, 176, 177
双曲型偏微分方程 214
双线性模型 176
四阶单位张量 60
四阶损伤张量 62, 70, 112
塑性功 36, 50, 51
塑性耗散不等式 71
塑性流动因子 37, 72, 121, 144, 147, 152, 156, 159
塑性校正 148
塑性一致性条件 72, 148, 153, 158
塑性硬化模量 73, 75
算子分离算法 150
随机断裂 14, 15, 18, 90~96, 98, 100, 102, 107, 114, 125, 131, 141
随机建模 103, 104, 117
随机介质 97, 219
随机事件 230~233
随机损伤本构关系 14, 15, 18, 85, 99, 101, 103, 110, 112, 117~119, 143, 150, 230, 236
随机损伤模型 90, 98, 132, 141, 152, 160, 219
随机谐和函数 236, 291, 293, 294
损伤变量 12, 14, 17, 41~43, 48~50, 52~58, 60~63, 66, 68, 70, 75, 78~80, 92, 93, 95, 96, 98, 99, 101, 106, 107, 110~113, 117, 118, 131, 141, 143, 144, 149, 160, 162, 199, 202, 223~225, 235, 291
损伤耗散不等式 53, 55, 71, 75
损伤面 43, 54, 77, 78
损伤能释放率 12, 13, 49, 50, 53, 54, 55, 63, 66, 67, 71, 75~80, 82, 83, 113~116, 124, 143, 144, 152, 160, 162, 223, 224, 226
损伤能释放率阈值 54, 78, 82, 124

损伤势函数 49, 54
损伤一致性条件 55, 78, 114
损伤正交流动 77
损伤准则 12, 13, 15, 49, 53~55, 76, 78, 81~83, 152
损伤阈值 81, 84
Stefan 效应 125, 126, 128~133
Stirling 展开 305

T

弹簧模型 14, 92, 107, 171, 177
弹塑性本构关系 33, 34
弹塑性自由能 50
弹性本构关系 31~33
弹性柔度张量 49, 61
弹性损伤理论 13
征长度 80, 219, 221, 222, 225, 227, 228
特征线方法 224
梯度算子 202
梯度型非局部材料模型 221
条带法 164, 170, 175, 189
通量限制器 248
椭圆型偏微分方程 214
TVD 格式 247~249

V

Voigt 规则 163, 289

W

网格法 166, 168, 175, 177, 189, 204
网格敏感性 215, 222, 223
位移控制法 210

X

细观损伤力学 13
纤维梁单元 171, 175, 177
显式算法 152, 209, 210
线弹性本构关系 31, 33
线弹性极限强度 77
线性硬化 73, 147
相关长度 14, 292
相关流动法则 37, 146
向后欧拉算法 146, 152, 157, 159
向前欧拉算法 145, 146, 153
协变量 281
协调方程 28, 29, 202, 203, 205, 220
形变理论 34
虚拟裂缝模型 228
旋转自由度 189, 190, 192, 195

Y

一阶收敛精度 145, 146
一致分布点集 302
依留辛公设 40
隐式算法 152, 209, 212
隐式梯度损伤模型 226, 227
应变迟滞因子 129, 130, 131, 140
应变等效 17, 42, 43, 49, 50, 55, 65, 86, 99, 100
应变等效原理 17, 42, 43, 49, 50, 86, 99, 100
应变局部化 18, 213~219, 222~224, 226, 228
应变偏张量 28
应变球张量 28
应变张量 27~29, 31, 48, 50, 67, 74, 110, 163, 221, 289
应力偏张量 25, 26
应力强度因子 87, 88, 134~137, 141
应力球张量 25, 26
应力张量 12, 17, 21, 22, 24~26, 28, 31, 34, 35, 39, 52, 53, 58~62, 70, 71, 159, 163, 288
应力重分布 16, 81, 91, 107, 217, 218
硬化法则 34, 35, 71, 155
有限差分方法 238
有限单元柔度法 177~181
有效应力 13, 17, 42, 43, 49~53, 55, 60, 61, 65, 67~74, 76, 81, 83, 110, 115~117, 121, 143, 144, 146, 147, 151~160
右散度 287
右梯度 286, 286

Z

增量–迭代算法 145, 208, 209
增量法 207, 235
增量理论 34, 35
张量投影算子 60
涨落 16, 17, 117, 230
整体式模型 196
正交各向异性材料 31, 32
主应力 8, 22~27, 35, 58~60, 65, 74, 83, 112, 115, 116, 157, 196
柱端并联弹簧模型 177
自相关函数 96, 98, 293, 294
自协方差函数 97
纵波 134~136
最近点投影算法 149, 150, 152, 153, 156
最小势能原理 204
左散度 287
左梯度 286
坐标不变性 283, 284